크로의 철학사냥

─ 서문

81년 대학생활은 국민 윤리가 필수였다. 캠퍼스에서는 연일 데모가 일어났고 조교는 국민윤리를 가르치며 칼 포퍼를 통해 마르크스 사상은 과학이 아니라는 점을 강조했다. 과학 자폐아 필자는 무슨 뜻인지 모르는 중간고사 문항을 받아 들고 헛소리를 했다.

인생은 길다. 거부했던 철학을 말년에 들추니 말이다. 자연 현상을 예측하는 과학으로 단련되었으니 인간 행위를 이해하는 철학도 파 볼 만하다며 도전했다. 처음 일 년 있음과 없음을 두고 빌빌 꼬는 철학에 덩달아 맴돌았다. 통개 훈련에 짜증도 났다. 무모하게 도전했다며 후회할 즈음 젊은 날 자신을 후회하는 철학자에게서 힘을 얻었다.

망원경과 현미경을 바꿔 가며 바라보자 철학자들이 키운 나무와 세운 산이 보였다. 용기 내어 등산화를 신고 나섰다. 산 초입은 반질반질했지만 얼마 오르면 산길은 잡초로 덮였다. 풀을 헤치며 계속 올라갔다. 꽃도 있었지만 독초도 있었다.

철학을 위한 산길을 잇고 바닷길도 열기로 했다. 배낭에는 자재와 도구를 넣었다. 길옆 잡초를 베고 관목을 쳤다. 성현들이 다닌 발자국이 드러났다. 도로를 곧게 펴고 지질과 산세를 살펴 연결도로를 냈다. 군데군데 석축도 쌓고 다리도 놓고 선착장도 설치했다. 가로등과 스피커도 달고 표지판을 새워 얽힌 일화도 담았다. 나누리틀이 조성되었다.

나누리틀은 자연과학과 정신과학을 통합했다. 세상을 환원하여 자연과학을 열었고 정신을 창발하여 정신과학을 세웠다. 나누리틀 철학으로 자연 현상과 사회현상을 설명할 수 있다. 원리는 간결하지만 강력한 기능을 쏟아낸다. 나누리틀은 끝없는 환원과 창발을 추구하지만 환원의 심원과 창발의 심급을 선언하지 않는다.

  나누리틀로 진리와 행복에 이를 수 있다. 일상에서 일탈은 순간의 쾌감을 뿌리고 긴 허무를 남기지만 심원과 심급을 향한 도전은 시간을 잊는 기쁨을 준다. 선조들이 힘들게 찾았지만 얻지 못한 철학의 기쁨을 나누리틀은 선물한다. 특히 옹달샘에서 흘러나온 물이 강이 되듯이 소립자에서 발원한 약한 힘이 위대한 시대 정신이 되는 과정을 살펴보라. 초보자에게도 숙련자에게도 나누리틀은 매번 다른 느낌을 줄 것이다.

─ 목차

서 문 ... 2

1. 구속 ... 9
크로: 행성 도착
뇌: 진화와 철학
나누리틀: 철학 틀
철학사: 면담과 몰입감

2. 영웅 닮은 신 ... 20
동물: 원초적 진선미
오스트랄로피테쿠스: 직립 능력
호모 하빌리스: 자유로운 손
호모 에렉투스: 불의 사용
호모 사피엔스: 생각하는 인간
정착 생활: 음성 언어
이집트 문명: 기하 태동
메소포타미아 문명: 문자 언어
에게 문명: 단순미
길가메시: 영생과 죽음
아브라함: 부족의 이동
함무라비 법전: 기울어진 법
브라만과 우파니샤드: 불평등과 윤회와 해탈
아크나톤: 유일신
페니키아: 표음 문자

조로아스터: 선천적 선악
유대사상: 후천적 선악
그리스 신화: 신과 영웅
호메로스: 명예와 죽음

3. 신화 탈출 ... 40
솔론, 클레이스테네스: 민주 정치
탈레스 아낙시만드로스 아낙시메네스:
사물의 본질
피타고라스: 숫자로 보는 세상
헤라클레이토스, 파르메니데스:
변화와 불변
엠페도클레스: 모순 봉합
아낙사고라스: 변화의 힘은 정신
데모크리토스: 본질은 원자, 변화는 운동
석가: 무아
공자, 맹자: 인과 덕
페리클레스: 민주 정치 허와 실
프로타고라스, 고르기아스:
인간은 만물의 척도
소크라테스: 개념과 언행일치
플라톤: 천상의 이데아와 지상의 짝퉁
디오게네스: 개념은 개소리

아리스토텔레스: 부동의 원동자
　피론: 결정을 미루다
　알렉산더: 헬레니즘
　에피쿠로스: 세상은 우연
　스토아 학파: 세상은 필연
　키케로: 공화정과 보수

4. 영적 지식의 시대　　　… 73

　필론: 유대교와 그리스 사상의 융합
　바울: 기독교 사도
　용수: 중도(中道)
　오리게네스: 인정받지 못한 교부
　플로티노스: 신플라톤주의
　마니: 영지주의
　암브로시우스, 히에로니무스: 교부 신학
　테오도시우스: 기독교 국교화
　아우구스티누스: 신의 조명론
　히파티아: 독단의 광기에 희생
　찬드라굽타 2세:
　힌두교 태동과 불교의 쇠퇴
　보이티우스:
　최후의 고대철학자, 최초의 중세철학자
　유스티니아누스: 로마 고토 회복
　위 디오니시우스: 속이는 권위
　베네딕투스: 수도원 설립
　그레고리우스: 교황체계 수립
　무함마드: 이슬람
　레오 3세: 성상파괴 운동

5. 신국 완성을 앞두고　　　… 104

　카롤대제: 카롤링거 르네상스
　하룬 알 라시드: 이슬람의 르네상스
　요하네스 스코투스 에리우게나: 박제된 천상
　오토 대제: 세속 권력 강화
　이븐시나: 일자는 부동의 원동자
　안셀무스: 존재론적 신 증명
　우르바누스 2세: 십자군 전쟁
　로스켈리누스: 유명론
　아벨라르: 온건 실재론
　아베로에스, 마이모니데스:
　이슬람과 유대교의 스콜라 철학
　주희: 이기론의 운명
　칭기즈칸: 실크로드의 흙먼지
　알베르투스: 이슬람 철학 수용
　토마스 아퀴나스: 지성의 신학
　에크하르트: 언어의 침묵
　단테: 신을 빙자한 인본주의
　둔스 스코투스: 주의주의
　오컴 윌리엄: 이성과 계시의 분리

6. 이탈리아와 연금술　　　… 133

　보카치오: 보통 사람
　코시모 메디치: 갈등 해소는 예술로
　쿠자누스: 무한 반복을 통한 대립 극복
　콜럼버스: 공간 개혁
　레오나르도 다빈치, 미켈란젤로:
　비례에서 신의 발견

에라스무스, 토마스 모어:
바보처럼 살았군요
마키아벨리: 현실 정치
코페르니쿠스: 천지개벽
루터: 종교 개혁
로욜라: 가톨릭 개혁
파라켈수스: 의술 개혁
이황: 사단칠정 원천
칼뱅: 개신교 정립
텔레시오: 변화의 원인으로 목적인 제거
몽테뉴: 자기의 발견
조르다노 브루노: 무한 우주

8. 프랑스와 잠자는 시민 깨우기 ... 179

몽테스키외: 삼권분립
볼테르: 앙시앵 레짐 풍자와 관용
린네: 낫과 기역 자
라메트리: 인간도 기계
흄: 표정만이 경험
루소: 자유와 평등
디드로: 생명의 자연 발생
바움가르텐: 미학
애담 스미스: 보이지 않는 손과 자유무역
칸트: 경험과 이성의 통합
홍대용: 근대 사상을 알림

7. 영국과 잠자는 이성 깨우기 ... 153

베이컨: 경험주의
갈릴레오: 지동설 관측
케플러: 신과 무관한 천제운동 발견
야콥 뵈메: 연금술로 형상의 합성
그로티우스: 자연법을 따른 국제법
홉스: 계약에 따른 국가
데카르트: 정신과 육체의 분리
파스칼: 생각하는 갈대
스피노자: 진인사 대천명
로크: 자연법과 인식의 과정
뉴턴: 자연법칙을 통해 신을 사유
라이프니츠: 모나드라는 정신적 실체
비코: 자연 대신 사회
버클리: 극단의 관념론

9. 독일과 결정론적 인식 ... 199

헤르더: 이성 앞에 떠는 감성
괴테, 바이런: 고전주의에서 낭만주의
벤담: 공리주의
생시몽: 공상적 사회주의자
피히테: 활동하는 자아
돌턴: 원자론
훔볼트: 선험적 언어
슐라이어마허: 자유주의 신학
셸링: 동일 철학
헤겔: 정신 변증법
쇼펜하우어: 철학계의 라마르크
콩트: 실증주의와 사회
포이에르바하: 신학 대신 인간학
토크빌: 소수자와 결사의 자유
밀: 표현의 자유와 질적 공리주의

10. 환원과 저항 ··· 222

- 다윈: 진화론
- 키에르케고르: 절망의 철학
- 마르크스: 혁명의 철학
- 스펜서: 사회진화론
- 분트: 정신의 작동 기제
- 딜타이: 내적 체험에 기반한 정신과학
- 에른스트 마흐: 관찰과 이론
- 퍼스: 기호와 도면
- 윌리엄 제임스: 실용주의 철학
- 니체: 적자생존의 철학자

11. 복합체와 정신의 창발 ··· 240

- 볼츠만: 비가역성
- 프레게: 기호 논리학
- 푸앙카레: 예측 불가
- 프로이트: 먹는 인간 싸는 인류
- 소쉬르: 구조주의 언어학
- 뒤르켐: 창발된 사회
- 존 듀이: 지식은 도구
- 베르그송: 시간의 지속
- 후설: 현상학
- 화이트헤드: 유기체 철학
- 조지 산타야나: 아름다운 세상
- 막스 베버: 윤리가 사회 변혁의 원동력
- 크로체: 삶은 예술
- 드리슈: 생기론
- 레닌: 변증법적 유물론
- 버트런트 러셀: 행동하는 지식인

12. 세계대전과 양자 정신 ··· 266

- 카시러: 상징으로 세상을 해석하는 인간
- 막스 셸러: 철학적 인간학
- 부버: 관계를 통한 실존
- 아인슈타인: 상대성 이론
- 신채호: 아와 비아의 투쟁
- 하르트만: 비판적 존재론
- 야스퍼스: 실존자는 신의 자녀
- 호세 오르테가 이 가세트: 대중 비판
- 바슐라르: 불타는 정신
- 루카치: 관념론적 마르크스
- 블로흐: 마르크스식 희망철학
- 가브리엘 마르셀: 나그네 철학
- 비트겐슈타인: 언어의 기능
- 하이데거: 내가 부동의 원동자

13. 전체주의 비판과 진단 ··· 287

- 그람시: 헤게모니 혁명이론
- 카르납: 언어 분석을 통한 철학
- 벤야민: 콜라주 철학
- 호르크하이머: 비판이론
- 야콥슨: 자연 언어 분석
- 마르쿠제: 사육된 인간에게 고함
- 하이에크: 계획경제 불가능론
- 에리히 프롬: 국가에 위임한 삶
- 가다머: DNA가 다른 인간
- 라캉: 자신 이해 불가
- 파슨스: 창발된 조직에서 힘의 규격화
- 포퍼: 반증 가능성

요나스: 환경론자
아도르노: 대중문화 비평
사르트르: 실존이 본질을 앞선다
레비나스: 타인의 얼굴
한나 아렌트: 공적 활동

14. 거대 담론 허물기 ··· 311

괴델: 불완전성의 정리
콰인: 탄 뗏목을 고친다
메를로 퐁티: 몸부림을 통한 저항
레비 스트로스: 서양 문명의 우위 비판
보부아르: 제2의 성
벌린: 자유를 빙자한 간섭
에이어: 사라질 진리
오스틴: 말은 진리 이상
리쾨르: 비판과 확신의 해석학
바르트: 취소선의 철학
프리고진: 혼돈에서 질서
알튀세르: 중층결정론
롤스: 정의로운 분배
고프먼: 가면을 쓴 행위자
쿤: 패러다임 전환

15. 진리의 길과 정의의 길 ··· 330

시몽동: 개체화의 원리
리오타르: 진리는 정의와 결합 불가
들뢰즈: 욕망은 결핍이 아니라 근본 힘

푸코: 소수자의 권리
퍼트남: 양자 철학
루만: 체계 이론
부르디외: 금수저 흙수저
데리다: 대립 개념 해체
리처드 로티: 표상주의에 시비
로버트 노직: 자유지상주의
솔 크립키: 선험성과 필연성의 구분

16. 탈 구속 ··· 348

진리와 정의는 끝없는 환원과 창발
철학 요건의 점검
귀환

인물색인 ··· 356

1. 구속

프록시마 외계인들이 전략 회의를 열었다. 의사봉을 쥔 우두머리가 지구에서 데리고 오는 과학자에게 부여할 역무를 물었다. 프록시마가 지구 과학기술을 역전시킨 마당에 현장에서 처형하지 않고 굳이 데려오는지 여기저기서 수군거렸다. 주최자가 탁자를 두드리자 실내는 조용해졌다. 서로 눈치를 보고 있는데 인공지능이 제안했다. "지구철학 정리"

크로: 행성 도착

곧 프록시마 행성에 도착한다는 안내 방송이 흘러나왔다. 크로는 꿈인지 생시인지 혼란스러웠다. 지구를 떠나 프록시마 행성을 향할 때까지만 기억이 남아 있었다. 이후로는 잠이 들었는데 벌써 도착할 시간이라니! 믿기지 않았다. 볼을 꼬집었다. 아프니 꿈이 아니다. 옆에 잠든 네안을 깨웠다. 잠들기 전 모습 그대로였다. 빛 속도로 달리는 우주선에서는 시간은 천천히 흘러 젊음이 유지된다.

우주선에 내려 도착 화살표를 따라갔다. 외계인은 보이지 않았다. 코로나바이러스 검사대를 지나자 출입문이 열렸고 승용차가 기다리고 있었다. 자율 주행 차량은 타자마자 속도를 냈다. 끝없이 펼쳐진 황량한 사막에 듬성듬성 풀과 나무들이 자랐다. 눈 덮인 큰 산 너머로 해가 넘어가고 있었다. 차가 하천을 끼고 돌자 마을이 나타났다. 계곡 옆 담 낮은 집에 차는 멈춰 섰다. 크로는 현관문을 열었다. 식탁 위에 꽃바구니가 놓였고 옆에는 홀더에 꽂힌 카드가 있었다.

"지구 철학"

이제 도착했다는 안도감에 피로가 몰려왔고 크로 부부는 잠속으로 빠져들었다. 아침 새소리에 잠에서 깨어 커튼을 젖혔다. 하늘은 맑았고 정원에는 맨드라미, 부겐베리아, 국화가 피었고 군데군데 석류, 사과, 배롱나무도 심어져 있었다. 지구 식물을 그대로 가져온 듯했다. 밖으로 나왔다. 앞집에도 부부가 나와 정원을 손질하고 있었다. 지구인처럼 생겼다. 자신은 영국에서 온 철학자 화이트헤드라고 소개했다. 화이트헤드는 대뜸 부여된 임무를 물었다. 크로는 철학이라고 쓰인 카드만 보았지 상세 내용을 보지 않았다고 대꾸했다.

네안은 이웃집 마당으로 들어가 부인과 벌써 이야기를 나누고 있었다. 크로는 집안으로 들어가 카드를 뒤집었다. 작은 글씨가 보였다.

"새로운 임무에 놀랐죠? 우리는 지구 문명 덕에 발전했지요. 지구 과학과 예술 그리고 문학은 우리에게도 귀중한 자산이요. 그런데 지구 철학은 현실과 괴리가 커 삶과 환경에 도움이 되지 않아요. 철학이 온난화, 불평등, 자유와 평등, 환경 오염, 자원 고갈, 출산율 저하, 지방 소멸의 현안에 해답을 주지 못해요. 다양한 주장만 난무하지만 조금만 파면 저절로 무너져요. 데려온 지구 철학자에게 잘 엮인 철학을 부탁했지만 자기 철학은 완벽하다며 더 이상 손대기를 거부해요. 당신은 독자 철학이 없으니 오히려 적임자일 수 있지. 근대까지 철학자들이 과학자였으니 무리한 부탁은 아닐 거요. 철 지난 주장도 잡아 주시오. 프록시마 르네상스를 기대하며."

화이트헤드: 카드에 뭐가 쓰여 있지?
크로: 현실과 일치된 지구 철학을 원하네.
화이트헤드: 크로마뇽인에게 무리한 부탁을 했군.

> **크로:** 아내 네안과 함께 동굴 시대부터 과학기술을 팠지. 같은 종족끼리 차별하나?
> **화이트헤드:** 대항해 시대 유럽인들도 아메리카 원주민을 동물로 여겼어.
> **크로:** 환영 인사가 고약하네. 여기에 누가 사는가?
> **화이트헤드:** 지구를 떠난 철학자들이 살고 있어. 호메로스가 첫 거주민이야.
> **크로:** 육체가 죽으면 영혼도 함께 사라지는데 철학자는 어떻게 살아 있지?
> **화이트헤드:** 나도 몰라. 그런 의문을 품지도 않았어.
> **크로:** 나는 납치되었어. 되돌아 갈 거야.
> **화이트헤드:** 지금 여기에 행복이 있어. 무모한 소망은 절망만 줄 뿐이야.
> **크로:** 외계인과 소통은 어떻게 하지?
> **화이트헤드:** 요청 카드를 홀드에 끼워 둬.

뇌: 진화와 철학

크로는 자연 세계 수수께끼를 캐는 재미로 젊음을 보냈고 아직도 미지 영역이 남아 있으니 철학은 관심 밖이었다. 적성 맞는 과학기술로 사회에 기여하는 편이 올바르다고 보았지만 갑작스런 납치는 생각을 바꾸었다. 후배 과학자들이 미해결 과학 문제들을 파고 있으니 이제 자신은 지구 현안을 넓은 시각으로 바라봐도 될 듯싶었다.

크로는 카드 홀드에 철학서를 요청했다. 배달된 철학서를 훑어보며 자신의 수준을 가늠했다. 예상대로 어려웠다. 한 달을 궁리했다. 늦게 시작한 마당에 철학을 차근차근 익히고 싶지 않았다. 읽다 막히며 지면을 뚫기보다는 책을 덮고 걸으면서 문제를 음미하고 싶었다. 문제 본질을 파악한 후에 넓고 깊게 사색하면 뜻도 드러난다고 보았다. 과학이나 수학 문제에서도 그는 이 방법을 즐겨 사용했었다. 사색이 진리에서 너무 벗어나지 않도록 고대, 중세, 근대 철학의 마일스톤을 세우고 과학사 보호 난간에도 뇌를 묶었다.

첫 장 그리스 철학부터 거슬렀다. 진화론에 젖은 자신을 감안하더라도 원시 인류 혹은 동물에서 철학 개념들이 발아했음은 명확하다. 개념은 뇌 작용이므로 뇌 진화와 뗄 수도 없다. 뇌는 척추 신경이 부풀어 올라 생겨났다. 최초 뇌는 파충류 뇌로 불리는 뇌간이다. 뇌간은 심장 박동 등 자율 신경을 조절하며 특히 뇌간에 속한 소뇌는 신체 균형을 잡는다. 뱀 새끼가 조상을 잊을 만큼 세월이 흐른 뒤 포유류가 출현하면서 변연계가 뇌간을 덮었다. 변연계는 희로애락을 유발하여 감정 뇌로 불린다. 변연계 뇌하수체는 감정 호르몬을 분비하여 웃고 우는 표정을 짓는다. 다시 세월이 흘러 털 빠진 원시 인류가 출현하자 대뇌피질이 변연계를 덮었다. 인식과 논리작용을 일으킨 대뇌피질 덕분에 인류 생존력이 향상되었고 대뇌피질이 커지는 선순환이 일어났다.

온 몸에 퍼진 감각 신경, 운동 신경은 뇌간, 변연계, 대뇌 피질의 중추신경계에 연결되어 정보를 주고받는다. 3층 중추신경계가 명령을 내리니 상호 충돌이 우려되지만 우선순위가 부여되어 조율된다. 이는 공장의 감시제어 계통과도 유사하다.

철학이 뇌 진화와 함께 했지만 누적된 지식 영향도 받았다. 무인도에 표류한 현대인도 도구 없으면 원시인을 따라갈 수 없다. 첫 작품보다 나중이 뛰어난 이유도 경험 덕분이다. 계산기는 뇌 암산을 도왔고 수첩은 뇌 기억을 해방시켰다. 누적 지식과 문명 도구는 뇌 작동 방식에 되먹임되었다. 최적화로 현생 인류 뇌는 네안데르탈인 뇌보다 작다.

크로: 3만 년 산 우리가 철학을 파도 재미있겠지?
네안: 나는 더 오래 살았지.
크로: 과학기술과 문명이 발전했지만 철학은 제자리걸음 같아.
네안: 예술은 어떨까?

크로: 피카소 그림과 비교해 봐.

네안: 지금도 알타미라 벽화를 그릴 미술가는 이중섭과 피카소밖에 없어. 전시관에 함께 걸려 있다면 현대 미술로 우길 수도 있지.

크로: 도덕성은 나아졌지?

네안: BC1700년경 수메르 점토판에는 요즘 애들이 버르장머리가 없다는 글귀가 있지. 요즘 노인 훈계와 다르지 않지.

나누리틀: 철학 틀

크로는 철학을 현실과 일치시킬 뿐만 아니라 삶에 보탬이 되기를 원했다. 과제 목표에 따라 요건을 파악하는 과학자 습성을 지닌 크로는 삶에 도움될 철학 요건을 잠시 생각했다.

사람은 삶이다. 멈추기보다는 움직여야 생존 가능성이 높다. 적합한 행동은 주변을 보고 생각한 후 예측에서 나온다. 내가 미래를 예측하여 이익을 얻어도 이웃에게 도움이 되지 않으면 견제를 부른다. 개인 삶만큼 공동체 삶도 중요하다. 인간만을 위한 행동은 타생물체를 위협하고 지구 환경을 파괴할 수 있다. 위험은 자신 행동으로도 지구 밖에서도 올 수도 있다. 철학은 위협을 제거할 힘을 지녀야 한다. 좋은 철학은 성인군자의 잔소리가 아니라 감동과 기쁨을 선사한다. 크로는 이를 5개 철학요건으로 정리했다.

- 미래를 예측한다.
- 자신과 공동체를 돕는다.
- 환경과 자원을 보존한다.
- 위협을 줄인다.
- 감동과 흥미를 준다.

크로는 공학 제품 설계했던 경험을 더듬었다. 미래를 정확히 예측하는 공학 제품만큼 신묘한 철학이 있을지 의문이 들었다. 그래도 처음 떠오른 요건을 완화하고 싶지는 않았다. 과도한 요건과 요건 간 충돌을 밝히는 일도 철학이라고 보았다. 크로는 5개 요건을 달성할 철학 도구를 벼렸다.

철학은 나로부터 시작된다. 대부분 문장이 '나'로 시작하는 것만 봐도 '나'는 세상의 중심이다. 나는 태어나서 움직이고 죽는 당사자이다. 나는 우연히 던져진 존재이지만 죽는 날까지 최선을 다해 살아간다. 행복을 추구하고 부귀영화를 원한다. 오늘 실패에도 내일 희망을 바라며 잠을 청한다. 어느 날 허리가 아파 되돌아 자신을 본다. 육체는 노화되고 정신은 혼미하다. 죽음으로 육체는 사라지고 삶의 흔적도 지워진다. 나는 독립적이다. 나는 신체 기관 일부를 이식해 줄 수 있지만 타인 대신 죽을 순 없다. 철학의 중심은 '나'다.

내가 살아가는 무대는 세상이다. 공기는 나를 숨 쉬게 하고 물은 나를 적신다. 태양은 나를 녹이고 동굴은 나의 피난처가 된다. 땅은 채소를 내어주고 바다는 물고기를 키워 준다. 이웃 마을은 함께할 짝을 내주고 사냥 친구를 보내 준다.

철학은 나와 세상 간 상호 작용이다. 무조건 주는 나도 있고 무조건 받는 나도 있다. 크로는 자신의 철학 틀을 나누리틀로 명명했다. 나누리는 철학 중심인 나, 세상인 누리의 합성어이다. 받는 만큼 주고 주는 만큼 받는 철학 틀이다.

세상은 나 밖의 전부이다. 세상은 자연, 사회, 예술로 세분된다. 자연은 스스로 존재했으며 자연 법칙이 작동한다. 사회는 시민이 형성했으며 법과 제도가 작용한다. 예술은 개인이 창작했으며 상상력이 작동한다. 자연은 인간 의지와 상관없이 존재하지만 사회와 예술은 인간 의지에 따라 변화한다. 자연 법칙은 시간에 무관하나 사회 제도는 유효 기간이 있고 예술은 영원하다.

나누리틀은 '나' 중심으로 짜여 있지만 가정, 조직, 국가, 지구, 우주에도 적용될 수 있고 생물, 기관, 세포, 분자, 원자, 소립자에도 적용될 수 있다. 과학과 공학에 몸담은 크로는 나누리틀 확대 적용을 거부할 이유가 없었다. 오히려 크로는 확장된 모든 유형을 포괄하도록 '나' 대신 '주체'란 어휘를 사용했고, '나'에 다소 한정된 '세상' 대신 포괄적인 '환경'을 사용했다. 주체 유형이 변경되면 환경도 조정된다. 인간의 환경은 세상이지만 조직의 환경은 지역 사회이고 국가의 환경은 국제 사회이고 세포의 환경은 생체 기관이다.

크로는 특별히 자아와 세계의 상호 작용 방식을 도식으로 나타냈다. 다른 주체 유형에게도 비슷한 도식이 가능하다. 화살표와 글상자들은 세계의 신호를 받아 자아가 인식하고 판단하는 과정을 표시했다. 세계는 자연, 사회, 예술로 나눴고 자아도 신체와 뇌로 세분했다. 뇌는 신체를 통해 들어오는 신호를 인식하고 감정을 유발한다. 인식은 지식과 도덕으로 누적된다. 세계가 동일할지라도 뇌 인식 체계는 사람마다 다를 수 있다. 자아는 상황을 판단하여 목표를 설정하고 행동한다.

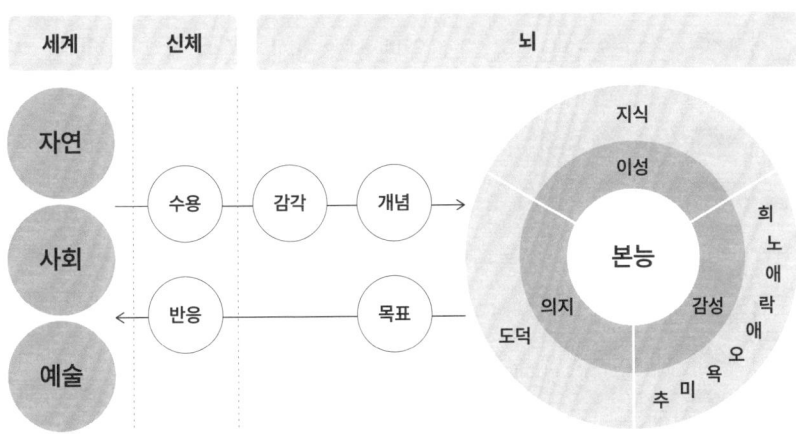

신체는 육체 운동을 담당하고 뇌는 정신 활동을 담당하는 데서 알 수 있듯이 자아는 물(物)과 심(心)으로 이루어진다. 나누리틀은 물과 심으로 이뤄진 물심론(物心論)이다. 주체 유형이 변경되면 물심의 성분과 비율도 바뀐다. 조직에서 물은 구성원이고, 심은 규범, 문화 등이다. 무생물에서 물은 분자이고 심은 전자기력이다. 하등 생물은 정신 비율이 낮고 고등 생물에서는 정신 비율이 높다. 인간은 최고 정신 비율을 지닌다.

주체는 경계면을 통해 환경과 상호 작용한다. 주체와 환경 경계면은 주체의 물질이 엷어지는 표면이다. 인간에게 경계면은 피부이다. 에너지, 물질, 정보가 경계면을 지나 들어오고 나간다. 하등 주제는 에너지와 물질을 교환하고 고등 주체는 정보를 교환한다. 식물은 주변 빛을 흡수하고 동물은 들판에서 풀을 뜯으며 인간은 세상과 정보 교환하여 권력을 잡는다.

주체 유형에 따른 상호 작용도 다르다. 돌은 산비탈로 굴러가고 해는 매일 동쪽에서 떠오른다. 식물은 뿌리를 내려 움직임이 없고 동물은 발로 이동할 수 있다. 인간은 뇌로 생각할 수 있다. 사회 조직은 돌판에 법을 새기고 범죄를 예방한다.

주체의 작동 방식은 되먹임 회로이다. 되먹임 회로는 수용, 해석, 반응의 순서로 작동한다. 인간은 오감으로 열매 신호를 받아들여 뇌로 사과라고 판단하며 손으로 따먹는다. 반응도 의지 여부에 따라 더 세분될 수 있다. 허기진 배는 필연적으로 숟가락을 잡지만 뇌는 남의 밥그릇을 탐하지 않는다.

되먹임 회로는 단발성이 아니라 반복된다. 초, 분단위로 반복될 수도 있고 시, 일, 월, 년 단위로 반복될 수도 있다. 대상을 인식하는 되먹임 회로는 순간적으로 일어나지만, 삶의 소명을 따르는 되먹임 회로는 평생 지속된다. 되먹임 회로의 멈춤은 주체의 죽음이다.

되먹임 회로는 변증법이나 변분법으로 목표를 향해 나아간다. 변증법은 반응할 최적 점을 찾고 변분법은 반응할 최적 선을 찾는다. 목욕물을 맞추려 냉온수를 트는 경우는 변증법을 적용하지만, 전쟁에 승리하려 한 발짝 후퇴하고 두 발짝 전진하는 경우는 변분법을 적용한다. 인간은 경험하고 학습한 지식으로 최적 방법을 찾아 왔다.

나누리틀에서 특이한 변증법은 부품을 조립하여 복합체를 창발하는 과정이다. 부품들은 갈등을 줄이려 협력하여 새로운 주체를 잉태한다. 창발을 통해 소립자는 원자로 전환되고 원자는 분자로 전환된다. 분자는 생명을 지닌 세포로 나아간다. 세포는 식물이 되고, 동물이 되고, 인간이 되었다. 인간은 다시 가족, 씨족, 부족, 조직, 국가를 이루었다. 각 단계의 복합체는 다름 아닌 주체이다. 창발은 부품들의 자유를 제한하는 대신 복합체에게 새 속성을 부여한다. 복합체는 새로운 주체가 되고 자유를 위임한 구성원은 권리와 의무를 조정받는다.

철학사: 면담과 몰입감

크로는 나누리틀로 모든 철학을 융합할 수 있다고 보았다. 철학자마다 철학이 다른 이유는 세상 전체를 볼 수 없어 야기된 현상이며 전체를 아우르는 틀이 있으면 통합하여 모자이크 예술 작품을 만들 수 있다. 더듬어 얻는 정보가 각각 다르더라도 만진 지점을 알면 온전한 코끼리를 그릴 수 있다. 크로는 나누리틀로 힘, 감성, 이성, 현실, 이상, 인식, 의지, 신비. 언어의 철학 사상을 모두 조화시키고 싶었다.

크로는 카드 홀더에 지구에서 온 철학자 명단과 주소를 요청했고 다음 날에 명단이 도착했다. 명단은 출생 순으로 작성되어 있었고 화이트헤드가 알려 준 대로 호메로스가 첫 줄에 보였다. 세상의 본질과 유토피아를 찾아 철학, 수학, 과학기술, 언어, 사회, 예술, 도덕, 정치, 종교를 탐구했던 이름들이 쭉 이어져 있었다. USB에는 철학자의 생애와 사상들이 첨부되어 있었다.

개별 사상은 백과사전처럼 나열되어 철학의 줄거리가 보이지 않았다. 동시대 철학자들도 입장이 달랐다. 연도별로, 주제별로, 지역별로 재배열했지만 유사한 주제가 반복되었다. 방향성이 없으면 독자는 흥미는커녕 멀미를 느낀다.

어느 정도 예상했던 문제인지라 크로는 이 자료들을 나누리틀에 붓고 압력을 지긋이 가했다. 과학의 발전이 철학의 현안을 이어 주었지만 끈기가 적어 손대면 끊어졌다. 철학자들이 소수인지라 철학 흐름이 단절되고 후대가 있더라도 탐구 주제를 바꾼 탓이다. 철학 큐레이터를 도입하면 독자에게 몰입감을 심어 줄 수 있을 듯했다. 크로는 철학 초심자이지만 역사를 관통했으니 철학을 이어 주는 역할을 맡기로 했다.

크로는 각 철학자를 만날 일정을 부탁했다. 일정을 조율하는 사이 그는 큐레이터 역할에 걸맞도록 생활에 기반한 과학사, 문명사, 지성사, 예술사를 살폈다. 탁월한 큐레이터는 완만한 철학사 강줄기에 주변 인자들을 조절하여 래프팅할 급류를 만들 수 있다.

인간의 삶을 살펴보면 원시인은 손쉬운 토템에 의지했다. 원시 신앙은 고대 신화로 중세 기독교로 발전했고 작금 철학관으로 변형되었다. 믿는 자들은 기도와 정화수로 행복했지만 비딱하게 의심하는 자들이 나타났다. 불신자를 설득하려 종교는 심오해지며 철학이 시녀 역할을 했다.

선지자 예언이 다양하게 해석될 수 있자 신학도 위기를 맞았다. 사람들은 현실을 설명하고 미래를 전망하는 과학에 쏠렸다. 그리스에서 시작된 자연철학은 근대에 폭발했다. 과학의 힘이 증대하자 신학에 기댄 철학도 위기를 맞았다. 지동설이 부동의 원동자를 쫓아냈고, 진화론이 종교를 위협했다. 유유히 흐르는 과학 강물에 철학은 떠내려가는 뗏목 신세가 되었다.

비약적으로 발전한 과학기술은 삶을 풍요롭게 했다. 그러나 자연 세계를 예측했던 과학도 사회 예측에서 무기력했다. 과학기술은 스스로를 제어하지 못해 인간 삶과 환경을 오히려 위협하기도 했다. 철학은 이 기회를 놓치지 않고 과학을 견제할 방향타를 획득했다.

　부탁했던 면담 일정표가 나왔다. 쭉 훑어보았다. 호메로스와 면담까지는 제법 시간이 남았다. 그 사이에 철학 개념이 태동하는 과정을 빅히스토리 관점에서 살펴보기로 했다.

2. 영웅 닮은 신

허공을 떠돌던 파편들이 중력으로 뭉쳐져 지구가 생성되었다. 응축되면서 내부는 마그마로 끓었고 지표면은 찬 공기로 식어 갔다. 지표면에 생긴 따뜻한 웅덩이에는 원시 생물체가 꿈틀거렸다. 식물이 먼저 땅을 덮었고 차츰 동물이 풀을 뜯었다. 그리고 인간도 출현했다.

원시 인류는 돌을 사용했고 불을 피워 맹수를 쫓아냈다. 그들은 살금살금 다가갔지만 마지막 순간 사냥감은 도망갔고 태풍이나 가뭄은 농작물을 망쳤다. 그들은 물체에 깃든 정령을 믿었고 기합 소리로 힘을 모았다. 인간은 언어를 도입했고 기하학을 발전시켰고 법률도 제정했다. 문명이 발전하고 삶도 나아졌지만 욕망은 끝이 없어 부족 간에 전쟁은 끊이지 않았다. 이긴 자는 신 닮은 영웅이 되었고 진 자는 가축 닮은 노예가 되었다.

동물: 원초적 진선미

선 컴브리아 시대는 고생대 이전까지의 시기이며 박테리아 등 단세포가 나타났고 산소가 지구 대기를 덮었다. 지질시대 88%을 차지하지만 퇴적암에 묻힌 생물들은 열과 압력으로 변형되어 이 시대 화석을 찾을 수 없다.

약 6억 년 전에 시작된 고생대에는 삼엽충이 번성했다. 요동치던 지표 대륙은 3억 년 전 한 덩어리로 뭉쳐졌다. 판게아 대륙은 지구 내부의 열을 이기지 못하고 다시 쪼개지기 시작하였고 화산이 폭발하면서 생명체는 거의 멸종하였다.

중생대는 2억2500만 년 전부터 시작되었고 파충류 공룡이 번성했다. 최고 포식자로 맹위를 떨치던 공룡은 소행성 충돌로 갑자기 사라졌다. 죽음의 먼지를 뚫고 신생대 3기가 6,500만 년 전에 시작됐다. 신생대 1기와 2기는 지질 정보가 부족할 때 명명되어 이제는 폐기된 시대명이다. 속씨식물은 지구 표면을 덮었고 포유류는 몸집을 키웠다. 대륙판들이 충돌하면서 히말라야, 안데스, 알프스 산맥들이 서서히 높아졌다.

선악은 생명의 탄생과 함께 한다. 사냥감을 쫓는 맹수를 두고 선악을 따지지 않는다. 초식자는 풀을 뜯고 육식자는 초식자를 사냥하도록 태어난 탓이다. 사자는 암컷을 차지하려 배다른 자식을 죽인다. 뻐꾸기는 뱁새의 둥지에서 알을 낳고 일찍 부화하여 진짜 뱁새 알을 둥지에서 밀어낸다. 인간의 눈으로 보면 잔인하지만 동물에게는 생존 방식이다.

초식 동물은 천적을 보면 몸을 숨긴다. 새끼는 태어나자마자 도망치는 방법부터 익힌다. 가젤은 어제 피한 흰 사자를 천적으로 보고 오늘은 만난 갈색 사자를 친구로 여기지 않는다. 가젤은 흰 사자나 갈색 사자를 동일한 천적으로 여기며 사자를 개체보다는 종으로서 구별한다. 동물들은 일반화 능력, 즉 보편자를 인식하는 지능이 있다.

초식 동물이 곰을 만난다. 도망가기에는 시간이 늦었다. 털을 뾰족하게 세워 몸을 부풀리면 곰은 머뭇거린다. 동물은 크고 작은 개념을 가지고 있다. 곰 한 마리가 더 다가온다. 2 대 1로 열세다. 초식자는 뒷걸음질 친다. 동물 역시 하나 둘을 판단하는 수 개념을 지니고 있다. 도망갈 구멍이 없다. 초식자는 땅바닥에 누워 죽은 체한다. 곰이 발로 툭 건드린다. 숨을 참자 곰은 지나간다. 동물은 호흡이나 움직임으로 생과 사를 구분할 수 있다.

식물은 벌을 유혹하려 꽃을 피운다. 동물도 이성을 유혹하려 외관을 꾸민다. 수공작은 암공작의 관심을 받기 위해 화려한 꼬리를, 사슴은 화려한 뿔을 자랑한다. 암컷의 아름다움도 종속 번식을 위해 덫이다. 동물은 본능적으로 미를 꾸미고 아름다운 이성을 찍을 수 있다.

오스트랄로피테쿠스: 직립 능력

　500만 년 전 아프리카 동부는 열대 우림이었고 온갖 침팬지가 뛰어 놀았다. 영원히 평화로울 듯한 대륙에 땅이 벌어지면서 남북 방향으로 강과 호수가 생겼다. 열곡대이다. 응력으로 솟아오른 평원은 건기와 우기가 반복되는 사바나 기후로 변했다. 건기에는 땅이 거북 등처럼 갈라지고 풀들은 말랐다가 우기에는 인도양에서 밀려온 구름이 비를 뿌리면 새싹이 돋았다. 발 빠른 동물들이 초원으로 나왔고 이중에는 인류 조상인 오스트랄로피테쿠스도 있었다.

　초원에서 직립 보행은 자살행위이다. 오스트랄로피테쿠스는 맹수 새끼를 죽여 위협을 예방했고 맹수가 접근하면 함께 돌을 던져 방어했다. 오스트랄로피테쿠스는 직립 덕분에 멀리 볼 수 있었지만 불량 로봇처럼 뒤뚱거렸다. 직립 보행은 정밀한 감각과 운동 능력을 요구하므로 감각과 운동을 조절하는 뇌는 정교해졌다.

　오스트랄로피테쿠스는 참한 암놈을 만났다. 짝짓기를 했고 아기가 태어났다. 어미를 닮았다. 오스트랄로피테쿠스는 자식이 부모 닮음을 알았다. 그들은 아기 탄생에서 암컷과 수컷 역할을 인식했다. 수사자도 남의 새끼를 물어 죽이듯이 원시 인류도 남의 새끼를 구박했다.

　오스트랄로피테쿠스는 굴곡진 대뇌피질로 시간과 공간도 기억했다. 돌배 나무 위치를 기억하여 배가 익을 즈음에 찾아갔다. 동물이 연못을 찾듯이 시공간의 인식 능력은 선천적이며 인간이 동물에게서 물려받았다.

호모 하빌리스: 자유로운 손

250만 년 전에 시작된 신생대 4기부터 위도 40도 이상 지역은 빙하로 덮였고 해수면은 내려갔다. 외형상 동일한 새끼를 낳은 듯했지만 인간의 뇌 용량은 약 700cc을 찍었고 호모 하빌리스가 나타났다. 하빌리스의 의미는 손을 자유롭게 놀려 '손재주가 있는 사람'이다. 하빌리스는 더 이상 완력에 의존하기보다는 도구에 의존했다. 그들은 뗀석기로 가젤을 사냥하여 고기를 바르고 뼛속 골수까지 꺼내 먹었다. 그들은 최초로 인간이란 '호모' 속 명칭을 부여받았다. 정교한 뇌로 의식과 행동도 사람다워졌다.

호모 에렉투스: 불의 사용

뜨거운 햇볕이 작열하는 아프리카 적도 지역에서는 온갖 종류의 바이러스가 창궐하였다. 박쥐 같은 동물에서 서식하던 바이러스가 호모 하빌리스를 전염시켜 여기저기 시신이 즐비했다. 운 좋게 살아남은 자들은 바이러스 DNA 침입으로 유전자는 변형되었다. 이들이 150만 년 전에 출현한 호모 에렉투스이다.

호모 에렉투스는 물고기를 잡으며 나일강 따라 이동하다 아프리카를 벗어나 유라시아를 퍼져 나갔다. 일부는 아나톨리아 반도를 따라 유럽으로 들어갔고, 일부는 카스피해를 스쳐 중앙아시아로, 일부는 아라비안 해안을 따라 인도와 동남아로 이동하였다.

호모 에렉투스는 각 지역에 뿌리를 내려 베이징 원인, 인도네시아 자바원인 조상이 되었다. 현생인류 호모 사피엔스가 침입했을 때 호모 에렉투스는 유럽에서는 호모 네안데르탈인으로, 알타이 산맥에서는 데니소바인으로, 동남아에서 호빗으로 진화되었다.

호모 에렉투스는 돌과 불을 사용하여 동물 대비 열등한 신체적 결함을 보완했다. 날고기를 익혀 먹으므로 소화가 빨랐고 먹는 즉시 활력을 얻었다. 이들은 밤에 맹수를 피하기 위해 동굴 속에 거주했다. 번개와 천둥을 일어나면 무시무시한 동물 소리로 알고 동굴 속으로 숨었다. 에렉투스는 가족이 죽으면 슬퍼했고 묻어 주었다.

> **네안:** 지구 곳곳에서 발굴되는 두개골로 인류 족보를 알 수 있을까?
> **크로:** 자식 미토콘드리아 염색체는 엄마, Y 염색체는 아빠, 일반 상동 염색체는 양쪽에서 오지. 염색체 분석에 따르면 현생 인류는 크로마뇽인 최초 부부에서 태어났고 약 4% 데니소바인, 네안데르탈인 흔적을 지니지.
> **네안:** 우리 결혼이 두 종 교배 증거네.
> **크로:** 고온다습한 아프리카는 유전자 용광로이지. 외부 바이러스뿐만 아니라 내부 트랜스포존 염기 조각은 옆 DNA에 집적거려 새 유전자를 만들어 내지. 10만 년에 DNA 한 두 염기에서 변이가 일어나지.
> **네안:** DNA로 밝혀낸 인류 족보는 매년 바뀌고 있어. 아프리카에서 생겨난 새 인류가 유라시아로 퍼져 나가 토박이 주민과 짝짓기 했다고 보는 편이 낫겠지.
> **크로:** 일리 있는 말이지. 식량보다 짝을 찾아 이동했는지도 몰라.

호모 사피엔스: 생각하는 인간

20만 년 전 극지방 근처에는 빙하로 덮여 있었지만 아프리카는 여전히 습하고 더웠다. 아프리카 호모 에렉투스는 크로마뇽인으로 불리는 호모 사피엔스로 진화되었다. 그들은 수렵과 채집으로 생활했다.

크로마뇽인도 조상들이 그랬듯이 아프리카를 떠나 전 세계로 퍼져 나갔다. 가나안 해안, 유프라테스 강을 지났다. 정든 터전일지라도 사냥감이 줄어들면 태산을 넘었다. 강과 바다를 막으면 통나무로 배를 만들었고 호모 에렉투스 후손들이 길을 막으면 무찔렀다.

인류의 유라시아 이동은 기후 영향을 받았다. 빙하가 전진하면 남쪽 경로를 탔고 빙하가 후퇴하면 북쪽 경로를 탔다. 빙하가 덮고 있을 땐 이동이 느려졌고 빙하가 녹았을 땐 이동이 빨라졌다. 동북아시아에 다다른 크로마뇽인은 빙하로 해수면이 낮아진 베링해를 건너 아메리카로 들어갔고 1.5만 년 전쯤에 남미에 다다랐다. 동남아에 나아간 무리들은 인도네시아 열도를 따라 오세아니아로 들어갔다.

3만 년 전 크로마뇽인의 뇌 용량은 네안데르탈인보다 적어졌다. 이는 뇌가 단기 기억과 장기 기억 방식으로 작동한다는 사실에서 어느 정도 유추 가능하다. 한번 본 영상을 유지하는 단기 기억 능력은 동물이 우월하고 기억 영상을 개체 단위로 추출하고 개념으로 기억하는 장기 기억 능력은 인간이 뛰어나다. 사건 간에, 개체 간에 인과율은 개념 형성에 기여한다.

단발성 외침으로 의사소통 하는 동물에 비해 호모 사피엔스 소리는 다양했다. 후두로 음높이와 세기를 조절할 수 있고 구강 형태로 다양한 소리를 만들 수 있다. 소리로 사냥감 종류와 위치를 알려 인간은 생존 우위에 설 수 있었다.

현대인에게도 생물과 무생물의 구분은 어렵다. 보통 움직임이나 번식으로 구별하지만 석회 동굴의 석순은 자라지만 무생물이고 바이러스나 프리온은 단독으로 번식하지 못하지만 생물이다. 구석기 호모 사피엔스는 모든 사물에 정령이 들어 있다고 믿었다. 달아나는 사냥감도 해거리하는 과일도 정령 탓으로 돌렸으며 그들은 정령이 노하지 않도록 조심했다.

크로마뇽인은 동굴벽화를 그렸다. 현대 미술작품을 다양하게 해석하듯이 동굴 벽화의 제작 동기도 다양할 수 있다. 행사를 위한 무대 장식일 수도 있고, 사냥을 위한 훈련 교재일 수도 있고, 성공적 사냥을 기원하고 집단의식을 고취시키는 병풍일 수도 있고, 동굴 소유 표시용 오줌 냄새일 수도 있다.

크로마뇽인은 사자처럼 사냥하고자 30cm 크기의 사자 인간도 조각하여 배고픔을 극복하고 풍요로운 미래를 꿈꾸었다. 그들은 유방과 엉덩이가 부각된 손바닥만 한 빌렌도르프 비너스도 제작했다. 살아가기 힘들었던 빙하기에 다산을 기원했던 부적으로 생각된다.

1.2만 년 전 마지막 빙하기가 끝나고 간빙기가 현재까지 이어지는 홀로세에 진입했다. 기후는 따뜻하고 계곡마다 빙하에서 녹은 물이 넘쳐 흘렀다. 낮은 지대는 호수로 변했고 주변에 푸른 들판이 생겼다. 지구 해수면이 130m 이상 상승하였고 지금보다 온도가 높은 시기도 있었다. 베링해, 대한해협, 인도네시아 열도는 바다로 덮였다. 바이칼 호수나 카스피해 근처 초원지대로 크로마뇽인은 모여들었다.

호수 주변은 비옥했다. 게으른 사람들은 숲속 풀을 캐 집 옆에 옮겨 심었다. 놀랍게도 풀은 살아났고 채소가 되었다. 수렵과 채집의 유목 생활에서 농사를 짓는 정주 사회로 서서히 변화되었다. 긴 동절기를 견디려 추수한 농산물을 토기에 보관도 했다. 신석기인들은 돌을 갈아 돌도끼를 만들고 활과 창도 제작했다.

정착 생활: 음성 언어

농경 사회 덕분에 생활은 풍요로워졌다. 육체노동 대신 갈등을 전문적으로 해소하는 계급도 생겼다. 지도층과 평민이 갈라졌다. 사회가 복잡해지면서 어휘들도 다양해지고 의미들도 정교해졌다. 일반명사, 고유명사, 추상명사 개념도 나타났다. 그들은 만나면 도망칠 동물로 '사자', 집에서 키우는 개에게 '초롱이' 이름을 지어 주었다. 어휘는 사람들의 약속이지 특별한 이유가 있지 않다. 사람들은 사자를 일반명사로 초롱이를 고유명사로 여겼다. 사람들은 일반 명사 앞에 부정관사(a)나 정관사(the)를 붙여 고유명사를 모르더라도 지칭하는 방법도 찾았다. 총각과 처녀들은 만나고 싶고 포옹하고 픈 맘을 '사랑'이라고 불렀다. 눈에 보이지 않는 감정에 이름을 붙여 추상명사도 얻었다.

실크로드 따라 건너간 족속은 단어를 우랄계나 알타이어계 어순으로 배열했다. 한글도 우랄 알타이어계 어순을 따른다. 한 지역의 어순은 마지막 들어온 족속이 결정한다. 한반도에도 동남아 해안을 따라 들어온 족속이 있었지만 최종 유입된 예맥족에 의해 흡수되었다. 이후에도 주변 족속이 침입하여 외래 어휘를 쏟아 놓고 갔지만 한번 형성된 어순을 변경시키지는 못했다.

초기 인간 음성은 감정 표현이었다. 소리는 높낮이가 있었고 리듬을 탔고 노래처럼 들렸다. 인류 초기 문학이 서사시나 시인 이유는 음성언어에서 유래한 탓이다. 현대인이 외울 수 없는 긴 서사를 그들은 리듬 탓에 읊조릴 수가 있었다.

BC40세기경 소빙하기가 찾아왔다. 유라시아 초원 지대 풀들이 시들어 갔다. 흉년이 든 부족은 농작물을 약탈하며 짝을 찾으려 따뜻한 남쪽으로 기수를 돌렸다. 전쟁에서 패한 남자는 죽임당했거나 노예가 되었고 여자들은 씨받이가 되어 침략자 자식을 낳았다. 지친 사람들은 힘센 신을 찾았고 전쟁 승리를 위해 신에게 제물을 받쳤다. 승리한 신은 높임을 받았고 더 넓은 지역을 얻었고 더 많은 신도를 거느렸다. 패배한 신은 명령을 순종하지 않은 거주민을 탓하며 더 많은 헌신과 순종을 요구했다.

이집트 문명: 기하 태동

이집트 문명은 BC30세기 나일강 비옥한 삼각지에서 발흥했다. 나일강은 빅토리아 호수와 에티오피아의 고산 지대에서 발원한다. 강줄기는 북으로 이집트 사막 지대를 가로질러 지중해로 부챗살처럼 퍼진다. 긴 유로 덕분에 나일강은 지구 기후 변화에 영향을 덜 받았지만 5~6월에는 적도 무역풍이 집중 호우로 변해 홍수를 유발하기도 한다. 하류에 거주하는 이집트인들은 강의 범람 시기를 찾으려 천체를 관측하여 태양력을 만들었고 진흙에 파묻힌 농지를 구획하려 도형을 그려 기하학을 발명했다.

이집트 파라오는 농한기에 일자리를 제공하려 피라미드 건축 공사를 일으켰다. 백성들은 거대한 돌을 나일강 상류에서 채석하여 부력으로 운반하여 지렛대 원리로 건축했고 기하학 원리로 피라미드 방향을 정했다.

메소포타미아 문명: 문자 언어

북위 30도 지역은 적도에서 데워져 올라간 공기가 창공에서 북쪽으로 이동하다 식어 내려앉은 고기압 지대이다. 비가 거의 오지 않으므로 대부분 북반구 사막이 이 위도에 위치한다. 다행스럽게 메소포타미아 지역은 유프라테스와 티그리스 강 사이에 놓여 비옥했다. 두 강의 수원은 사막보다 북쪽에 위치한 터키 토로스 산맥, 이란 자이로스 산맥에서 눈 녹은 물이다.

북쪽에서 내려온 수메르인은 BC30세기에 메소포타미아 문명을 일구었으며 바퀴 달린 수레를 만들었다. 그들은 일 년 동안 보름달 횟수를 관측하여 12진법을 발명했고 약 360일 만에 제자리로 돌아오는 태양 운동을 보고 원주를 360개로 분할했다.

음성이 저 멀리 퍼지지 못하고 세월에 잊히자 수메르인은 문자를 만들어 공간과 시간을 극복했다. 문자로 왕의 치적을 후세에 남겼고 제의 절차를 점토판에 새겼으며 빌려준 물건을 표시했다. 초기 문자는 사물 형태를 본 뜬 상형 문자였고 이를 조합하였다. 사물이 다양하니 문자의 개수도 많았다. 지금 중국 문자를 보면 천자문, 만자문 이상이 있다. 그리기 힘든 상형 문자는 간소화되거나 쐐기를 닮은 설형문자로 차츰 변환되었다.

문자 발명으로 구전으로 전해지던 이야기들이 문서화되었다. 잊어버릴 불안에서 벗어나자 사람들은 시 한 편도 외울 수가 없었다. 예술가들도 의사 전달 수단의 그림보다 미 자체로 차츰 관심을 돌렸다.

에게 문명: 단순미

기후는 온난했고 해산물은 풍부한 에게해 키클라데스 군도에도 문명이 찾아왔다. BC 30세기는 키클라데스 섬사람들은 현대 바비 인형처럼 여성 조각상을 만들었다. 코만 있는 얼굴에 유방을 부각시켜 손이 덜 가며 대량 생산이 가능한 방식으로 제작했다.

BC 20세기에는 크레타 섬이 번화했다. 크레타 전설적 군주 미노스는 섬 중앙에 통로가 미로처럼 얽힌 크노소스 궁전을 지었다. 미노스는 신 제우스와 에우로페 사이에서 태어났는데 제우스는 페니키아 공주를 납치하여 아내로 삼았다. 그리스인들은 에우로페 이름을 따서 자기 땅을 유럽(Europe)으로 불렀다.

크노소스 궁전 벽에는 유럽 여성 프레스코화가 그려져 있다. 이 그림은 이집트 영향을 받아 얼굴은 옆에서, 몸통은 앞에서 본 모습이다. 현대 설계도는 여러 각도에서 도면을 작성하지만 이집트 미술은 앞과 옆 시각에서 얻은 조각 그림을 모자이크로 이어 한 장의 그림을 완성했다. 이집트 미술은 큰 정보 손실 없이 노력과 물감을 절약할 수 있었다.

길가메시: 영생과 죽음

길가메시 서사시는 BC20세기쯤 쐐기 문자로 기록되었다. 길가메시는 BC 26세기 도시 국가 우르크 왕인데 2/3는 신이고 1/3은 인간으로 묘사된다. 그는 초야권을 만들어 결혼하는 신부 첫날밤을 빼앗으며 백성을 괴롭혔다. 백성 원성에 신은 길가메시를 혼내려 엔키두를 보낸다. 둘은 목숨을 건 결투를 벌이지만 승부를 보지 못하고 오히려 친구가 된다.

개과천선한 길가메시는 백성에게 줄 불로초를 구하러 떠난다. 그는 난관을 헤치고 영생할 풀을 얻는 데 성공한다. 그러나 기쁨도 잠시 피곤하여 잠든 사이에 뱀이 불로초를 먹어 버린다. 죽음을 극복하려는 인류 노력은 여기서 끝이 나고 이후부터 인류는 죽음을 운명으로 받아들였고 뱀은 껍질을 벗으며 부활하는 능력을 얻었다.

> **크로:** 길가메시 아닌가? 호메로스가 첫 주민이라고 들었는데.
> **길가메시:** 그래서 찾아왔다. 철학 시작은 그리스인이 아니야.
> **크로:** 그리스인들이 신화와 다른 이야기를 지껄이기 시작했지.
> **길가메시:** 그렇게 따지면 중세 신학도 철학이 아니지. 사주를 보는 현대인들이 있으니 철학이 시작되지도 않았지.
> **크로:** 자신이 철학자라고 우기는 근거는 뭔가?
> **길가메시:** 영생을 원하는 세상에 피할 수 없는 죽음을 알렸지.

아브라함: 부족의 이동

기독교 구약성경은 천지 창조에서부터 바벨론 유수까지 유대민족 발자취를 보여 준다. 아브라함은 구약성경에 나오는 인물로 유대교, 기독교, 이슬람교에서 믿음의 조상으로 칭송받는다. 그는 메소포타미아 하류 우르에서 BC2160경에 태어나서 아버지를 따라 강 상류 하단으로 이주하였다. 아버지가 조상에게 돌아가자 아브라함은 가나안 땅으로 들어갔다. 기근이 들자 아브라함은 조카 롯과 이집트로 내려갔고 아내 사라를 누이라고 속이며 파라오에게 목숨을 구걸했지만 거짓말이 탄로나 가나안으로 돌아온다.

아브라함은 이삭을 낳고 이삭은 야곱을 낳는다. 야곱의 막내 요셉은 이집트로 팔러 가서 고생 끝에 총리가 됐다. 요셉은 고향 가나안에 기근이 들었다는 소식에 아버지와 형제들을 초청한다. 세월이 흘러 아브라함 후손들은 이집트에서 노예로 살았다. 신의 소명을 받은 모세가 BC16세기경 유태인을 이끌고 가나안으로 되돌아온다. 아브라함 가문의 이동은 당시 부족 이주와 다르지 않다. 농사나 목축 사회에서는 가족이 늘고 흉년이 발생하면 끝없는 유랑이 일어났다.

유태 신앙은 신을 향한 믿음에 있다. 그리스인은 신을 끼고 정욕을 채우지만 유태인은 순종을 최고의 믿음으로 친다. 그리스 신은 친구인데 비해 히브리 신은 아버지와 같다. 유대교는 지식이 부족했던 시대에 신에게 전적으로 의지하려는 태도에서 나온 종교일 수도 있고 제의를 책임진 레위인의 책략일 수도 있다.

여호와는 유태인에게 자비를 베풀지만 이민족에게 자비가 없다. 여호와는 진격에 방해가 되는 족속을 멸절하라고 명령한다. 타민족은 선민의식에 찌든 유태인을 경계했고 쫓아냈고 보복했다.

함무라비 법전: 기울어진 법

함무라비는 BC1792년 왕위를 이어받아 메소포타미아 주변 도시 국가를 정복하여 바빌론 제국을 열었다. 그는 사회 규범을 정한 함무라비 비문을 남겼다. 이 비문은 살인, 강간, 절도 등 사회생활에 관련된 282개 조항을 쐐기 문자인 아카드어로 새겼다. 법 규범은 이에는 이, 눈에는 눈이라는 동해(同害)보복 원칙을 따라 합리적이지만 법 앞에 만인 평등을 강조하는 현대법과 다르게 지배 계급에게 기울어 있다.

브라만과 우파니샤드: 불평등과 윤회와 해탈

인더스강 유역에도 BC25세기부터 고대 문명이 태동하였다. 드라비다인은 하수 시설을 놓은 모헨조다로를 바둑판처럼 구획하고 벽돌집, 공중목욕탕을 지었다. 도시 크기에 비해 지도층은 건물을 통해 드러나지 않는데 도장이나 토우 같은 장신구로 권위를 과시했을 수 있다. 가뭄 탓인지 외부 침입 탓인지 알 수 없지만 인더스 문명도 BC17세기에 쇠락하였다.

BC15세기 아리아족이 침입하여 드라비다인을 밀어냈다. 아리아인들은 브라만교를 믿으며 태양, 태풍 신에 제사했다. 그들은 제물을 태운 향기가 하늘에 닿으면 천상의 신들이 냄새를 맡고 움직인다고 믿었다. 베다는 브라만교 경전인데 제의 절차와 우주의 원리를 담고 있다.

소수 아리아족은 다수 원주민을 지배하기 위해 카스트 제도를 도입했다. 초기에는 브라만 아리아와 수트라 인도 원주민으로 양분되었지만 브라만은 차츰 크샤트리아, 바이샤 계급을 밀어내고 제의를 독점했다. 브라만 계층은 카스트 제도로 기득권을 누리면서 피지배층에게는 윤회 의식을 심어주어 반발을 잠재웠다. 윤회는 죽은 후 다른 생물로 태어난다는 미신인데 선행 정도에 따라 각종 동물이나 인간이 된다. 윤회로 신분 전환되니 굳이 현재 신분에 목맬 필요가 없다고 세뇌했다.

우주 원리를 담고 있는 베다를 해설하는 베다 마지막 장으로 불리는 우파니샤드가 나왔다. 제의 형식 밖에 모르는 사제를 비꼬면서 우주 원리를 찾아 나선 자들의 몸부림이다. 그들은 우주와 자아를 사색하며 자아는 우주와 하나가 되는 범아일여를 추구했다. 지금도 인도 현자들은 젊을 땐 가정을 꾸리고 자녀 양육을 마치면 해탈을 위해 집을 떠나 고행한다. 카스트 제도로 차별 받고 제의에서 소외된 범인도 수양으로 신이 될 수 있다는 저항 사상이다.

아크나톤: 유일신

이집트 미라에 딸려 발굴되는 '사자의 서'는 사후 세계로 들어가는 안내서이다. 심판의 신인 아누비스가 죽은 자의 심장을 달아 양털처럼 가벼우면 사자는 신 오시리스가 다스리는 사후 세계로 들어간다는 내용을 담고 있다. 오시리스는 형제들에게 죽임을 당해 나일강에 뿌려졌으나 누이들이 시신을 수습해 준 덕분에 부활하여 신이 되었다. 이집트인은 부활을 기대하며 시신을 미라로 만들었고, 이집트 왕 파리오도 부활을 믿어 궁전보다 미라가 머물 피라미드를 정성껏 건축했다.

긴 나일강을 따라 강변 도시는 고유한 신을 섬겼다. 아몬은 모습을 모르는 테베의 신이고, 라는 태양 신으로 수음으로 정자를 뿌리고 침을 뱉어 여러 신을 낳았다. 라는 하늘을 하루에 한 바퀴 항해하는데 아침에는 케프리, 저녁에는 아툼으로 불렸고 밤에는 휴식을 취했다. 신을 모신 신전은 주민들이 재물과 기도를 드리며 짝짓기 장소이기도 했다. 신전을 관리하는 사제는 지역 유지이기도 했다.

아크나톤(Akhnaton, 재위 BC1352~1334)은 이집트 파라오로 즉위하자 테베 수호신 아몬 사제들을 견제하고 국가를 통합하려 아톤을 유일신으로 두는 종교 개혁을 단행했다. 자신도 아톤의 영광을 의미하는 아크나톤으로 개명하고 수도 테베를 버리고 텔 엘 아마르나로 옮겼다. 그는 정형화된 이집트 미술을 탈피하여 자유로운 형태로 작품을 남기는 등 개혁 의지를 불살랐지만 그가 죽자 이집트는 다신교로 되돌아갔다. 국가가 제의를 집행할 때에는 일신교가 유리하지만 개인이 자유롭게 기원할 때에는 다신교가 편리하다.

페니키아: 표음 문자

상형 문자이나 쐐기 문자는 사물 형상에서 유래하여 초급 단계에서는 이해하기 쉬우나 사물 수만큼 다양한 문자를 배우는 중급 단계에서는 머리가 터진다. 더구나 문자 이전에 불렀던 사물의 소리 명칭은 상형 문자나 쐐기 문자와 대응되지 않았다. 사물의 형태보다는 소리음으로 이름을 구분하려다 표음 문자가 나왔다.

   소리는 구강 모양과 혀 위치로 구분되므로 상형 문자처럼 다양할 수 없다. 발음 제약은 단음절을 이은 다음절 어휘를 도입하여 해소했다. 아직도 문자를 가지지 못한 족속이 있다는 사실은 언어 전환의 어려움을 말해 준다.

   페니키아인들은 BC11세기 표음 문자에 해당하는 알파벳을 발명했다. 페니키아 알파벳에 모음을 추가하여 그리스어가 사출되고, 라틴어를 포함한 서구 유럽어가 파생되었다. 아랍어는 모음이 있지만 자음 위주로 어휘를 구성한다.

조로아스터: 선천적 선악

   페르시아는 인도와 비슷한 다신교를 믿었고 동물을 태워 제사하고 환각제를 흡입했다. 조로아스터(Zoroaster, BC1000경)가 다신교를 배척하고 유일신 조로아스터교를 창시했다. 조로아스터교는 1천 년 이상 구전되다 AD3세기 사산조 페르시아 때에 아베스타 경전으로 결집되었다.

   조로아스터는 최고신 아후라 마즈다 계시를 받았다. 세상을 창조한 마즈다는 선한 생각, 정의와 진리, 교육, 헌신과 경건, 전일성, 불멸성, 창조적 에너지의 7개 선한 도구로 세상을 다스린다. 악한 영 아흐리만은 마즈다를 대적하며 훼방을 놓는다. 세상을 살아가는 사람은 악의 유혹을 받을 수밖에 없지만 빛과 불을 따르고 선행하면 결국 낙원을 얻게 된다고 가르쳤다. 조로아스터교는 세상 창조 이전에 존재했던 선험적 선악을 제시하고 있다.

유대사상: 후천적 선악

유대민족은 창조 이야기를 토라에 기록했다. 신이 혼돈에서 세상을 창조했고 두 단계를 걸쳐 인간을 만들었다. 첫 단계는 신이 자기 모습 따라 최초 인간을 만들었다. 이는 영혼인 정신을 중시하는 시각이다. 둘째 단계는 흙으로 빚어 영혼을 불어넣는 단계이다. 이는 신체를 중시하는 시각이다.

신이 주례한 아담과 이브는 에덴 낙원에서 살았으나 신이 손대지 말라는 선악과를 따먹고 선과 악을 구분하는 눈을 뜨게 된다. 신의 명령을 어긴 아담과 이브는 동산에서 쫓겨난다. 선악과를 따먹지 말라는 신의 명령에서, 선악은 선천적으로 결정되기보다는 지혜를 얻으면서 부각됨을 유태인들은 읽어 냈다.

그리스 신화: 신과 영웅

인류는 따뜻한 지역에서 추운 지역으로 생활 터전을 넓혔다. 그들은 열악한 환경을 극복하려 체력을 키우고 기술도 향상시켰다. 그러다 인구가 늘거나 자연재해가 발생하면 따뜻한 지방으로 내려왔다. 지구 어느 지역도 특정 부족에게 독점적으로 할당되지 않았다. 배가 고프면 침입하고 땀 흘러 가꾼 터전을 지키려 싸움이 일어난다. 침략자는 약탈 후 되돌아 갈 수도 있지만 정주 족속이 쫓겨날 수도 있다. 갈 영토가 없다며 두 부족의 피는 섞일 수밖에 없다.

아카이아인은 BC20세기 북방 산지에서 내려와 펠로폰네소스 선주민을 정복했고 그리스 본토에 미케네 문명을 일구었다. BC15세기 그들은 바다 건너 화산 폭발로 쇠퇴하던 크레타 문명을 파괴하고 소아시아까지 쳐들어가 히타이트 트로이를 멸망시켰다.

BC12세기에는 철기무기로 무장한 '바다민족'이 그리스 반도 미케네 문명을 파괴했다. 기록도 남기지 않는 이들은 아나톨리아 반도 히타이트 제국도 멸망시키고 지중해 해안을 따라 이집트까지 약탈과 파괴를 일삼았다. 지중해에서 사막으로 격리된 앗시리아만 겨우 살아남았다. 지중해 연안은 BC8세기까지 역사 기록이 없는 암흑 시대이다. '바다민족'은 정체를 알 수 없지만 신화 속 영웅처럼 살았다. 문명이 파괴된 그리스 해안가에는 도리아인이 들어와 자리를 잡았다.

헤시오도스(Hesiodos, BC 8세기)는 우주 생성에서부터 신의 탄생까지 신의 역사를 기술했다.《신통기》는 에게해 주변 도시 국가의 구전된 신화들이다. 신화에 따르면 무한 공간인 혼돈에서 대지의 여신 가이아와 사랑의 여신 에로스가 스스로 태어난다. 가이아는 처녀 생식을 통해 하늘의 신 우라노스를 낳고 바다의 신 폰토스를 낳는다. 가이아는 장남 우라노스와 근친상간하여 크로노스를 낳는다. 크로노스는 아버지 남근을 잘라 지배권을 쟁취하지만 자신도 똑같이 당한다는 예언에 아내 레아가 낳은 자녀를 족족 먹어 치워 버린다. 레아는 태어난 제우스를 빼돌리고 돌을 내밀어 크로노스를 속인다. 제우스는 성장하여 아버지 크로노스를 물리치고 신중의 신이 된다. 신들은 땅과 하늘, 바다처럼 형태를 지닌 신도 있지만 사랑, 전쟁 등과 같은 추상적 신도 있다. 그들은 3000m 올림포스산에 모여 살았다.

그리스신화는 약육강식의 세계를 보여 준다. 가장 강한 수사자가 무리의 모든 암컷을 거느리듯이 제우스가 올림포스 산을 모두 다스린다. 여신 가이아, 레아는 자식을 부추겨 노쇠하고 탐욕적인 남편의 권력을 빼앗았다. 수사자는 욕정을 주체 못 해 주변의 암사자에게 집적거린다. 암사자도 싫지 않아 꼬리를 흔들고 자식을 낳는다. 수컷을 꾀는 아름다움만이 최고의 무기이다. 신을 낳은 과정에서 근친상간, 살해, 보복 등이 거리낌 없이 자행된다. 태어난 자식은 주변 지역으로 쫓겨 가면서 언젠가 돌아오리라 다짐한다. 정조도 윤리도 없는 동물 세계이고 수사자가 되고자 했던 그리스인 욕망이 이글거린다.

그리스 신화는 신으로 시작하여 영웅을 불러내고 인간으로 막을 내린다. 트로이 전쟁 주인공 아킬레우스는 신과 인간 사이에 태어난 영웅이다. 신 대신 인간의 등장은 경험과 지식으로 이제 신을 극복할 수 있다는 자신감의 발로이다.

디오니소스는 제우스와 인간 세멜렉의 아들이다. 본처 헤라는 첩 세멜렉을 죽이지만 배속 아기는 재빨리 이식되어 제우스 허벅지에서 자란다. 반은 신 반은 인간의 혈통을 지닌 디오니소스는 인간에게 포도주 만드는 법을 가르쳐 주었다. 인간들은 이중적인 디오니소스를 숭배하였고 디오니소스교가 널리 펴졌다. 디오니소스 축제는 포도주와 광란의 행사였다.

아폴론의 아들인 오르페우스는 리라를 연주하여 초목을 감동시키고 사나운 짐승도 잠잠하게 했다. 그는 저승까지 내려가 음악으로 하데스를 감동시켜 뱀에 물려 죽었던 아내를 데려왔다. 사람들은 오르페우스가 죽음에서 빠져나오는 지혜를 터득했다고 믿었다. 디오니소스교 음욕에 가책을 느꼈던 사람들은 오르페우스교로 개종하였고 윤회의 확신을 얻었다.

크로: 여긴 신도 거주하는가?
헤르메스: 쉿! 비밀. 나는 신의 계시를 인간에게 전달하다가 외계인에게 발탁되었지. 이제는 그들의 메시지를 이곳 인간에게 전달하지.
크로: 믿기 어렵지만 자주 지시하지 마라.
헤르메스: 지시보다 베풀 테니 걱정 마.
크로: 왜 지중해 문명은 갑자기 파괴되었지?
헤르메스: 사람들이 신화 속 모습을 꿈꾸었지.
크로: 그들이 누군가?
헤르메스: 처음엔 북방 침입자들이었지만 나중에 이웃 부족이었지.
크로: 신화가 지중해 암흑기를 불렀군.

> **헤르메스:** 모두가 신의 아들이라 우기며 대결을 원했지.
> **크로:** 신이 내린 예언의 성취이니 기록할 필요도 없었고.
> **헤르메스:** 길게 이야기 못해. 내 만남을 발설하지 말게.

호메로스: 명예와 죽음

호메로스(Homeros, BC800경)는 트로이 전쟁 영웅을 그린 서사시 《일리어드》와 《오딧세이》를 썼다. 서사시 구성 및 끌어당기는 묘미는 현대 소설과 비교해도 손색이 없다. 서사시에서 인간과 신들이 두 패를 나눠 싸운다. 트로이 전쟁에서 동기는 성욕과 영웅 심리이다. 그리스의 미녀 헬레네가 트로이 목동이며 왕자인 파리스와 눈이 맞아 도망을 갔고 그리스 영웅들이 헬레네를 핑계로 이국 미녀를 뺏으려 간다. 아킬레우스가 먼저 차지한 트로이 여자를 총 사령관 아가멤논이 가로채자 그는 명예에 상처를 입었다며 출전을 거부한다. 이권을 두고 싸우지만 의리를 지키는 현대판 건달들과 비슷하다. 차이라면 현대에는 신의 개입보다는 싸움의 기술이 승패를 가른다. 아킬레우스를 비롯한 인간 조폭들이 칼을 맞아 피를 흘리지만 미래 운명은 인간이 아닌 신의 의지에 달려 있다는 인식을 보여 준다. 인간은 지식으로 앞날을 알 수 없으면 신을 찾을 수밖에 없는 존재이다.

> **호메로스:** 어서 오게, 아킬레우스.
> **크로:** 나는 크로야, 아킬레우스가 아니야.
> **호메로스:** 아침에 영웅이 온다는 신탁을 받았는데.
> **크로:** 제발 현실과 신화를 구별하라고.
> **호메로스:** 신을 노엽게 하지 말게.
> **크로:** 《일리어드》와 《오딧세이》를 저술한 목적이 뭐지?

호메로스: 새롭게 창제한 그리스 문자를 널리 홍보하려고.

크로: 진보적이군. 두 작품은 지중해 암흑기를 깬 작품이지.

호메로스: 암흑기라고 부르지 마. 영웅과 신이 함께 살던 시대야. 신을 거부하는 신세대를 훈육하려 트로이 이야기를 상기시켰지.

3. 신화 탈출

지중해 시민들은 출신지에 따라 다른 신화를 접하면서 신의 능력에 의혹을 품기 시작했다. 바람에 의해 일어나는 파도를 신의 노여움으로 설명하는 신화에 코웃음을 쳤다. 뱃사람 설명이 변덕스러운 신화보다 잘 예측했다.

원인을 찾는 태도는 세상 본질에 대한 질문으로 나아갔다. 그들은 보지 않고도 현대 과학의 원자론을 사색만으로 찾아냈다. 논쟁에서 이기며 상대방을 설득시키려 어휘를 정의하고 논리도 개발했다. 오랜 논쟁 끝에 서구인들은 세상을 질료와 형상으로 바라보게 되었다.

그들은 자연 세계에서 일관성을 발견했고 사회에서도 이상적 정치나 윤리가 있다고 보았다. 철학자들은 지식으로 여는 이상 정치를 주장했으나 현실의 아테네는 이민족의 칼 앞에 무너졌다. 세계를 제패한 권력도 삼대 부귀는커녕 자기 안녕도 지켜 주지 못했다. 지식도 처세술도 행복의 열쇠가 아니라며 사람들은 절제된 삶을 추구했다.

솔론, 클레이스테네스: 민주 정치

영웅이 지역을 제패하고 왕이 되어 왕정을 연다. 왕은 신하를 두고 신하는 귀족으로 변해 간다. 왕의 힘이 약해지면 귀족이 통치하는 귀족정이 나타난다. 이 틈에 돈을 번 재력가들은 권력까지 원해 귀족들을 매수하고 금권정이 시작된다. 무너진 정의를 참지 못한 호걸들이 금권정을 몰아내고 참주정을 펼친다. 참주정에 억압받은 민중은 혁명을 일으키고 민주정으로 발전한다. 민주정은 포퓰리즘으로 무너지고 독재자가 나타나 왕정을 반복한다. 어떤 정체에서도 불만족 계층은 나타날 수밖에 없으니 정체는 순환된다. 여기에 이웃 나라까지 개입하면 순환 압력은 증대된다.

정체의 순환은 아테네도 예외일 수 없었다. 당시 아테네는 참주 독재에 시달리고 있었다. 아테네 농민들은 토지를 채권자에게 저당 잡히고 연 20% 이자에 허리가 휘었고 이를 갚지 못한 사람들은 노예가 되었다.

집정관 솔론(Solon, BC 630~560)은 명문 집안에 태어난 정치, 장군, 시인이다. 그는 소득에 따라 시민을 4등급으로 분류하여 권리와 의무에 차등을 두는 개혁을 단행했다. 가혹한 법전을 폐기하고 합당한 양형 기준을 제시했다. 그는 법을 제정한 후에는 법집행 권한을 넘겨주고 아테네를 떠났다. 솔론 개혁에도 불구하고 귀족은 귀족대로 농민은 농민대로 불평은 줄어들지 않았다. 민주정을 원했던 솔론 바람과는 다르게 아테네는 참주정이 나타났다.

클레이스테네스(Kleisthenes, BC570~508)도 명문 집안 출신으로 참주를 몰아냈다. 그는 그리스를 4개 혈연적 부족 체계 대신에 10개 행정 구역으로 세분하여 귀족 힘을 약화시켰다. 행정 구역은 대표자를 선출하는 정치의 기본 단위였다. 그는 18세 이상 모든 남자에게 재산이나 혈연에 관계없이 참정권을 주었고 시민들이 참주 성향이 높은 정치가를 민회에서 추방하도록 도편 추방제를 도입했다. 시민은 신이 기름 부은 영웅을 합법적으로 쫓아낼 수 있었다.

탈레스 아낙시만드로스 아낙시메네스: 사물의 본질

그리스 도시들은 아테네 본토뿐만 아니라 소아시아 서부 해안, 흑해 해안, 이탈리아 남부 해안, 프랑스 남부 해안, 북아프리카 북부 해안에 퍼져 있었다. 본토에는 도리아인이 살았고 소아시아 식민 도시에는 이오니아인들이 살았다.

BC600년경 소아시아의 밀레토스는 부유한 해상 무역 도시로 페니키아, 바빌로니아, 이집트, 페르시아 이방인들로 붐볐다. 상거래는 손짓으로 성사되었지만 세상을 해석하는 방식은 출신지에 따라 달랐다. 파도가 포세이돈 분노라는 주장에 뱃사람들은 코웃음을 쳤다. 사람들은 자연 현상의 정확한 발생 원인을 알고자 했다.

탈레스(Thales, BC620~546)는 밀레토스 출신으로 지중해와 맞닿은 강 따라 배 타고 무역을 했다. 이집트에 가서는 그림자로 피라미드 높이를 재고, 별을 관측하여 일식을 예측하기도 했다. 지역마다 보이는 별이 다르므로 지구도 둥근 해나 달처럼 평평하지 않다고 생각했다. 에라토스테네스(Eratosthenes, BC273~192)가 이 아이디어를 적용하여 지구 반경을 추정했다. 서양인들은 지구가 둥글다는 사실을 꽤 일찍부터 알았다. 탈레스는 육지는 배처럼 물위에 떠 있으며 사물의 근원인 아르케는 물이라고 주장했다.

아낙시만드로스(Anaximandros, BC610~546)는 탈레스 제자지만 물을 본질로 보진 않았다. 습한 물이 건조한 불이 되기 어렵다는 이유를 댔다. 그는 사물의 본질은 규정할 수 없는 아페이론(Apeiron)이며 건습냉온의 대립적 힘에 의해 흙, 물, 공기, 불의 4원소로 분리되거나 다양한 질료로 변화된다고 주장했다. 수명을 다한 개체는 썩어 다시 아페이론으로 돌아간다. 그는 인간도 어류에서 나왔다는 진화론을 선취했고 지구가 우주 중심에 떠 있고 해를 실은 배 대신에 해 달 별이 박힌 천구가 돈다고 보았다.

아낙시메네스(Anaximenes, BC585~525)는 아낙시만드로스 제자이다. 그는 무한한 아페이론은 모호하다며 무한히 풍부한 공기가 본질이라고 생각했다. 또한 대립과 통일이라는 변환 방식을 희석과 농축이라고 구체화시켰다. 그는 공기가 뜨거워지면 불이 되고 농축되면 물로 변하고, 더 농축되면 흙으로 변한다고 보았다.

크로: 왜 세상의 근본을 생각하게 되었지?
탈레스: 지역마다 자연 현상을 두고 설명이 달랐지.
크로: 지역이 다르면 현상도 다를 수 있지.
탈레스: 물의 어는점은 모든 지역에서 동일해.
크로: 측정할 온도계가 있었나?
탈레스: 내가 차고 다닌 물통은 여행지 물과 동시에 얼었지. 더구나 육지가 물위에 떠 있으니 물이 근본이지.
아낙시만드로스: 뭍 식물들은 흙에서 발아했으니 흙이 근본인가?
아낙시메네스: 해와 달도 고려해야지. 하늘을 채우는 공기가 근본이지.
아낙시만드로스: 무한한 하늘과 땅을 채우려면 무한한 아페이론밖에 없어.
크로: 규정이 없는 아페이론은 아르케에 대한 의문을 봉쇄하는군.

피타고라스: 숫자로 보는 세상

  피타고라스(Pythagoras, BC 569~475)는 에게해 사모아 섬 출신으로 스승 탈레스 주선으로 이집트로 유학하여 기하학을 배웠다. 유학 중 이집트를 침공한 페르시아 군인들에게 바빌론으로 잡혀가 점성술도 배웠다. 사모아 섬에 금의환향했지만 참주 독재가 기다리고 있었다. 그는 이탈리아 남부 크로톤으로 도피했고 자연 현상을 숫자로 해석하면서 엄격한 규율을 준수하는 비밀 종교 단체를 세웠다. 그들은 절제하고 육식을 금지하며 조직원 업적을 지도자 이름으로만 발표하는 폐쇄된 조직 문화를 지켰다. 지혜를 사랑하는 자라며 서로 '철학자'로 불렀다. 배출된 제자들이 정치 세력화를 꾀하다 주민들에게 몰살당했다.

  피타고라스학파는 자연 현상 속 비밀스러운 수를 찾아 신과 합일을 추구했다. 그들은 홀수, 짝수, 소수 등 자연수 특성을 밝히고 모든 값은 자연수와 분수 형식인 유리수로 표현된다고 우겼다. 히파수스(Hippasus)는 유리수 외에 무리수를 발견했지만 조직 규율을 어겼다는 이유로 죽임을 당했다.

그들은 수와 도형을 연구하여 피타고라스 정리를 발견했다. 음계와 진동수의 관계도 밝혔으며 화음을 이루는 두 음의 비례식도 찾았다. 그들은 별들을 관측하여 천체 법칙을 특정수로 표시할 수 있다고 전망했다.

> **피타고라스:** 후대들이 자연수 외에 복소수도 겁 없이 도입했군.
> **크로:** 히파수스가 무리수를 발견했다가 죽임을 당했지?
> **피타고라스:** 무리수는 허용될 수 없어. 신은 복잡한 수를 만들지 않아.
> **크로:** 인간은 자연수를 고안했고 신은 유리수, 무리수, 복소수를 허용했지.
> **피타고라스:** 신은 사과를 공평하게 쪼개려 유리수만 허용했지.
> **크로:** 정사면체 제단 높이를 재다 무리수를 발견했지. 무리수, 복소수 발견도 신의 섭리 안에 있지.
> **피타고라스:** 놀랍군. 우리 교주가 되어 주게. 우주의 수를 아는 자가 철학자야.
> **크로:** 누구도 소우주 인간을 철학이란 이름으로 조종하지 못해.

헤라클레이토스, 파르메니데스: 변화와 불변

페르시아 위협이 증대하자 소아시아 서부 이오니아 사람들은 이탈리아 남부로 이주하여 엘레아 학파를 형성했다. 이들도 밀레투스 자연철학자들이 추구한 물질의 아르케뿐만 아니라 변화 과정을 따졌고 어휘와 논리를 중시했다.

헤라클레이토스(Heraclitus, BC535~475)도 이오니아 귀족 출신으로 에베소에서 활동했다. 이해하기 어렵도록 쓴 글들이 단편으로만 전해진다. 그는 스스로 깨우치면서 선대 이론을 가차 없이 비판했다. 강물은 흘러가므로 같은 강에 두 번 들어갈 수가 없다며 세상은 불처럼 생성과 소멸의 과정에 있다고 그는 주장했다. 생성은 불이 타는 과정이고 소멸은 불이 꺼지는 과정이다. 그는 본질의 아르케를 거부했지만 불변의 로고스는 생성과 소멸의 균형이라고 보았다.

크세노파네스(Xenophanes, BC570~480)는 신화에 나오는 신은 참된 신이 아니라고 외쳤다. 개가 그렸다면 신은 네발로 걸을 수밖에 없듯이 질투하고 싸우는 신은 호메로스 창작이라고 보았다. 참 신은 눈에 보이지 않으며 우주에 넓게 퍼져 세상을 일관되게 지배하므로 여러 신이 다툴 수가 없다고 보았다.

파르메니데스(Parmenides, BC515~445)는 크세노파네스 제자였고 법률을 입안했다. 그가 아테네를 방문했을 때 젊은 소크라테스를 보았다. 선대 그리스 사상은 단편으로만 전해지지만 그는 《자연에 관하여》라는 160줄 정도 되는 서사시를 남겼다. 그는 있음이 없음이 되는 현상은 논리적 모순이고, 없는 것에 관하여 사유할 수도 없으므로 서사시에서 "있음만 있고 없음은 없다"는 주장을 폈다.

더 나아가 '있음'이 이곳저곳 산재한다면 그 사이에 '없음'을 허용할 수밖에 없으므로 세상은 일자(The One)이며 원의 형태를 지닌다고 보았다. 세상에 빈공간이 없으니 운동도 없고 변화도 없다. 그의 제자 제논은 불변의 원칙을 고수하려 토끼는 거북이를 따라잡지 못하고, 날아가는 화살은 정지된 과녁을 맞히지 못한다는 궤변을 내어 놓았다.

파르메니데스: 세상은 모두 변한다고 하면서 불변하는 로고스가 있다고?
크로: 궤변이지.
헤라클레이토스: '없음'을 생각할 수 없다고? 보석이 사라지면 누가 훔쳐갔다고 의심해야지.

3. 신화 탈출   45

> **크로:** 궤변이지.
> **파르메니데스:** 변화도 불변도 모두 궤변이면 뭐가 진리인가?
> **크세노파네스:** 무식한 야만인을 무시하자고.
> **크로:** 표면 속성은 변화하지만 내면 속성은 불변하지.
> **헤라클레이토스:** 표면은 뭐야?
> **크로:** 개체의 모양, 촉감, 빛깔 등이지.
> **파르메니데스:** 내면은 뭐야?
> **크로:** 원자, 질량, 에너지, 모멘텀은 표층이 변화되더라도 불변해.
> **파르메니데스:** 일자는 심층을 말하는 거야.
> **헤라클레이토스:** 로고스도 심층을 말하는 거야.

엠페도클레스: 모순 봉합

　엠페도클레스(Emphedocles, BC490~430)는 시칠리아 출신으로 철학뿐만 아니라 정치학, 의학에 해박했고 신으로 기억되고자 분화구 속으로 뛰어들었다는 일화가 있다. 그는 새로운 주장을 하기보다는 선대 철학자 사상을 검토하여 모순이 없도록 통합시켰다. 그는 파르메니데스의 불변하는 원리를 인정했지만 그 본질이 일자일 수 없다고 보았다. 꽉 찬 일자를 받아들이면 개체가 이동할 빈 공간은 사라진다. 운동은 명백한 사실이다. 그에게 우주는 하나의 원소가 아니라 물, 흙, 공기, 불의 4원소 혼합물이며 사랑과 증오가 배합 원동력이다.

아낙사고라스: 변화의 힘은 정신

　아낙사고라스(Anaxagoras, BC500~428)는 소아시아 클라조메네 출신으로 친구 정치가 페리클레스 권고로 아테네에 건너왔다. 그는 엠페도클레스의 사랑과 증오라는 개념을 넓혀 정신인 누스(Nous)가 질료를 묶는 힘이라고 보았다. 누스는 사랑과 증오 두 종류가 아니라 무한하다고 보았다.

아낙사고라스는 아테네 시민이 신성시하는 태양을 불타는 별이라고 주장하고 달은 흙 덩어리로 태양 빛을 반사한다고 정확히 짚어 냈다. 신이 태양과 달을 움직인다고 믿었던 시민들은 격노하였고 그는 줄행랑을 쳤다.

데모크리토스: 본질은 원자, 변화는 운동

데모크리토스(Democlitos, BC460~370)는 스승인 레우키포스(Leukippos) 원자론을 발전시켰다. 레우키포스는 파르메니데스의 꽉 차고 더 이상 나눠지지 않는 존재를 원자라고 보았고 원자 주변은 텅 비어 있다고 보았다. 데모크리토스는 원자론을 발전시켜 개체 특성을 원자 운동으로 설명했다. 두 사람 주장은 현대 과학이론과 비교해도 손색이 없다. 그리스 원자론은 2,000년 후에 근대 돌턴에 의해 부활된다.

데모크리토스: 물질의 최소 단위인 원자보다 작은 입자가 있는가?
크로: 원자보다 작은 소립자가 있지.
데모크리토스: 내가 말하는 '원자'는 인간이 발견한 최소 입자를 의미해.
엠페도클레스: 사랑과 증오가 소립자 사이에 작용하는 힘이지?
크로: 사랑과 증오가 인간의 힘이지만 소립자 힘은 아니지. 소립자 사이에는 전자기력, 약력, 강력, 중력의 기본 힘만 있지.
엠페도클레스: 기계적 힘이 사랑과 증오로 승화되지 못할 텐데.
크로: 소립자들이 모여 원자, 원자들이 모여 분자, 분자들이 모여 소기관, 소기관들이 모여 세포, 세포가 모여 생명체가 되지.
데모크리토스: 복합체가 되면서 작용하는 힘의 성질이 바뀌겠네.

> **크로:** 맞아. 4개 기본 힘은, 분자에서는 반데르 바알스 힘으로, 부품 사이에는 조임과 풀림으로, 인간에게는 사랑과 증오로 나타나지. 즉 힘의 재규격화가 일어나지.
> **엠페도클레스:** 기본 힘이 생명체에서는 심리적 힘으로 바뀌는군.
> **아낙사고라스:** 신혼의 사랑도 아기를 낳으며 정으로 바뀌듯이 힘도 주체 유형에 따라 바뀐다는 주장이군.

석가: 무아

석가(Buddha, BC563~483)는 인도 갠지스강 유역 사카족 왕자로 태어났다. 원래 이름은 싯타르타이며 깨달음을 얻은 후에 사카족의 성인이라는 의미로 석가모니로 불린다.

그리스인들이 물질의 근원을 캐던 시기에 인도에서는 석가, 중국에서는 공자가 활동했다. 야스퍼스는 지식의 축(軸)이 형성된 이 시기를 축의 시대로 불렀다. 이미 인도 현인들은 베다 경전에서 우주 원리를 캐던 시기였으니 석가 출현은 당연하다. 중국이 특이하다. 중국은 다른 문명권과 직접 지식 교류가 없었지만 중국 포함 유라시아는 구석기부터 인류의 활동 무대였다. 말 탄 전사들이 생활 도구를 유라시아 대륙에도 퍼트렸고 이국적 문물은 사색을 촉진시켰다고 추정된다.

싯다르타는 화려한 궁정에 태어났지만 늙고, 병들고, 죽는 사실에 고뇌했다. 부모는 결혼으로 고뇌를 돌리려 했지만 아내와 아들과의 행복도 잠깐뿐이었다. 성 밖 삶은 더 비참했다. 사람들은 카스트 신분제도에 얽매여 신음했다. 그는 아내와 아들을 두고 출가하여 해탈을 얻고자 했다. 그는 6년 동안 추위, 더위, 배고픔을 참아내며 고행했지만 허사였다.

어느덧 35세, 싯다르타는 보리수 아래 쉴 때 비로소 깨달음을 얻었다. 해탈하겠다는 집착마저도 버리고 나서다. 집착으로 고통이 야기되지만 도

(道)로 고통을 멸할 수 있다는 고집멸도(苦集滅道)의 4제(四諦)를 그는 터득했다. 여기서 도(道)는 바르게 보고 바르게 생각하고 바르게 행동한다는 8정도(八正道)의 진리이다.

석가는 득도 후 여러 지역을 다니며 깨우친 진리를 선포하자 제자들이 몰려왔다. 그는 불평등한 카스트제도를 거부하며 우주의 생성과 같은 형이상학적 논쟁도 인생의 고통을 해소할 수 없다며 멀리했다. 우파니샤드는 참자아를 주장하지만 불교는 자아마저 부정했다. 모든 사물은 연기에 의해 생성되며 실체가 없다는 제법무아(諸法無我)와 색즉시공(色卽是空)을 강조하였다. 윤회 사상도 희석되었다.

석가: 나누리틀은 자아를 너무 강조하네.
크로: 생로병사에 시름하는 한 인간이 철학의 중심이지.
석가: 처음 나도 그렇게 보았지만 인연으로 태어났다 사라지므로 주체도 무야.
크로: 불교는 자아를 색(色)·수(受)·상(想)·행(行)·식(識)의 오음으로 구별하더군. 자아는 색(色)인 육체를 지니고 지각으로 받아(受)들여 대상을 구별(想)하고 지식(識)을 쌓으며 실행(行)을 통해 반응하지. 그게 바로 나누리틀의 작동 방식이야.
석가: 산 육체의 자아 모습이지.
크로: 산 자만이 진리와 지혜로 세상을 바꾸지.
석가: 자아가 무라는 진리를 깨우칠 때만 자아는 평안을 얻을 수 있지.
크로: 세상은 무색이 아니라 천연색이야. 해탈은 형이상학을 알고 타인 생각에 열려 있는 상태야.
석가: 찾겠다는 욕심을 버리게.
크로: 모두 찾겠다는 태도는 집착이고 최대한 찾겠다는 태도는 정성이지.

공자, 맹자: 인과 덕

황하 주변에도 문명이 나타났다. 전설의 시대 요와 순을 거쳐 땅의 시대 우왕이 다스린 하부터 역사는 기록되었다. 우왕은 황하를 잘 치수했다. 고고학적 유적이 있는 최초 국가는 은이다. 은나라 주왕이 미녀 달기에 빠져 나라를 돌보지 않자 주나라 무왕이 지방 호족과 힘을 합쳐 은나라를 멸망시켰다. 무왕은 공모했던 호족과 공신들에게 영토를 나눠 주어 땅을 다스리게 하였으니 중국식 봉건 제도이다.

BC770년 티베트 견융족이 주나라를 침입하자 주나라는 서쪽 장안을 버리고 동쪽 낙양으로 천도하여 춘추 시대를 열었다. 약해진 주나라 대신 힘 있는 제후가 패권을 차지하고 다른 제후국을 통제했다. 패권을 잡기 위해 전쟁은 하루가 멀게 일어났고 배반과 모함이 횡행했다. 국토는 황폐해졌고 배고픔을 이기지 못해 부모가 자식을 잡아먹었다는 흉흉한 소문도 돌았다.

전쟁과 가난은 제자백가 사상가를 불렀다. 생몰년도가 불명확한 노자(Laozi)는 인위적 욕심을 버리고 자연으로 돌아가라고 권고했다. 노나라에서 태어난 공자(Confucius, BC551~479)는 요순시대와 주나라를 이상 국가 모델로 삼았다. 공자는 인간 사회에는 오히려 인위적 예가 필요하다고 주장했다. 노자는 물 흐르듯이 살라고 권유했지만 공자는 물이 흐르도록 예(禮)라는 도랑을 파라고 권면했다. 도덕은 이 둘을 조화시켜 인간이 따르도록 만든 규범인데 도덕에서 도는 자연의 가르침이고 덕은 사회의 가르침이다.

공자는 사람을 인자하게 대하며 신분에 걸맞은 본분을 지키라고 가르쳤다. 군주는 군주답고 신하는 신하답게 처신해야 한다. 그는 본능대로 행동하는 소인에 머물지 말고 익히고 배워 군자 길을 가라고 가르쳤다.

맹자(Mencius, BC371~289)는 100년 전 공자 사상을 인간 본능이 아니라 본성과 연계시켰고 이를 다시 하늘 이치로 격상시켰다. 인(仁)을 인의예지(仁義禮智)로 넓혔고 백성을 위한 왕도 정치를 강조하였다. 그는 백성의 신뢰를 잃으면 왕의 성을 바꾸는 역성혁명(易姓革命)도 옹호했다.

> **공자:** 세계가 내 사상으로 충만될 때 평화는 성취되네.
> **크로:** 조선 선비는 유교에 세뇌당했고 조선 민중은 노예로 살았어.
> **공자:** 나는 예를 가르쳤지만 억압을 멀리했지.
> **크로:** 신분에 따른 예는 착취를 부르고 현실을 벗어난 예는 가난으로 끝나지.
> **공자:** 부모에게 효는 자녀 의무이지.
> **크로:** 아기 재롱이 부모에게 효이지.
> **공자:** 왕에게 충은 가문의 영광이지.
> **크로:** 사람에게 충성이 아니라 나라에 충성이지.
> **맹자:** 그래서 역성혁명을 도입했지.
> **크로:** 스스로 자기 짐을 질 때 잔소리가 줄어들지.
> **공자:** 비슷한 묵자 사상은 무덤으로 사라졌네.
> **크로:** 이제 공자와 맹자가 사라져야지.

페리클레스: 민주 정치 허와 실

아테네와 스파르타가 추축인 된 그리스 연합군은 마라톤 전투(BC490)와 살라미스 해전(BC480)에서 페르시아를 격퇴했다. 아테네는 꿈꾸던 평화를 얻었고 민주주의와 문화는 꽃을 피웠다. 디오니소스 축제는 일주일간 계속되었고 연극이 무대에 올려졌다. 《안티고네》로 유명한 그리스의 3대 비극 작가 소포클레스(Sophocles, BC497~406)는 경연에서 여러 차례 우승했다. 그리스 비극은 그리스 신화에서 소재를 따왔고 비극은 다시 신화가 되었다.

그리스 시민들은 드라마처럼 사회를 이끌었다. 대중은 국가를 인도할 카리스마 있는 지도자를 희망하면서도 독재를 염려하여 살라미스 해전을 승리로 이끈 테미스토클레스를 도편 추방했다. 던져 준 사료에 몰려드는 물고

기 떼처럼 대중은 쾌락과 재물을 좇아 환호와 야유를 보냈고 정치인은 영웅에서 한순간에 죄인으로 몰락했다.

귀족 출신 정치가 페리클레스(Perikles, BC495~429)는 전쟁 승리와 영웅 추방을 보며 자랐다. 그는 밑바닥 계층까지 참정권을 허용하며 대중 민주주의를 추구했다. 정치적 위기에도 쿠데타, 암살 등 비민주적인 방식을 거부하고 대중을 직접 설득하였다. 그는 아크로폴리스에 파르테논 신전도 건축하여 아테네를 부흥시켰다.

아테네가 그리스 맹주를 꿈꾸자 주변 도시 국가들은 긴장했다. 스파르타와 몇몇 도시 국가들은 제국주의 아테네에 저항하며 펠로폰네소스 동맹을 맺었다. 스파르타는 민주정인 아테네와 다르게 참주정으로 일처다부제였고 아이들에게 군사 훈련을 시켰다. 나약하게 태어난 아기는 버려졌으며 소년 소녀들은 나체로 교육을 받았다.

> **크로:** 남녀 아이들을 나체로 교육시키지?
> **페리클레스:** 이상한 눈으로 보지 마. 그리스에는 용맹스런 용사가 필요했지.
> **크로:** 부인과 자녀 공유제를 주장한 플라톤이 본 바가 있었네.
> **페리클레스:** 나도 스파르타를 야만인 취급하지만 나체 교육을 나쁘게 보지는 않아.
> **크로:** 십계명처럼 남의 아내를 탐하지 말아야지.
> **페리클레스:** 그리스 신화에서는 신들이 여신을 탐하지.
> **크로:** 원시 사회를 벗어났으면 결혼도 일부일처제로 나아가야지.

프로타고라스, 고르기아스: 인간은 만물의 척도

그리스 시민들은 페리클레스에 환호했다. 시민에게는 권력과 명성이 세상 본질보다 중요하였다. 우주에 대해 다양한 주장은 지식인의 말장난에 불과하고 출세에 도움이 되지 못했다. 눈에 보이는 현상 너머 유유히 흐르는 진리가 있다 치더라도 현찰이 되지 않는다. 세상은 4개 질료나 원자로 이뤄졌다고 하지만 검증할 수도 없다. 신화를 믿는 시민뿐만 아니라 지식인도 철학에 피로를 느꼈다.

사람들의 관심은 자연 세계보다는 인간사회로 옮겨졌다. 진리보다는 논쟁의 승리가 중요했고 도편 추방을 당하지 않는 처세가 중요했다. 범행을 저지르고도 궤변을 통해 교묘하게 빠져나갈 수 있다는 말에 솔깃했다. 특히 식민 도시 출신 지식인들은 고향과 아테네 문화를 비교하면서 진리 상대성을 강조했다. 그들은 그리스 시민에게 웅변술과 수사학을 가르치며 돈을 벌었다. 그들을 소피스트라고 한다.

프로타고라스(Protagoras, BC485~410)는 트라케 출신으로 객관적 기준을 부정하고 인간은 만물의 척도라고 주장했다. 그는 법비답게 나라법은 지켜야 한다고 주장하면서 다른 문화와 자연 법칙을 상대적이라고 보았다. 가을 날씨에 어떤 사람들은 서늘하다고 하고 어떤 사람들은 따뜻하다고 한다. 동일 현상에 대해 수용하는 방식이 다르므로 절대 진리를 있을 수 없다고 보았다. 길이 단위인 피트도 인간 보폭을 기준으로 삼았듯이 모든 현상은 인간 관점에서 해석된다. 그는 신의 존재도 의심하여 신성 모독으로 아테네에서 추방당했다.

고르기아스(Gorgias, BC483~385)는 시칠리아에서 아테네 주재 외교관으로 왔다. 그는 아무것도 존재하지 않으며, 설령 존재하더라도 알 수 없고, 설령 알더라도 전할 수 없다며 존재론, 인식론, 언어론의 깊숙한 허점을 건드린다. 그의 존재론은 세상이 일자라는 파르메니데스의 논리를 비틀어서 나왔다. 현실 존재는 영원하지 않으므로 "존재는 일자"가 아니라 "존재는 없다"는 궤변을 내놓았다.

> **크로:** 빛의 속도는 299,792,458 m/sec야.
>
> **프로타고라스:** 이동하는 측정기에서는 빛 속도도 달라질 수 있지.
>
> **고르기아스:** 미터 단위를 개정해도 빛 속도는 달라지지.
>
> **크로:** 과학자들은 빛 속도를 상수로 정했어. 절댓값이야.
>
> **프로타고라스:** 반대한 과학자들도 있었겠지.
>
> **고르기아스:** 과학자들의 횡포이지.
>
> **크로:** 어떤 속성은 상대적이지만 어떤 속성은 절대적이지.
>
> **프로타고라스:** 사람들이 동의하는 절대적 입장은 없어.
>
> **크로:** 상댓값을 보정하여 절댓값을 얻는 노력이 과학이고 철학이지.
>
> **프로타고라스:** 자만하지 말게. 앎이 깊어지면 모름이 넓어져.
>
> **크로:** 맞아. 내가 모른다고 다른 사람이 모를 거라고 확정하지 말게.

소크라테스: 개념과 언행일치

　소크라테스(Socrates, BC470~399) 아버지는 아테네 석공이고 어머니는 산파이다. 그는 화산 가스에 취한 사제 목소리를 찾았고 마음속 다이몬 소리에 취했다. 델포이 신탁은 그가 그리스에서 제일 지혜로운 자라고 꼬셨다. 그는 신탁을 확인할 겸 그리스 현자들을 찾아 대화를 나누면서 자신이 '무지의 지'를 하나 더 안다고 자만했다. 소크라테스는 수사학과 웅변술로 시민을 현혹시키고 돈을 받으며 여론을 왜곡하는 소피스트가 못마땅했다.

　패권을 잡았던 그리스는 주변 국가와 타협하지 못했고 결국 스파르타와 약 30년 펠로폰네소스 전쟁을 벌였다. 소크라테스는 중보병으로 3차례나 참전하였지만 아테네는 전쟁에서 졌다. 패한 아테네에는 30인 참주 정치가 도입되었다. 그의 제자 크리티우스도 한 자리를 차지한 참주들은 무고한 아테네 시민을 잡아들였다. 1년 만에 아테네는 민주정을 회복했고 시민들은 아테네 몰락 원흉으로 소피스트보다 소크라테스를 지목했다. 소크라테스는 그리스 신을 믿지 않고 젊은이를 타락시킨 죄명으로 재판에 회부되었다. 유죄 판결을 받았음에도 불구하고 그의 입바른 최후 변론은 배심원을 격분시켜 사형이 언도됐다. 그는 도피할 기회가 있었으나 아테네 법대로 평생 살았다며 독배를 마셨다. 자기 신념을 지키면서 육체 얽매인 영혼이 죽음으로 자유롭게 된다고 보았다.

소크라테스는 글을 남기지 않았다. 음성이 진리를 밝히며 뇌를 맑게 하지만 글은 진리를 가리며 기억력을 감퇴시킨다는 이유를 댔다. 소크라테스는 시장 사람들과 대화하면서 인간은 사자, 삼각형, 집 등 개념을 발견하는 능력이 있다고 보았다. 파란 우산, 노란 우산, 찢어진 우산에서 우산 개념을 찾아낸다. 그는 동물도 지닌 보편화 능력을 인지하지 못한 듯하다. 소크라테스는 상대방에게 발견한 개념을 물었다. 늘 내뱉는 어휘도 한마디로 정의하기 어렵듯이 사람들은 이 과정에서 어쩔 줄을 모른다. 청년들은 기성세대를 혼내는 소크라테스에 열광했다. 소크라테스는 통쾌했지만 상대방은 불쾌했다. 사람들은 소크라테스를 슬슬 피했고 아테네의 쇠파리로 놀렸다.

진선미는 철학의 중요한 주제이고 각자 독립적이다. 그런데 소크라테스는 앎이 착함이라고 주장했다. 확실히 알면 옳은 길로 갈 수밖에 없다고 생각했다. 악행을 저지르는 자도 무지 탓으로 보았다. 인간에게는 신이 선물한 완벽함이 있고 이 목적을 이뤄야 한다고 그는 가르쳤다.

소크라테스: 새 사람 왔다는 소식에 델포이 신탁을 확인하려 왔네.
크로: 피곤한 삶이군.
소크라테스: 되먹임 회로가 뭔가?
크로: 변증법인데 앎과 현실을 일치시키며 목표를 향해 나아가는 논리 도구이지.
소크라테스: 내 산파술과 동일해. 그럼 물심론은?

> **크로:** 신체와 정신이 함께 작동한다는 뜻이야. 히포크라테스(BC460~370)가 다리 다친 부상병들을 치료하면서 정신은 뇌 작용임을 알았어.
>
> **소크라테스:** 신이 뇌를 움직이겠지?
>
> **크로:** 머리카락이 신의 말씀을 잡는 안테나라는 우스갯소리도 있긴 하지.
>
> **소크라테스:** 내 질문에 꼬치꼬치 대꾸하는구나.
>
> **크로:** 고대 그리스 시대보다 진보한 문명 덕분이지. 무지하다고 고백하면서 목숨을 버리는 태도는 경솔하지 않는가?
>
> **소크라테스:** 완전한 진리를 모르지만 내가 뱉은 말에 반하는 행동은 할 수는 없지.

플라톤: 천상의 이데아와 지상의 짝퉁

플라톤(Plato, BC424~328)는 흙수저 소크라테스와 다르게 금수저 출신이다. 덩치 큰 그는 레슬링 선수로 출전하기도 했고 시와 비극을 짓기도 했다. 그는 20살에 소크라테스 제자가 되어 친척처럼 정치가를 꿈꾸었다. 그러나 스승의 죽음을 보고 그는 정치를 포기했고 피타고라스 학파를 둘러볼 겸 시칠리아 섬으로 떠났다. 그는 그곳 참주를 비난하여 노예로 팔렸지만 독지가 도움으로 아테네로 무사히 돌아왔다. 그는 아테네에 아카데미를 세우고 아리스토텔레스 등 제자들을 가르쳤다. 아카데미 정문에 "기하학을 모르는 자, 이 문을 들어서지 말라"는 현판을 붙였다.

플라톤은 30여 권 대화편을 저술했는데 소크라테스가 거의 주인공으로 나온다. 전기 대화편은 소크라테스 사상이 강하고 후기 대화편은 플라톤 사상일 가능성이 높은데 이를 구별하는 문제가 철학사에서 소크라테스 문제로 불리기도 한다. 서양철학은 플라톤의 각주라는 화이트헤드 통찰처럼 그는 다양한 철학적 문제를 제기하였고 후배 철학자들은 진땀을 흘렸다.

플라톤은 스승인 소크라테스 보편 개념과 파르메니데스 불변 사상을 해소하려 이데아를 도입했다. 불변하는 천상은 이데아이고 변화하는 지상은 짝퉁이다. 이데아에서 싹튼 영혼은 망각의 강을 건너 육체에 주입되어 태어난다. 보통 시민들은 동굴에 갇힌 죄수처럼 동굴 벽면에 비치는 이데아 그림자만 보며 철학자만이 정확히 이데아를 볼 수 있다고 그는 주장했다.

플라톤 우주론은 기하학적이다. 흙, 물, 공기, 불의 4원소는 정이십면체, 정팔면체, 정육면체, 정사면체에 각각 대응된다. 정다면체는 정다각형으로 만든 다면체로 5개 종류밖에 없다. 하나 남는 정십이면체를 천상의 원소인 에테르에 그는 대응시켰다.

창조의 신 데미우르고스는 물, 지구, 대기, 태양을 층계로 배치하고 원 궤도를 돌리고, 4원소를 섞은 질료에 이데아 형상을 불어넣어 세상 개체를 만들었다. 형상 덕분에 식물은 성장하는 능력을, 동물은 움직이는 능력을, 사람은 숨쉬는 영혼을 얻었다. 플라톤은 이데아의 분유 정도에 따라 인체를 이성의 머리, 감성의 가슴, 욕망의 하체를 나누었다. 머리는 가슴과 하체보다 형상 비율이 높아 이성이 감성과 욕망을 조정한다고 보았다. 플라톤 윤리도 이데아를 따르는 행위이다.

이데아가 올림포스 세계와 유사했지만 세상 개체가 이데아로부터 빚어진다는 주장은 당시에도 어설펐다. 사람들은 개체가 이데아의 천체 복사인지 부분 복사인지 의문을 제기했다. 지상에서 이데아를 상기하려면 천상에서도 상기 개념이 존재해야 하는데 이는 이데아 위에 이데아를 세우는 옥상옥 문제를 일으킨다. 플라톤은 사람이 죽으면 영혼은 다시 이데아의 세계로 간다고 보았는데 이는 죽은 후 영혼이 원본과 어떻게 결합할지에 대한 의문을 낳는다. 동물 새끼는 태어나서 제일 처음 보는 동물을 어미로 여기므로 상기 이론도 허점이 있다.

플라톤은 이데아 정치사상을 지상에서 온전히 구현하려면 이데아에 통달한 철학자가 정치를 해야 한다고 주장한다. 플라톤은 신체를 머리, 가슴,

하체로 나누듯이 시민을 전략자인 통치자, 수호자인 군인, 생산자인 농민으로 나누었다. 아이들은 동일한 교육 기회를 갖지만 성취 정도에 따라 농민, 군인, 통치자의 길을 간다. 심오한 교육을 받은 통치자는 권력 남용을 방지하려 사유 재산을 가질 수 없으며 심지어 부인과 자녀까지 공유해야 한다고 플라톤은 주장한다.

예술은 인류 발생과 함께 시작되었지만 플라톤이 처음으로 예술을 해석하기 시작했다. 플라톤은 예술을 자연의 모방으로 해석했다. 현실 세계가 이데아의 짝퉁이므로 예술은 짝퉁의 모방이라며 예술을 천대했다. 포장이 사람을 속이듯이 예술은 이데아를 속이는 화장발로 간주했고 시인 추방을 외쳤다.

크로: 철학사는 플라톤 각주라고 했는데 그 골격이 부실해.
플라톤: 핵심을 잘 정리한 덕분에 후배들이 주석을 붙였지.
크로: 천상에 이데아는 없어.
플라톤: 그런 비판은 하도 많이 들었지. 예를 들어 줘.
크로: 이데아의 정치 형태를 설명하지 않고 철인 정치를 짜내는 시도가 어설프지.
플라톤: 알아. 천상의 정치 형태가 상기되지 않아.
크로: 이데아가 없다는 증거이지.
플라톤: 그래도 각종 개념이 유래된 이데아는 있어.
크로: 창의성을 인정하지. 이데아는 사전이나 자재 창고로 볼 수 있지.
플라톤: 글을 빚는 사전, 세상을 짓는 자재 필요성은 인정하는구나.
크로: 게임 제작자는 자재 창고에서 집, 도로, 사람, 물, 책상을 꺼내 도시를 세우지.
플라톤: 자재는 표준 형태로 제공되는데 현지화를 어떻게 하지?
크로: 표준 자재도 크기, 색상, 방향, 질감 등을 바꿀 수가 있지.
플라톤: 자동차 같은 복잡한 설비는?
크로: 부품을 조립하여 복잡한 장비도 만들 수 있지. 자신이 만든 자동차를 자재 창고

에 도로 넣어 복붙 할 수도 있지.
플라톤: 누구나 제작자가 되는군. 자재 창고에는 미가 있는가?
크로: 미는 색감, 배치 등에서 파생되므로 미(美)자재는 없어. 그렇지만 회전, 좌우 정렬로 배치를 변화시킬 수는 있지.
플라톤: 선(善)자재는 있나?
크로: 없어. 선도 행위의 영향을 뜻하지.

디오게네스: 개념은 개소리

디오게네스(Diogenes, BC412~323)는 흑해연안 시노페에서 태어나 위폐범으로 아테네로 쫓겨 왔다. 그는 자연스러운 삶이 행복이라고 여겨 깡통을 차고 나무통에서 거주했다. 하루는 개울물을 핥아 먹는 개를 보고 들고 다녔던 깡통마저 버렸다. 소원을 들어주겠다는 알렉산더 대왕의 호의에 거저 햇빛만 가리지 말라고 대꾸했다. 그는 일반명사의 불충분성을 알았다. 플라톤이 인간을 두 다리로 걷는 동물이라고 정의하자 그는 털 뽑힌 닭을 던졌다.

크로: 남들이 보지 않는 곳에서 자위를 해.
디오게네스: 은밀한 행위를 자연스럽다고 할 수 없지.
크로: 개도 새끼를 낳을 때에는 편안한 보금자리를 찾지.
디오게네스: 내가 새끼를 낳을 때 그대로 하지.
크로: 멀쩡한 신체에 왜 빌어먹나?
디오게네스: 서운하군. 나는 어휘를 지키며 합의될 수 없는 개념을 지적하지.
크로: 개보다는 낫구나.
디오게네스: 칭찬이야 욕이야?

아리스토텔레스: 부동의 원동자

아리스토텔레스(Aristoteles, BC384~323)는 마케도니아 왕 시의 아들로 스타게이로스에서 태어났다. 양친이 일찍 돌아가 그는 17살에 아테네로 내려가 아카데미에서 배웠다. 플라톤은 그를 수제자로 삼았고 그도 스승을 존중했지만 생각은 달랐다. 플라톤 조카가 아카데미 원장으로 임명되자 아리스토텔레스는 아테네를 떠나 현재 터키 땅으로 들어가 자연학을 연구했다.

아리스토텔레스는 BC342년 알렉산더를 가르치려 마케도니아로 귀향하였고 알렉산더가 왕으로 즉위하자 아테네로 되돌아왔다. 그는 리케이온을 설립하여 학생을 가르쳤고 지금 남아 있는 아리스토텔레스 저작들은 리케이온 강의안들이다. 그들은 숲속을 걸으면서 사색하고 대화했던 탓에 소요학파로 불린다. 알렉산더 대왕이 젊은 나이에 요절하자 아테네 시민은 정복자 마케도니아에게 반감을 드러냈고 아리스토텔레스는 소크라테스와 다르게 아테네를 떠났다.

제자들이 강의안들 분류하고 편집했으며 리케이온을 약 200년간 운영했다. 그의 학문은 상식으로 흡수되어 2,000년간 세계를 지배했다. 다만 그의 형이상학 저작들은 기독교가 전파되자 이슬람 지역으로 밀려났고 발전 보존되다가 12세기에 유럽으로 되돌아와 중세 스콜라철학을 견인했다.

아리스토텔레스는 의사 아들답게 500여 종 동물을 관찰하고 분류했다. 꿀벌 사회성, 달걀 부화, 고래 생태까지 살폈다. 피 존재 여부로 유혈과 무혈을, 체온 변화로 온혈과 냉혈을, 동물 출생 방식으로 난생, 태생, 난태생, 불완전 난생을 나누었다. 그는 또한 동물을 유(類)와 종(種)으로 분류하며 위계를 세웠다. 알렉산더 대왕도 정복지에서 특이 동식물을 보내 줘 스승을 도왔다.

어떤 생물도 동물과 식물 양쪽에 속하도록 분류될 수는 없다. 분류 활동은 동물의 선천적 능력이고 인간은 더 뛰어나다. 최적 분류 기법은 전체성 충족, 중복성 배제이다. 전체성 충족은 분류를 다시 모으며 원상태가 되는 요건이며 중복성 배제는 분류 사이에 겹치는 영역이 없는 요건이다. 전체성 충족과 중복성 배제에서 아리스토텔레스는 동일률, 모순율, 배중률이라는 사유 규칙을 얻었다. 동일률은 지시된 대상이 동일 맥락이나 상황에서 바뀔 수 없다는 원칙이다. 모순율은 긍정과 부정은 서로 반대되는 진릿값을 가져야 하는 원칙이다. '저 놈은 사람이다'라는 문장이 참이면 부정 문장은 거짓이 되어야 하는데 1/3 인간성만 지닌 길가메시는 모순율을 위배하고 있다. 배중률은 전체성 충족의 다른 표현으로 특정 하루는 '월화수목금토일' 같은 열거형 집합에 반드시 속해야 한다는 원칙이다.

아리스토텔레스는 동물을 '유', '종'으로 나누었듯이 모든 대상을 량, 질, 관계, 장소, 소유, 시간, 능동, 수동, 상태의 범주표로 구분했다. 그는 10개 범주표를 서로 독립적이며 스스로 의미를 지닌 실체로 보았다. 어떤 개체에 10개 범주표를 이어 붙여 그 개체를 묘사할 수 있다. 묘사된 문장은 '주어+술어' 형식을 띠며 주어는 어떤 개체를 가리키고 술어는 선택된 범주표이다. 예를 들면 "이 사과는 붉다"에서 주어는 "이 사과"이고 술어는 '붉다'이다. 10개 범주표는 논리학과 문법의 토대가 되었다.

아리스토텔레스는 '모든'으로 꾸민 문장을 전칭명제로, '어떤'으로 꾸민 문장을 특칭명제로 구분하였고, 술어부에 '아니다'라는 부정 어휘의 존재에 따라 긍정명제, 부정명제로 구분하였다. 뿐만 아니라 그는 대전제와 소전제를 연결하여 새로운 결론을 얻는 아래의 삼단논법도 제안하였다. 삼단논법은 대표적인 연역법이다.

대전제: 모든 사람은 죽는다.

소전제: 소크라테스는 사람이다.

결론: 소크라테스는 죽는다.

아리스토텔레스는 자연을 직접 관찰했을 뿐만 아니라 탈레스 등 선대 자연철학자 주장을 검토하여 개체가 변화하는 원리를 밝히려 하였다. 덕분에 선대 철학도 오늘날 알려졌다. 원인 규명은 관찰을 뛰어넘어 사색을 불렀고 질료형상 이론으로 꽃 피웠다. 제자들이 자연학(Physics) 너머(Meta)에 질료형상 강의안을 배치하며 형이상학(Meta Physics)으로 명명했다.

아리스토텔레스는 플라톤처럼 개체는 질료와 형상으로 구성된다고 보았다. 질료는 4원소 물, 흙, 공기, 불의 혼합물이다. 그러나 그는 플라톤과는 다르게 이데아에서 발원하는 형상을 거부하고 부모나 개체에서 유전된 형상을 주장했다. 르네상스 화가 라파엘로는 시에스타 성당에 플라톤과 대비하여 땅을 가리키는 아리스토텔레스 손가락을 묘사했다.

아리스토텔레스는 곤충의 변태를 관찰했다. 땅에서 나온 알은 애벌레로 자라 고치를 짓고 번데기가 된다. 번데기는 천천히 나방이 되어 껍질을 뚫고 날아간다. 변태는 하나의 형상만으로 설명되기 어려워 그는 질료형상 외에 작용 및 목적을 추가했다. 질료인은 4개 원소를 섞는 조성이며, 형상인은 곤충의 현 상태이며, 작용인은 형상을 변화시키는 외부 힘이고, 목적인은 형상을 변화시키는 내부 힘인 엔텔레키아다.

자신감을 얻은 아리스토텔레스는 질료형상 이론을 모든 대상에 확대 적용했다. 나뭇조각은 목재라는 질료에 직육면체 형상이 부여되어 만들어진다. 만일 목수가 책상을 만들면 나뭇조각은 책상의 질료로 전환된다. 신혼부부가 그 책상을 구매하면 책상은 집의 질료로 변환된다. 연쇄 작용이 계속되면 거대한 우주에 도달할 수 있다. 우주안에 모든 개체는 한 역할을 담당하며 목적을 지닌다.

아리스토텔레스는 질료와 형상의 비율에 따라 생명체 위계를 세웠다. 그는 순수 질료에 해당하는 4원소를 최하층에 두고, 성장하는 식물, 이동하는 동물을 차례로 쌓고, 생각하는 인간을 그 위에 두었다. 식물에서 인간으로 상승할수록 질료보다 형상의 비중이 높아진다. 더 나아가 그는 질료가 없는 순수 형상을 상상했고 이를 신으로 보았다. 신 아래 인간은 신의 소명 혹은 목적을 받아 이성을 발휘한다고 볼 수 있다. 그는 세상 창조를 인정하지 않았으며 신은 창조자가 아니라 성장 인도자이다.

아리스토텔레스는 인간이 지식을 얻는 과정도 제시했다. 인간은 감각기관으로 감지하는 수동지성과 뇌로 판단하는 능동지성을 지니고 있으며, 지식은 감각을 통해 얻어지거나 사유를 통해 얻어진다.

아리스토텔레스는 플라톤 우주론을 수용했다. 달을 기준으로 지상과 천상을 양분했으며 둥근 지구를 중심으로 달, 해, 별이 돌고 있다. 회전하는 표면에 놓인 물체는 튕겨져 나가므로 그는 지구 자전을 수용하지 않았다. 그는 지상을 이루는 물, 흙, 공기, 불에 천체는 채우는 에테르까지 5원소설을 주장했다. 접촉 없이 힘이 전달되지 않는다며 그는 진공을 수용하지 않았다.

아리스토텔레스는 지상 운동과 천체 운동 법칙이 다르다고 보았다. 지상 운동은 낙하운동으로 무거울수록 빨리 떨어진다. 천상 운동은 등속 원운동이며 '부동의 원동자'가 최외각 천구를 돌리고 있다고 보았다. 그는 천상의 이데아는 부정했지만 천체 운동과 변화를 설명하려 '부동의 원동자'를 도입할 수밖에 없었다.

아리스토텔레스 우주론은 관찰에 근거하여 현상과 거의 일치했다. 그리스 프톨레마이오스(Ptolemaeus, 85경~165경)는 아리스토텔레스 천체 이론에 이심원에 주전원을 도입하여 태양과 행성의 운동을 설명하는 천동설을 완성했다. 천동설은 2,000년 동안 세상을 지배했고 르네상스 시기에 와서야 무너졌다.

아리스토텔레스는 사람의 목적인에는 행복이 들어 있다고 보았다. 이 행복은 사람마다 직업마다 다르지 않고 모든 인간에게 동일하게 적용되는 행복이다. 아리스토텔레스는 행복을 이루기 위한 수단으로 덕 윤리를 요구한다. 덕 윤리는 지적 탁월함과 실천 탁월함에 있다. 전자는 세상을 인식하는 능력이며 후자는 세상을 변화시키는 능력이다. 실천 탁월함은 과잉 욕구나 결핍이 없어야 한다.

아리스토텔레스는 노예와 여자를 인간으로 보지 않았고 그리스인과 이민족을 차별하였다. 알렉산더에게 그리스인만 제자로 삼고 야만인은 짐승 다루듯 해야 한다고 조언도 했지만 알렉산더는 오히려 포용성을 보여 주었다.

아리스토텔레스는 윤리학을 정치학과 연결시킨다. 모든 대상은 복합체를 이루는 작용인과 목적인을 지니므로 사람도 사회적 동물일 수밖에 없고 국가 형성도 당연한 귀결이다. 플라톤은 이성으로 통치하는 철인 정치를 주장했지만 아리스토텔레스는 권력욕을 인간의 형상으로 인정했다. 그는 권력 소유에 따라 부자 같은 군주제, 부부 같은 귀족제, 형제 같은 민주제로 구분하였고 권력자가 공익 대신 사익을 추구하면 참주제, 과두제, 중우제로 변질된다고 보았다. 그는 지배자와 피지배 양면성을 지닌 시민층이 정치를 이끌어야 한다고 보았다.

이데아의 초월 세계보다 현실 세계를 강조한 아리스토텔레스는 예술도 모방이 아니라 창작으로 보았다. 감상을 통해 감정 응어리를 해소하는 작품과 예술을 옹호했다.

크로: 과학사는 아리스토텔레스 각주이지.
아리스토텔레스: 비행기 태울 필요 없어. 야만인이 무슨 철학을 아는가?
크로: '부동의 원동자' 개념이 철학사와 문명사에서 논란거리였지.
아리스토텔레스: 야만인치곤 제법인데.
크로: 뉴턴이 만유인력을 발견하자 천구를 돌리는 '부동의 원동자'가 깨졌어.
아리스토텔레스: 좋아. 그래도 우주는 팽창한다는데 무슨 힘인가?
크로: 암흑 에너지라고 하지. 아직 몰라.

> **아리스토텔레스:** 암흑 에너지 대신 우주를 확장시키는 '부동의 원동자'를 도입해.
> **크로:** 여전히 말 되네. 그런데 '부동의 원동자'를 신으로 둘 수 없나?
> **아리스토텔레스:** 왜 굳이 신이 있어야 하지?
> **크로:** 세상을 창조한 누군가 있어야지.
> **아리스토텔레스:** 글쎄. 겨울이 가면 똑같은 봄이 오는데 창조가 필요한가?
> **크로:** 지상 생물은 매년 동일하지만 땅속 화석은 지층마다 다르지.
> **아리스토텔레스:** 그래서 네가 빅히스토리를 파고 있구나.

피론: 결정을 미루다

아테네가 침략을 받자 사람들은 수사학도 웅변술도 더 이상 펼칠 수가 없었다. 진리를 주장하며 핏대를 올릴 필요도 없으니 회의주의가 나타났다. 섹스투스 엠피리쿠스(Sextus Empiricus, BC210경~160경)는 그리스의 철학을 3가지 유형으로 나누어 회의주의를 설명한다. 첫째가 진리가 있다는 자들이고, 둘째는 진리가 없다는 자들이고 셋째는 진리에 다가갈 수 없다는 자들이다. 첫째는 플라톤이나 아리스토텔레스이고 둘째는 소피스트이다. 그는 이 둘을 독단론자로 부르고 셋째를 회의론자라 부르며 피론을 창시자로 보았다.

피론(Pyrrhon, BC366~275)는 엘리스 출신으로 알렉산더를 따라 인도까지 갔다. 그는 삶의 번뇌에서 벗어나려 명상과 요가를 하는 인도 현자를 목격했고, 폭풍우로 흔들리는 배에서 아우성치는 승객과 다르게 사료에 코를 처박은 돼지에서 깨달음을 얻었다. 그는 한 주장에 대해 똑같은 비중으로 반박할 수 있다고 보았고 섣불리 결정하기보다는 결정을 미루고 차분하게 생각하면 평정심을 얻을 수가 있다고 주장했다. 피론은 저서를 남기지 않았지만 제자들을 통해 알려졌다.

크로: 흔들리는 갑판 밑 화물창 돼지에서 철학을 배웠다고?
피론: 승객들이 동요했지만 돼지는 미동도 없었어.
크로: 승객은 덮쳐 오는 파도를 보았으니 동요했지.
피론: 그래서 눈을 감아야지.
크로: 선장은 파도가 배를 요동케 하지만 천천히 빠져나감을 알지.
피론: 철학자가 헤쳐 갈 세상은 파도보다 복잡해.
크로: 복잡한 세상을 헤쳐 가도록 진화된 오감과 뇌를 놀리면 직무 유기지.
피론: 생각을 좀 해 봐야겠네.

알렉산더: 헬레니즘

알렉산더(Alexander, BC356~323)은 소아시아를 치고 지중해 연안을 따라 이집트까지 정복한 후에 기수를 되돌려 페르시아로 진격했다. 그는 힌두쿠시 산맥너머 사마르칸트로 들어가 박트리아까지 점령하고 그리스 주민을 이주시켰다. 그는 카불로 되돌아 나와 인더스 유역에 승리의 깃발을 꽂았다. 갠지스강까지 진격하고 싶었지만 부하들의 거부로 멈추었다. 귀향하던 그는 바빌론에서 열사병으로 31세 삶을 마감했다. 사후에 권력 투쟁이 벌어졌고 휘하 장군들이 마케도니아 지역은 안티오코스, 페르시아 지역은 셀레우코스, 이집트는 프톨레마이오스로 분할했다.

짧은 정복 전쟁이었지만 알렉산더 영향은 컸다. 페르시아가 바빌론을 정복하고 포용정책을 펼쳤듯이 알렉산더도 페르시아 제국을 정복하고 서양과 동양 문명을 통합하려고 했다. 그는 페르시아 공주와 결혼했고 휘하 장수들에게도 이민족 처녀와 결혼을 장려했다.

그리스 정신과 문화가 지중해와 흑해를 거쳐 인도까지 퍼져 나가 헬레니즘 시대가 열렸다. 마케도니아에 패한 아테네는 이등 국가로 전락하였고 지중해 연안 도시 국가들은 자기 고유 문명에 그리스 사상을 접목시켰다. 특히 프톨레마이오스가 지배하는 북아프리카 알렉산드리아가 문명 중심지가 되었다. 플라톤 제자인 유클리드(Euclid, BC330 경~270경)는 기하학 원론을 썼고, 아르키메데스(Archimedes, BC280경~210경)는 물속 신체가 받는 부력을 발견하고 목욕탕에서 알몸으로 뛰쳐나오며 유레카를 외쳤다.

> **크로:** 아리스토텔레스가 《일리어드》를 추천했지?
> **알렉산더:** 나는 주인공 아킬레우스처럼 진격을 했지.
> **크로:** 이방인을 짐승처럼 대하라는 스승 가르침을 따르지 않았군.
> **알렉산더:** 짐승처럼 대하면 더 이상 진격하기 어렵지.
> **크로:** 전쟁에서 진 자를 노예로 삼을 수는 있지.
> **알렉산더:** 진 자도 교훈을 얻으며 역습할 수 있네.
> **크로:** 세계를 포용했군. 조금 오래 살았으면 세상이 달라졌을 텐데.
> **알렉산더:** 군령보다 문화가 세계를 움직이지. 헬레니즘을 열었으니 충분하지.
> **크로:** 그 대범함을 배우고 싶군.
> **알렉산더:** 나는 철학자를 가르치지 않지만 보호할 수는 있지.

에피쿠로스: 세상은 우연

알렉산더 제국은 아테네와 같은 도시 국가가 아니었다. 기동력을 지닌 왕은 더 넓은 지역을 다스릴 수 있었다. 시민들은 도편 추방을 행사할 수 없으니 서운했지만 부귀영화를 누리지 못하고 횡사한 알렉산더를 보자 서운함도 사라졌다. 사람들은 영웅이 되기보다는 소박한 행복을 원했다. 철학도 정치보다는 개인 문제로 전환되었다.

에피쿠로스(Epikuros, BC341~270)는 사모스 섬에서 태어났다. 18살에 아테네로 갔으나 사회성을 가르치는 아카데미나 리케이온 교육 과정에 실망하여 스스로 공부했다. 에피쿠로스는 자연 현상을 원자 운동으로 해석했다. 의식도 대상에서 발원한 원자가 감각기관에 닿아 영혼 원자를 자극하여 발생한다고 보았다. 감각 기관에 맺히는 자극은 정확하지만 인식이 사람마다 다른 이유는 우리가 잘못 해석한 탓으로 돌렸다. 그는 필연과 우연을 구별했는데 필연은 원자의 직선 운동 탓이며 우연은 원자의 불규칙인 충돌 탓으로 보았다.

에피쿠로스는 신을 언급했지만 신을 믿지는 않았다. 신은 권선징악을 강압하지 않으며 개인의 삶에 무관심하며, 솔직히 세상에 만연한 악을 처벌할 능력도 없다고 보았다. 살아 있을 때에는 죽음을 느낄 수 없으며, 죽은 후에는 감각할 수 없으므로 죽음을 두려워할 필요가 없다고 가르쳤다.

쾌락은 선이고 고통은 악이므로 고통이 없는 상태인 아타락시아(Ataraxia)를 추구했고 그것이 행복이라고 가르쳤다. 무절제한 욕망은 짧은 즐거움을 주지만 결국 고통으로 귀결되기 때문에 그는 절제하는 소박한 쾌락을 추구했다. 그는 아테네 교외에 철학공동체를 만들고 노예와 창녀까지 차별 없이 받아들이는 인간애를 보여 주었다.

에피쿠로스: 나처럼 정원을 꾸몄다며?
크로: 몸이 찌뿌둥하면 낫을 들고 밖으로 나갔지.
에피쿠로스: 생각의 끝은 쓰나 노동의 끝은 달지.
크로: 내세로 겁주지 않고 절제된 생활을 했더군.
에피쿠로스: 육체나 영혼도 원자로 만들어져 죽으면 사라지지.
크로: 사람들은 절망 속에서도 내일 희망을 바라며 살아가.
에피쿠로스: 본인이야 문제 될 것이 없지. 타인에게 헛된 희망을 심어 줄 때 문제지.
크로: 맞아. 오늘 자비를 베푸는 자만이 내일과 내세 행복을 말할 자격이 생기지.
에피쿠로스: 선한 말과 행동이 항상 좋은 결실을 맺지는 않아.
크로: 역사는 기억하여 주지.

> **에피쿠로스:** 자기 입에 풀칠하기도 바쁜 후세가 선대를 기억한다고?
> **크로:** 동료들은 이익 탓에 다투지만 후배들은 신념에 교감할 수 있지.

스토아 학파: 세상은 필연

키티온 제논(Zeno of Citium, BC335-26?)는 키프러스 무역상 아들로 태어났다. 상품을 싣고 가다 풍랑에 난파당해 빈털터리로 아테네로 갔다. 그는 우연히 소크라테스 관련 책을 발견하여 철학에 발을 디뎠다. 그는 견유학파, 피론 사상도 익힌 후에 철학이 삶의 기술이 되도록 공회 채색 주랑에서 제자들을 가르쳐 스토아 학파로 불린다.

제논은 헤라클레이토스 로고스가 세상을 지배한다는 범신론을 따랐다. 일관된 운행 원리가 세상을 움직이며 인간도 로고스를 따라야 한다고 보았다. 그는 로고스를 주장하면서도 물질의 근원인 아르케를 묻지 않았다. 아르케는 형이상학적 질문으로 이어지므로 부질없다고 생각했을 수도 있다. 그는 또한 보편자는 실재하지 않고 언어로만 표현된다고 생각했다.

로고스에서 윤리를 얻으려 욕심을 자제하는 법을 배웠고 명상에 빠지기도 했다. 스토아 학파는 외부에서 작동한 변화와 내부에서 샘솟는 변화를 구별하였다. 외부 변화는 필연적 로고스로 보아 가능한 수용하였고 내부 변화는 개인 의지에 따라 긍정될 수 있다고 보았다. 그들은 기쁨과 슬픔마저 초탈한 부동심 아파테이아(Apatheia)를 추구했다. 스토아 철학은 부와 명예를 추구하지 않았지만 국가에 대한 의무와 타민족에 대한 차별 금지 등 인본주의를 중시했다.

아테네에서 발원한 스토아학파는 로도스 섬을 거쳐 로마 사상으로 정착했다. 네로 황제의 스승 세네카, 노예 출신 에픽테토스, 로마 황제 아우렐리우스(Marcus Aurelius, 121~178)는 스토아 철학으로 인류에게 감동을 안겨주었다.

> **크로:** 절제와 긍정적 태도가 후세를 변화시켰지.
> **제논:** 자연의 섭리에 따라 살아야지.
> **크로:** 동물적 삶인가?
> **제논:** 본능을 좇은 전쟁 영웅들도 행복하지 못했지. 이성이 중요해.
> **크로:** 이성은 갈등을 유발하기도 하지.
> **제논:** 사익을 위한 이성이 아니라 공익을 위한 이성을 전개해야지.
> **크로:** 남 좋은 일만 하다가 굶어 죽을 수도 있지.
> **제논:** 스토아는 어느 정도 부와 명예를 지닌 지도층 철학이지.
> **크로:** 로고스 윤리는 절제지만 아르케 윤리는 삶이야. 둘을 조화시켜야지

키케로: 공화정과 보수

키케로(Cicero, BC106~43)는 로마 기사 아들로 태어났다. 그리스 문명이 내리막길로 미끄러지는 사이에 로마 문명이 꽃을 피웠다. 로마는 BC8세기경 라틴족이 테베 강에 세운 도시 국가에서 발전했다. 초기에는 왕정이었으나 귀족들이 왕을 몰아내고 공화정을 수립했다. 권력은 행정 기관인 1년 임기 집정관, 자문 기관인 귀족의 원로원, 사법 기관인 평민의 민회에 분산되어 상호 견제할 수 있었다.

로마는 BC4세기 갈리아 침공을 막았고 이탈리아 반도를 통일했다. BC3세기 지중해를 건너 나일강 유역 카르타고까지 확장했고 BC2세기 마케도니아 왕국과 셀레우코스 제국을 점령하여 지중해를 지배했다. 카이사르는 BC1세기 켈트족 땅 갈리아 지역을 정복했다.

로마 제국은 거침없이 진격했지만 이탈리아 반도 원로원은 권력 투쟁에 여념이 없었고 농민들은 노예로 전락했다. 보다 못한 카이사르는 원로원 견제를 뚫고 이민족을 정복했던 창과 말을 로마로 돌렸다. 카이사르는 공화정보다 제정을 꿈꾸었고, 집정관에 올랐던 키케로는 공화정을 지키려 하였다. 과도기로 삼두체제가 나타났다. 카이사르가 1차 삼두체제를 이끌면서 정적 키케로를 포용했지만 암살당했다. 2차 삼두체제는 카이사르의 부관인 안토니우스가 선점했고 키케로는 죽임을 당했다. 카이사르 양자인 옥타비우스가 BC31년 악티움 해전에서 안토니우스를 물리치고 최초 황제가 되었다. 그는 존엄한 자라는 뜻의 아우구스투스로 불렸고 죽은 후에 신격화되었다.

키케로는 아테네에서 회의주의, 에피쿠로스, 스토아 철학을 나름대로 소화했다. 아테네는 지는 도시였고 로마는 뜨는 도시였으니 그에게는 절제와 평정의 철학이 어울릴 수가 없었다. 그는 사색하는 철학자보다는 지식으로 단련된 뛰어난 저술가였고 웅변가였다. 그리스 사상을 로마 대중에게 소개했던 그의 저술은 중세를 넘어 르네상스 시대까지 라틴어 문학의 전범이 되었다.

스페인, 갈리아와 영국, 터키와 이라크까지 뻗은 로마 제국은 속국의 반란을 진압하고 수탈 자원을 로마로 운송하기 위해 사방팔방으로 도로를 놓았다. 확보된 자원과 노예는 로마의 경기장, 목욕탕, 신전, 수로, 극장을 짓는 데 동원되었다. 아름다운 건축물은 실용적이고 정교한 공학 기술이 적용되었다.

크로: 아우구스투스를 옹호했는데 배신을 당했지?
키케로: 그도 황제정을 꿈꾸었지.
크로: 목숨까지 걸면서 공화정을 지킬 필요가 있는가?
키케로: 독재 속에서 살 수는 없지.

크로: 도로가 잘 뻗은 제국에서는 중앙집권정도 나쁘지 않지.

키케로: 공화정도 중앙집권이 가능하지.

크로: 도로가 뚫려도 지방 시민들이 직접 민주주의를 행사하기는 어렵고 권력 주변 시민들만 혜택을 얻지. 반면에 왕령은 도로 따라 신속히 퍼지지.

키케로: 황제도 몇 년 지나면 기득권자가 돼.

크로: 백성의 신음소리를 듣는 자가 선택한 정치 체계가 정답이지.

4. 영적 지식의 시대

로마 제국은 지중해를 손에 넣고 영토를 넓혀 나갔다. 이민족을 포용하고 관용을 베푸는 헬레니즘을 계승하기보다는 로마 제국은 권위와 힘으로 이민족을 지배했다. 노획된 재화는 로마 건물을 장식했고 말초적 게임으로 탕진됐다.

갈리리 출신 예수는 힘과 무기 대신 사랑을 전파했다. 복음은 권위와 사치에 중독된 로마인을 움직이지 못했지만 로마 제국의 확장이 멈추자 상황은 바뀌었다. 이민족 침략이 빈번하고 현실이 각박해지자 사람들은 이성보다는 신앙에 기댔다. 기독교인들은 빛과 소금의 삶을 실천했고 교리를 세워 나갔다.

물질보다는 정신을 우선시하는 풍조가 일었다. 신의 말씀이 선포되고 영적 지식을 찾는 수양법이 넘쳤다. 자신만이 진리라고 외치는 다양한 종교가 생겨났다. 서로를 이단으로 정죄했고 세력에 밀린 사상은 쫓겨났으면 경전은 불살라졌다. 교리를 전파하기 위해 기적을 퍼뜨렸다. 삶은 진실에서 멀어졌다.

헬레니즘 시대에 박트리아로 넘어간 과학기술은 인도 굽타 제국에서 꽃을 피웠다. 이슬람 제국은 이단으로 쫓겨난 그리스 사상과 굽타 과학기술을 수용하여 진보를 이어 갔다.

필론: 유대교와 그리스 사상의 융합

유태인 필론(Philon, BC20~AD42)은 프톨레마이오스 제국 알렉산드리아 유태인 가정에서 태어났다.

유태인들은 본향 땅을 떠나 흩어진 아픔을 겪었다. BC10세기 다윗 왕과 아들 솔로몬 이후 가나안 지역도 북이스라엘과 남유다로 나뉘졌고 북이스라엘은 앗시리아에게 멸망당했다. BC6세기경에 남유다 유태인도 신바빌론에 끌려갔거나 이집트로 흩어졌다. 신바빌론도 얼마 못 가 이란고원에 발흥한 기마민족 페르시아에게 무너졌다. 페르시아는 융합 정책을 시행하여 신바빌론 유태인들은 예루살렘으로 귀환할 수 있었다.

바빌론 유수로 민족의식이 고취된 유태인들은 구전 역사를 구약성경으로 편집했다. 구약성경은 페르시아 조로아스터교 영향도 받았으며 히브리어나 아람어로 기록되었다. 아람어는 앗시리아의 언어였으나 신바빌론 제국, 페르시아 제국, 알렉산더 제국, 로마 제국에서도 계속 사용되다가 이슬람 제국에서 아랍어로 대체되었다. 구약의 역사관은 그리스 신화의 운명적 역사관과 헤로도토스의 오만하면 멸망한다는 역사관과 다르게, 선택된 민족도 신에게 불순종하면 고난을 당할 수 있다고 본다.

이집트 문명, 유대 문명을 간직했던 이집트 알렉산드리아는 헬레니즘 중심 도시로 부상했다. 프톨레마이오스 2세는 세상 모든 서적을 궁정 도서관에 모았다. 지중해 연안에 흩어져 사는 유태인들은 자기 문화를 간직했지만 헬라어를 사용하여 히브리어와 아람어로 쓰인 성경을 읽을 수 없었다. 프톨레마이오스 2세는 이스라엘 각 지파에서 6명의 번역자를 차출하여 헬라어 구약성경을 편집했다. 70인역에서 메시아를 낳는 처녀는 히브리 성경에는 젊은 여자로 표현되어 있는데 이는 제우스 신이 처녀와 결혼하는 그리스 신화 영향으로 보인다. 성경 번역을 통해 유대교와 그리스 문명의 융합이 서서히 일어났다. 70인역은 몇 차례 개정되어 외경이라 불리는 문서를 수록했고 교부 오리게네스가 마지막으로 손을 댔다.

헬레니즘 시대에 예루살렘은 프톨레마이오스 제국과 셀로우코스 제국의 각축장이 되었지만 유태인 마카베오는 민족을 규합하여 독립을 쟁취했다. 로마가 발흥하자 예루살렘은 로마 속국으로 다시 떨어졌고 필론 가문은 저항을 포기하고 알렉산드리아로 도피했었다.

필론은 유대 창조론과 그리스 철학의 차이를 인지하고 70인역 구약성경을 문자 그대로 해석하기보다는 은유적으로 해석했다. 이를 알레고리 해석이라고 한다. 그는 스토아 로고스를 창세기 '태초의 말씀'이고 플라톤 이데아라고 보았다. 모세가 본 떨기나무 불꽃이 바로 로고스이다. 그는 플라톤 신체 구분을 차용하여, 선악과 사건에서 아담을 이성, 하와를 감정, 뱀을 욕망으로 해석했다.

크로: 아리스토텔레스 대신 플라톤 사상을 따랐군.
필론: 신이 세상을 창조할 때 각 생물 표본을 지니고 있었지.
크로: 표본 목록을 이데아라고 보는구나.
필론: 성경에 해와 달을 돌리는 '부동의 원동자' 주장은 없어.
크로: 구약 해석이 탁월한데 예수가 구약에서 예언한 구원자임을 알았는가?
필론: 내 가문은 오래전에 조국을 떠났지. 나사렛에서 무슨 선한 것이 태어나겠는가?

바울: 기독교 사도

바울(Paul, 4~64)은 터키 다소 출신이며 디아스포라 유태인으로 로마 시민권 자였다. 유대교 신자로서 기독교인을 핍박하다가 부활한 예수를 체험하고 전도자로 돌아섰다. 그는 유태인뿐만 아니라 이민족에게 예수를 전도하였다.

신약성경과 유대 역사서에 따르면 예수(Jesus, 0~33)는 갈릴리에서 동정녀 마리아에게 태어나 하나님 말씀을 전하다가 본디오 빌라도에게 십자가형을 당했다. 예수는 구약의 강압적 계명 대신에 사랑의 복음을 전파했다. 예수는 헬라어를 알았지만 주로 아람어로 설교했다. 구약이 보복의 윤리였다면 신약은 용서의 윤리이다.

헬레니즘 문명으로 인권은 신장되었지만 전쟁에 진 자들은 여전히 노예가 되었다. 예수는 신분 차별 없이 이웃에 대한 사랑을 강조하였고 왼뺨을 맞으면 오른뺨을 내밀고 가이사의 것은 가이사에게 주라고 권면했다. 인생을 빵만으로 살지 말며 진리를 찾으며, 지상에서 이루지 못한 보상은 천국에서 이루어진다고 약속하였다. 예수는 자기 사역을 구약의 예언 성취라고 주장하여 유대 지도자로부터 핍박을 받았다. 예수 가르침은 율법으로 인간을 억압하는 유대교에 대한 개혁이었고 수익을 얻으려 타인에게 무자비한 로마 제국에 대한 반항이었다. 유대 지도자들은 전통 교리를 위협하는 예수를 제거하려 했고 로마 관료들도 반란 조짐을 막으려 유태인 왕이란 반역죄를 씌워 십자가형을 집행했다.

바울은 로마 제국이 닦아 놓은 도로와 지중해 항로를 따라 3차례 전도여행하며 교회를 개척했다. 예루살렘으로 돌아오자 유태인들은 그가 유대 율법을 위반했다는 이유로 로마로 압송했고 감옥에 갇혔다 풀려났다. 로마에 대화재가 발생하자 네로 황제는 기독교인들을 희생양으로 삼았고 바울도 순교를 당했다. 그는 땅끝으로 여겼던 스페인에는 결국 전도하지 못했다.

바울이 없었다면 예수의 가르침은 유대교 개혁으로 끝날 수도 있었다. 초기 기독교는 유대교의 한 분파 정도로 간주되어 유대교 회당에서도 전해졌지만 스테판 순교 후에는 유대교와 기독교는 다른 길로 갔다. 바울은 이방인도 믿을 수 있도록 유대 선민사상 등 유대 관습을 제거했다. 그는 예수 가르침을 헬라 철학과 융합시켰다. 기독교가 예수 사상이지 바울 사상인지 의문 있을 정도이지만 기독교 사상은 로마까지 전파되었다.

　지중해 연안의 각종 신을 모신 로마 판테온 신전에서 보듯이 원래 로마는 다신교 사회였다. 그들은 로마를 세운 카이사르와 그의 양자이자 최초 황제 아우구스투스도 신격화했다. 군인들은 승리를 위해 정의와 전쟁의 신 미트라를 추앙했다. 미트라는 황소를 죽이는 부조로 지하 동굴에 표현되어 있다. 불교 미륵불도 미트라 영향을 받았다. 기독교 초기에 함께 유행했다.

　사도들이 가난하고 힘없는 자들을 보살피고 전도하자 초기에는 약자들이 그리스도교로 빠져들었다. 하늘나라가 그들의 몫이며 머지않아 예수가 재림한다는 약속을 믿었다. 사도들과 신자들은 생사 갈림길에서 순교를 택했다. 예배는 가정교회와 지하 동굴 카타콤에서 열렸다. 전쟁과 폭력에 질린 지식인도 맘을 열었다. 죄 지은 사람은 대속의 은혜를 바라며, 배운 사람은 원수를 심판할 왕을 바라며 십자가를 굳게 붙잡았다.

　예루살렘 유태인들은 로마 압제에 저항했다. 예수를 따르는 무리들도 독립을 위해 힘을 모았지만 최후 결전을 앞두고 이탈하였고 유대교도들만 끝까지 항전했다. 예루살렘 성전은 무너지고 유태인들은 AD70년경에 팔레스타인에서 쫓겨나 세계 각국으로 다시 흩어졌다. 로마인들은 선민사상을 지닌 유태인을 혐오했고 할례, 금지 음식을 이해하지 못했다. 기독교도는 로마 정책에 대체로 순응했지만 유일신이 둘일 수 없다며 로마 황제 권위에 저항하여 핍박당했다. 로마인들은 기독교의 형제자매라는 호칭을 근친상간으로, 내 살과 피를 먹는다는 성찬식을 식인 행위로 오해했다. 네로 황제뿐만 아니라 명상록 저자인 아우렐리우스 황제도 기독교를 박해했다.

　복음서보다 바울은 서신서를 먼저 썼다. 70~100년경 예수의 12사제들이 순교하며 더 이상 예수 행적을 증거할 수 없게 되자 4복음서가 헬라어로 저술되었다. 마태 마가 누가의 공관복음서는 예수의 행적을 대체로 일관되게 기록했지만 요한복음은 그리스 이데아 개념이 진하게 배어 있다. 그리스 비극의 페르소나 개념을 채용하여 성부/성자/성령의 삼위일체 개념이 나타났다. 힌두의 브라마/시바/비슈누, 이집트의 아톤/라/아문에도 삼위일체 개념이 들어 있다.

> 크로: 예수와 동년배인데 살아서는 예수를 만난 적이 없지?
> 바울: 부활한 예수는 만났지.
> 크로: 유명인들은 생전에 서로 경쟁하지.
> 바울: 뭘 알고 싶은가? 나도 회심 전에는 부활 예수를 미워했지.
> 크로: 허풍쟁이는 회심을 기적처럼 간증하지.
> 바울: 세상을 변화시킨 자는 예수와 나야.
> 크로: 인정하지. 그러나 에피쿠로스와 스토아 학파도 노예, 여자, 이민족을 열린 맘으로 받아들였지.
> 바울: 세례 요한이 예수가 올 길을 예비했듯이 그들이 기독교의 갈 길을 예비했군.

용수: 중도(中道)

석가는 팔리어 고대 방언으로 설법했지만 기록을 남기지 않았다. 제자들이 스승 가르침을 잊지 않으려 입적 1년 후부터 함께 모여 낭독하고 교정하며 팔리어, 산스크리트어로 기록했다. 기원전까지 4차례 결집이 있었다. 세월이 흐르자 석가 말씀은 제자들의 성향에 따라 다르게 해석됐다. 인도 북방은 대중 교화를 강조하고 인도 남방은 인격 수양에 치중했다. 결집으로 석가 말씀이 전수되었지만 제자들은 자기 세력을 불릴 기회로 여겼다. 이 시기를 부파불교 시기라고 하며 숫타니파타, 아함경 경전이 나타났다.

셀레우코스 제국이 쇠락하면서 박트리아와 파르티아가 독립하여 나왔고 인도에서는 마우리아 왕조가 인도를 거의 통일했다. 마우리아 3대 아소카

왕 (BC273~BC232)은 박트리아에 불교를 전파했다. 박트리아 예술가들은 석가를 그리스 조각 기법으로 빚어 간다라 예술을 열었다.

실크로드 흉노족은 인도 유럽인 월지족을 공격하였고, 월지족은 쫓겨 달아나면서 박트리아 왕국을 멸망시키고 인더스 강까지 뻗은 중앙아시아에 쿠샨왕조를 세웠다.

쿠샨왕조는 로마, 파르티아와 무역했다. 문화가 융합되었고 인도에서 중앙아시아로 가는 길도 붐볐다. 불교는 간다라 미술에 실려 타클라마칸 사막을 지나 실크로드를 따라 중국으로 들어갔고, 파미르 고원을 넘어 티베트로 들어갔다. 인도 불교는 도교와 융합되면서 중국 불교로 옷을 갈아입었고 고구려 신라 백제까지 전파되었다. 석굴암은 간다라 양식으로 지어졌다. 남방불교도 태평양 해안을 따라서도 동남아로 전파되었다.

용수(Nagarjuna, 150~250)는 인도 중부 데칸고원 브라만 가문에서 태어났다. 용수는 색즉시공과 연기(緣起)설을 재해석하여 남방불교가 강조하는 아공법유보다는 아공법공 사상을 펼쳤다. 그는 석가 반야경에 나오는 "오음이 모두 공하다"는 구절에 근거하여 나도 없고 법도 없다는 사상으로 되돌아가자고 외쳤다. 색즉시공에 따라 법은 유(有)도 아니고 무(無)도 아닌 공(空)으로 보았다. 다른 사물과의 인연으로 생겼다 사라지므로 불변의 법도 없으며, 있음과 없음을 초월한 중도(中道)가 진리라고 보았다. 중생의 해탈을 추구하는 대승불교는 용수 영향을 받았다.

용수는 변증기법을 적용하여 이항 대립을 허물었다. 철학자들이 애용하는 변증기법은 불완전한 주장을 보완하는 기술이다. 변증기법은 지금 표현으로 보면 질의응답(Q/A)이다. 성현들은 자신의 사상을 논리적으로 설명된 후에 Q/A를 통해 보완한다. 주장이 완전하다면 논리 체계 외에 변증기법이 있을 이유가 없다.

> **용수:** 있음과 없음의 대립 개념을 깨뜨리는 공 개념이 절묘하지?
> **크로:** 석가 가르침을 부정하는 게으른 자의 도발이지.
> **용수:** 석가 말씀에 근거하여 대승불교에 힘을 실어 주었지.
> **크로:** 선문답으로 궤변을 늘어놓고 낄낄거림은 지하 동굴의 밀교와 비슷해.
> **용수:** 찬성의 대립은 반대이고 기권은 공이지. 3 반대는 -3이고 중립은 0이지. 공은 게으름이 아니라 타협과 양보야.
> **크로:** 공으로 이항 대립에서 벗어나고 선문답으로 사고의 폭을 넓히지만 진리를 거부하는 사회가 될 수도 있지.
> **용수:** 선문답은 동양식 회의주의이고 어휘들의 순환 구조를 알려 주지.

오리게네스: 인정받지 못한 교부

기독교도들은 온갖 박해에도 불구하고 도덕적으로 살았다. 이웃 여인을 탐하던 남편들이 아내에 충실했다. 지식인들도 이들 모습에서 감동을 받았다. 예수를 믿으며 정죄함이 없고 내세에서 구원을 받는다는 설교에 주민들은 위안을 얻었고 기독교로 돌아섰다.

오리게네스(Origenes, 185~254)는 이집트 알렉산드리아 출신이다. 아버지가 순교당하면서 재산도 몰수당했다. 어린 가장으로 6명의 동생을 보살피며 힘들었던 오리게네스는 18살에 문법과 철학을 가르치는 일타강사가 되었다. 로마, 그리스 등지에서 초청이 쇄도하자 알렉산드리아 주교는 자신에게 서품을 받지는 않은 그를 고깝게 여겼다. 그는 254년 데키우스 황제에게 고문을 받아 순교했다.

필론이 구약을 플라톤 철학으로 해석했듯이 오리게네스도 신약을 그리스 철학으로 해석했다. 플라톤이 사람을 육체, 마음. 영혼으로 나누었듯이 그는 성서를 문자적, 도덕적, 영적으로 해석할 수 있다고 보았다. 문자적 해석은 사실을, 도덕적 해석은 율법을, 영적 해석은 합일을 중시한다.

오리게네스는 2,000권을 저술했다고 알려졌지만 기독교 사상이 정립되면서 후학들에게 이단으로 정죄당해 많은 저서들이 불태워졌다. 그는 여학생을 가르치려 "하늘나라를 위해 스스로 고자 된 자들도 있느니라"는 성경 구절을 읽고 직접 거세했다고 전해진다. 그는 성부 하나님 아래에 성자 예수를 두는 삼위일체를 주장했고 악인마저 최후에는 천국에 들어간다고 보았다.

플로티노스: 신플라톤주의

플로티노스(Plotinos, 205~271)는 이집트 리코폴리스 출신으로 플라톤 철학을 배웠다. 그는 군인들이 황제 자리를 노리던 시대에 살았다. 국경이 늘어나고 이민족의 전투력이 강해지자 로마 제국 팽창은 어려워졌다. 변방의 성은 위태롭지만 로마인들은 선정적 놀이에 중독되어 로마는 내리막길로 갔다. 로마는 제국을 유지하기 위해 부자 재산을 뺏어 개선장군에게 배분했지만 장군은 대지를 챙기면서 황제 자리까지 넘보았다.

플로티노스는 페르시아와 인도 문명을 배울 겸 황제 고르디아누스 3세를 따라 페르시아 원정대에 합류했다. 황제는 친위대장에게 암살당했고 그는 귀향 대신에 로마로 들어가 제자들을 가르쳤다. 그는 필론이나 오리게네스보다 정교했다. 플라톤은 이데아에서 개체로 분유되는 엉성한 망각의 강을 제안했다면 그는 일자에서 개체로 유출되는 구체적 과정을 보여 주며 신플라톤주의를 열었다.

플로티노스는 태양처럼 빛을 내뿜는 일자를 소환했다. 일자는 태양처럼 무한하여 아무리 유출되어도 줄어들지 않고 완전하다. 일자는 맨 먼저 누스인 정신으로 유출된다. 이 단계는 플라톤, 필론, 오리게네스가 주장한 이데아, 정신 정도가 된다. 정신은 재차 분출하여 숨쉬는 영혼으로 분리되고, 마지막으로 영혼은 침전되어 물질이 된다.

계층적 유출론으로 창조를 설명하고 정신 우위, 악의 문제를 해소할 수 있다. 일자에서 떨어질수록 빛은 약하고 어둡다. 악은 빛의 결핍이고 선의 결핍이다. 영혼을 지닌 사람은 일자를 향해 상승하려는 에로스가 있고, 물질로 하강하는 리비도도 있다. 플로티노스 유출론은 사람이 일자에 가까이 갈 수 있는 사다리를 내려준다. 예술가도 사물을 단순히 모방하는 것이 아니라 사물보다 일자에 가까운 예술품을 창작할 수가 있다. 예술가는 자연계에 숨겨진 미를 찾는 창작자이다.

> **플로티노스**: 내 얼굴에 뭐가 묻었나?
> **크로**: 초상화보다 못생겨서 알아보지 못했지.
> **플로티노스**: 제자에게 얼굴을 못 그리도록 신신 당부했는데. 육체보다는 정신을 봐야지.
> **크로**: 왜 유출론에서 정신이 영혼보다 순위가 왜 높지?
> **플로티노스**: 창조주는 정신으로 형상을 만든 후에, 영혼인 생명을 코에 불어넣었지.
> **크로**: 영혼은 아담 이후 잉태된 태아에게 어떻게 주입되지?
> **플로티노스**: 짝짓기 순간 신이 영혼을 선물로 내리지.
> **크로**: 신은 부부 관계를 지켜보는 관음증 의사인가?
> **플로티노스**: 농부는 소의 교미에 흥분하지 않아.

마니: 영지주의

마니(Mani, 215~27?)는 무너져 가는 파르티아 왕국의 수도 크테시폰에서 태어났다. 어머니 이름은 마리암으로 예수 어머니 마리아와 의미가 같다. 20대에 하늘 계시를 받아 자신을 조로아스터, 아담, 석가, 예수의 뒤를 잇는 최후 예언자로 선포했다. 그는 기존 선지자의 계시가 왜곡되었다고 비판하며 교리를 직접 아람어로 저술하고 여러 언어로 번역하여 유포하였다. 박해로 인해 유실되었다던 경전들이 마니교가 번성했던 타림 분지에서 20세기에 일부 발견되었다.

파르티아 동쪽 이란에 출현한 사산조 페르시아는 조로아스터교를 국교로 삼았다. 조로아스터교 신봉자인 페르시아 왕 바흐람 1세는 신내림 받은 마니를 건방지게 여겨 효수하고 목을 성문에 걸었다. 제자들은 슬픔을 포교로 달랬다. 마니교는 4세기 중엽 서쪽으로 스페인까지, 10세기에는 동쪽으로 중국까지 뻗어 나가 세계 종교가 될 만큼 세를 얻었다. 그렇지만 조로아스터교뿐만 아니라 기독교, 불교로부터 박해를 당해 14세기경에 사라졌다.

마니교는 조로아스터교에 기독교, 불교까지 융합하여 우주와 선악을 설명한다. 선한 신이 창조한 세상에서 지진과 해일이 일어나고 악인이 득세하고 신실한 욥은 왜 고난을 당하는지 설명하기 어렵다. 마니교는 세상을 정신과 빛의 신, 물질과 어둠의 신 간의 대결로 설명하며 성도들은 빛의 신을 따라 나아가야 한다고 주장한다. 마니교는 이끄는 자와 따르는 자로 신도를 구분하여 사제에게는 독신을 강요했다.

마니교는 대표적 영지주의이다. 영지주의는 정신과 물질을 차별하고 최고 신은 정신을 만들었고 하위 신은 정신을 물질에 부어 만물을 만든다. 그리스에서 하위 신은 데미우르고스이고 유대교 하위신은 여호와다. 고급신은 손에 흙을 묻히지 않으며 노동을 하지 않는다.

크로: 교수형을 당했다고 했는데 멀쩡하네.
마니: 선한 삶을 살면 하늘로, 악한 삶을 살면 땅속으로 내려가지. 참수형과는 상관없어.
크로: 마니교가 한동안 부흥했다가 사라졌군.

> **마니:** 이단으로 정죄를 당했지.
> **크로:** 물질과 노동을 경시하니 지배층이 싫어할 수밖에 없어.
> **마니:** 지상의 잠깐 즐거움보다 천상의 영원을 꿈꿔야지.
> **크로:** 선한 삶은 노동을 중시하는 삶이야.

암브로시우스, 히에로니무스: 교부 신학

오랫동안 박해를 받았던 기독교는 콘스탄티누스(Constantinus, 274~337) 밀라노 칙령으로 드디어 공인받았다. 콘스탄티누스는 꿈에서 본 대로 병사들을 십자가 방패로 무장시키고 로마로 진격하여 정치적 경쟁자를 물리치고 황제가 되었다. 그는 승리를 신의 은총으로 여겼고 기독교로 로마 제국을 통합하고자 했다.

공인 이후에 기독교는 자유를 얻었지만, 잠재된 기독교의 다양한 해석들이 노출되기 시작했다. 황제는 주교들을 소집하여 공의회에서 공식 입장을 결정했다. 성부와 성자를 동일하게 보거나 동정녀 마리아의 잉태 등이 상식에 어긋나므로 늘 논란이 되었다. 알렉산드리아 장로 아리우스는 신의 성부와 인간의 성자를 구분하였다. 반면에 알렉산드리아 주교 아타나시우스는 성부와 성자는 동일하다는 삼위일체설을 고집했다. 325년 니케아 공의회는 아타나시우스 손을 들어 주었다.

아타나시우스파를 옹호하는 방향으로 복음서와 서신들은 선택되었으며 아리우스파에 기운 도마복음서는 정경에서 빠졌다. 도마복음서는 항아리에 담겨 땅속에 묻혔고 1945년 나일강 상류 나그함마디에서 발견되었다. 도마복음서는 예수의 말씀과 행적을 주로 기록하였고 부활을 언급하지 않는다. 서로마는 아타나시우스파로 서서히 채워졌고 동로마는 아리우스 신앙을 숨겼다.

콘스탄티누스 황제는 제국 수도를 비잔틴으로 옮겼다. 로마 제국은 이라크에 자리 잡은 파르티아 왕국, 후속 사산조 페르시아, 더 동쪽으로 쿠샨왕조와 교역했다. 비잔틴으로 수도가 옮겨가자 로마, 알렉산드리아, 안디옥에 이어 비잔틴에도 대교구가 설립되어 로마와 갈등이 싹트기 시작했다. 그가 죽자 비잔틴은 콘스탄티노플로 개명되었다.

암브로시우스(Ambrosius, 339~397)는 독일 트리어 출생으로 로마에서 법률과 수사학을 배웠다. 그는 밀라노 성당 후계자 논쟁을 수습한 공로로 세례도 받지 않고 주교가 되었다. 황제의 세속 권력에 맞서 그는 교회 권위와 자유를 지키려 힘을 쏟았다. 그는 암브로시우스 성가로 불리는 찬미집을 만들었고 순교자를 기리기 위해 바실리카를 지었다.

바실리카는 로마 법정이나 관공서로 사용되던 건물인데 기독교가 공인되고 예배당으로 사용되었다. 직사각형 대지에 높은 기둥을 일렬로 세워 지붕을 얹고 양 측면에 낮은 기둥을 세워 지붕을 확장했다. 직사각형 전면 강단에서 사제는 설교하고 높은 지붕 아래 신랑, 낮은 지붕 아래 측랑에서 신도들이 아멘으로 화답했다.

히에로니무스(Hieronymus, 340경~410경)는 크로아티아 기독교 가정에서 태어났다. 그는 은둔자 생활을 하기도 하고 귀부인을 가르치기도 하면서 헬라어 성경을 라틴어 번역하여 불가타 성경을 내놓았다.

로마 제국은 정치 권력의 암투와 게르만족, 훈족의 침입으로 사회는 혼란했지만 교회는 혼란 속에도 질서를 유지하고 주민을 보살폈다. 주교와 교부들은 금욕적 생활을 몸소 실천했고 성도들에게 그리스도의 신부로 살아가도록 설교했다.

> **크로:** 교부들은 상식에 어긋나는 주장을 해?
> **암브로시우스:** 상식을 지켰지. 상식 없으면 기적도 가치가 없지.
> **크로:** 삼위일체가 가능한가?
> **암브로시우스:** 신에게만 허용된 기적이지.
> **히에로니무스:** 철학자의 이데아나 '부동의 원동자'도 기적과 별반 다르지 않아.
> **크로:** 기도하면 이뤄진다는 주장은?
> **암브로시우스:** 자기 욕심으로 기도하지 말라는 단서도 있으니 문제없지.
> **크로:** 교묘한 논리이군.
> **히에로니무스:** 현실은 이보다 교활하고 부조리하지.
> **암브로시우스:** 당시 세상을 구한다며 많은 종교가 일어났지.
> **크로:** 자기 모순을 숨기려 다른 사상에는 영지주의 굴레를 씌어 소각했군.

테오도시우스: 기독교 국교화

로마 황제 테오도시우스(Theodosius, 347~395)는 군인 출신으로 게르만족과 사산조 페르시아 침입을 막아 왕위에 올랐다. 4세기에는 유라시아 초원지대에 살던 훈족이 준동을 시작하자 도나우강 유역의 게르만 민족도 연쇄 이동하기 시작했다. 고트족은 흑해를 끼고 도나우강 동북 쪽에서 내려왔으며 로마 영토를 지키는 용병으로 채용되기도 했다. 테오도시우스는 도나우강 남쪽에 고트족이 살 터전을 주었다.

테오도시우스는 380년 기독교를 국교로 삼고 아리우스파, 마니교 등 이단 종교를 금지했다. 이교도들은 추방되었고 재산은 몰수당했다. 그는 데살로니가 주민을 학살하여 친구 암브로시우스에게 성당 출입을 금지당하자 참회했다. 격렬한 논쟁 끝에 성부, 성자, 성령의 삼위일체를 믿는 사람만이 보편적 가톨릭교도로 호명되었다.

테오도시우스는 방대한 제국 곳곳에서 일어나는 침입에 효율적으로 대응하기 위해 로마 제국을 동서로 나누어 자식에게 물려주었다. 친위부대가 자식을 도왔지만 여기저기 일어나는 침략을 막기에는 역부족이었다. 서로마의 황제는 빈번히 교체되어 힘이 없었고 로마 군대는 더 많은 이민족 용병으로 채워졌다.

> **크로:** 무너지는 로마를 떠받치려 노력했군.
> **테오도시우스:** 이교를 금지하고 유일 사상으로 나라를 통일하려고 했지.
> **크로:** 위기에서는 한마음이 중요하지.
> **테오도시우스:** 도나우강 유역에 서고트족이 살 터전을 주었지.
> **크로:** 이민족과 화해도 중요하지.
> **테오도시우스:** 지역을 나누어 다스리게도 했어.
> **크로:** 지역 분권도 중요하지.
> **테오도시우스:** 그래도 로마 멸망을 막지 못했어.
> **크로:** 게임과 향락으로 로마인들은 야성을 잃었지. 슬퍼하지 말게. 멸망은 새로운 탄생이야.

아우구스티누스: 신의 조명론

아우구스티누스(Augustinus, 354~430)는 로마 속주인 알제리 타가스테 출신이다. 로마 하급 공무원 아버지는 없는 돈을 마련하여 자식을 정치가로 키우려 카르타고로 유학 보냈다. 그는 사춘기 욕정에 사로잡혀 노예 여자와 동거하여 아들을 낳자 기독교도 어머니 모니카는 눈물로 기도했다.

그는 키케로의 《호르텐시우스》를 읽고 향학열에 불탔고 성경도 읽었지만 설득력과 문체가 조잡하다고 생각했다. 웅변에 뛰어난 그는 수사학을 가르치면서 선악 구별을 강조한 마니교에 10년간 심취하였다. 하지만 그는 마니교 지도자의 얕은 지식에 실망한다. 밀라노로 간 아우구스티누스는 주교 암브로시우스 설교에 감명 받아 기독교로 회심했다.

그는 정원을 거닐다 집어 읽으라는 아이들 노랫소리에 성경을 펼쳤다. 정욕을 도모하지 말라는 로마서 13장 13절은 신의 계시로 들렸다. 금욕적인 마니교도 평신도의 동거를 막지 않았고, 로마 그리스 문화는 성에 자유로웠지만 그는 젊은 날 방탕한 삶을 《고백록》에서 회개하며 철학 재료로 삼았다. 그는 약혼도 취소했다,

로마는 기독교로 복음화되었고 지식인들은 아카데미 회의주의에 사로잡혀 있었다. 회의주의는 모든 진술의 참 거짓을 판별할 수 없다고 주장했다. "내일 비가 오거나 오지 않는다"라는 배중률 진술은 항상 참이므로 아우구스티누스는 회의주의에 동의하지 않았다. 빛이 비치면 세상을 볼 수 있듯이 이성이 비추면 세상 진리도 파악될 수 있다고 그는 보았다. 진리 조명설이다. 그는 선악, 원죄, 우주, 시간 속으로 깊게 빨려들었다.

아우구스티누스는 기독교에 신플라톤주의를 더욱 가미했다. 일자에서 유출된 정신이나 영혼 층은 완전하지 않으니 악이 나타날 수밖에 없다. 그는 악을 선의 부재로 보았고 악이 횡행하는 이유는 신이 인간에게 준 자유의지 탓으로 돌렸다. 아담과 이브는 자유의지로 선악과를 따먹는 원죄를 저질렀다. 원죄는 정액을 타고 유전되며 인간을 죽고 병들게 한다. 원죄에 묶인 인간은 자기 행위로 죄를 사할 수 없으며 신만이 죄 사함의 은총을 내려준다. 아우구스티누스는 믿음보다는 행위에 의한 구원을 주장했던 영국 수도사 펠라기우스(36?~418)와 논쟁하며 이단으로 몰았다.

아우구스티누스는 신의 천지 창조와 함께 시간과 공간도 개시되었다고 보았다. 신만이 창조 전에도 계셨고 늙지도 않으며 과거와 미래를 동시에 알 수 있다. 신은 미래 운명을 미리 알고 은총 받을 인생도 미리 안다. 그는 공간과 비교하여 시간의 고유 특성을 포착했다. 시간은 공간과 다르게 한

방향으로 흐르고 시간 여행이 불가하다. 과거는 기억으로 미래는 기대로 나타날 뿐 오직 현재만 존재한다고 보았다.

로마가 410년 서고트족에게 약탈당하자 시민들은 로마 몰락을 전통 신 주피터 대신 유대 여호와를 믿은 탓으로 불평했다. 아우구스티누스는 이를 반박하려 《신국론》을 저술했다. 로마인들은 서고트족보다 더 철저하게 점령지를 파괴했으니 로마 약탈에 화낼 자격이 없으며 시련과 고통은 내면의 성숙을 가져온다고 설득했다.

아우구스티누스는 신국 대리자로 소유를 팔아 가난한 자를 도왔고 히포 주교로 주민들을 섬겼다. 427년 반달족이 북아프리카를 쳐들어오자 주민들은 히포로 피난을 왔고 그는 머물 거처를 마련하여 주었다. 아우구스티누스는 신이 통치하는 세상을 만들고자 했다. 중세 천 년 동안 교황들은 신국을 목표로, 황제는 왕국을 목표로 싸웠다.

로마 복음화에도 불구하고 서로마는 이민족의 전쟁터가 되었다. 로마를 약탈한 서고트족은 더 나은 터전을 찾아 프랑스 남부를 지나는 지중해 북해안선을 따라 이동하였다. 그들은 땅 끝 이베리아 반도에 정착하여 서고트 왕국을 수립했다. 반달족은 서유럽을 가로질러 지브롤터에 이르고 해협을 건너 북부 아프리카에 터전을 잡았다. 갈리아에서는 프랑크족이 일어났고, 앵글로색슨족은 영국 해협을 건너 전설의 아서왕이 지키는 켈트족을 밀어냈다.

훈족도 로마 제국으로 들어와 휘젓고 다녔다. 훈족 맹장 아틸라는 유럽인에게는 공포의 대상이었고 유럽인들은 그를 신의 심판자로 불렀다. 교황의 울부짖는 기도에 신이 응답했는지 453년 아틸라는 결혼 첫날밤에 횡사했고 훈족은 급격히 약해졌다.

아프리카 반달족이 455년 로마를 짓밟았다. 이민족 침입이 빈번했지만 서로마 통치자들은 서로 물고 뜯기에 여념이 없었고 군권을 장악한 이방인

4. 영적 지식의 시대 89

오도아케르는 476년 황제를 끌어내려서 서로마를 멸망시켰다. 그는 스스로 이탈리아 황제라 칭했지만 권위는 오래가지 못했다. 동고트족은 오도아케르를 살해한 후에 동고트 왕국을 세우고 수도를 로마에서 라벤나로 옮겼다.

게르만족이 유입되었지만 로마의 생활 방식은 대체로 유지되었다. 이민족들은 자신의 언어와 문화와 신을 거의 버리고 지중해 라틴문화와 기독교를 수용했다.

> **크로:** 인간 행위에는 가치를 부여하지 않았군.
> **아우구스티누스:** 욕정이 가득한 마음에서 선한 행위가 나오기 어려워.
> **크로:** 난세에는 자기 행동보다는 신앙에 의지할 수밖에 없지.
> **아우구스티누스:** 신이 돕는데 홀로 멍에를 메는가?
> **크로:** 강간을 당하더라도 성적 만족하지 않으면 순결하다는 신을 믿으라고?
> **아우구스티누스:** 대화의 수준이 낮군. 자결을 막는 조치이네.
> **크로:** 역사가 기번은 《로마 쇠망사》에서 로마 멸망 이유를 이민족과 기독교를 지목했지.
> **아우구스티누스:** 당시 로마인들도 기독교 탓을 했지.
> **크로:** 선행을 권하는 펠라기우스를 이단으로 지목하자 로마는 몰락의 길로 갔지.
> **아우구스티누스:** 은혜 없는 선행은 한계를 지녀. 결국 신국은 왕국을 이기게 되지.
> **크로:** 교황은 생존했지만 로마는 영광을 잃었지.

히파티아: 독단의 광기에 희생

알렉산드리아 대주교인 키릴로스(Kyrillos, 375~444)는 단성 논쟁을 일으켰다. 단성 논쟁은 예수의 행적을 인성에 속하는지 신성에 속하는지 구분하는 문제이다. 공의회를 통해 삼위일체와 예수가 인성과 신성을 가졌다는 교리는 채택되었지만 이번에 마리아 호칭을 두고 단성 논쟁이 일었다. 콘스탄티노폴 대주교 네스토리우스는 출산은 인성에 속하니 예수의 어머니로 불려야 한다고 주장했고 알렉산드리아 키릴로스는 신성과 인성은 다르지만 구별되지 않는다며 하나님의 어머니라고 주장했다. 알렉산드리아와 콘스탄티노폴은 종교적 이념이 다를 뿐만 아니라 지역색도 띠었다.

키릴로스는 431년 에베소 공의회로 오고 있는 네스토리우스 진영을 이단으로 선포했다. 선공을 당한 네스토리우스 무리들은 발길을 돌려 시리아, 페르시아로 들어가 동방 기독교를 세웠다. 네스토리우스 기독교는 중앙아시아 및 당나라에 전파되었고 경교로 불렸다. 네스토리우스 기독교와 함께 그리스 사상도 함께 전해졌다.

키릴로스는 군중을 선동하여 미모의 여성 수학자 히파티아(Hypatia, 355~415)를 공개적으로 처형했다. 히파티아의 세련된 강의는 지중해 연안 학생들을 구름처럼 끌어 모았다. 세뇌된 군중들은 신플라톤 사상에 기운 그녀를 벌거벗긴 후에 화형에 처했다. 예수는 모세 율법을 폐하려 왔지만 광신도들은 새로운 율법을 만들고 있었다. 예수는 사람을 살리려 왔지만 광신도들은 예수 이름으로 사람을 죽였다.

크로: 명성과 미모를 듣고 지구에서 왔지요.
히파티아: 헛소리 말아. 나는 진리와 결혼했어.
크로: 박해당한 그리스도교가 같은 만행을 저질렀다니.
히파티아: 맹목적 신앙은 폭력을 부르지.
크로: 결혼할 만한 진리가 무엇인가?
히파티아: 수학은 객관적인 진리야.
크로: 돼지에게 진주를 던져 화를 돋우지 말아야지.
히파티아: 학살이 언제 너에게도 닥칠지 몰라. 키릴로스를 조심하게.

찬다라굽타 2세: 힌두교 태동과 불교의 쇠퇴

굽타제국의 찬다라굽타 2세(Chandragupta II, 380~413)는 인도 서북지방 사카족을 밀어냈으며 인도 군소 왕국과 혼인을 통해 영토를 확장했다. 그는 통일 과정에서 권위를 세우려 왕중왕이라고 선전했다. 그는 평등을 추구한 불교는 통치 사상으로 맞지 않는다며 브라만교를 개혁하여 힌두교를 열었다. 힌두교는 동물을 잡는 종교의식 대신 헌화도 허용하는 등 브라만교 제의를 간소화하여 성도 부담을 줄여 주었다. 힌두교에서 창조신 브라만은 유일신이지만 더 이상 세상에 간여하지 않아 인기가 없다. 오히려 파괴신 시바, 유지신 비슈누가 더 사랑을 받았고 다양한 기복 신을 브라만의 다른 위격으로 두었다. 힌두교는 종족, 직업까지 고려하며 카스트 제도를 손봤다. 힌두교가 세를 얻을수록 불교는 서서히 소멸하였다. 힌두교는 8세기 유입되어 16세기까지 영향을 미친 이슬람 무굴제국에서도, 19세기 기독교의 영국 식민지 지배하에서도 살아남았다.

굽타 왕국은 인도 역사상 번영의 시기였다. 힌두교는 헬레니즘 과학을 더욱 발전시켰다. 그들은 아라비아로 전파되어 이름을 빼앗긴 아라비아 숫자와 십진법 발명자였다. 아라비아 숫자는 1 앞에 0을 도입했다. 0은 불교의 공개념에서 태어났다. 무는 0으로 표현하기까지 긴 시간이 걸린 이유는 무는 표시되지 않아야 한다는 고정 관념이 작용한 탓이다. 조용한 분위기를 유지하려면 '조용'이라고 말하기보다는 손가락을 입술에 갖다 대듯이 0을 도입하였다. 만일 십진법에서 0이 없으면 빈 곳으로 두어야 하는데 2 5를 205 대신 25로 잘못 읽을 가능성도 있다. 수학자 아리아바타(Aryabhatiya, 476~550)는 원주율을 정확히 계산하였고 지구가 중심 축따라 자전한다고 주장했다. 굽타 과학기술은 이슬람 제국으로 전파되었다.

보이티우스: 최후의 고대철학자, 최초의 중세철학자

　보이티우스(Boethius, 480~524)가 귀족 자제로 로마 근교에서 태어나 그리스에 유학했다. 그는 25세에 원로원 의원이 되었고 동고트 왕 테오도리쿠스와 로마 교황 신임을 받아 집정관에 올랐다.

　보이티우스는 기독교와 그리스 철학, 플라톤과 아리스토텔레스를 조화시키고, 서서히 멀어지고 있는 로마 교회와 콘스탄티노플 교회를 화해시키고자 했다. 그는 독단으로 치닫는 신학을 우려하며 소멸하여 가는 플라톤 철학과 아리스토텔레스 논리학에 주석을 달며 라틴어로 번역했다. 그는 주석서에서 보편자는 개별 사물을 추상화하여 얻어진다고 보았으며 이 주장은 중세 보편자 논쟁의 불씨가 되었다.

　비잔틴 제국이 이탈리아를 노리던 당시 보이티우스는 비잔틴을 변호했다는 죄목으로 사형선고를 받았다. 그는 파도바로 유배되어 집행될 사형의 두려움 속에서 운문과 산문 형식으로 《철학의 위안》을 저술했다. 옥문에 나타난 철학의 여신은 행복은 권력이나 부에 있지 않으며 수레바퀴처럼 불행이 반복되기도 한다며 위로한다. 고난과 불행은 자기를 되돌아보는 기회가 된다고 말한다. 신이 만든 세상에서 악한 사람이 활개 치고 선한 사람이 고통을 받는 이유에 대해서도, 유한한 능력의 인간은 신의 깊은 의도를 알 수 없다고 말한다.

크로: 기독교도이면 비슷한 상황인 욥기를 읽었을 텐데.
보이티우스: 믿음을 시험하려 멀쩡한 가정을 신도 박살 낼 수야 없지.
크로: 죽음 후 천국을 소망할 수도 있었을 텐데.
보이티우스: 죽더라도 신의 뜻은 알아야지.
크로: 감옥까지 온 여신이 옥문을 열어 주었으면 좋았을 텐데.
보이티우스: 간수가 처벌받게 할 수는 없지. 내가 뭘 잘못했을까?

> **크로:** 집안끼리 양자로 삼고 결혼으로 권력을 얻었으니 잘못이 있지.
> **보이티우스:** 잘못을 꼬집어 알려 주니 수긍이 되고 위안이 되네.
> **크로:** 《철학의 위안》이 비슷한 환경에 처한 사람에게 위안이 되지.

유스티니아누스: 로마 고토 회복

동로마 황제 유스티니아누스(Justinianus, 483~565)는 옛 로마 제국을 회복하기 위해 20년 동안 거의 전쟁을 벌였다. 북아프리카 반달왕국을 공격하여 항복을 받았고 사산조 페르시아와 정전 협정을 맺은 후에 동고트족을 이탈리아에서 밀어내며 이탈리아를 회복했다. 로마는 전쟁으로 폐허가 되었고 과다한 세금을 짊어지자 로마인들은 동고트족 지배를 오히려 그리워했다.

기독교는 공의회를 통해 보편 기독교를 세워 갔지만 동서교회 분열 조짐은 높아만 갔고 그는 갈등을 해소하고자 노력했다. 그는 529년 이교 사상의 온상인 아테네 아카데미마저 폐쇄했다. 또한 로마법, 칙령 등을 수집하고 분류하여 로마법 대전도 정비하였다.

그는 성 마리아 이름의 소피아 성당을 비잔틴 양식으로 재건축하였다. 비잔틴 양식은 로마 건축양식과 동방 건축 양식의 융합이다. 꽃을 닮은 평면도는 대칭적이고 내부 공간 각 모서리에는 기둥을 박고 돔을 얹었고, 벽에는 성인이나 권력자를 천연색 모자이크로 표현했다.

유스티니아누스가 로마 제국 옛 영토를 회복했지만 전쟁으로 국가 재정을 바닥냈고, 교회를 통합시키려 했지만 분열은 오히려 심화되었다. 그는 밤낮으로 일했지만 측근을 의심하여 권력을 위임하지 못했다.

그가 죽은 후에 롬바르드족은 스칸디나비아에서 내려와 이탈리아 북부에 왕조를 세웠다. 이 시기 이베리아 반도에서는 클로비스가 서고트족 북침을 막고 기독교를 국교로 하는 프랑크 왕국을 수립했다. 동유럽 평원에는 슬라브족과 아자르족이 자리를 잡았다. 민족 침입은 인류의 보편적인 행동양식이다. 유럽 역사는 지역만으로 역사를 기술할 수가 없고 민족 이동도 함께 고려해야 한다. 한 지역을 전세 낸 민족은 없다. 침입한 민족이나 정주한 민족이나 서로 죽이거나 융화되었다.

유스티니아누스: 로마 고토를 회복했고 법률도 이성적으로 재정비했지.
크로: 로마법 대전이 나폴레옹 법전으로 이어졌고 근대 법사상에도 영향을 미쳤지.
유스티니아누스: 로마법은 신법을 구법보다 우선했지.
크로: 법은 현실 반영이니 그래야지.
유스티니아누스: 합리적 법체계를 수립했지만 성경 율법을 존중했지. 인간 지혜와 무기보다도 신 계명이 우선이지.
크로: 신법 우선 원칙에 따라 낡은 십계명보다 새로운 로마법을 강조해야지.
유스티니아누스: 성경이 이성이야. 불온사상으로 파문당하지 않도록 조심하게.

위 디오니시우스: 속이는 권위

위 디오니시우스(Pseudo-Dionysius, 4?? ~5??)는 바울 제자 디오니시우스로 행세하며 4권의 저서와 10통의 편지를 썼다. 19세기 위작으로 밝혀지기까지 위서 영향력은 대단했다. 그는 신플라톤주의 정신층 대신에 천사층을 배치하고 천사를 9단계로 구분하였다. 교회 조직도 유사하다.

위 디오니시우스는 정화, 조명, 합일로 신과 만나는 사다리를 제시했다. 영혼은 정화로 정결케 되며, 조명으로 신의 빛을 받고, 합일로 신과 하나 된다. 연어가 태어난 강을 거슬러 올라가듯이 영혼도 신에게 올라갈 수 있다고 보았다.

그는 합일 순간을 언어로 표현할 수 없다고 보았다. 이성을 초월한 신을 인간 언어로 표현될 수 없다는 부정 신학이다. 모세가 신을 만나는 순간 할 말을 잊었듯이 신을 묘사할 수가 없다. 부정신학은 "신은 ~이 아니라"라는 형식을 띤다. 긍정신학은 좋은 점만 부각해 신을 긍정적으로 묘사하지만 결국 특정 지점에서 이율배반이 나타난다. 바벨탑 사건으로 한계를 지닌 지상 언어 탓이다. 반면에 부정신학은 단정 짓지 않으므로 이율배반을 피할 수 있다.

크로: 디오니소스 선생 맞지요?

위 디오니시우스: 누군가? 나를 찾는 사람들이 많아.

크로: 사기꾼이니 위디로 부르지. 왜 차명으로 발표했지?

위디: 알려고 하지 마.

크로: 신분이 성직자지?

위디: 어허. 진리만을 선포하는 성직자를 의심하다니.

크로: 로마 교황은 8세기경에 콘스탄티누스 기증이라는 위조문서를 만들었지. 콘스탄티누스 황제가 비잔틴으로 천도하면서 서로마 통치권을 교황에게 양도한다는 내용으로 비잔틴 황제나 서로마 황제의 간섭을 차단하려 했지. 르네상스 시대 인문학자 로렌초 발라가 비잔틴 명칭, 라틴어 어휘 등을 분석하여 위조임을 밝혔지. 교황청도 처음엔 완강히 부인했지만 결국 시인했지.

위디: 나랑 무슨 상관이야?

크로: 위조된 네 저술이 먹히자 교황청이 콘스탄티누스 기증을 만들었다고 봐.

위디: 성경에 명시되지 않은 교황 권위를 세우려면 위계 체계가 필요했지.

크로: 얼마나 더 많은 위서가 나올지 모르지.

위디: 더 캐려고 하지 마라. 다친다.

크로: 거짓에 의한 권위는 한동안 성공할 수 있지만 결국 무너지지.

베네딕투스: 수도원 설립

베네딕투스(Benedictus, 480~547)는 이탈리아 누르시아 출신이다. 로마로 유학을 떠났지만 퇴폐적 문화를 견디지 못하고 시골로 들어가 은수자가 되었다. 그레고리우스 교황은 그가 행한 기적들을 기록했다. 베네딕투스는 기도로 부서진 체를 고쳤고, 독극물을 탄 포도주잔을 깨뜨려 암살을 면했다. 그는 조용히 살고 싶었지만 인품이 알려져 존경을 받았고 노년에는 몬테카시노 수도원을 세웠다.

이집트와 시리아에서 시작된 수도원은 차츰 유럽 대륙과 아일랜드까지 확산되었다. 개나 소나 현실의 도피처로 수도원을 악용되자 베네딕투스는 엄격한 수도원 규칙은 도입했다. 그는 개혁으로 시기와 살해 위협을 받았지만 규칙은 중세에도 효력을 유지했다. 폐쇄된 아카데미를 대체한 수도원은 일반 사상을 가르치지는 않았다. 수도사들은 오전에 기도하고 오후에 노동하며 자급자족했고, 고전 문헌들이 낡아지면 양피지에 필사하여 제본했다. 그들은 사제를 배출하고 귀족을 가르치기도 했다.

> **크로:** 이 시기는 신앙에 미쳐 있었군.
> **베네딕투스:** 무슨 소리. 나는 기적을 체험했어.
> **크로:** 나쁜 뜻으로 한 이야기는 아니야. 인류가 한번은 겪을 성장통이지.
> **베네딕투스:** 너는 기적 체험이 없구나?
> **크로:** 일상 삶이 놀라움이고 신비로움이야.
> **베네딕투스:** 오감으로만 세상을 느끼지 말라고.
> **크로:** 은혜를 과도하게 찾다가 중세는 지혜까지 사라진 암흑이 돼 버렸지.

그레고리우스: 교황체계 수립

그레고리우스(Gregorius, 540~604)는 로마 귀족 가정에서 태어나 로마 시장을 역임했다. 부친이 사망하자 저택을 수도원으로 개조하여 수도사가 되었다. 교황 부름을 받고 콘스탄티노플 주재 교황 사절을 거치면서 롬바르드족 침입, 동서교회 분열 문제를 원만하게 처리하여 성도들에 의해 교황으로 선출되었고 교황령 바티칸의 기초를 놓았다.

수많은 편지로 성도들을 지도하면서 유럽을 교황 영향권으로 포섭했다. 정경이 된 바울 서신에 비해 그레고리우스 서신은 대접받지 못하지만 교황권 확립에 기여했다. 성직 매매를 질책하는 내용에서부터 미사 도중에 할렐루야를 외치는 시점과 전날 부부 관계를 가진 사람이 교회를 나올 수 있는지 등 시시콜콜한 문제까지 다루고 있다. 그는 용의주도하여 성도에게는 권고와 질책하지만 황제에게는 편지로 아부했다. 그는 그레고리 성가집을 편찬했다.

그레고리우스는 이탈리아 북부 롬바르드족, 이베리아 반도 서고트족, 영국 앵글로색슨족을 개종시켰다. 유럽을 기독교로 포섭한 교황은 영적 권위로 백성들을 지배했고 세속권력이 미치지 못하는 행정을 처리했다. 이민족이 침입하고 세속권력과 갈등이 생기면 교황은 군사력이 없어 비잔틴 황제, 프랑크 왕국, 롬바르드 도시 국가에 도움을 청했다.

그레고리우스는 신학 외에 문법을 가르치는 행위도 질책했다. 기적과 전설이 이야기되었고 합리적 사고는 뒷전으로 밀렸다. 학문에 재갈을 물리자 유럽 대륙은 서서히 암흑기로 접어들었다. 암흑기는 르네상스 이후 학자들의 평가이며 중세 주민은 일상생활 속에서 재림 예수를 기다리며 살았다.

> **크로:** 중세 초기를 암흑기라고 하지.
> **그레고리우스:** 무슨 소리! 신의 말씀에 따라 살았어. 모두가 내세를 꿈꾸었지.
> **크로:** 내세만큼 현세도 중요하지.
> **그레고리우스:** 현실 세계도 나쁘지 않았어. 사회는 평등했고 노예 제도도 없어졌어.

크로: 게르만족은 태생적으로 라틴족의 귀족적 삶보다 절제된 생활을 추구했지.
그레고리우스: 그들은 삶을 선하게 인도하는 신에게 감사했지.
크로: 사제들이 기적을 꾸몄으니 문제지.
그레고리우스: 선한 목적이라면 연출된 기적도 용납되지.
크로: 거짓은 건전하게 발전할 기회를 앗아가지.
그레고리우스: 그래도 중세가 평화를 찾았어.
크로: 족속 간 분쟁은 중세에도 끊이지 않았어.

무함마드: 이슬람

무함마드(Muhammad, 570~632)는 메카 상인 유복자로 태어났지만 어머니도 병으로 세상을 바로 떠나 할아버지, 삼촌 밑에서 자랐다. 동로마와 페르시아 전쟁으로 실크로드와 무역로는 불안하고 홍해에도 해적들이 출몰하여 인도양까지 가는 대상로가 개척되었다. 홍해 연안에서 80km 떨어진 메카는 오아시스가 있어 대상로의 중심 도시였다. 이단으로 쫓겨난 네스토리우스 신도도 메카 주변에 살고 있었다. 메카 카바 신전에는 수백 종의 신을 모셨는데 그중에 알라신도 있었다. 알라신은 유대교의 여호와와 동일하다. 여호와는 아브라함에게 모래알같이 많은 자손을 약속했는데 적자 이삭은 유대 민족을 낳았고 서자 이스마엘은 아랍 민족을 낳았다.

목동 무함마드는 과부 카디자에게 고용되어 사업을 번창시켰다. 감명받는 카디자는 청혼했고 무함마드는 경제적 안정을 얻었다. 교육을 받지 못했던 무함마드는 진리와 가난한 자들의 고통과 사회 불평등을 외면하지 않았다. 구약과 신약을 접한 무함마드는 예수 사제들이 예수를 신격화하고 알라 즉 여호와 계시를 왜곡하였다고 보았다. 그는 진리를 찾아 바위 동굴에서 금식하며 고행하여 알라 계시를 받았다.

무함마드가 알라로부터 받은 계시가 코란이다. 선악과 이야기 등 구약성경 내용과 일치하지만 이삭 관점보다는 이스마엘 관점으로 기술되었다. 제3대 칼리프가 구전된 알라 가르침을 아랍어로 결집하였다. 코란은 여러 언어로 번역될 수는 있지만 오로지 아랍어 원본만을 경전으로 인정했고 한 글자의 첨삭도 불허했다.

이슬람은 기독교 원죄와 대속 신앙을 믿지 않는다. 성도는 지상 행위로 심판을 받아 천국으로 들어간다. 하루 5번 기도하고 1/40 재산을 가난한 자에게 베푼다. 이슬람교도는 사제 없이 직접 알라신을 예배한다. 그들은 성스러운 전쟁을 거부하지 않으며 일부다처제를 허용한다. 이슬람교도들은 모세나 예수를 선지자로 보며 무함마드는 최종 예언자이며 더 이상 예언자는 나올 수가 없다고 본다. 이슬람은 종교와 정치를 결합한 신정 정치를 추구한다.

아내와 삼촌이 무함마드 말을 믿고 따랐지만 메카는 핍박했다. 그는 기득 세력에 쫓겨나 메시나로 도망쳤고, 힘을 키운 후에 메카를 굴복시켜 세력을 확장했다. 그는 아라비아 반도를 점령한 후에 친족으로 사위 알리를 남기고 죽었다. 이슬람 전사들은 알리보다는 무함마드를 대리할 칼리프를 선출하여 정복 활동을 이어 갔다. 제2대 칼리프 우마르는 비잔틴과 싸움으로 약해진 사산조 페르시아와 이집트를 점령했다. 제4대에야 알리가 칼리프가 되었으나 암살당했다. 무슬림들은 무함마드 혈통을 주장하는 시아파와 무함마드 사상과 칼리프 전통을 따르는 수니파로 나눠졌다.

수니파는 우마이야 이슬람 왕조를 열었다. 우마이야 왕조는 다마스쿠스를 수도로 삼고 정복 전쟁을 재개했다. 북쪽으로는 터키와 페르가나, 동쪽으로 인도까지, 서쪽으로는 북아프리카까지 진출했다. 시칠리아를 점령하여 지중해를 손에 넣었다. 북아프리카 무어인은 이베리아 반도로 진출하여 서고트족을 피렌체 산맥으로 밀어내며 이슬람을 전파했다. 무어인은 북아프리카의 베르베르인, 아랍인, 유태인의 혼혈족이다. 그들은 피렌체를 넘어 프랑크 왕국까지 침입하려다 카를 마르텔(680~741)에게 저지당했다.

> **무함마드:** 나를 찾아올 필요는 없는데.
> **크로:** 신에 미친 시대를 깨울 사람을 찾고 있었지.
> **무함마드:** 삼위일체를 주장하는 기독교를 대체할 신앙이 필요했지.
> **크로:** 그래서 자신은 신은 아니고 최후 예언자로 소개했군.
> **무함마드:** 예수도 예언자지. 사제들이 왜곡시켰지.
> **크로:** 그래서 이슬람에서는 사제들이 없군.
> **무함마드:** 대개 사제들이 문제를 일으키지.
> **크로:** 만인 사제설을 주장하는 종교 개혁이 나중에 일어났네.
> **무함마드:** 늦었지만 다행이지.
> **크로:** 이제는 성경도 다양하게 해석되고 있지.
> **무함마드:** 시대에 맞게 코란도 제대로 해석하여 주게.

레오 3세: 성상파괴 운동

레오 3세(Leo III, 675경~741)는 시리아에서 농민 아들로 태어나 비잔틴제국 황제가 되었다. 즉위하자마자 이슬람 함대가 콘스탄티노플을 포위하였으나 전투를 지휘하여 격퇴하였다.

기독교는 공의회를 통해 이단을 제거하였지만 서방교회와 동방교회는 민족, 문화, 언어 이질성이 있었고 영적 권력을 잡으려 갈등 관계가 지속되었다. 레오 3세는 726년 성상 파괴 운동을 발령하여 서방교회와 되돌릴 수 없도록 다리를 끊었다. 원래 성상은 원시 종교의 특징이고 부적 흔적이다. 힘을 얻은 유일신은 나머지 우상을 파괴했다. 구약이나 이슬람은 우상을 철저히 배격한다. 유일신 여호와와 알라에게 집중하기 위함이다. 이슬람 모스크에는 성상 없이 아라베스크라는 기하학적 패턴만 존재하고 이슬람은 초승달로만 상징된다. 기후도 예술에 영향을 미친다. 지중해 이북 기후는 예술 작품에 고색풍을 입히지만 지중해 이남 기후는 예술 작품의 표면을 갉아먹는다. 사막 바람이 휘몰아치면 건물은 묻히고 실내에도 모래가 씹힌다. 사라센은 예술 작품보다 사막의 모래언덕에서 수시로 변하는 기하학적 아름다움을 보았다.

기독교가 전파되면서 사람들은 상징을 대수롭지 않게 여겼다. 예수가 십자가에서 마지막 숨을 멈추자 구약의 상징인 성막은 찢어졌다. 유럽인들은 예수의 성상과 모자이크는 이민족 선교에 도움이 된다고 여겼다.

레오 3세는 성상파괴 운동을 일으키자 콘스탄티노플 정교회 벽화는 지워졌다. 그러나 로마 교황은 완강히 저항했다. 이탈리아인들도 비잔틴 간섭을 물리칠 기회로 여기고 힘을 보탰다. 동로마 황제는 반발 세력을 처형하고 이탈리아 남부를 콘스탄티노플 교구로 편입하며 교황을 압박했지만 로마 교황 입지는 오히려 탄탄해졌다.

불편한 관계를 이어 가던 두 교회는 성령 위상을 놓고 다시 격돌했다. 서방교회는 성령은 성부와 성자에서 나온다는 조항 개정에 동의했으나 동방교회는 성령은 성부에서만 나온다는 조항을 고수했기 때문이다. 결국 서로를 파문함으로써 1054년에 로마와 비잔틴은 공식적으로 갈라선다.

크로: 성상 파기 이유가 무엇인가?
레오 3세: 십계명은 우상을 금지하고 있지.
크로: 라틴어를 모르는 주민들은 그림을 보고 기도할 텐데.
레오 3세: 사도신경을 외워야지. 무슬림은 코란을 외운다고.
크로: 밋밋한 벽보다 다채로운 사물로 채워진 벽이 아름답지. 성인을 새긴 벽화를 보며 지혜를 나눌 수도 있고.

레오 3세: 표현은 왜곡을 낳고 거짓을 낳지. 여호와나 알라를 조각할 수가 있겠지만 형상은 오히려 신의 위엄을 훼손하지. 널브러진 산타는 신비를 잃었지.

크로: 종교에서 분리된 정치처럼 독립된 예술도 다양한 가치를 창출할 수 있어.

5. 신국 완성을 앞두고

로마에 들어온 기독교는 이단을 처단하면서 교리를 세웠고 주도권을 장악했다. 황제들도 끊임없이 침입하는 이민족을 방어하고 반격하여 기독교로 개종시켰다. 주민들은 주중에 들판에서 농작물을 돌보고 주말에는 교회에서 예배를 드리며 천국을 기대했다. 신국의 십자가가 저 멀리 가물거렸다. 교황은 예루살렘 수복이 마지막 장애물이라고 선포했다. 성도들은 신국을 위해서는 싸울 준비가 되었다. 믿음은 십자군 전쟁으로 이어졌다.

십자군 전쟁은 기독교와 이슬람 전쟁이었다. 신은 이삭 편에 이스마일 편에도 서지 않았다. 고향을 벗어나면 사람은 변하는 법이다. 십자군의 약탈과 살육은 기독교와 이슬람을 가리지 않았다. 전쟁이 길어지자 지도층의 갈등도 심해졌다. 갑자기 유라시아를 가로질러 흙먼지가 피어올랐다. 가까이 다가왔다. 십자가 예수 대신 활을 든 칭기즈칸에 혼비백산했다. 희망은 산산이 부서졌지만 다행이라면 동서양이 큰 길로 뚫렸다.

신국 허구성을 인식한 사제들이 자기 몫을 챙겼고 성도에게 오히려 믿음을 강요했다. 이슬람 세계에서 들어오는 옛 그리스 문헌들이 교부 신학을 파고들었다. 스콜라 철학은 일자 대신 부동의 원동자로 창조 현상을 설명했다. 그러나 아리스토텔레스 사상도 계시와 자연 현상을 화해시킬 수 없었고 신학은 이해할 수 없을 정도로 흐트러졌다. 오컴은 면도날로 헝클어진 실타래를 찢고 신앙은 신앙대로 이성은 이성대로 후대 숙제로 남겨 두라고 외쳤다.

카롤대제: 카롤링거 르네상스

이슬람 세력이 중동에서 바람을 일으키고 있을 때 중세 유럽 암흑의 커튼을 열어젖힌 사람은 프랑크 카롤대제(Carolus Magnus, 740~814)이다. 그는 펜보다 무기를 잘 다루었다.

카롤대제는 유스티니아누스 대제처럼 로마 영광을 꿈꾸며 카롤링거 르네상스를 열었다. 아헨으로 수도를 옮기고 궁정 도서관을 지어 고대 작품을 소장했으며 유럽 각지 학자를 불렀다. 그는 수도원에도 병설 학교를 세워 라틴어를 가르치며 성숙한 신앙인을 길러 내고자 했다. 당시 사제는 라틴어로 종교 의식을 거행하여 권위를 세웠고 지식인들도 라틴어로 사용하여 학문 장벽이 없었다. 하지만 일반 백성은 문외한으로 문어체 라틴어를 몰랐다.

두 뺨을 내어놓은 유럽은 호구였다. 서쪽에서는 사라센이 노렸고 동쪽에서는 마자르족과 작센족이 들어왔다. 카롤대제는 사라센족과 승패를 주고받았고 동쪽 작센족을 평정하여 영토를 확장하고 기독교로 개종시켰다. 작센족은 나중에 신성로마 제국의 주역이 된다. 그는 기수를 이탈리아로 돌려 롬바르드 왕국을 정복하여 일부를 로마 교황 레오 3세에게 헌납하자 교황은 카롤대제에게 서로마 황제 칭호로 화답했다.

바이킹호를 타고 대서양을 건너던 스칸디나비아 노르만족도 서유럽인이 만만했다. 그들은 강을 거슬러 내륙으로 깊숙이 침투하여 약탈하고 주민을 노예로 잡아갔다. 프랑크 왕조는 기독교로 개종한다는 조건으로 대서양 연안에 노르만 공국을 내어주었다. 노르만족은 해협 건너 잉글랜드로 들어가 안방을 차지했다. 능란한 항해술로 지중해 시칠리아까지 점령하여 동로마와 이슬람 간섭을 차단했다.

바이킹이 바다와 강을 휘젓고 다니자 로마로 통하던 유럽 도로는 더 좁아졌다. 맘 놓고 옆 마을로 갈 수도 없었다. 지방 호족들은 강변에 성채를 쌓았다. 침략자 무리가 나타나면 주민은 재빨리 성문을 닫고 돌을 던졌다. 성채 주변으로 경제 활동하고 방어하는 봉건제가 시작됐다.

봉건제는 게르만족 종사제도(從士制度)나 로마 은대지 제도를 융합한 제도이다. 종사제도는 지방 호족들이 주변 전사를 모아 전투력을 높이고 전리품을 나눠 가지는 형식이다. 은대지 제도는 이민족 출신 군인에게 지역을 지키는 대가로 먹고 살 땅을 제공하는 형식이었다.

봉건제는 왕이 영주에게 봉토를 하사하고 영주는 자기 지역을 지키며 왕의 전쟁에도 참여하는 등 충성 서약으로 성립된다. 영주는 봉토를 분할하여 농노에게 맡겨 소작료를 받고, 주민들은 적 침입 시 성안으로 대피할 권리를 얻었다. 중앙 집권 제도보다 간결하고 관료 채용에 따른 간접비가 없는 장점도 있다.

성직자나 기사도 봉토를 받고 농노를 거느렸다. 기사는 말을 사육하고 전비를 마련하려 토지가 필요했다. 기사 작위는 상속되어 자식들도 교육받으면 기사가 될 수 있었다. 수도사가 수도원에 소속되듯이 기사도 기사단에 소속되어 서품을 받았다.

유럽 호족들은 계약 결혼으로 얽혀 있었다. 자식에게 재산을 분할 상속하는 전통 탓에 근친결혼이 성행했다. 카롤대제 손자들도 프랑크 왕국을 동/중/서로 나누어 가졌다. 동은 독일로, 중은 이탈리아에 서는 프랑스에 해당된다. 친인척 호족들도 땅을 두고 싸웠고 패배한 자는 봉토를 빼앗기고 죽임을 당했다. 중 프랑크도 서 프랑크와 동 프랑크에게 잠식당해 사라졌다.

하룬 알 라시드: 이슬람의 르네상스

우마이야 지도층 아랍인들은 정치권력을 독점하다 바그다드 지역에서 일어난 압바스 왕조에 의해 축출되었다. 압바스 왕조는 아랍인 우대 정책에서 이슬람 우대 정책으로 바꾸었다. 이슬람 세력은 점령지에서 기존 종교를 허용했지만 이슬람으로 개종 시 세금을 감면하는 회유책으로 대부분 점령 지역이 이슬람을 믿게 되었다.

압바스 5대 칼리프 하룬 알 라시드(Harun Rashid, 763~809)는 동로마를 침략하여 조공을 받았고 중동 르네상스를 열었다. 곳곳에 도서관이 세워지고 아리스토텔레스 등 그리스 서적이 아랍어로 번역되었다. 바그다드는 당나라 장안과 함께 무역 중심지가 되었고 탈레스 전투에서 잡은 당나라 포로를 통해 제지술이, 인도에서도 숫자 0이 들어왔다.

이슬람교도는 코란을 암송하도록 아랍어를 읽고 쓰는 교육을 받았다. 중세 유럽이 암흑에서 동트는 새벽이었다면 중동은 정오를 지나고 있었다.

크로: 이슬람과 기독교가 지배하는 시대를 두 사람이 깨웠지.
라시드: 우린 무함마드가 어둠을 이미 밝혔지. 지혜의 집에는 지식이 차고 넘쳤어.
카롤: 우린 우물 안 개구리였어. 궁정 도서관을 짓고 국민을 사랑하여 필기체도 도입했지.
라시드: 글 모르는 자신을 위해서 필기체를 만들었겠지.
카롤: 음탕한 천일야화에 중독되어 지혜를 연구했겠지.
크로: 싸우지 말고 프록시마 행성을 위해 건설적 역할을 좀 해 봐.
카롤: 교황을 지킨 황제는 멸시를 당했지. 철학자는 다르겠지?
크로: 철학자는 권력을 탐하지 않아.
라시드: 유스티니아누스가 여기서도 이교 사상을 막고 있지. 이곳 철학자들도 나대는 철학자를 싫어하니 조심하게.
카롤: 내가 선동자 키릴로스를 잡을게.

요하네스 스코투스 에리우게나: 박제된 천상

요하네스 스코투스(Johannes Scotus, 810경~870경)는 아일랜드 출생으로 중세 침묵을 깨뜨린 철학자이다. 고대 말기 지식인들은 반달족, 프랑크족이 휘젓는 유럽 대륙의 혼란을 피해 아일랜드로 들어가 라틴어와 로마 문화를 보존했다. 9세기 바이킹들이 해안을 따라 노략질하자 대머리 왕 샤를 2세 초대를 받고 대륙으로 나왔다. 섬에서 빠져나온 수도사들은 대륙 문화에 영향을 주었다.

요하네스 스코투스는 철학과 신앙 일치를 주장하며 파리 궁정학교 교수로 활동했다. 구원을 받을 자와 지옥으로 떨어질 자가 이미 정해져 있다는 고트샬크 이중 예정설을 비판하며 데뷔했다. 신에게는 현재만 있지 과거와 미래는 없으므로 예정할 필요가 없다는 논리로 박수를 받았지만, 악은 선의 부재이므로 지옥은 존재하지 않는다며 한발 더 나아갔다가 그도 공의회에서 파문당했다.

요하네스 스코투스는 헬라어와 라틴어를 구사하여 5세기경 저작 위디오니시우스 저술을 라틴어로 번역하고 주석을 달았다. 성경과 자연 둘 다 신의 작품이므로 그는 우주, 논리, 철학, 신학을 통합할 수 있다고 보았다. 그는 구분과 분석을 철학적 방법론으로 도입했다. 구분은 정신의 구체화 작용이고, 분석은 통합화 과정이라고 보았다. 잊혔던 아리스토텔레스 분류 방법론을 다시 꺼내든 듯하다. 그는 신플라톤주의 철학에 따라 세상을 4가지로 구분하였다.

1. 창조되지 않으며 창조하는 자연
2. 창조되며 창조하는 자연
3. 창조되며 창조하지 않는 자연
4. 창조되지 않으며 창조하지 않는 자연

1번은 창조주이며 2번은 플라톤 이데아 혹은 로고스이며 3번은 현실 세계이고 4번은 사후 세계를 말한다. 그는 구분을 통해 신, 창조, 타락, 구원이라는 신의 통치를 이야기하고자 했다. 교황은 범신론에 가까운 요하네스 스코투스 저서를 불태우라고 명했지만 신성로마 황제는 그를 보호하였다.

> **크로:** 중세 암흑에도 여명이 트기 시작하네.
> **요하네스:** 호메로스가 고대 암흑기를 깨웠듯이 나는 중세 암흑기를 깨우고 싶었지.
> **크로:** 죽음으로 신과 합일하지만 사람은 죽기를 거부하지?
> **요하네스:** 세상에 미련이 남은 탓이지.
> **크로:** 신이 통치하는 사후 세계는 박물관처럼 박제되어 있군.
> **요하네스:** 미라처럼 눈물과 고통도 없는 곳이지.
> **크로:** 천국이라 말할 수 있나?
> **요하네스:** 나는 천국이나 지옥을 구분하지 않았어.

오토 대제: 세속 권력 강화

동 프랑크에서 카롤링거 왕조가 끊어지면서 작센 영주가 울며 겨자 먹기 식으로 사직을 물려받았다. 2대손 오토(Otto, 912~973)는 전통적 분할 상속 대신 공식 후계자 혜택을 입어 왕위와 영토를 독차지했다. 그는 아헨에서 대관식을 거행하며 카롤대제를 흉내 냈다. 그는 이복형제와 여러 영주들의 반란을 진압했고, 동유럽 마자르족과 슬라브족을 정복하여 기독교로 개종시키고 새 주교를 임명했다. 이탈리아 왕이 교황령을 침범하자 그는 이탈리아 반도로 내려가 손 봐주고 보상으로 신성로마 제국 황제로 봉해졌다.

종교 생활은 중세인의 일과가 되었고 휴식과 사교 기회였다. 힘든 농사를 짓다 고개 돌려 기도하는 성당은 마을 자부심이었다. 농한기에는 멋진 성당을 보려 순례를 떠나곤 했다. 기독교 신앙이 삶을 지배했고 새 천 년과 함께 재림할 그리스도를 기다리며 금화로 헌금함을 채웠다.

> **크로:** 대부분 전쟁을 승리로 이끈 비결이 무엇인가?
> **오토:** 제국 기사들, 주교, 성직자 도움을 받았지.
> **크로:** 전쟁에서 목숨을 잃을 수도 있을 텐데.
> **오토:** 영주가 교회 재산을 노리니 성직자는 불만이 많았지. 제국군이 영주를 견제하니 성직자들이 손뼉을 쳤지.
> **크로:** 영주들이 몸소 개척하여 세운 교회이니 자치권을 행사했겠지?
> **오토:** Y1K가 오고 있어. 기득권을 내려놓고 밀레니엄에 재림할 예수만 바라봐야지.

이븐시나: 일자는 부동의 원동자

이븐시나(Ibn Sina, 980~1037)는 사만왕조 부하라 출신이다. 사만왕조는 압바스 제국 중앙 권력이 약해지자 중앙아시아에서 발흥한 왕조이다. 파티마 왕조가 이집트에도 일어났고 부와이흐 왕조가 페르시아에도 발흥했다. 부하라는 동서양 문명이 만나던 실크로드 도시였다.

이븐시나는 코란을 외우고 궁정 도서관 서적을 탐독하여 열여덟 살에 모든 학문에 통달했다고 큰소리치며 거만했다. 그런데 아리스토텔레스 형이상학을 40번이나 읽고도 이해 못 해 알 파라비 주석서를 읽고 나서야 이해했다고 꼬리를 낮춘다. 알 파라비(Al Farabi. 870~950)는 중앙아시아 아무다리아강 유역에서 태어나 압바스 수도 바그다드에서 활동한 이슬람 철학자이다. 알 파라비는 신플라톤주의 영향을 받아 유일신 알라 계시와 이성 접목을 시도했고 아리스토텔레스 주석서를 썼다. 코란이 계시를 통해 시적으로 표현한 진리라면 철학은 이성을 통해 논리적으로 표현된 진리라고 생각했다.

셀주크 튀르크가 부하라를 점령하자 이븐시나도 페르시아 서부 도시로 피했다. 그는 교조적 이슬람 술탄을 피해 다니면서도 뛰어난 의술로 권력자를 치료하고 도움을 받았다. 하루 일과가 끝나면 사색하고 관찰한 내용을 기록하여 《의학 전범》을 저술했다. 《의학 전범》은 16세기까지 유럽의 표준 의학서였다. 그는 4원소설에서 근거한 연금술을 부정하며 연금술사가 만든 금속은 모조품이라고 폭로했다.

이븐시나는 신플라톤 사상과 아리스토텔레스 사상을 통합하여 존재론을 진일보시켰다. 모든 존재는 족보로 연결되므로 처음 존재하는 자를 제1원인으로 두었다. 제1원인은 스스로 존재하며 신이다. 이븐시나는 부동의 원동자에게 창조와 잉태 능력까지 부여했다. 영혼은 부동의 원동자에서 유출되어 질료에 주입되며 육체가 죽으면 부동의 원동자로 되돌아간다고 보았다. 그는 또한 아리스토텔레스 수동지성과 능동지성을 수용하며, 능동 지성으로 신의 계시를 이해할 수가 있다고 보았다.

이븐시나는 부동의 원동자를 제안했지만 창조를 부정한 아리스토텔레스와 비교된다. 아리스토텔레스 동일 현상이 영원히 반복된다고 보아 기독교에 의해 배척당했다. 아리스토텔레스는 족보보다는 오히려 힘의 원천으로 부동의 원동자를 중시했다. 인도에서 유입된 과학과 이븐시나가 의사였다는 점을 감안하면 '부동의 원동자' 위상 강화는 자연스런 귀결이다.

이븐시나 이후 중동 이슬람 문명은 더 이상 진보하지 못했다. 칼리프나 술탄이 종교와 세속 권력을 움켜잡자 다른 학문은 종속될 수밖에 없었다. 신학자들은 철학자 논리에서 모순을 찾아 공격하고 정죄했다. 균형을 이루었던 신학자와 철학자 저울이 신학자로 기울었다. 이후 이슬람 세계는 신비주의로 빠져들었다.

크로: 육체가 죽으면 영혼은 천상으로 간다고?
이븐시나: 영혼이 하늘에서 왔으니 되돌아가야지.
크로: 의사인 아리스토텔레스는 영혼과 육체는 분리될 수 없다고 했지.

> **이븐시나:** 산 육체에서만 그렇지.
> **크로:** 사후에 천국 영혼을 보았는가?
> **이븐시나:** 인간은 능동지성으로 하늘 계시를 받아.
> **크로:** 선지자는 계시를 받지만 너는 의사 아닌가?
> **이븐시나:** 의사도 기도하면 아리스토텔레스가 놓친 진리를 볼 수 있지.

안셀무스: 존재론적 신 증명

안셀무스(Anselmus, 1033~1109)는 부르고뉴 왕국 귀족 가문에서 태어났다. 노르망디 베크 수도원에서 원장으로 활동하다가 본인 사양에도 불구하고 영국 캔터베리 대주교로 임명되었다.

캔터베리 대성당은 로마네스크 양식으로 지어졌다. 이 양식은 로마 제국 바실리카 건물에 비잔틴 양식이 가미된 건물이다. 십자가형 평면도에 거대하고 무거운 아치를 지탱하도록 벽은 두껍고 창문은 작았다. 튼튼한 벽은 이민족 침략이 잦았던 당시에 방어벽으로 적격이었다. 실내는 컴컴하여 장엄한 느낌을 주었다.

안셀무스는 성직자를 직접 임명하겠다는 영국 국왕에 반발하여 프랑스 망명길에 오르기도 했다. 그는 교회 위계질서를 보편자 실재론에 따라 확보하고자 하였다. 로마 교황청이 보편 교회이며 지역 교회는 개별 교회이므로 개별 교회는 로마 교황을 따라야 한다고 주장했다.

중세 초기 서임권은 교회에 있었지만 오토 황제가 주교와 성직자에게 봉토를 주며 세속 직무를 맡기면서 서임권도 이동하였다. 황제는 교회 주교 자리에 돈을 받고 친인척을 임명했기도 했다. 주교도 사제와 부제를 동일한 방식으로 채용하여 본전을 챙겼다. 성도들은 예수와 결혼한 사제를 원했지만 사제는 결혼하여 교회 자리와 재산을 자식에게 물려주고자 했다. 처 사이에 자식이 없으면 첩을 구해서 자식을 얻었다. 성직자가 속인 도덕성보다 낫지 않았다.

교황 자리도 세속화되었다. 로마 시민이 추천한 자를 황제가 승인했지만 로마 귀족들이 교황 선출을 좌지우지했다. 다행히 교황 그레고리 7세는 추기경들이 협의하는 콘클라베 방식으로 선출되었고 로마 시민 지지를 받았다. 그는 성직 매매와 축첩이 성직자 권위를 무너뜨린다고 진단하고 개혁을 단행하여 황제 서임권을 뺏어 왔다. 신성로마 황제 하인리히 4세는 발끈했고 교황 편에 선 사제들을 파면하니 겁먹은 성직자는 황제 편으로 돌아섰다. 교황도 신성로마 황제 반대편에 선 제후들과 연합하여 황제를 파면하니 하인리히 4세는 카노사에서 무릎을 꿇었다. 와신상담하던 하인리히 4세는 제국 내 반대자를 숙청한 후에 로마로 내려갔고 그레고리 7세는 이탈리아 남부로 도망가 죽었다. 하인리히도 죽고 황제 권력을 견제하는 선제후들은 1122년 보름스 협약을 맺었고 서임권을 교황에게 돌려주었다. 교황 권위는 뻗어 나갔고 신국이 멀지 않았다.

안셀무스는 이해하기 위해 믿는 신앙을 강조했지만 이성을 경시하지는 않았다. 그는 평범하게 묻힐 운명이었지만 존재론적 신 증명으로 프록시마 행 티켓을 얻었다. 그의 논리에 따르면 신은 완벽하므로 존재도 당연하다. 존재 없는 신은 완벽하지 않다는 의미이므로 존재할 수밖에 없다.

크로: 성당이 중세 어두움만큼 무거워.
안셀무스: 로마네스크 기법으로 지었지.
크로: 아직도 신이 존재한다고 생각해?
안셀무스: 신이란 단어 속에 존재 의미가 포함되어 있지.
크로: 삼각형은 3각이란 의미가 있지만 신이라는 어휘는 다르지.
안셀무스: 성경에도 신을 이야기하고 있지.

> **크로:** 성경을 이야기 문학으로 보는 사람도 많아.
> **안셀무스:** 그럼 신을 무엇이라고 생각하는가?
> **크로:** 최고이고 완전한 존재지.
> **안셀무스:** 그럼 당연히 존재해야지. 부재한 신은 완전하다고 부를 수가 없지.
> **크로:** 부재하지만 봉황처럼 이상적 존재를 상상할 수 있어.
> **안셀무스:** 봉황은 작가 상상이지.
> **크로:** 과학자도 크기도 없고 상호 작용이 없는 이상기체를 상상하지. 이상기체는 실제 기체를 쉽게 설명하거든.
> **안셀무스:** 이상기체는 과학자 상상이지. 신은 달라.

우르바누스 2세: 십자군 전쟁

우르바누스 2세(Urbanus II, 1042경~1099)는 프랑스 출신으로 수도사, 추기경을 거쳐 교황으로 서임되었다. 그는 이베리아 반도를 회복하여 교황령에 귀속시키려 했다. 피렌체 산맥으로 밀려났던 서고트족은 8세기부터 프랑크 왕국과 함께 사라센을 몰아내는 레콩키스타 운동을 벌였다. 1085년 톨레도가 회복되었고 도서관에 있던 아리스토텔레스 저서들이 서유럽으로 유입되었다. 집 나간 딸이 손자를 데리고 들어오듯이 이슬람 과학과 철학도 함께 유입되었다.

아나톨리아 반도에서는 반대 상황이 벌어졌다. 기독교가 셀주크 튀르크 압박을 받았다. 셀주크 튀르크는 중앙아시아 사만왕조를 지키는 용병이었다. 게르만족이 로마 용병으로 활동하다가 기독교로 개종하고 로마 제국을 삼켰듯이 셀주크족은 이슬람으로 개종하고 아나톨리아 지방을 점령하고 셀주크 제국을 열었다. 소아시아 기독교도는 그리스 지역으로 밀려났다. 셀주크는 여세를 몰아 예루살렘까지 밀고 내려가 기독교 순례를 차단했다. 당시 유럽인들은 성지 순례로 천국을 꿈꾸었고 예루살렘 성지 순례는 버킷 리스트에 속했다.

동로마 황제는 교황에게 도움을 요청했다. 서임권을 거머쥔 우르바누스 2세는 자국 내 영주 간 다툼을 외부로 돌리며 왕국을 약화시켜 신국을 앞당길 기회로 여겼다. 그는 성지 예루살렘을 탈환하고, 떨어져 나간 동방교회까지 접수하겠다는 속셈으로 십자군 전쟁을 선동했다. 성벽에 기대어 졸던 기사들도 눈이 둥그레졌다. 농민들은 지긋지긋한 농사일 대신 따뜻한 지중해 순례에 솔깃했다. 베네치아 상인들은 전쟁 물자를 보급하고 오는 길에 동방 귀중품을 실을 생각에 입맛을 다셨다. 마자르족을 격퇴한 데다가 레콩키스타로 고무된 군중들은 신의 명령으로 나아가 예루살렘 땅만 밟아도 승리한다고 믿었다.

십자군 운동은 1095년에 시작되어 1291년까지 간헐적으로 일어났다. 1차 십자군 전쟁으로 레반트 지역에 라틴 왕국을 세웠지만 약 90년 뒤에 이슬람 영웅 살라딘(Saladin, 1137~1193)에게 예루살렘을 내어주었다. 놀란 유럽 왕국은 3차 십자군을 결성했다. 신성로마 황제 프리드리히(1122~1190)는 원정 도중 강에 익사하였고 영국 왕 리처드 1세(1157~1199)는 살라딘이 성지 순례를 약속하자 철수했다.

4차 십자군은 베네치아에서 지중해를 건널 배가 충분하지 않자 예루살렘 대신 콘스탄티노플로 공격 목표를 바꾸었다. 십자군에 비협조적인 콘스탄티노플을 혼내고 전쟁 비용을 보상받기 위해서다. 그들은 문화재를 약탈하여 이탈리아 북부 도시로 가져갔으며 동로마에 되돌릴 수 없는 만행을 저질렀다.

신성로마 황제 프리드리히 2세(1194~1250)는 시칠리아 출신이라 이슬람, 기독교, 그리스의 문화에 관대했다. 그는 십자군 전쟁을 선동하는 교황과 갈등하다 마지못해 참전은 했는데 무력보다는 외교술로서 성과를 얻었다.

전쟁을 선동하는 교황과 왕들은 십자군 전사에게 승리의 자신감을 심어 주어야 했다. 이교도를 정복하고 군주를 칭송하는 무훈시가 나타났다. 이민족을 물리치고 방어했던 중세 전설인 니벨룽겐의 노래, 아서왕의 전설, 롤랑의 노래 등이 활자화되었다. 길거리와 장터에서 음유 시인들은 수많은 아류 무훈시를 불러 댔다.

십자군 승리 소식은 좀처럼 들리지 않자 사제들은 평신도들을 더 부추겼다. 사제들은 죄를 사해 준다며 고해성사를 받고 천국 구원을 거리낌 없이 팔았다. 사제 삶은 말과는 달랐다. 성직자를 비난하며 프랑스 남부에서는 카타리파, 발도파가 생겨났다. 발도파는 청빈을 실천했다. 교황은 이들을 이단으로 선포하고 종교 재판소를 설치했다. 중세 초기에는 공의회를 통해 이단을 퇴출했지만 12세기 이후에는 종교 재판소가 이단과 마녀를 재판했다. 중세에는 신만큼이나 악마가 있다고 믿었다. 토마스 아퀴나스도 예외는 아니었다. 마녀사냥은 15~18세기에 더욱 불타올랐다. 왕이나 교황도 적대자를 처단하려 종교 재판을 활용했다. 열혈 여성도 마력의 힘을 빌린다고 해석되어 잔 다르크도 희생되었다.

크로: 교황이 전쟁을 선동하는가?
우르바누스: Y1K에 예수가 오지 않아 실망이 컸지.
크로: 재림 시기는 사제가 캘 지식이 아니지.
우르바누스: 나뭇잎을 보면 가을을 알아. 예루살렘 회복은 신국 완성의 징표야.
크로: 전선이 멀면 승리를 맹신하기 쉽지.
우르바누스: 이슬람 확산을 더 이상 용납하기 어려워. 우리는 동유럽 이민족을 개종했고 이베리아 반도에서 모슬렘을 몰아냈지. 침묵은 악의 편이야.

로스켈리누스: 유명론

로스켈리누스(Roscellinus, 1050~1120)는 프랑스 콩피에뉴 출신이다. 수도사로 학문에 힘쓰면서 안셀무스와도 교류했다고 알려졌지만 저술을 남기지 않아 다른 철학자와 논쟁 속에서 그의 사상을 엿볼 수 있다. 로스켈리누스는 보이티우스 이후 드물게 출현한 유명론 자이다. 그는 유(類)와 종(種)이라는 보편자는 이름에 불과하고 실제로 존재하는 것은 개별자뿐이라고 주장했다. 보편자는 여러 개별자의 공통 특성이며 이름으로만 인식된다.

동물도 보편자를 인식할 수는 있지만 보편자 존재 문제는 답하기 쉽지 않다. 기독교는 창조된 아담을 인류 보편자로, 선악과를 따먹은 이브를 악의 보편자로, 십자가에 매달린 예수를 구속의 보편자로 보았다. 더 나아가 교황청을 지역 교회의 보편자로 두어 권위를 유지해 왔다.

로스켈리누스는 유명론을 삼위일체에 적용하여 성부, 성자, 성령이 각각 존재하고 보편적 신은 없다고 주장했다. 또한 아담의 죄는 개인에게만 해당하며 연좌된 보편적 원죄는 없다고 보았다. 교부 신학에 반하는 그의 주장은 이단으로 낙인찍혔다.

크로: 무슨 근거로 유명론을 주장했지.
로스켈리누스: Y1K를 기다렸는데 신은 오지 않았어. 결국 없다는 뜻이지.
크로: 플라톤은 이데아를 볼 수 없지만 이를 보편자라고 부르지.
로스켈리누스: 신은 부정적으로만 기술되지 긍정적으로 기술되지 못해.
크로: 정의되지 않으니 신이 없다는 뜻이군. 아담의 원죄는 보편자 아닌가?
로스켈리누스: 사과를 싫어하는 사람이 원죄를 상속받을 리 없어.
크로: 콩 심은 데 콩 나고 팥 심은 데 팥 나지.
로스켈리누스: 콩과 팥 하나하나는 모두 달라.
크로: 안성맞춤의 유래는 '안성에서 구운 그릇'이니 안성 그릇이 보편자이지.
로스켈리누스: 안성 그릇도 수천 종이야. 같은 모양이 없어.

아벨라르: 온건 실재론

아벨라르(Abelard, 1079~1142)는 프랑스 북서부 낭트 귀족 아들로 태어나 젊은 시절 프랑스 여러 지역을 돌아다녔다. 그는 노트르담 성당 부설 학교에서 실재론자 기욤 드 샹포에게 철학을, 안셀무스에게 신학을, 로스켈리누스에게 유명론을 배웠다.

그는 사고를 자극하지 않는 글은 가치가 없다거나 눈먼 지도자가 눈먼 대중을 이끌 수는 없다고 주장하며 거만했다. 동료 학자들은 분노했지만 학생들은 구름처럼 몰려들었다. 명성 덕에 그는 한 귀족의 조카딸 엘로이즈를 가르쳤는데 책보다 눈이 맞아 임신시켰다. 비밀리에 결혼을 했지만 아벨라르가 엘로이즈를 수녀원으로 보내자 화가 난 귀족은 자객을 보내 그를 거세했다. 잊지 못한 두 사람은 연서를 주고받았고 후대들은 철학적 업적보다는 그의 연애 행각을 기억했다.

아벨라르는 상반되는 주장을 서로 대비하는 스콜라 철학의 전형적 방법론을 개시했다. 보편 논쟁에서도 유명론과 실재론을 비교하면서 온건 실재론을 주장했다. 온건 실재론은 신플라톤주의 일자에서 나온 보편자를 인정하고 이 보편자가 개체 속에 형상으로 들어 있고 인간은 언어를 통해 표현한다는 주장이다.

아벨라르: 철학사를 정리하면서 내가 고자 되었단 이야기는 빼 줘.
크로: 본인이 슬픈 사랑 이야기를 고백하여 놓고 새삼스럽게 굴어.
아벨라르: 신학 진로가 막혀 문학을 했지만 여기서는 온전하게 되었지.
크로: 다행이군. 현대 과학으로 온건 실재론에 힘을 실어주지.
아벨라르: 후배 오컴이 유명론을 주장하는 탓에 희망을 버렸는데.
크로: 과학자들은 빙하에서 얻은 유전자로 1만 년 전에 멸종된 매머드를 살릴 거야.
아벨라르: 잘난 체하지 말고 요점을 말해.

> **크로:** 생명체 속 DNA가 보편자지. DNA는 짝짓기할 때 자식에게 전달되지.
> **아벨라르:** 신이 생명체를 창조할 때 보편자 DNA를 만들었구나.
> **크로:** 현대 과학은 DNA가 무에서 점진적으로 생성되었다고 보지.
> **아벨라르:** 중세 보편자는 형상이고 현대 보편자는 물질이군. 엘로이즈에게 알려 줘야지.

아베로에스, 마이모니데스: 이슬람과 유대교의 스콜라 철학

아베로에스(Averroes, 1126~1198)는 코르도바 재판관 손자로 출생하여 신학, 법학, 의학을 공부했다. 후-우마이야 왕국 수도 코르도바에는 유대 문명과 이슬람 문명이 융합되어 예술, 문화, 학문이 꽃피었다.

중동 이슬람 철학자들이 신플라톤주의에 오염된 아리스토텔레스 저서를 해석했다면 아베로에스는 오염을 피하며 예리한 통찰력을 보여 주었다. 당시 철학자 하면 아리스토텔레스였고 주석자는 아베로에스였다. 그는 대부분 아리스토텔레스 저작에 대해 아랍어로 짧은 주석서와 긴 주석서를 썼다. 아베로에스는 이슬람 율법도 신학자가 아니라 철학자에 의해 해석되어야 한다고 보았다. 신학자는 코란을 문맥과 비유로 해석하지만 철학자는 논리적으로 해석할 수 있기 때문이다. 신학자들은 발끈했고 그는 이성적 진리와 계시적 진리가 모두 옳다는 이중진리론으로 위기를 모면하려 했지만 모로코로 추방당했다. 그의 제자들은 이탈리아로 들어가 르네상스 철학을 준비했다.

마이모니데스(Maimonides, 1135~1204)도 코르도바 유태인 학자 아들로 태어났다. 정권을 잡은 극단적 이슬람 세력이 유태인을 핍박하고 처형하자 그도 이슬람으로 위장했다가 견디다 못해 예루살렘으로 피했다. 그곳도 십자군 전쟁으로 혼란스러워 이집트로 다시 피했고 살라딘 아들 시의가 된 후에야 저술에 힘쓸 수 있었다. 그는 유대교 구전 율법 미슈나 주석서를 이성의 눈으로 썼고 유대 법률을 집대성했다. 점성술에 따른 예언을 무시했으며 아리스토텔레스 '부동의 원동자'가 천체뿐만 아니라 지상까지 원동력을 미친다고 보았다. 인간 언어는 신의 언어와 달라 성경 계시는 비유로 해석될 수 있다고 보았다.

레콩키스타로 회복된 이베리안 반도에서 작은 왕국들이 여기저기 세워졌다. 카스티야 왕국과 아라곤 왕국도 그중에 하나이며 아라곤은 1236년에 코르도바를 손에 넣었다. 카스티야 이사벨 1세와 아라곤 페르난도 2세 결혼은 에스파냐 통일의 초석이 되었다.

크로: 한 사람은 이슬람, 한 사람은 유대교를 믿었는데 사상이 비슷하군.
아베로에스: 이슬람과 유대교는 예수 부활을 이야기하지 않지.
마이모니데스: 기독교는 신의 아들을 주장하니 이성적 접근이 어렵지.
크로: 이슬람 철학자들은 아리스토텔레스 '부동의 원동자'를 일자, 영혼, 지상의 운동과 연계하고 있군.
마이모니데스: 일자는 빛을 뿜는 태양보다 천구를 돌리는 '부동의 원동자'일 가능성이 높아.
크로: 초기 교부들은 창조론과 종말론이 없는 아리스토텔레스 사상을 쫓아냈는데.
아베로에스: 인간 언어는 신 언어와 달라 신의 계시를 온전히 기술하지 못하지.
크로: 성경은 신의 영감으로 작성된 책이라는 말도 있어.
마이모니데스: 엄격하게는 '신은 신이다'라는 말만 진리야.
아베로에스: 계시와 진리를 구별할 방법이 있는가?
크로: 언어만으로는 억견을 해소할 수 없지. 실제 관찰을 해야지.

주희: 이기론의 운명

주희(Zhuxi, 1130~1200)가 북송 복건성(福建省) 우계 호족 가문에서 태어났다. 그는 17세 진사시에 합격하여 9년 정도 관직을 맡았으나 나머지는 명예직으로 학문에 전념했다.

법치를 강조한 진시황에 의해 분서갱유 당한 유학은 수당(隋唐) 시대에는 훈고학으로 복원되었다. 유교는 인도에서 들어온 불교와 자연에 귀의하는 도교 도전을 받았다. 불교와 도교는 현실에 초탈하고 공허를 주장하므로 국가 사상이 되기 어려웠다. 지도자들은 사회안정에 유리한 유학을 대안으로 선택했다.

주자는 유학에 도교와 불교 형이상학을 접목하여 세계를 리(理)와 기(氣)로 설명하는 이기론을 집대성했다. 세상 원리는 리이고 에너지는 기이다. 모든 개체에 리가 들어 있으므로 개체를 깊게 살피면 앎에 이를 수 있다며 격물치지(格物致知)를 주장했다.

그는 마음(心)도 성(性)과 정(情)으로 구분하여 성은 마음의 본질을 의미하며 정(情)은 표출된 사단칠정(四端七情)으로 보았다. 맹자 성선설을 따라 성즉리(性卽理)를 주장하면서도 성(性)을 리에서 나온 본연 지성과 기에서 나온 기질 지성이 있다며 모순된 이론을 펼쳤다. 그는 수양으로 기를 억제하고 자연을 따르는 거경(居敬) 자세를 당부했다.

크로: 리(理)와 기(氣)는 해석이 어려워.
주자: 인간은 출세와 재물을 추구하니 결국 리와 기도 운세와 관계가 있지. 리(理)는 무극으로 불변하고 기(氣)는 음양오행으로 변화를 유발하지.
크로: 불변은 세상에 없어. 변화되지만 흩어진 것을 긁어모아 모자람이 없다면 불변이야.
주자: 불변을 보존으로 해석하는구나. 이기론은 불변을 필연으로, 변화를 우연으로

> 해석하지. 매일 뜨는 해는 필연이고 매년 바뀌는 과거 시험은 우연이지.
> **크로:** 필연적 현상은 인간 노력이 무의미하고 우연적 현상에는 노력의 효과가 있군.
> **주자:** 맞아. 우연적 현상은 음양오행과 본인 노력으로 바꿀 수 있지.
> **크로:** 그럴 듯하지만 음양오행은 동양 몰락을 앞당겼지.

칭기즈칸: 실크로드의 흙먼지

칭기즈칸(Chingiz Khan, 1162~1227)는 몽골과 러시아 국경 따라 흐르는 오논강 근처에서 태어났다. 이웃 부족 처녀를 납치하여 결혼했던 아버지는 칭기즈칸을 약혼시키고 돌아오는 길에 독살당했다. 아버지를 잃은 칭기즈칸은 인고의 젊은 시절을 견뎠다. 유목 사회에서는 부족 간에 약탈 납치가 빈번했고 칭기즈칸도 빼앗긴 아내를 되찾으려 세력을 키웠다.

칭기즈칸은 48세에 여진족이 세운 만주 금나라를 멸망시키고, 유라시아 대륙을 가로질러 호라즘 왕국을 정복했다. 어릴 때부터 말을 탄 몽골전사들은 도망가면서도 상체를 돌려 활을 쐈고 말린 육포로 장기전에 능했다. 실크로드 따라 놓인 보급소에서 말을 바꿔 타 유라시아가 일주 생활권이었다. 그는 탁월한 지도력을 발휘하고 전리품을 공정하게 나눠 전사와 주민 협조를 얻었다. 십자군 전쟁으로 고전하던 신성로마 제국은 칭기즈칸을 이슬람을 협공할 응원군으로 여겼지만 몽골군이 동유럽으로 기수를 돌리자 제국군을 편성하여 헝가리 평원에서 부딪쳤다. 십자군 기사들은 유목 기마병의 적수가 되지 못했다. 재산과 궁녀를 바치며 처분을 맡길 때 신의 도움인지 알 수 없지만 본국 칸의 부음으로 기마병은 되돌아갔다.

몽골 제국을 가로지르는 실크로드는 로마 제국으로 통했던 도로처럼 하루에도 몇 번씩 자욱한 흙먼지가 날렸다. 마르코 폴로도 단장된 실크로드를 따라 여행하고 동방견문록을 저술했다.

크로: 예수 재림을 기다리던 성도에게 실망을 안겨 주었군.

칭기즈칸: 삶과 유리된 종교와 철학에 경종을 울렸지.

크로: 알렉산더보다 넓은 땅을 정복했군.

칭기즈칸: 능력자를 우대하고 기회를 주었지.

크로: 몽골 제국이 오래 지속되지는 못했지.

칭기즈칸: 말렸지만 성을 쌓고 안주했기 때문이지.

크로: 허물며 정복했던 성은 다시 쌓아야 정복당하지 않지.

칭기즈칸: 아틸라가 가지 못한 유럽의 끝까지 진격했어야 했는데.

크로: 우수한 지도력으로 영토를 확장하겠지만 탁월한 제도 없이 영토를 지키기 힘들지.

알베르투스: 이슬람 철학 수용

수도원 부속 학교가 확장되어 파리 대학은 1150년, 옥스퍼드 대학은 1168년에 설립되었다. 수도원 부속학교는 라틴어를 주로 가르쳤다면 대학에서는 자유 학예를 가르쳤다. 자유 학예는 문법, 수사학, 논리학의 3학과 대수학, 기하학, 천문학, 음악의 4과로 편성된다. 자유 학예를 이수하면 의학, 신학, 법학으로 나아갈 수 있었다. 사람들은 신앙에 의지하면서도 이성으로 세상을 이해하려 들자, 둘 사이에는 갈등이 일었다. 대개 하나를 취하고 하나를 포기하지만 젊은 교수들은 호락호락하지 않았다. 스콜라 철학은 대학에서 가르치는 교수 철학을 일컫는다.

십자군 전쟁에서 살아온 자의 집에서는 잔치가 벌어지고 죽은 자의 집에서는 슬픔이 가득했다. 전쟁 승리와 무사 귀환을 위해 더욱 신에게 매달렸다. 기도가 하나님 보좌에 닿기를 바라며 성당 지붕에 높은 탑을 얹었다. 파리 노트르담 성당은 1120년, 빈 슈테판 성당은 1147년에 착공되었다. 건축술 발전으로 둔탁한 로마네스크 건물에 힘을 분산하는 부력 벽을 설치했고 길쭉한 창문을 내면서 빛으로 오신 예수를 스테인드글라스로 표현했다. 르네상스 시대에 라틴인들이 이 건물 양식을 고트족 양식이라 깎아내려 고딕식으로 불렀다.

전쟁 통에도 사람들은 영농기술을 발전시켰고 덕분에 소출도 늘었다. 부귀영화를 향한 욕망은 사제들도 신자들과 다르지 않았다. 참다못해 도미니크와 프란체스코 탁발 수도회가 창설되었다. 수도사들은 세속적 삶 대신 걸식하며 청빈하게 생활했다. 프란체스코회는 믿음을 강조하는 아우구스티누스 영향을 받았고 도미니크회는 이성을 강조하는 아리스토텔레스 영향을 받았다.

자연 현상과 성경 기적을 플라톤 이론으로 해석할 수 없었던 지식인들은 이슬람에서 되돌아온 아리스토텔레스에게 기대를 걸었다. 성직자들은 교부들이 쫓아냈던 사상임을 바로 인지했다. 1210년 파리 대학은 아리스토텔레스 사상을 금했지만 호기심 많은 대학교수를 막을 수는 없었다.

알베르투스 마그누스(Albertus Magnus, 1193~1280)는 독일 라우인겐 기사 아들로 태어나 이탈리아 파도바 대학에서 인문학을 배웠다. 당시 파도바 대학은 코르도바에서 쫓겨 온 아베로에스 제자들이 활동하고 있었다. 그는 독일로 돌아와 도미니크회에 들어갔고 파리 대학에서 신학박사를 받았다. 그는 아리스토텔레스, 이븐시나, 아베로에스 지식을 수용했다. 그는 자연법칙으로 현상을 설명하려고 했으며 이것이 막힐 때 신의 계시를 인정했다.

토마스 아퀴나스: 지성의 신학

토마스 아퀴나스(Thomas Aquinas, 1225~1274)는 황제 프리드리히 2세와 교황 그레고리우스 9세가 십자군 참전 문제로 대립했던 시기 나폴리 근처 영주 아들로 태어났다. 아퀴나스는 베네딕토 수도원을 거쳐 나폴리 대학에서 자유학예를 마쳤다. 아버지는 가문의 영광을 바라며 금수저 길을 닦았지만 그는 흙수저 길인 도미니크회에 가입했다. 그는 쾰른 대학에도 진학하여 알베르투스 지도와 강력한 추천으로 젊은 나이에도 불구하고 파리대학 신학 교수가 되었다.

아베로에스가 아리스토텔레스 철학을 코란에 융합했듯이 토마스 아퀴나스는 성경에 융합했다. 자연이 신이라는 범신론에 빠지지 않으려 창조론의 유비 개념을 사용하여 신을 묘사하고 성경을 해석했다. 그의 유비 개념은 신이 자기 모습 따라 인간을 창조했으니(Imago Dei) 인간은 신을 부분적으로 닮을 수밖에 없다는 논리이다. 아리스토텔레스가 그랬듯이 그는 신이 준 이성을 최대한 구사했다.

토마스 아퀴나스는 모든 사람이 동의하는 완벽한 신을 제시할 수 없다고 보았다. 철학자는 지식의 신을 믿고 도덕군자는 선악의 신을 믿으며 일반인들은 희망의 신을 믿는다. 신 정의가 다르니 안셀무스의 존재론적 신 증명은 불충분하다고 보았다. 토마스 아퀴나스는 세상에 관찰되는 인과관계, 제1원인, 우연과 필연, 완전성, 목적성의 5개 방식을 적용하여 신을 증명했다. 5개 방식에서 공통적으로 적용된 무한 소급 금지에 따라 첫 항인 '부동자의 원동자'은 신일 수밖에 없다고 주장한다.

이슬람 철학자들도 아리스토텔레스의 '부동의 원동자'를 신일 수 있다고 보았지만 아퀴나스는 신이라고 확신했다. 아리스토텔레스는 영속하는 시간을 주장했지만 토마스 아퀴나스는 성경의 창조론에 따라 아우구스티누스처럼 시간도 함께 창조되었다고 보았다.

토마스 아퀴나스는 질료형상 이론을 더 밀어붙여 영혼도 형상의 일부로 보았다. 그는 동식물 영혼은 육체와 함께 사라지지만 지성을 지닌 인간 영혼은 불멸한다고 보았다. 불멸하는 영혼은 천상으로 들어가며 각자 독립체로 살아간다.

토마스는 종교뿐만 아니라 윤리도 중시했다. 그는 이성적 판단에 따른 행위를 최고선으로 보았다. 아리스토텔레스가 인간에게 부여된 소명 윤리를 제시했다면 토마스 아퀴나스는 지상 목적만으로는 부족하며 천국 소망으로 살아가라고 권면했다.

아리스토텔레스가 공화정치를 선호했지만 토마스는 군주제를 선호했다. 이스라엘 족속은 왕이 없던 사사 시절에 왕을 원했으며 제사장 사무엘이 기름을 부어 사울을 왕으로 삼았다. 이를 보면 성경에는 공화제와 군주제가 함께 들어 있으나 토마스는 교황에게 왕관을 받은 군주는 교황에게 복종해야 한다고 보았다. 그는 마녀의 존재를 인정했고 처벌에 거리낌이 없었다.

크로: 소리 없이 글을 읽어 천재로 불리더군.
아퀴나스: 비꼬는 말이지. 돌에 걷는 아기가 천재라는 칭찬과 비슷하지.
크로: 오누이 간에 결혼을 금지했다며.
아퀴나스: 남녀 본능에 남매 효과까지 더해져 성욕이 증폭되므로 결혼은 안돼.
크로: 이성을 적용하는 방식이 남다르네. 신의 증명도 독특해.
아퀴나스: 이슬람 철학자 증명을 따랐지. 뭔가 이상한가?
크로: 5개의 증명은 신의 증명이기도 하지만 과학이론 증명이기도 하지. 그런데 무한 소급이 불가능하다는 주장은 근거가 약하지.
아퀴나스: 무한 소급을 허용하면 부동의 원동자가 나올 수 없지.
크로: 첫 항이 없을 수도 있어. 가령 정수를 나열하면 첫 번째 원소는 없지.
아퀴나스: 정수의 첫 항은 0이고 1, 2, 3으로 나아갔지. 이 수열에 음수 기호를 붙여 음수를 만들었지. 결국 부동의 원동자는 0이지.
크로: 그런 논리도 가능하지만 무한 소급을 허용하더라도 기원이 있다는 점을 지적하고 싶어. 사건의 원인을 1, 1/2, 1/4, 1/8, 1/16처럼 무한 소급하면 발생 시각은 무한한 과거가 아니라 0으로 수렴하지.
아퀴나스: 기하급수는 무한 소급을 허용하면서 창조 순간을 지정하는군.

에크하르트: 언어의 침묵

에크하르트(Eckhart, 1260~1327)는 독일 튀빙겐 기사 아들로 태어나 파리 대학, 퀼른 대학에서 공부했고 도미니크회에서 요직을 맡았다. 높은 학식에서 나오는 언어의 마술은 라인강변 수녀원으로 밀려드는 과부들을 감동시켰다. 신학자들은 그의 설교를 교황청에 고발했고 사후에 교황은 그의 26개 명제를 이단으로 선언하고 소각했다.

에크하르트는 신과 합일을 강조하는 신비주의자였다. 인간도 신의 특성을 분유했다는 아퀴나스 말에 찬동하여 그는 인간 형상을 신 속성과 인간 속성으로 구분하였다. 부정신학에 따라 인간 언어로 신을 묘사할 수 없고 신 속성을 알 수 없지만 오직 알 수 있는 인간의 속성은 소유욕이다. 순수한 눈이 색을 볼 수 있듯이 소유욕을 버린 가난한 영혼은 신을 볼 수 있다고 그는 과부들을 위로했다.

크로: 욕심이 없었군.
에크하르트: 내려놓음이 신과 만나는 길이지.
크로: 사람들은 명상에 빠져들기도 하고 기도하기도 하는데.
에크하르트: 일상에서 신을 만날 수 있으면 최선이야.
크로: 사는 이유가 있을까?
에크하르트: 웃지요.
크로: 그건 불자의 태도이고.
에크하르트: 나는 살기 위해 산다.
크로: 선문답이군. 자기를 죽이면 오히려 살 수도 있지.
에크하르트: 영원한 진리는 침묵 속에만 들리지.
크로: 일관성 없는 말은 소음이기도 하지.
에크하르트: 십자군 전쟁 과부들은 사실이 아니라 희망을 소망하지.

단테: 신을 빙자한 인본주의

단테(Dante, 1265~1321)는 피렌체 몰락한 귀족 가정에서 태어났다. 이탈리아 북부 도시 피렌체와 베네치아는 십자군 군수물자를 수송하고, 인도와 동남아산 향신료를 대서양 연안 플랑드르에 운송하여 부를 축적했다. 번 돈으로 도시들은 왕과 영주로부터 자치권을 샀다.

로마 제국이 멸망하자 이탈리아는 신권으로 유럽을 지배하려 했지만 알프스 너머 황제들도 호락호락하지 않았다. 알프스 산맥을 방패 삼아 이탈리아의 북부 도시는 유럽 군주 간섭을 수시로 무시했지만 황제는 과하다 싶으면 내려와 손봐 주고 갔다. 이탈리아 대부분 도시 국가는 서임권 분쟁 이후 황제파와 교황파로 나뉘었다. 언변과 지성으로 두각을 나타냈던 단테도 황제 힘으로 피렌체를 화해시킬 수 있다는 황제파에 속했다. 그가 교황을 설득하러 간 사이 교황은 역으로 프랑스를 불러들여 황제파를 몰아냈다.

단테는 다시 피렌체로 돌아가지 못하고 여러 도시를 떠돌았다. 그는 망명지에서 지옥, 연옥, 천국을 통과하는 서사시 《신곡》을 발표했다. 로마 시인 베길리우스 안내를 받아 지옥을 구경했고 요절한 애인 베아트리체와 함께 천국을 여행했다. 신화나 역사적 인물을 만나 죄와 벌, 기다림과 구원을 성찰했다. 부패하고 무능한 교황들도 지옥에서 고통을 받고 있음을 알린다.

《신곡》은 중세 신앙에 근거하여 사후 세계를 종합적으로 묘사했다. 고대에는 호메로스, 르네상스에서는 셰익스피어가 역사에 기록되지 않은 시대상을 포착했다면 중세에는 단테가 그런 역할을 했다. 《신곡》은 성직자들이 쓰는 라틴어 대신 토스카나 방언으로 저술되어 이탈리아어 형성에 기여했다.

> **크로:** 애인을 만나려 《신곡》을 쓰지는 않았겠지?
> **단테:** Y1K에 예수도 재림하지 않고 십자군 승리 소식이 요원하자 성도들이 천국과 지옥을 의심했지. 아우구스티누스는 쓰러져 가는 고대 로마를 붙잡으며 《신국론》을

> 썼듯이 나는 쓰러져 가는 중세를 붙잡으려 《신곡》을 썼지.
>
> **크로:** 덕분이 고대와 중세가 200년 이상 더 버텼지.
>
> **단테:** 교황을 지옥으로 보냈지만 천국 소망을 심어 줘 종교 재판에 회부되지 않았지.
>
> **크로:** 악은 선의 부재이므로 지옥 편은 없어야지.
>
> **단테:** 사람들은 지옥 편을 더 선호하지.
>
> **크로:** 부정신학에 따르면 천국은 사제의 언어로 표현할 수 없지.
>
> **단테:** 그래서 《신곡》을 라틴어 대신 토스카나 방언으로 썼지.

둔스 스코투스: 주의주의

둔스 스코투스(Duns Scotus, 1266~1308)는 스코틀랜드 둔스 출신으로 프란체스코회에 들어갔다. 그는 옥스퍼드에서 공부했고 신학 명제집에 주석을 붙었다. 1302년 그는 파리대학교 교수로 임명되었고 1308년 쾰른으로 초빙받아 갔다.

십자군 전쟁이 실패로 끝나자 교황 권위는 추락했고 영주들도 힘을 잃었다. 반면에 십자군을 이끌고 유럽 대륙을 진군했던 황제들은 자신감을 얻었다. 국경선도 뚜렷이 그어졌고 척박한 토지도 개간되었다. 프랑스왕 필립스 4세는 왕권을 강화하고 영국과 전쟁 비용을 마련하기 위해 교회 재산에 세금을 부과했다. 교황 보니파시오 8세는 발끈하여 저항했지만 총칼은 무자비했다. 필립스는 새 교황을 뽑고 교황청을 프랑스령 아비뇽으로 옮겨 버렸다. 파리대학교는 국왕파와 교황파로 나누어졌고 둔스 스코투스는 교황 편에 섰다. 프란체스코회 소속 철학자들은 이성을 중시하는 도미니크회 소속 철학자를 못마땅하게 바라보았다. 도미니크 소속은 주지주의를, 프란체스코는 주의주의를 표방했다.

둔스 스코투스는 결과에서 원인을 막장까지 추적하여 제일 원인으로 신을 두는 토마스 역공학 논리를 비판했다. 인간 감각은 완전하지 못해 자연 현상을 정확히 알 수 없다. 따라서 결과로부터 유추한 원인이 맞다고 볼 수 없다. 당대에 접촉 없이도 못을 움직이는 자기력이 발견되자 접촉의 힘만 주장한 아리스토텔레스나 토마스 아퀴나스도 이미 타격을 받았다. 둔스 스코투스는 이성 대신에 의지와 사랑을 중시하였고 성경 기적도 사실로 믿어야 한다고 주장했다. 만일 이성의 로고스로 세상이 돌아간다면 신도 그 원리에 제약되므로 이성은 전능한 신에게 어울리지 않는다고 주장했다.

　신의 간섭에 따라 생성된 개체는 항상 고유성을 갖는다고 그는 보았다. 플라톤은 이데아 보편성을 강조했고 아리스토텔레스는 개체 속 보편성을 강조했지만 둔스 스코투스는 보편성보다는 고유성에 주목했다. 아리스토텔레스는 개체 고유성은 질료에서 온다고 했지만 둔스 스코투스는 신의 의지에서 온다고 보았다. 그는 증거로 질료를 지니지 않으면서도 다양한 천사를 들었다. 개체화 논리는 보편성 자체를 인정하지 않으므로 유명론과 실재론과 구별된다.

크로: '영민한 박사'로 불렸다며.
둔스: 세상에는 동일한 것이 없어.
크로: 동물들도 보편자 성질을 알아.
둔스: 멀리서 보거나 바보에게는 동일하게 보여.
크로: 현대 과학을 언급해 미안하지만 광자(光子)는 서로 구별되지 않는 동일한 입자야. 전자(電子)도 모두가 완전한 쌍둥이야.
둔스: 자세히 보면 차이점이 있겠지.
크로: 초기에는 지식이 부족하여 모든 광자가 동일하다고 여겼지만 더 조사해도 구별이 안돼.
둔스: 고유성이 없는 입자가 있구나. 영민한 박사까지 바라지는 않을 테니 바보라고 부르지 마.

오컴 윌리엄: 이성과 계시의 분리

오컴(Occam, 1290~1349)는 프란체스코 수도회 소속으로 옥스퍼드 대학에 공부했다. 그는 교황과 황제의 대립 속에 성직자의 무소유와 청렴을 주장하며, 성경을 급진적으로 해석하여 아비뇽 유수 중인 교황 요하네스 22세에게 소환되었다. 같은 프란체스코에 속했지만 둔스 스코투스가 교황 권위를 지키기 위해 노력했다면 오컴은 교황의 영적 권위만 인정하고 지상의 권력은 황제 몫으로 여겼다. 그는 아비뇽에서 탈출하여 바이에른 루트비히 4세에게 도피한 후에 왕은 칼로, 오컴은 펜으로 서로 보호하며 교황을 공격했다.

스콜라 철학은 계시를 이성으로 설명하느라 온갖 가정이 추가되어 이해하기 어려웠다. 논쟁 본질이 무엇인지 잊었고 현재 자기 비판자는 과거 자기였다. 성경 주석집은 매일 바뀌고 책 한 권을 생전에 완성하기 어려웠다. 오컴은 현상을 최소 가정으로 설명해야 한다는 사유 간결성을 주장했는데 이는 오컴의 면도날로 불린다.

오컴은 스콜라철학의 탐구 방식을 면도날로 잘라 내고 계시는 그냥 믿음으로 봐야 한다고 주장했다. 신은 세상을 임의로 만들 수가 있으니 귀찮게 보편자를 도입할 필요도 없고 보편자는 개체 속에 나타난 공통 속성에 불과하다는 유명론을 주장했다. 공통 속성은 어휘로 나타나며 아리스토텔레스 범주이고 논리학이다. 1339년 파리 대학은 오컴 유명론을 가르치지 못하게 했다.

크로: 면도날로 신 존재를 잘라 낼 수도 있었을 텐데.
오컴: 눈에 보이는 세상은 신의 창조물이지. 이보다 확실한 증거는 없지.
크로: 그래서 아리스토텔레스는 개체에 질료와 형상을 부여했고 운동 원리로 부동의 원동자 개념을 도입했지.

오컴: 이데아를 비판하며 제시된 부동의 원동자도 자연 현상과 계시를 제대로 설명하지 못해.

크로: 둔스는 형상마저 잘라 내고 신 의지를 강조했지.

오컴: 신 의지로 기적이 나타났지만 개체 간에 공통점이 여전히 있어. 입은 비뚤어져도 말은 바르게 해야지.

크로: 맞아. 당시 계시와 이성 중 하나만 선택하기 어려웠지. 현상은 언어와 논리로는 결코 해결될 수 없고 경험이 축적될 때 판명될 거야.

6. 이탈리아와 연금술

십자군 실패로 신국의 성벽은 금이 갔다. 천국은 올 기미가 없었고 사제들도 세속화되었다. 계시와 이성 간 힘겨루기는 소강 상태에 접어 들 무렵 이슬람 영향권 놓인 이탈리아가 변화의 바람을 일으키며 역사를 되돌리기 시작했다. 후진 기어를 넣고 가속 페달을 밟으니 십자군 운동, 서임권 논쟁, 이민족 침입을 지나 찬란한 로마 그리스가 나왔다. 기독교가 덮치기 전 자유의 향기가 풍겼다. 르네상스인들은 본능적으로 브레이크를 밟았다.

그들은 전진 기어로 바꾸고 스콜라철학 대신 예술과 문학으로 인간과 신을 찬양했다. 장엄한 라틴어 대신 생활 언어로 기도했다. 신체를 해부하여 신의 창조술을 더듬었고 건물에 비례와 대칭을 가미했다. 이슬람에서 수입된 연금술로 신의 창조를 재현했다. 거리는 활기와 웃음이 넘쳤지만 화려한 예술에 중독된 사제들은 면죄부를 팔았고 종교 개혁을 불렀다.

겁 없는 탐험가들은 나침반을 차고 신대륙까지 발을 넓혔고, 망원경으로 신을 쫓던 사제들은 무한 우주라는 불경한 생각을 품었다. 아리스토텔레스 우주론이 서서히 무너지며 과학 혁명의 조짐이 일었다.

보카치오: 보통 사람

십자군 전쟁 실패, 아비뇽 유수, 이어진 서방교회 대분열로 교황 권위는 약화되었다. 지중해 바람을 쐰 사람들은 장원의 고리타분한 공기를 견딜 수 없었다. 사람들은 괭이와 호미를 팽개치고 도시로 줄행랑을 놓았다. 도시는 공적 재판권을 지녀 장원에 비해 자유로웠다. 그들은 상업에 종사하며 기사처럼 길드를 조직하고 직업 윤리를 제정했다. 경제도 물물교환에서 탈피하여 화폐 경제로 전환됐다. 발트해 인접 독일 북부 도시들도 한자동맹을 맺어 상공업을 발전시켰다.

십자군 전쟁 후유증에서 벗어나기도 무섭게 1315~1317년 유럽에는 대기근이 들었고 몽골군이 크림반도에서 퇴각하면서 성안으로 던진 사체에서 터진 흑사병이 지중해 연안으로 퍼졌다. 흑사병은 페스트균에 감염된 쥐벼룩을 통해 전염되는데 지금도 백신은 없고 항생제만 있다. 일부 시민들은 신의 분노로 인식했고, 일부 시민들은 흑사병도 치료하지 못하는 신학을 의심했다. 보카치오는 후자인 듯싶다.

조바니 보카치오(Giovanni Boccaccio, 1313~1375)는 피렌체 상인 사생아로 태어났다. 그는 흑사병을 피해 시골로 도피한 사람들이 나누는 음탕한 소설 《데카메론》을 발표했는데 신은 인간의 은밀한 죄를 징벌하지 않는다는 노골적 인식을 심어 주었다.

흑사병은 실크로드를 통한 문명, 상품, 인적 교류를 차단해 몽골 제국을 허물었고 유럽 인구 1/3을 몰살시켰다. 봉건 사회는 영국과 프랑스 사이에 벌어진 백년전쟁(1337~1453)으로 몰락이 가속되었다. 백년전쟁은 프랑스 왕위 계승 문제로 발생했지만 영국이 유럽 대륙에 소유한 플랑드르 봉토도 원인으로 작용했다. 봉토가 흩어진 이유는 유럽에서는 결혼한 딸도 토지 소유권을 상속받기 때문이다.

프랑스가 전쟁 초기에는 밀리다가 신의 계시를 받았다는 여전사 잔 다르크가 영국 종교 재판에서 마녀로 화형당한 후 분기탱천하여 승리한다. 패배한 영국은 유럽 대륙에서 영토를 잃었다. 폐허로 변한 프랑스에서도 영주들이 힘을 잃고 왕권은 강화되었다. 친족 같았던 영국과 프랑스 간에는 적대적 민족의식이 싹텄다. 백년전쟁에서 살아남은 영국 귀족들은 장미전쟁

(1455~1486)을 거치자 거의 몰살되었다. 왕족은 경쟁자 없이 왕권을 강화했고 신흥 귀족들이 나타났다.

> **크로:** 신앙이 깊었던 중세에 음탕할 소설을 썼네.
> **보카치오:** 이웃이 죽어 나가는 슬픔 속에 조그만 위안이 필요하지.
> **크로:** 지순한 사랑을 그릴 수도 있었을 텐데.
> **보카치오:** 간혹 만나면 그리움이 쌓이지만 매일 만나면 색기가 흐르지.
> **크로:** 사제들 위신이 말이 아니군?
> **보카치오:** 흑사병도 고치지 못했다는 자괴감에 그들은 웃음이라도 선사하고 싶어 했지.

코시모 메디치: 갈등 해소는 예술로

코시모 메디치(Cosimo Medici, 1389~1464)는 피렌체 가문 장남으로 태어났다. 재산을 상속받은 코시모 메디치는 뛰어난 수완으로 유럽 전역으로 금융 사업을 넓히고 교황청과 군주의 돈도 유치했다. 그는 고리대금업자라는 비난을 피하려 막대한 수익을 예술가들에게 베풀자 각지에서 끼 있는 예술가들이 몰려들었다. 그는 적대적인 로마 교황에게도 재정으로 지원하고 피렌체 예술가를 파견하여 갈등을 무마했다.

오스만 튀르크는 1453년 동양에서 들어온 화약과 대포를 사용하여 콘스탄티노플을 공격했다. 4차 십자군 전쟁으로 앙금이 쌓인 비잔틴 시민들은 로마 지원을 거부했다. 서로마 제국 멸망 후 천년을 버틴 비잔틴 제국은 결국 멸망했다. 메디치는 이슬람을 피해 탈출하는 비잔틴 학자들에게 문을 열어 주었다.

메디치는 학문과 예술을 후원하고 고전 문헌을 수집하여 피렌체 시민에게 개방했다. 피렌체 아카데미를 세워 플라톤 서적과 아리스토텔레스 서적을 라틴어로 번역했다.

> **크로:** 파도바 대학도 있는데 플라톤 아카데미를 열었어?
> **코시모:** 파도바 대학은 아리스토텔레스를 추종하여 난해한 스콜라 철학이 남아 있어. 말장난이고 실용성도 없어.
> **크로:** 동 트기 전 새벽은 어두운 법이지.
> **코시모:** 아침은 나중 문제이고 새벽 예술로도 신과 합일할 수 있지.
> **크로:** 플라톤은 예술을 구박했어.
> **코시모:** 비례와 대칭은 예술 이전에 플라톤의 기하이기도 해.
> **크로:** 수학이 예술이군.
> **코시모:** 지구 문명으로 프록시마를 부흥시키고 보자고.
> **크로:** 카롤대제도 로마 부흥을 외쳤지.
> **코시모:** 왕은 칼, 교황은 말로 이끌지만 결국 전쟁으로 이어졌지. 예술만이 갈등을 풀지.

쿠자누스: 무한 반복을 통한 대립 극복

니콜라우스 쿠자누스(Nicolaus Cusanus, 1401~1464)는 독일 모젤강변 쿠에스 출신으로 하이델베르크 대학, 파도바 대학, 퀼른 대학에서 법학, 철학, 수학, 과학을 배웠다. 그는 아비뇽 유수 이후 서방교회 대분열로 선출된 대립 교황을 화해시키면서도 영악한 처세술로 부와 권력을 움켜잡았다.

교황은 대립하는 존재지만 신은 대립 상태에 머물 수 없다. 유한한 세계에서는 대립이 일어나지만 무한한 신의 세계에서는 대립이 해소된다. 원호는 직선과 다르지만 원이 무한히 커지면 호는 직선처럼 보인다. 원에 내접하는 다각형의 꼭지점 수를 증가시키면 다각형은 원에 가까워지고 다각형의 면적과 둘레로 원의 면적과 원의 둘레를 각각 구할 수 있다. 원이 무한개 변을 지닌 다각형이듯이 신은 대립과 통일의 무한 과정이다.

> **쿠자누스:** 신은 넓은 눈으로 세상을 보지. 유한한 인간과 무한한 신은 다르지.
> **크로:** 인간은 유한하지만 무한을 생각할 수는 있지.
> **쿠자누스:** 원이 무한하게 커지면 원호는 직선이 되지.
> **크로:** 직선에 가까워지지만 직선이라고 말할 수는 없지.
> **쿠자누스:** 원의 면적은 다각형을 촘촘하게 내접시켜 얻지.
> **크로:** 맞은 말이지만 어느 정도 지나면 노력 대비 이득이 적지.
> **쿠자누스:** 그래도 이득이 계속 생기니 갈등은 해소되겠지.
> **크로:** 수학에서 수렴되는 무한 반복은 유익하나 삶에서 무한 반복은 낭비야.
> **쿠자누스:** 그럼 대립과 갈등을 줄이는 방법이 무엇인가?
> **크로:** 갈등을 직시하고 양보하면서 새로운 차원을 개척해야지.

콜럼버스: 공간 개혁

스페인이 이베리아 반도에서 이슬람 세력을 몰아냈지만 오스만 튀르크가 실크로드를 막고 지중해를 점유하자 유럽은 향신료를 구하기 어려웠다. 한번 향신료에 길들여진 입맛을 바꿀 수는 없어 포르투갈과 스페인은 인도에 이르는 새로운 항로를 찾아야 했다.

포르투갈인은 원래 뱃사람으로 항해기술을 갈고 닦았지만 수평선 너머 있을지도 모르는 폭포를 두려워했다. 그들은 대서양을 가로지르는 무모한 항해보다 아프리카 해안을 따라 조심스럽게 내려갔다. 1488년 바스코 다 가마는 희망봉을 발견하여 인도로 가는 거점 항구를 확보했다.

크리스토퍼 콜럼버스(Christopher Columbus, 1450~1506)는 이탈리아 제노바 평민 출신으로 스페인에서 활동했다. 그는 마로코 폴로 동방견문록을 읽고 대서양 수평선 너머 인도에 도착하여 원나라 황제 쿠빌라이를 만날 꿈을 꾸었다. 그는 동생과 함께 지구본을 만들고 항해 기술을 틈틈이 익혔다. 잘못된 단위로 항해 거리를 짧게 계산하는 바람에 도전 의욕은 더욱 불타올랐다. 이탈리아 포르투갈 영국은 콜럼버스 제안을 거절했지만 스페인 이사벨 여왕은 후원을 약속했다.

콜럼버스는 죄수들을 희망으로 꾀면서 산타마리아호를 출항시켰다. 망망대해 아침마다 실망하는 선원들을 달래고 회유하며 서쪽으로 나아갔다. 다행스럽게 동양에서 들어온 나침반은 서쪽 항로를 꿋꿋이 가리켰다. 1492년 그는 69일간 긴 항해 끝에 신대륙을 발견했다. 신대륙에는 원주민이 살고 있었고 그는 선원 일부를 남겨 놓고 담배를 가지고 귀국하여 대대적으로 환영을 받았다.

콜럼버스는 2차례 더 식민지를 개척하려 신대륙에 갔다. 침략자들은 금은보화를 얻으려고 원주민을 학살했다. 사람을 제물로 받치던 아즈텍과 잉카인들은 백인 침략자 앞에 맥없이 무너졌다. 미신에 찌든 문명은 원시 인류의 자연 상태보다 참혹했다.

죽을 때까지 콜럼버스는 인도라고 믿은 신대륙을 아메리고 베스푸치(1454~1512)가 아메리카로 정정했다. 정복자들은 원주민을 말을 알아듣는 동물로 보았다가 나중에 인간으로 인정했다. 원주민은 정복자의 욕망과 선교의 희생물이 되어 소멸되어 갔다.

크로: 아메리카에는 원주민들이 살았고 바이킹도 5백 년 전에 도착한 적이 있었지.
콜럼버스: 교류가 없으면 문명사에 기록될 수 없어.
크로: 원주민들은 서구인 욕심 탓에 거의 몰살됐어.
콜럼버스: 대부분 아즈텍과 잉카족은 천연두로 죽었지.
크로: 원주민을 인간 취급 하지 않았어.

> **콜럼버스:** 바이킹도 살아남지 못했고 신대륙에 남았던 30명 선원들도 죽었어. 우리 행위는 정당방위야. 역사를 보라고. 현생 인류인 크로마뇽인이 나타나자 유럽의 네안데르탈인은 멸종되었고 메소포타미아 문명을 연 수메르인도 사라졌고 미신을 믿었던 마야 족속도 사라졌어. 요나라를 세운 거란족도 후대가 없고 청나라를 세워 명을 무너뜨린 만주족도 사라졌어.
> **크로:** 전쟁보다는 평화를 추구하는 태도는 잃지 말아야지.
> **콜럼버스:** 대결은 불가피하고 미신에 찌던 문명은 결국 파멸하지.
> **크로:** 스스로 결정하게 내버려 둬야지. 지원 요청하면 대가로 개방을 요구해야지.

레오나르도 다빈치, 미켈란젤로: 비례에서 신의 발견

레오나르도 다빈치(Leonardo da Vinci, 1452~1519)는 피렌체 변호사 서자로 태어났다. 그는 기능에 알맞은 모습을 미로 여기고 인체를 해부하여 스케치했다. 외부 대상과 망막에 맺힌 상을 측정하여 원근법도 알아냈다. 중세인들이 기도로 신에 다가갔듯이 그는 예술로 창조주에게 다가갈 수 있다고 보았다. 그는 신체를 빚은 신의 창조술을 역공학하고 예술로 표현했다.

미켈란젤로(Michelangelo, 1475~1519)는 카프레세 말단 공무원 아들로 태어나 메디치가 예술 아카데미에서 고대 조각을 연구했다. 바티칸 피에타 상, 피렌체 산 피에트로 대성당 다비드 상을 조각했다. 교황 율리우스 2세에게 의뢰 받은 시스티나 성당 벽화를 전공이 아니라는 이유로 사양했지만 일단 임무가 부여되자 스스로 익혀 천지 창조를 완성했다.

자부심이 강한 이탈리아 예술가들은 북방 고딕 건물이 로마 라틴 건물에 비하면 볼품없다고 보았다. 그들은 높이보다는 비례와 대칭의 르네상스 양식을 찾았고 피렌체 두우모 성당에 적용했다.

크로: 고딕 건물보다 르네상스식 건물이 유행했군.
미켈란젤로: 높은 탑은 번개를 불러 죄 많은 로마 교황은 싫어해.
크로: 기도가 신에게 상달되려면 탑이 높아야지.
미켈란젤로: 신은 골방의 신음소리도 들어. 첨탑은 지진에도 취약하지.
크로: 폭설이 많은 북유럽은 원래 지붕이 뾰족했지.
다빈치: 균형 잡힌 육체를 봐. 비례를 통해 창조주를 느낄 수 있지.
크로: 그래서 신체를 해부했군.
다빈치: 눈을 해부하면서는 원근법을 발견했지.
크로: 망막에 맺힌 상을 미로 인식하는 뇌작용을 언어로 표현해 봐.
미켈란젤로: 미는 언어로 포착되지 않는 감성이야.
크로: 인공지능은 미 속성을 포착하여 새로운 그림을 생성하지.
미켈란젤로: 그래? 이제 뇌를 해부해야겠군.

에라스무스, 토마스 모어: 바보처럼 살았군요

에라스무스(Erasmus, 1466~1536)는 로테르담 성직자 사생아로 태어났다. 가톨릭 영성교육에 벗어나고자 파리 대학으로 들어갔지만 따분한 스콜라 교육에 환멸을 느껴 세속에서 떠돌았다. 그는 영국 토마스 모어를 만나러 가는 배안에서 《우신예찬》을 구상하고 모어 집에 머물면서 탈고했다. 우신은 바보 신인데 허영, 시기, 아첨, 자기자찬, 망각의 시녀를 거느리고 있다. 우신은 사람들이 자기 덕분에 이 세상을 즐겁게 살아간다고 자화자찬을 쏟아 놓는다. 에라스무스는 우신을 통해 성직자 허례의식과 지식인 지적 허영을 꼬집었다. 소설에서 호탕했던 에라스무스도 권력에 아부하며 밥 빌어 먹었고, 종교 개혁 씨앗을 뿌렸지만 종교 개혁자 요청을 거부하여 개신교와 가톨릭 양측으로 비난을 받았다.

토마스 모어(Thomas More, 1478~1535)는 런던 법조계 집안에서 태어났다. 하원의원까지 올랐지만 헨리 7세 특별세에 반대하여 공직을 박탈당하고 수도원으로 도피했다. 헨리 8세가 즉위하자 풀려났고 루터가 종교 개혁을 단행하자 비판하는 편지를 보냈다. 그는 대법관에 올랐으나 헨리와 스페인 왕녀의 이혼을 로마 교황청과 함께 반대했다. 그는 사형 당했고 영국 기독교도 교황청과 멀어졌다.

해양국가 영국은 형식보다 내용에 민감했다. 귀족들과 상인들이 모직으로 돈을 벌자 양 울타리를 쳤다. 채소나 과일들을 심어 먹던 공유지가 줄어들자 주민들은 밀려나 도시 부랑민이 되고 범죄자가 되었다. 토마스 모어는 자산 사유화로 인한 피해와 신대륙 발견에 아이디어를 얻어 《유토피아》를 저술했다. 그는 유토피아라는 이상사회를 제시하지만 실현 불가능하다는 심정을 내비친다.

크로: 우신 덕분에 살맛이 있긴 하지.
토마스 모어: 모어가 우신의 그리스어 발음과 비슷하지만 나는 신이 되기 싫어.
에라스무스: 사형 틀에서 수염을 못 건드리도록 농담을 할 정도면 우신이 맞는데.
토마스 모어: 나는 기독교야.
크로: 우린 주여 하면서 우신인 내가복음을 믿지.
토마스 모어: 풍자로 세상이 바뀔 수 없지.
에라스무스: 풍자는 목숨을 건지면서 세상을 바꾸는 지혜이지.
토마스 모어: 초기 기독교는 재산을 공유한 공동체 사회야. 나의 꿈이지.
에라스무스: 초기 기독교는 중세 암흑기를 불렀지.
크로: 그럼에도 둘 다 종교 개혁을 부정했지?
에라스무스: 진정한 종교 개혁은 진리보다 우신에 의지하는 신앙이지.

마키아벨리: 현실 정치

마키아벨리(Machiavelli, 1469~1527)는 피렌체 몰락한 지주 가문에서 태어났다. 십자군 군수 산업으로 발전한 이탈리아 북부 도시 국가들은 돈만 밝혀 군사력은 약했다. 십자군 군대에 길을 내주다 보니 자력 군대를 육성하기보다는 용병을 쓰고 십자군 이후에도 스페인, 프랑스 세력에 의존하여 정국이 불안했다. 메디치 가문도 몰락하고 피렌체가 공화정으로 바뀌었다. 마키아벨리는 유능한 외교관으로 활동했지만 공화국은 스페인 공격에 무너졌다. 메디치 가문은 권력을 다시 잡았고 마키아벨리는 쫓겨났다. 마키아벨리는 《군주론》을 저술하여 메디치가에 헌정하며 환심을 사려했으나 신임을 얻지 못했다.

마키아벨리는 인간 본성과 시민 본성을 읽고 정책을 펴야 한다고 주장한다. 법과 자국 군대를 강조하고 온정에 의한 정치보다 냉정하게 통치하라. 사회 혼란을 잠재우기 위해서는 강압적 정책을 회피하지 마라. 시민에게 쓴 정책은 한 번에 시행하고 달콤한 정책은 천천히 베풀어야 한다고 주장했다.

마키아벨리 이전에도 왕권과 교황권을 쟁취하려 온갖 수단이 동원되었다. 그래도 선한 정치를 추구한 키케로와 신정 정치를 주장한 아우구스티누스 정치 철학을 수용했지만 마키아벨리는 이를 단칼에 폐기했다. 이상보다는 현실 정치를 강조했다. 도덕 정치는 세상을 살아가는 방식이 아니다. 철학이 신학에서 떨어져 나왔듯이 정치도 신학에서 떨어져 나와야 한다.

크로: 이탈리아 도시 국가는 교황 지배와 십자군 전쟁에 적절한 정치 형태였지.
마키아벨리: 나도 공화정을 옹호했지.
크로: 도시 국가는 경제에 유리하지만 자립 국방에는 불리하지.
마키아벨리: 그래서 《군주론》을 썼지.
크로: 공화주의자가 군주정을 주장하니 헷갈려.

> **마키아벨리:** 우리 삶에 조금씩 모순이 있지만 나는 정말 이탈리아 통일을 원했지.
> **크로:** 요즘도 대통령을 위한 정치, 과학을 저술하지. 대개 자신을 구걸하는 책이지.
> **마키아벨리:** 성인군자인 체하는 그들과 나를 비교하지 마. 나는 현실적 충언을 했어. 피해와 희생을 줄이는 정치가 나라를 살리는 길이지.
> **크로:** 《군주론》을 읽지 않더라도 중세 교부들은 이단을 확실히 쫓아냈고 메디치가는 너를 쳐다보지도 않았지. 본능적 행동을 활자화할 필요가 없지.

코페르니쿠스: 천지개벽

니콜라스 코페르니쿠스(Nicolaus Copernicus, 1473~1543)는 발트해 연안 폴란드 상인 아들로 태어났다. 슬라브족, 게르만족 정착으로 형성된 폴란드는 수시로 타민족 침입을 받았다. 신성로마제국은 늘어나는 인구를 분산하려 튜턴 기사단을 보냈고 몽골도 기병대를 보냈다. 외부 세력을 막아 내며 폴란드인들은 왕조를 세워 갔고 크라쿠프 대학도 설립했다. 코페르니쿠스는 크라쿠프 대학에서 수학과 천문학을 배웠다. 그는 23세에 교회 행정직을 맡고자 세계 최초 대학 볼로냐 대학에 유학 갔다.

그는 참사관직을 수행하면서 천문학을 틈틈이 연구했다. 천동설은 행성 겉보기 운동을 잘 설명하지만 연주시차를 설명하지 못했다. 그는 또 다른 가정을 추가하느니 지동설을 제안했다. 대담한 혁신이지만 천체 겉보기 운동은 유사하여 대중의 흥미를 끌지 못했다. 신학자 루터나 칼뱅도 지동설을 무시했다. 지동설은 브라헤, 케플러, 갈릴레오, 뉴턴 노력으로 서서히 수용되었다.

루터: 종교 개혁

마르틴 루터(Martin Luther, 1483~1546)는 독일 작센주 광산업자 아들로 태어났다. 그는 에르푸르트 대학에서 법률과 신학을 배웠고, 비텐베르크 대학에서 박사를 받았다. 그는 행위가 아니라 믿음으로 구원을 얻는다는 신념으로 구도자 삶을 살았다.

루터는 교황청과 주교의 사치스러운 삶에 비판적이었다. 그는 교황이 베드로 성당을 보수하려 면죄부를 발행하자 폭발하였다. 교황청 재산으로 지을 수 있는 성당을 민중의 고혈로 짓는다며 그는 비텐베르크 성당 문 앞에 95개 반박문을 게시했다. 그는 성직자 중개 없이도 신과 교감하는 만인 제사장을 주장했고, 죄에 대한 속죄는 헌금 궤에 떨어지는 금화 소리가 아니라 오로지 십자가를 바라봄으로 이뤄진다고 주장했다. 루터는 구원을 개인 내면의 문제로 보았고 성직자 결혼 금지, 거창한 예배 형식, 고해성사를 거부했다.

루터 게시물은 엄청난 파장을 몰고 왔다. 면죄부를 찍었던 구텐베르크 금속활자는 이제 반박문을 쏟아냈다. 소문은 전 유럽으로 번졌고 응원의 목소리가 메아리 쳤다. 교황이 루터를 파문했고 황제 카를5세는 가톨릭으로 통일된 유럽에 갈등을 촉발시킨 루터를 견제했지만 독일 성직자들과 제후들은 루터를 옹호했다. 루터는 신약성경을 독일어로 번역하면서 선제후 프리드리히 3세에게 몸을 숨겼다.

루터를 지지하는 제후국은 동맹을 결성하였고 1555년 아우크스부르크 회의를 통해 개인별 종교 자유에 미치지는 못하지만 제후는 자국 종교를 자유롭게 선택할 권리를 얻었다. 개신교는 북부 독일, 덴마크, 노르웨이로 퍼져 갔다.

크로: 종교 개혁은 종교너머 사상 혁명이지.
루터: 100년 전 보헤미안 얀 후스도 개혁을 주장했지. 우리는 모두 얀 후스야.
크로: 얀 후스는 콘스탄트 공의회에 참석했다가 이단으로 화형을 당했지.

> **루터:** 나는 교황 소환에 불응했고 독일 영주들의 보름스 회의에서 변호했지.
> **크로:** 처신마저 현명해.
> **루터:** 프랑스는 아비뇽 유수를 계기로 교황청으로 가는 돈줄을 차단했지.
> **크로:** 사람들은 자신에게 유리한 제도를 원하지만 과욕은 반발을 부르지.
> **루터:** 종교 개혁을 빌미로 십일조를 내지 않겠다는 농민 10만 명이 죽었지.
> **크로:** 헌금 자유를 허용할 수도 있었을 텐데.
> **루터:** 헌금은 믿음의 최소한이지. 믿음 없는 인간은 동물이야.
> **크로:** 지동설을 거부했지? 진리를 거부하는 종교 개혁자도 동물이야.

로욜라: 가톨릭 개혁

종교 개혁에 맞서 가톨릭도 그냥 있지 않았다. 교리를 재정립하고 부패를 처벌하고 사치스러운 생활을 금지하고 교회 직무에 친인척 채용을 막았다. 황제 카롤 5세가 가톨릭 개혁을 지시하면 로욜라가 이끌었고 루벤스는 밀었다.

로욜라(Loyola, 1491~1556)는 스페인 바스크 영주 아들로 태어났다. 아버지는 성직자가 되기를 희망했지만 그는 군대에 입대했고 프랑스와 팜플로나 전투에서 부상을 당했다. 병상에서 그리스도를 위해 살기로 회심하고 교황을 찾아가 도움을 청했다. 그는 예수회를 조직하고 선교 활동과 자선 사업을 벌였다.

결혼으로 외교를 맺었던 유럽은 친인척으로 묶여 있었다. 재산은 상속시 대체로 분할되지만 간혹 집중되기도 하는데 그 행운이 합스부르크 왕가 카롤 5세에게 떨어졌다. 그는 영국과 프랑스를 제외한 스페인, 신성로마제국 황제 자리를 물려받았다. 그는 가톨릭으로 유럽 대륙을 지배하려 개신교를 견제했다. 가톨릭 연합세력은 1570년 대서양으로 진출하려는 오스만제국을 지중해 레판토 해전에서 저지했다. 그는 식민지를 개척하면서 프랑스도 견제했다.

루벤스는 관능적이고 화려한 색채에 빛과 어둠을 대비시킨 웅장한 구도의 바로크 회화를 선보였다. 그리스 신화 닮은 그림으로 예수와 믿는 자의 삶을 희망과 열정으로 묘사했다.

크로: 예수회가 역사에 역행했지.
로욜라: 반종교 개혁 운동은 역행이 아니라 내부 혁신이야.
크로: 종교 재판으로 개혁 사상가를 처단도 했지.
로욜라: 엘리트 인재를 양성하기도 했어.
크로: 교육도 좋지만 신에게 대면 기도도 허용해야지.
로욜라: 만인 사제설은 엉터리야. 예수는 베드로를 통해 신과 소통한다고 했어.
크로: 예수도 길 잃은 양의 소리를 듣는다고도 했지.
로욜라: 기도는 듣겠지만 위계가 있어야. 예수도 12제자를 삼았어.
크로: 그중에는 유다 같은 반대 사상을 지닌 사람도 있었지.
로욜라: 결국 그도 처단당했지.
크로: 신만이 처단할 권한이 있지.
로욜라: 예수회는 신의 권한을 위임 받았어.
크로: 사회가 독단에 빠지지 않으려면 사상의 자유를 허락해야지.

파라켈수스: 의술 개혁

파라켈수스(Paracelsus, 1493~1541)는 스위스 화학자 아들로 태어나 바젤 대학교에 들어갔고 1515년 페라라 대학에서 의학박사를 취득했다.

파라켈수스는 참된 지식은 실무에서 나온다며 민간요법을 찾아 유럽 전역을 돌아다녔다. 그는 저잣거리에서 기인, 주술사를 만나 경험을 들었고 정식 의사마저 도망간 흑사병 환자에게 약을 들고 찾아갔다. 그는 병균이 외부에서 들어온다고 주장하며 자연에 질병을 치료하는 비법이 숨겨져 있다고 보았다. 당시 남아프리카에서 수입된 유창목이 매독 치료 효과가 없음을 밝혔고 대신 수은을 처방했다. 그는 모든 약은 사실 독이며 약효는 투여량에 따라 결정된다고 설파했다.

그는 인기 덕에 바젤 대학교 의학 강사가 되었지만 이븐시나 의학서적을 불태워 강단 의사와 법관의 공격을 받아 결국 도망쳤다.

> **크로:** 벼는 익을수록 고개를 숙인다고 하지.
> **파라켈수스:** 약효 없는 유창목으로 돈 버는 의사보다는 낫지.
> **크로:** 찬동하지 않는다고 의사를 파렴치범으로 볼 수는 없지.
> **파라켈수스:** 돈독 오른 의술로는 치료할 수 없고 수은, 황, 소금으로 세상을 바꿀 수 있지.
> **크로:** 좋지만 천체 운동과 환자 상태는 연관이 없어.
> **파라켈수스:** 의사가 처방하지만 치료는 신의 뜻이지. 하늘의 뜻을 가로막는 별을 살펴야지.
> **크로:** 과대망상은 자유지만 진실은 세월이 흐르면 밝혀지지.
> **파라켈수스:** 냉철한 친구이군. 새로운 철학으로 인도할 현자의 돌을 주마.
> **크로:** 성의는 고맙지만 나는 연금술을 넘어 과학으로 무장된 사람이야.

이황: 사단칠정 원천

이황(1502~1571)은 안동에서 태어났다. 그는 34세 문과에 급제하여 단기 군수 풍기군수를 지냈으나 정치가보다 학자 체질이다. 그는 왕이 하사한 관직을 고사하여 귀경과 귀향을 반복했고 60살에 도산서원을 지어 후학을 양성했다.

그는 사단칠정(四端七情)을 이(理)와 기(氣)로 설명했다. 사단은 인의예지의 사상으로 첫째 어려운 사람을 애처롭게 여기는 마음, 둘째 의롭지 못함을 부끄러워하는 마음, 셋째 겸손하여 사양하는 마음, 넷째 옳고 그름을 판단하는 마음이다. 서양의 진선미와 비교하면 선은 둘째, 진은 넷째와 대응된다. 칠정은 희(喜, 기쁨), 노(怒, 노여움), 애(哀, 슬픔), 낙(樂, 즐거움), 애(愛, 사랑), 오(惡, 미움), 욕(欲, 욕심)이다. 이황은 사단은 리(理)에서 나오고 칠정은 기(氣)에서 나온다는 주이론을 주장했고 기대승과 이이는 사단칠정 둘 다 기에서 나온다는 주기론을 주장했다.

크로: 새파랗게 젊은 기대승이 말대꾸하니 화나지 않았나?

이황: 그랬지만 국가 인재를 키워야지.

크로: 칠정은 본능적이라 기에서 나오고 사단은 복합 판단이라 리에서 나오는 듯한데.

이황: 내 주장이지만 그 정도로는 부족하지.

크로: 감정인 칠정은 변연계, 복합판단은 사단은 대뇌피질 작용이야.

이황: 제법이군.

크로: 타인에 대한 애처로움과 겸손은 서양 윤리에는 약하지.

이황: 조선은 똑똑한 사람에게 겸손을 강요하여 뻔뻔한 사람들이 지도자가 되었지.

크로: 나누리들은 사단(四端)대신 이단(二端)만 수용하겠네.

칼뱅: 개신교 정립

장 칼뱅(Jean Calvin, 1509~1564)은 프랑스 북부 누아용 공무원 아들로 태어났다. 그는 신학 석사를 따고 법학을 공부하면서 루터 사상을 접했다. 그는 사제보다는 학자로 살기를 원했지만 그가 써 준 파리 대학 강연 원고가 루터를 인용하여 보수적 파리 대학 교수들을 격분시켰다. 수배령이 내려지자 그는 누아용, 앙굴렘으로 도피하면서 개신교 기본 교리를 정리한 저서

《기독교 강요》로 유럽에 이름을 알렸다.

제네바 종교 개혁자들은 칼뱅을 영입하여 개혁을 밀어붙였지만 선거에서 패하자 칼뱅도 다시 프랑스로 쫓겨났다. 개혁자들이 떠나자 방종으로 타락된 제네바는 다시 칼뱅을 불렀다. 그는 신권 정치를 펼쳐 일상생활에서 금욕과 경건 생활을 강요했고 불성실한 신도를 종교 재판에 회부했다.

칼뱅은 구원은 예정되어 있다는 예정론을 주장하면서 로마 가톨릭과 각을 세웠고 인간은 하나님 영광을 위해 살아야 한다고 설교했다. 루터가 교황을 거부하면서도 기존 정치 체계를 사수했지만 칼뱅은 둘 다 거부했다. 그는 영주와 사제는 구원을 받을 수 없지만 부자는 구원을 받을 수 있다며 깨끗하게 축적된 부를 긍정했다. 칼뱅파는 대서양 연안으로 퍼져 나가 잉글랜드 청교도, 스코틀랜드 장로파, 프랑스 남부 위그노로 발전하였다.

크로: 로마 교황청을 부정하면서 신권 정치를 주장하나?
칼뱅: 교황 가르침 대신 성경 말씀대로 살아야지.
크로: 그래도 예배 시간에 꾸벅꾸벅 존다고 잡아 갈 수는 없지. 예수가 기도할 때 제자들이 졸기도 했지.
칼뱅: 성도는 예수의 제자들이 아니야.
크로: 성경 각 구절은 다양한 해석이 가능하지. 성경으로 돌아가자는 말은 원칙적으로 틀린 말은 아니지만 해석 다양성은 여전히 남아 있지.
칼뱅: 조심하게. 종교 재판에 처형되지 않으려면.
크로: 예정론을 긍정하면서 금욕적 생활을 권장할 수 있나?
칼뱅: 원죄를 저지른 인간에게는 예정론과 절제라는 2개 굴레를 꿰어야 해.

텔레시오: 변화의 원인으로 목적인 제거

텔레시오(Telesio, 1509~1588)는 이탈리아 남부 코젠차 귀족 출신이다. 그는 로마와 파도바 대학에서 과학과 철학을 배웠으며 코젠차 아카데미를 세웠다.

텔레시오는 코페르니쿠스 지동설을 먼저 깨닫고 아리스토텔레스 체계 붕괴를 눈치챘다. 텔레시오는 목적인이라는 힘에 의해 사물이 변화된다는 아리스토텔레스 설명을 거부했다. 그는 부동의 원동자 힘이 아니라 물질 자체 힘만을 주장했다. 부풀리는 열과 쪼이는 냉이 운동을 일으킨다고 보았으며, 변화 과정에서 전체 질량은 보존된다는 사실을 알아냈다. 텔레시오는 또한 추상적 개념을 거부하고 망원경으로 얻는 경험을 통해 진리가 발견된다고 추장했다.

텔레시오는 자신의 주장이 성경에 어긋나지 않도록 조율했지만 주된 내용은 바뀌지 않았고 교황청은 그의 저서를 금서로 지정했다.

> **크로:** 목적인을 버린 이유가 뭔가?
> **텔레시오:** 지구가 자전한다면 천구를 돌리는 원동자가 필요 없지.
> **크로:** 파도바 대학에서 공부한 쿠자누스도 목적인을 거부했지.
> **텔레시오:** 맞아. 파도바 대학이 아리스토텔레스를 가르치면서 한계도 노출시켰지.
> **크로:** 아리스토텔레스를 버릴 수는 있는데 대안이 무언가?
> **텔레시오:** 열과 냉이지. 열은 운동이고 냉은 정지이지.
> **크로:** 차가운 지구가 공전하고 뜨거운 태양은 정지하고 있지. 좀 이상하지.
> **텔레시오:** 천상과 지상 운동은 다르지. 약품이 든 비커를 가열 후 식히면 새로운 물질이 만들어져.
> **크로:** 당대는 연금술에 중독됐군.

몽테뉴: 자기의 발견

몽테뉴(Montaigne, 1533~1592)는 프랑스 남부 페르고르 상인 아들도 태어나 법원 참사관을 지냈다. 신대륙 발견으로 활동 공간은 넓어졌고 지동설로 관찰 공간도 커졌다. 베살리우스도 혈관계, 신경계, 근육계를 발견하여 신체 공간도 확대됐다. 넓어진 새로운 공간은 법조인에게도 부담이었다. 그는 38살에 영지를 상속받자 미련 없이 법복을 벗어 버리고 몽테뉴 성에 박혀 맘껏 관찰하고 사색했다. 몽테뉴는 자신도 관찰 대상으로 삼았고 동물 행동과 비교하며 인간도 동물이라고 보았다.

몽테뉴는 성찰의 결실로 《에세》를 내놓고 신장 결석에 좋은 광천수를 찾을 겸 성문을 열고 나왔다. 일단 로마를 목적지로 삼았지만 호기심이 이끄는 대로 여행지를 수시로 바꾸며 문화와 음식을 맛보았다. 그는 여행 중에 보르도 시장에 선출되기도 하였다. 여행 후에도 《에세》를 보완하여 개정하고 확장하여 나갔다.

> **몽테뉴**: 뭐 하려 철학까지 파고 있나?
> **크로**: 깨우치는 즐거움이 있어.
> **몽테뉴**: 신지식은 구지식을 지닌 자에게 아픔이야.
> **크로**: 진보는 환희이고 기쁨이야.
> **몽테뉴**: 세상을 여행하며 관찰하고 사색했지만 정답은 없었어.
> **크로**: 탐험으로 신대륙을 발견하겠지만 여행으로 복잡한 인간 행동과 사회 제도를 제대로 알기 어렵지.
> **몽테뉴**: 《에세》는 솔직한 글이지만 타인의 시간을 빼앗을 정도는 아니지.
> **크로**: 나는 게으른 사람이라 한 저술에 매이지 않아. 철학의 연결고리만 찾지.

조르다노 브루노: 무한 우주

조르다노 브루노(Giordano Bruno, 1548~1600)는 나폴리 군인 아들로 태어나 논리학, 고전문학을 배웠다. 그는 24세에 도미니크회 수사가 되었고 코페르니쿠스 지동설과 쿠자누스 무한 사상을 접했다. 그는 지동설을 수용했고 더 나아가 지구가 공전하고 자전하듯이 모든 별들도 천구에 박힌 것이 아니라 무한 우주에 운동하는 항성으로 보았다. 무한한 우주 공간에 태양처럼 행성을 거느린 항성이 수없이 있다고 주장하며 행성은 부동의 원동력이 아니라 마력으로 운동한다고 보았다.

브루노는 예수 신성을 거부하는 아리우스파를 공부하여 삼위일체, 마리아 처녀성도 부정하였다. 그는 가톨릭교회로부터 받을 이단 정죄를 두려워하여 이탈리아 북부로 도피하였고 프랑스와 영국으로 들어가 우주론을 강의했다. 칼뱅파로 개종했지만 파격적 주장을 받아 줄 도시는 없었다. 때마침 거처를 주겠다는 지인 약속을 믿고 그는 베네치아로 왔다가 밀고로 잡혀 8년간 감옥 생활을 했다. 주장을 철회하라는 예수회 종교 재판 회유를 거부하여 화형을 당했다. 400년 이후 그는 복권되었다.

크로: 지동설 발견자보다 추종자를 심판했군.
브루노: 발견자에게 발견 자체가 의미지만 추종자에게 실천만이 의미이지.
크로: 현대 천문학에 근접한 주장인데.
브루노: 그들은 새로운 과학을 두려워했지. 히파티아를 화형 시키고 중세를 열었듯이 나를 화형 시키면 중세가 영속할 줄 알았겠지.
크로: 지구도 태양도 세상의 중심이 아니듯이 우리도 세상의 중심이 아니지. 세월과 목숨을 아껴야지.
브루노: 신은 진실의 편이지. 행성을 돌리는 마력이 나를 구원하여 줄 거야.
크로: 복권되었으니 다행이야. 그런데 행성을 돌리는 힘은 마력이 아니라 만유인력이야.
브루노: 신이 복권시킨 나를 과학이 다시 쫓아내네.

7. 영국과 잠자는 이성 깨우기

신대륙 탐험으로, 지동설로 세상은 넓어졌다. 신과 합일을 추구했던 계시, 영혼, 부동의 원동자, 점성술 같은 어휘는 천천히 사라졌다. 스콜라 철학 대신 망원경으로 천체 운동이 밝혀지자 철학자들은 지상 운동까지 파고들었다. 천문학이 계시를 옹호하기보다는 반증하자 교황청이 이탈리아 과학자를 억압하였고 혁명 기운은 대서양으로 빠져나갔다.

사색의 힘을 믿는 합리론자는 신의 창조 의도를 단번에 밝히려 하였고 관찰의 힘을 믿는 경험론자는 감각을 통해 자료를 누적하여 갔다. 이성과 경험으로 이해의 폭은 넓어졌다. 세상을 보는 시각도 질료와 형상에서 물질과 정신으로 전환되었다.

시공간에 물체 위치를 표시하는 방식이 개선되어 이동 궤적이 수식으로 표현되었다. 사람의 앞길도 이미 예정되어 있다는 분위기가 퍼졌다. 문제는 결정론으로 세상에 만연한 악을 설명하기 어려웠다. 결정론과 자유의지를 조화시키기 위해 다시 철학이 어려워졌다.

베이컨: 경험주의

프란시스 베이컨(Francis Bacon, 1561~1626)은 대법관 아들로 태어나서 12살에 케임브리지 대학 트리니티 칼리지를 다니면서 스콜라 철학을 배웠다. 법학도 공부하면서 프랑스, 이탈리아, 스페인으로 여행하며 견문을 넓혔다. 그는 낭비가 심해 빚을 늘 지고 살면서 권력의 끈을 잡으려 왕에게 충성했다. 그는 변호사, 하원의원 등을 거쳐 대법관까지 올랐으나 뇌물 수뢰로 구금되어 귀족 칭호도 박탈당했다.

베이컨은 5년 가택 연금 기간 저술 활동을 하면서 《신기관》을 발표했다. 아리스토텔레스의 논리학에 대비되는 신논리학이다. 아리스토텔레스 논리학은 체계적 분류와 삼단논법의 연역법인데 베이컨은 귀납법을 강조한다. 귀납법은 구체적 관찰에서 일반적 지식을 얻는 방법이다. 사실 아리스토텔레스가 귀납법 골격을 세웠지만 연역기법이 살짝 묻어 있었다. 또한 아리스토텔레스는 관찰만의 귀납법이었다면, 베이컨은 실험 기법을 가미했다. 그는 실험 인자를 넣거나 빼 가면서 자료를 얻고 체계적으로 정리하는 과학적 실험 계획법을 제시하였다.

그는 귀납법으로 진리를 도출하려면 플라톤의 동굴의 우상뿐만 아니라 종족의 우상, 극장의 우상, 시장의 우상도 시험 계획법으로 제거해야 한다고 보았다. 그는 닭 냉동 실험을 하다 감염되어 죽었다.

크로: 귀납법으로 얻어 낸 과학적 진리가 있는가?
베이컨: 얼음 속에서는 식품이 오래 보관된다.
크로: 그야 상식이지. 아리스토텔레스는 귀납법으로 수많은 지식을 얻었지.
베이컨: 그는 귀납법을 적용했지만 결국 신에 의지했지.
크로: 신 개입 없이 지식을 얻겠다는 태도는 칭찬할 만하지.
베이컨: 아는 것이 힘이야.
크로: 경험은 발품을 팔아야 하지만 머리를 쓰지 않으면 목숨도 잃을 수 있어.

갈릴레오: 지동설 관측

갈릴레오(Galileo, 1564~1642)는 이탈리아 토스카나 몰락한 가문에서 태어났다. 아버지는 의사를 원했지만 그는 수학에 흥미를 느꼈다. 피사대학을 다닐 형편이 못돼 중퇴했지만 알바로 생활비를 벌면서 학업의 끈을 놓지는 않았다. 1592년 파도바 대학 수학 교수가 되어 기하학, 천문학을 가르치면서 생활도 차츰 나아졌다.

갈릴레오는 사유하며 논쟁을 즐겨했고 무거울수록 빨리 떨어진다는 아리스토텔레스 이론에도 비판의 칼을 댔다. 추에 깃털을 묶어 낙하하면 깃털은 추보다 천천히, 추는 깃털보다 빨리 떨어지려 할 것이다. 그런데 추가 달린 깃털은 각각보다 무거우니 더 빨리 떨어져야 한다. 즉 모순되는 두 결론이 나온다. 따라서 낙하 속도는 무게와 무관하다. 낙하 실험은 피사 사탑에서 행해진 실제 실험으로 알려져 있지만 그는 책상에 앉아 생각만 했다.

갈릴레오는 네덜란드에서 발명된 망원경 원리를 개량하여 목성 주위를 돌고 있는 4개의 위성을 1610년 관측하여 코페르니쿠스 지동설을 입증했다. 그는 4개 위성을 메디치가에 팔아 돈까지 챙겼다. 그런데 그가 제시한 지구 공전 궤도는 타원 대신 원이었다. 당연히 예측값과 관측값이 불일치했고 세상은 시큰둥하였다. 자전하는 지구 표면에서 물체들이 날아가지 않는 현상도 제대로 설명하지 못했다.

종교 개혁으로 권위와 진리를 훼손당한 교황청은 지동설이 살아나자 예민해졌다. 그는 경고를 받았고 결국 종교 재판에 회부되었다. 그는 뜨거운 화형을 피하기 위해 자기주장을 공식적으로는 철회했다.

크로: 브루노와 대비하여 자기주장을 철회한 과학자로 인용되곤 하지.

갈릴레오: 성경이 천동설을 주장했는가? 우리도 차를 타고 가면서 가로수가 뒷걸음질 친다고 표현하지 않는가? 사람들은 눈에 보이는 대로 표현을 하지.

크로: 브루노 화형 이후 교황도 더 이상 피를 보고 싶지는 않았겠지.

갈릴레오: 나는 교황과 친분이 있었지만 당시 사제의 광기는 예측할 수가 없었지.

크로: 과학 혁명이지만 불완전한 지동설이 너를 살렸을 수도 있지.

케플러: 신과 무관한 천제운동 발견

케플러(Kepler, 1571~1630)는 독일 슈투트가르트 근교에서 태어나 신학을 공부하고 수학과 천문학을 배웠다. 그는 가톨릭과 루터교를 전향하며 천문학을 연구하고 점성술로 생계를 이어 가다 황실 수학자가 되었다.

케플러는 브라헤 천문 자료를 얻기 위해 프라하로 이사하였고 브라헤가 죽은 후에야 자료를 넘겨받았다. 그는 자료를 수학적으로 분석하여 행성의 1, 2, 3 법칙을 발견하였다. 제1법칙으로 행성은 태양을 중심으로 원보다는 타원 궤도를 돌며, 제2법칙으로 태양에 가까운 원주에서 행성의 속도가 빠르고, 제3법칙으로 행성의 공전주기가 궤도의 반경에 비례한다. 케플러 법칙은 신이 천구를 돌린다는 아리스토텔레스 이론을 무너뜨리고 행성은 자연의 자체 법칙에 따라 운동한다는 의식을 심어 주기에 충분했다.

야콥 뵈메: 연금술로 형상의 합성

야콥 뵈메(Jakob Böhme, 1575~1642)는 독일 게르릿트 루터파 가정에서 태어나 정규교육을 받지 못한 구두장이다. 영적 체험 후에 저술한 《아오로라》가 지역 사제 손에 들어가 저술을 금지 당했다. 그는 자중했지만 교회의 핍박이 계속되자 다시 펜을 들었고 결국 드레스덴으로 쫓겨났다.

천동설 점성술이 지동설 천문학으로 바뀌었지만 신은 여전히 존재했고 신의 존재를 연금술로 밝히고자 했다. 뵈메도 영적 체험 후에 연금술로 신의 천지 창조를 묘사했다. 신의 천지 창조는 깊이를 알 수 없는 분화구에서 솟아나는 용암 흐름이다. 위로 올라오는 상승 의지와 아래로 떨어지는 하강 욕망은 열과 물질을 만들어 내고 정신과 생명을 탄생시킨다. 연금술사가 이글거리는 시험관에서 인조인간 호문쿨루스를 만드는 장면을 연상시킨다.

크로: 구두장이가 멋있는 이론을 펼쳤어.

뵈메: 제화술이나 연금술은 시행착오 끝에 명품을 만들어.

크로: 뉴턴은 구심력과 원심력을, 헤겔은 정반합 개념을 여기서 얻었다고 했지.

뵈메: 도전과 응전은 모든 현상의 기본적인 틀이지.

크로: 나는 당시에 질료와 형상을 설명하는 기제가 바뀌고 있다고 봐.

뵈메: 보는 눈이 많아 내 입으로는 고백 못 해.

크로: 이전에는 천구 밖 신의 입김이 에테르를 타고 질료에 주입되어 영혼이 만들어진다고 보았지.

뵈메: 지동설로 하늘에서 오는 부동의 원동자가 사라졌으니 이제 형상은 땅에서 솟아날 수밖에 없어. 나는 동방박사가 가져온 황금 몰약 유황으로 물질과 영혼을 만들었지.

크로: 연금술은 실패했지만 현대 화학은 체계적으로 인조세포를 만들지.

뵈메: 화학이 신을 만나는 길이군. 화학자들이 사제이네.

그로티우스: 자연법을 따른 국제법

후고 그로티우스(Hugo Grotius, 1583~1645)는 네덜란드 독립전쟁 통 시장 아들로 태어나 라이든 대학에서 공부했다. 젊은 정치가로 명성을 얻으며 엄격한 칼뱅파에 반대하여 종신 가택 감금형을 선고받았다. 아내는 왜소한 그를 박스에 담아 프랑스로 달아났고, 그는 명성 덕에 프랑스 주재 스웨덴 대사까지 얻었다. 땅에서 자유로웠던 그도 더 이상 도망칠 수 없는 난파된 배에서 죽음을 맞았다.

스페인 합스부르크 왕가는 로마 교황을 수호하고, 오스만 제국에 대항하느라 막대한 군비를 지출했다. 스페인 지배를 받던 네덜란드도 과중한 세금에 들끓었다. 더구나 개신교가 주류인 네덜란드는 가톨릭의 스페인과 종교 갈등도 있어 결국 독립전쟁(1567~1648)으로 이어졌다.

스페인은 자원을 확보하고 선교하려 포르투갈과 식민지 쟁탈전을 벌였다. 보다 못한 교황은 스페인이 아메리카를, 포르투갈은 아프리카를 가지도록 경계선을 그었다. 국제적 갈등이 해결되자 보물과 특산물을 가득 실은 배들이 대서양을 오갔다. 이번엔 해적이 들끓었다. 스페인 펠리프 2세는 해적을 소탕했지만 영국 엘리자베스 여왕은 해적을 묵인했다. 발끈한 펠리프 2세는 무적함대를 보내 영국 해군과 칼레해전을 치렀으나 습격을 당해 패배했다.

영국도 본격적으로 식민지 개척에 뛰어들고 프랑스도 뛰어들었다. 노다지를 가져다주는 사업 있었지만 한 사람이 투자하기에는 부담이 컸다. 이익과 책임을 다수에게 분산하는 주식회사가 탄생했다. 네덜란드는 동인도 회사를 설립하여 주식을 발행했고 스페인 및 프랑스도 뒤따랐다.

선발 국가는 식민지 기득권을 지키려 했고 후발 국가는 틈을 노렸다. 네덜란드 동인도 회사의 요청을 받은 그로티우스는 후발 주자의 침투 논리를 개발했다. 그는 소유할 수 있는 사유 재산과 소유할 수 없는 공유 재산이 있다고 보았다. 사유 재산은 울타리를 칠 수 있지만 하천이나 바다는 울타리를 칠 수 없는 공유 재산이다. 어느 누구도 공유 재산에 대해 독단적 권리를 주장할 수가 없다고 보았다.

그로티우스는 전쟁에 관한 국제법도 서술했다. 기독교 국가 간 네덜란드 독립전쟁, 30년 전쟁이 언제 끝날지도 몰랐다. 성경도 마키아벨리의 군주론도 평화를 가져다주지 못했다. 그로티우스는 본성과 이성에 기초한 자연법을 주장했다. 자연법은 본능과 이성에 근거한 법이며 실정법은 당대가 약속한 법이다. 합의된 실정법도 자연법에 의해 타당성을 얻어야 한다고 보았다. 개도 자기 밥그릇을 지키듯이 전쟁도 자기 보호, 국토 회복, 응징 측면에서만 정당화될 수 있다고 보았다.

네덜란드와 스페인은 국채 발행으로 막대한 군비를 조달했다. 주식은 헛

소문과 기대로 거품이 일었고 프랑스는 시세를 조작했다. 스페인은 국채 만기를 지키지 못해 신용을 잃은 반면에 네덜란드는 만기 약속을 지켜 후속 자금을 얻을 수가 있었고 결국 독립을 쟁취했다.

크로: 어느 시대나 갈등이 없었던 적이 없군.
그로티우스: 삶이 갈등이지.
크로: 새로운 자산이 생기면 규율할 법칙도 필요하지.
그로티우스: 그래서 내가 항해 규칙을 만들었지.
크로: 공해에서 자유 항해는 좋지만 무한 조업은 금지되지.
그로티우스: 물고기가 무한한데 무슨 걱정이야.
크로: 물고기 떼가 사라지고 있어. 이제 할당량이 주어지지.
그로티우스: 자연법에 따라 법을 바꿔야지.
크로: 어업은 조정이 되는데 국민 감정은 조정이 어려워. 국민은 전쟁을 원하지.
그로티우스: 두 나라 국민이 원하면 방법이 없지.
크로: 국제기구가 침략 행위로 규정하여 제재를 가할 수는 있지.
그로티우스: 국제 기구도 공평하지 못하지.
크로: 사상과 문화가 교류되어야 평화가 찾아오지.
그로티우스: 평화는 전쟁의 참혹함을 잊지 않고 타협할 때 찾아와.

홉스: 계약에 따른 국가

토마스 홉스(Thomas Hobbes, 1588~1679)는 영국 맴스베리 세속 목사 아들로 태어났다. 스페인 무적함대를 쳐들어온다는 소식이 들리던 시절이었다. 그는 옥스퍼드 대학교에서 철학으로 졸업한 후 카벤디쉬 가문 가정 교사로 들어가 평생 후원을 받았다.

영국을 꽃피운 엘리자베스 여왕은 1602년 죽었고 제임스 1세가 즉위하면서 절대왕조 권력에도 금이 가기 시작했다. 제임스 후임 찰스 1세가 왕권신수설을 믿고 세금을 부과하자 참았던 의회는 13세기에 합의하여 도서관에서 먼지 수북한 마그나카르타를 꺼내 들었다. 마그나카르타는 봉건 영주와 왕이 약속한 문서로 왕도 법에 따르겠다는 내용을 담고 있다. 금욕과 절제를 추구하는 청교도들도 침묵하지 않았다. 일부는 1620년 메이플라워호를 타고 미국으로 떠났지만 남은 자들은 왕권을 견제했다.

1642년 영국 의회는 왕을 따르는 왕당파와 거부하는 의회파로 나뉘졌다. 청교도 크롬웰은 의회파를 이끌었으며 홉스는 후원자가 속한 왕당파를 지지했다. 의회파가 권력을 쟁취하고 휘두르자 홉스는 위협을 느껴 파리로 망명했다. 그는 유럽 대륙에 머물면서 데카르트 등 유럽 지식인과 교제하며 견문을 넓혔다.

홉스는 데카르트 인식론을 수용하여, 외부 신호가 감각 기관을 자극하고 인식을 통해 관념이 발생한다고 보았다. 대상에서 야기된 관념은 고대 그리스 에피쿠로스의 주장에 닿아 있고, 별빛이 망원경 렌즈를 지나 상이 맺히는 과정과 동일하다. 현대 과학에서 보면 향기는 분자 운동이고, 시각은 광자 운동이고, 소리는 공기 진동이고, 촉각은 물체 진동이므로 정확한 인식론이다.

홉스는 신 존재를 믿었지만 영혼은 물질의 운동에 불과하다고 보았다. 그는 후대 경험론자와 다르게 경험적 방법뿐만 아니라 연역적 방법도 적용했지만 점이나 선이 면적을 지닌다며 엉터리 주장을 폈다.

아리스토텔레스는 인간을 날 때부터 사회적 동물이라고 규정했지만 홉스는 인간을 단독자로 보았고 상황 탓에 사회적 동물이 된다고 보았다. 인간은 자연 상태에서는 만인에 의한 만인의 투쟁을 전개하는데 이를 피하기 위해 사회 계약을 맺어 국가가 형성된다고 보았다. 시민들이 권리를 양도했으니 국가는 개인의 자유보다 우위에 있다. 양도한 이상 국가가 개인의 이익에 반하는 정책을 시행해도 개인은 따라야 하며 혹은 국가가 잘못된 판단을 내리더라도 혁명을 허용되지 않는다. 혁명은 만인 대 만인의 싸움으로 회귀하므로 부작용이 더 크다. 홉스는 국가를 성경 속 괴물 리바이던으로 불렀는데 그의 정치 철학은 피비린내 나는 30년전쟁과 청교도혁명을 목격한 탓이다.

크로: 사회계약설을 주장하면서 왕당파에 속했더군.
홉스: 사회계약설은 국가를 구성하는 이론이지 군주냐 의회냐 문제가 아니야.
크로: 시민과 계약을 존중하려면 그래도 군주를 견제하는 정당을 밀어야지.
홉스: 후원하는 주인을 따라 왕당파에 속했지.
크로: 왕당파도 사회계약설을 껄끄러워했지?
홉스: 내가 절대 군주를 지지했지만 왕권신수설을 반대했으니.
크로: 그럼 왕당파를 탈퇴해야지.
홉스: 한번 위임한 왕을 따르고, 한번 섬긴 당을 따라야지.
크로: 잘못된 왕의 시책에 무조건 따른다는 태도도 이상하지?
홉스: 정책 연속성도 중요하지. 싸움을 멈추려 맺은 계약을 변경하려 싸울 순 없지.

데카르트: 정신과 육체의 분리

르네 데카르트(René Descartes, 1596~1650)는 프랑스 투렌 시의원 약골 아들로 태어났다. 그는 1년 후에 어머니를 여의고 8살에 예수회 소속 라플레슈에 들어가 인본주의 교육을 받았으나 따분하다고 느꼈다. 그는 푸이티에 대학 법학과에 진학하여 수학과 자연과학도 배웠다. 학교 교육을 대충 마친 그는 다양한 지식을 경험하려 세상으로 나아갔다. 갈릴레오 종교 재판 소식에 위협을 느껴 그는 학문의 자유가 있는 네덜란드로 들어갔다. 명성을 얻자 스웨덴 여왕 크리스티나는 그를 초청하였다. 늦잠 꾸러기였던 그는 찬

바람을 쐬며 새벽 강의하느라 폐렴으로 사망했다.

데카르트는 30년전쟁(1618~1648)에 참전했다. 신성로마 제국 황제가 개신교를 억압하자 보헤미아 왕국이 저항하며 시작된 국제 전쟁이다. 덴마크와 스웨덴은 개신교를 지원하고 스페인은 가톨릭 편에 섰다. 프랑스는 가톨릭 국가지만 신성로마 제국의 통일과 팽창을 우려하여 개신교 측에 붙였다. 베스트팔렌 조약으로 종전되기까지 전쟁은 흑사병만큼 엄청난 피해를 냈고 신성로마 제국은 폐허로 변했다. 유럽은 그제야 종교적 관용을 배웠고 개인들도 신앙의 자유를 얻었다. 성경도 다르게 해석될 수 있다는 인식이 나타났고 진리를 알 수 없다는 회의주의도 퍼졌다.

데카르트는 철학자 이전에 수학자였다. 그는 사물의 위치를 표시하도록 좌표계를 도입하였고 공간을 물체와 관련 없는 독립적인 속성으로 해석했다. 좌표 덕분에 기하학과 대수학이 통합된 기하대수학이 발아했다. 직선, 원, 포물선을 방정식으로 표현했고 두 선의 교점도 기하대수학으로 풀렸다. 그는 미지수를 x로 치환하여 방정식을 깔끔하게 표현했다.

데카르트는 과학자로서 자연 현상을 제대로 바라보았다. 우주는 물질로 구성되고 자연 현상을 물질 운동으로 설명했다. 그는 진공을 믿지 않아 두 물체가 접촉될 때만 운동이 전달된다고 생각했다. 행성의 공전도 뉴턴이 발견한 만유인력보다는 눈에 보이지 않는 매질의 소용돌이로 설명하여 후배 뉴턴의 눈총을 받았다. 그는 광학으로 물 컵에 꽂힌 빨대의 꺾어짐, 현미경과 망원경에 맺힌 상의 크기를 빛의 굴절로 설명했다. 그는 질량을 고려하지 않는 운동 보존의 법칙을 제시했는데 이는 갈릴레오가 발견한 관성의 또 다른 표현이다.

데카르트는 공리에서 수학체계를 쌓아 가듯이 명석하고 판명한 제1원리에서 철학 체계를 쌓고자 했다. 가장 명석판명한 지식은 수학의 공리인데 "평행한 두 선은 만나지 않는다"거나 "두 점을 잇는 가장 짧은 선은 직선이다" 등이 있다. 어느 누구도 이 공리에 대해 문제 제기를 하지 않는다.

베이컨이 시험 계획법을 제시했듯이 데카르트는 제1원리를 얻기 위해 환원적 방법을 제안했다. 이 방법은 어떤 복합적 진술이 주어지면 명확한 진술이 얻어질 때까지 분해한 후에 다시 종합하는 방법이다. 환원적 방법은 나중에 실증주의의 방법으로 발전하였고 현대에도 '분할과 정복'이라는 컴퓨터의 대표적 알고리즘이 되었다.

데카르트는 수많은 현상을 회의적으로 검토했다. 분해하고 종합하기를 반복했다. 감각으로 얻는 정보는 왜곡되므로 지금 눈에 보이는 현상들이 현실에서 일어나는지 혹은 꿈속에서 일어나는지 구별할 수 없다고 보았다. 항상 참인 수학적 진리도 전능한 악령의 조작일 수 있다며 의심을 감추지 않았다.

모든 현상을 회의하면 악마가 속이거나 혹은 꿈속인지 현실인지 분별 못하는 상황에 놓인다. 그런데 놀랍게도 생각하는 자아가 존재한다는 사실은 의심하기 어렵다. 드디어 데카르트는 "생각한다 고로 존재한다(Cogito ergo, sum)"는 철학의 제1공리를 이끌어 냈다. 사유하는 자아는 확실한 사실이다. 중세 철학자는 신의 계명을 제1공리로 두었지만 데카르트는 사유하는 자아를 제1공리로 두었다.

데카르트는 자아에 맺힌 관념을 외래관념, 인위관념, 본유관념으로 구분했다. 외래관념은 외부 대상을 촉각, 후각, 청각, 미각으로 감각하여 직접 형성되는 관념이다. '붉고 둥글고 향기롭고 꼭지가 있고 눌러지고 단' 감각신호 다발들이 들어오면 자아는 이를 조합하여 '사과'라는 외래 관념을 얻는다. 인위관념은 감각 자극 없이 떠 올리는 기억에서 호출된 관념이다. 본유관념은 태어나면서 가지고 있는 생득 관념이다.

데카르트는 '완전성'을 본유관념으로 보았다. '완전성' 관념은 유한한 인간이 아무리 경험하고 배운다 하더라도 생길 수 없고 전능한 신이 부어 준

은총이다. 따라서 데카르트에게 전능한 신의 존재는 제2공리이다. 이제 선하고 전능한 신이 세상을 주관하므로 세상은 일관적이며 신뢰할 만하다고 데카르트는 의심을 거두어들인다.

데카르트는 제1, 2공리 위에서 세상에서 변하지 않는 실체를 알고자 하였다. 개체의 무게, 형태, 색채, 향기는 순간마다 다르므로 실체가 될 수 없다. 우연 속성들을 하나씩 제하고 나면 물체가 차지하는 공간만 남는다. 그는 물체의 연장이 실체라는 결론을 내린다.

방법적 회의를 이어 가던 그는 분할 가능한 연장 외에 분할 불가능한 정신을 또 다른 실체로 끄집어낸다. 사랑은 사과처럼 쪼갤 수가 없다. 손발을 잃더라도 생각은 나누어지지는 않는다. 인간은 육체에 정신이 얹어져 있으며 동물은 사유가 없는 기계라고 보았다. 몽테뉴는 동물도 의식이 있다고 피력했지만 데카르트는 이를 억견으로 치부했다.

데카르트 실체는 독립적으로 서로 영향을 줄 수가 없다. 연장과 정신은 분할 가능성 측면에서 서로 독립적이다. 그런데 데카르트는 생각과 육체는 상호 간섭이 있음을 알았다. 즉 우리는 생각만으로 물질인 손을 들고 내릴 수 있으니 둘 사이에는 상호 작용이 있다. 독립적인 두 실체가 보여 주는 상호 작용 모순을 해결하기 위해 그는 뇌의 송과선이 사고와 육체를 연결한다고 보았다. 송과선은 뇌의 중앙에 위치하고 거울 대칭체가 아닌 단일체로 존재하며 생체 리듬을 조절하는 기관이다.

크로: 근대철학을 연 철학자를 만났군.
데카르트: 당시 무신론자는 화형을 당했지. 신 존재 증명에 아쉬움이 남아.
크로: 수학과 자연 세계의 일관성을 보면 신은 존재하겠지.
데카르트: 인정하지만 가톨릭은 범신론을 거부해. 그래서 안셀무스의 완전성을 소환했지.

> **크로:** 모두가 동의하는 완전성이 있는가? 악이 횡행하지 않는가?
> **데카르트:** 악을 악으로 부를 수 있다면 선이 있다는 뜻이지.
> **크로:** 잘못 말했군. 악을 선으로 인식하는 사람도 있지.
> **데카르트:** 신 논쟁은 위험하니 그만하자. 물질은 분할되지만 정신은 분할되지 않는다는 주장에 대해서는?
> **크로:** 정신(精神)은 정(精)과 신(神)으로 분할되지.
> **데카르트:** 유머가 있는 친구군. 뭐 영어도 어원이 있긴 하지.
> **크로:** 사랑도 주는 사랑, 받은 사랑 등으로 분할될 수 있지.
> **데카르트:** 이는 사랑의 분류이지 분할이 아니지.
> **크로:** 정신은 물질이 아니니 분할 불가하다고 나도 믿어.

파스칼: 생각하는 갈대

블레즈 파스칼(Blaise Pascal, 1623~1662)는 프랑스 오베르뉴 출신으로 파리로 전입했다. 아버지는 파스칼을 교육시킬 겸 학자들을 집으로 초대하여 토론하곤 했다. 그는 유클리드 기하학을 깨우쳐 12세에 삼각형의 합이 180도임을 홀로 증명했고 14세에 프랑스 학술원 회원이 되었다. 16세에 《원뿔곡선 시론》을 발표하자 선배 데카르트는 파스칼 아버지가 손을 댔다고 오해했다.

파스칼은 아버지 세무 계산을 돕다가 덧셈과 뺄셈용 계산기를 고안하였고 도박 중단 시 판돈을 나누는 친구를 돕다가 확률을 발명했다. 유체 한 지점에 압력을 가하면 다른 위치에서도 동일한 압력이 전달된다는 파스칼의 원리를 발견하여 산업 혁명의 디딤돌을 놓았다. 그는 토리첼리의 기압계 실험을 하면서 데카르트가 거부한 진공의 존재도 증명했다.

파스칼은 당시 프랑스에서 유행한 얀센주의자로 성령을 체험했다. 얀센주의는 선교에 치중하는 예수회를 비난하며 엄격한 신앙생활을 강조하고 신의 은총을 구했다. 그는 두통과 치통을 잊으려 수학에 몰두했고 믿지 않는 자들에게 기독교를 전도하는 글을 썼다. 그는 아쉽게도 39세에 병사했으며 남긴 짧은 글들은 사후에 《팡세》로 출간되었다. 그는 인간을 생각하는 갈대로 묘사했다. 인간의 육체는 우주의 한 점으로 작고 약한 존재이지만 인간의 사고는 우주를 품고 있다.

> **크로:** 인간은 생각하는 존재인가? 생각하는 갈대인가?
> **파스칼:** 당시 사색으로 세상을 알 수 있다는 분위기가 팽배했지.
> **크로:** 사후에 단상들을 모아 《팡세》가 출간되었지.
> **파스칼:** 신앙을 지니고 있겠지?
> **크로:** 주일에는 교회에 나가지.
> **파스칼:** 유한한 인간은 무한한 절대자에게 의지하여 자비를 구해야지.
> **크로:** 누구나 해결하지 못하는 모순이 있지. 절대자라고 방법이 있는 것이 아니지만 그래도 들어 봐야지. 타인의 지시는 간섭이지만 주일 설교는 내려놓음의 훈련이지.

스피노자: 진인사 대천명

스피노자(Spinoza, 1632~1677)는 독립투쟁 중인 네덜란드에서 태어났다. 아버지는 포르투갈의 유태인 탄압과 종교 재판을 피해 네덜란드로 이주한 유태계 상인이었다. 네덜란드는 귀족 계급도 없어 사상을 펼칠 수 있는 다소 자유로운 땅이었다. 유대 공동체에서 유대신학과 탈무드를 교육받으며 촉망받던 스피노자는 르네상스와 데카르트 영향을 받으며 독자적 사상을 개진하다 무시무시한 저주를 받고 파문당했다. 가족마저 외면하여 홀로 된 스피노자는 하숙집에서 철학 강독회를 열었고 지지자 후원금에 망원경과 현미경 렌즈를 깎아 생계를 유지했다. 그는 데카르트 사상을 멋있게 해석하여 하이델베르크 대학으로부터 철학 교수로 초빙을 받았으나 속박보다 자유를 원해 거절했다. 유리 연마로 인한 미세먼지 탓인지 가족 병력 탓인지 폐질환으로 44세 젊은 나이에 숨을 거두었다. 그의 사상은 《에티카》에 종합되어 있지만 급진적이라 사후에야 출판되었다.

스피노자는 데카르트가 실체로 둔 신, 연장, 정신에서 출발하여 자기 충족적인 실체를 찾아 나갔다. 신이 세상을 창조했다면 그럼 신은 어떻게 태어났는가? 이 질문은 모든 창조신화의 아킬레스건이었다. 신이 세상과 동시에 존재한다면 모순은 완화된다. 다른 말로 신은 자기 충족적이다. 자연에서 개체들은 태어나고, 개체들은 죽어 자연으로 돌아간다. 따라서 자연이 자기 충족성을 만족하는 신이다.

스피노자는 자연을 능동적 자연과 피동적 자연을 구분하였고 능동적 자연은 창조하는 능력이고 피동적 자연은 피조물로 보았다. 숫자를 가감승제로 연산할 때 가감승제는 능동적 자연, 숫자는 피동적 자연에 대응된다. 모든 피조물은 능동적 작용으로 생긴 양태이다. 스피노자는 데카르트의 사유와 연장도 더 이상 실체가 아니라 신의 무한한 속성 중에 선택된 두개에 불과하다고 보았다. 실체가 아닌 두 속성 사이에는 상호 작용이 나타날 수 있고 정신과 물질을 별도로 다룰 필요도 없다.

피동적 자연인 각 개체는 코나투스를 지니고 있다. 코나투스는 현상태를 지속하려는 관성이며 성장 동력이다. 코나투스가 소진된 개체는 분해되어 자연으로 돌아간다. 코나투스 세기는 물질의 운동과 정지의 비율로 결정된다. 감정 발현과 타인과 갈등도 코나투스 탓이다. 각 개체는 생존에 도움 되는 코나투스를 선으로 여기고, 생존에 위협을 주는 코나투스를 악으로 여긴다.

《에티카》는 자연 신을 직관한 후에 윤리를 설파한 글이다. 외부 자극에 감정적으로 반응하기보다는 이성으로 삭히도록 코나투스를 조절하라고 권고한다.

> **크로**: 저주를 받고도 쿨하게 세상을 살았어.
> **스피노자**: 저주를 《에티카》로 승화시켰지.
> **크로**: 사후에 출판되었지. 그런데 너무 일찍 죽었어. 저주 탓인가?
> **스피노자**: 도를 얻으면 저녁에 죽어도 좋지
> **크로**: 훌륭한 글인데 고귀한 정신을 물질과 동등하게 보았군.
> **스피노자**: 정신이나 물질 모두 신의 선물인데 개개인이 불평할 이유가 없지.
> **크로**: 일자에서 온 정신 대비 자연에서 온 정신은 발생 경로가 모호하지.
> **스피노자**: 무게, 색채도 유출 경로를 몰라. 이 정도 알려 주었으면 신을 믿어야지.
> **크로**: 신에 미쳤군.

로크: 자연법과 인식의 과정

존 로크(John Locke, 1632~1704)는 영국의 섬머셋셔 중산층 아들로 태어났다. 아버지는 영국 내전에서 크롬웰이 이끄는 의회파 편에서 싸웠다. 그는 청교도 교육을 받았으며 옥스퍼드 신학대학에서 히브리어, 논리학을 공부했고 의학으로 자연을 이해하는 방식을 터득했다. 그는 치료해 준 새프츠베리 백작의 후원을 받았으며 왕정복고 때에 함께 공화혁명을 도모하다 실패하자 네덜란드로 도피했다. 그는 수학자는 아니었지만 뉴턴 연구 결과를 수용했고 영국 사상계를 이끌었다.

로크는 홉스나 데카르트처럼 관념은 외적 감각과 내적 반성에서 온다는 주장을 수용하고 경험이나 교육으로 지식이 획득된다고 보았다. 인간은 백지로 태어나므로 이데아 상기설이나 데카르트 본유 관념을 그는 거부했다.

로크는 세상 개체는 실재한다고 보았으며 자아는 이를 인식할 수 있다고 보았다. 사람마다 인식이 다른 이유를 제1, 2 속성에서 찾았다. 제1 속성은 주로 촉감처럼 대상의 객관적 속성이고, 제2 속성은 후각이나 미각처럼 인간의 주관적 속성으로 보았다. 제1 속성은 위치, 질량, 견고함 등이고 제2 속성은 온도, 맛, 색 등인데 관찰자에 따라 다르게 감지된다.

로크는 속성에서 얻어진 관념도 구분했다. 단순관념은 감각에서 직접 얻어지며 이를 조합하여 복합관념을 얻을 수 있다고 보았다. 추상적인 수, 시간, 공간, 신, 정신, 보편자도 역시 복합관념으로 보았다. 인식의 기본 원칙인 동일률이나 모순율도 경험에 의해 획득된다고 보았다. 로크는 사람마다 신이 다르고 천국이 다르므로 데카르트의 완전성으로 신, 스피노자의 충족성으로 신에도 의문을 지녔다.

뉴턴이 자연과학에서 혁신을 이끌었다면 로크는 자연법에서 혁신을 이끌었다. 영국은 아프리카와 아메리카의 식민지를 차지하기 위해 스페인, 포르투갈, 네덜란드와 경쟁했고 로크도 그로티우스처럼 식민지 찬탈을 정당화하기 위한 논리를 개발했다. 그는 원주민의 황무지에서 손이 모자라 썩는 과일, 10배 경작 소출에도 썩지 않게 바뀐 금화를 주목했다. 로크의 자연법 논리는 썩지 않는 소유에 가치를 둔다.

식민지는 본토와 동일 경제권으로 묶였다. 영국은 국내 모직대신에 인도와 중남미에서 수입된 면화를 가공하고 수출하여 이익을 남겼다. 더 많은 면화를 재배하기 위해 아프리카 노예를 사냥하여 중남미로 보냈다.

부를 축적한 상공인들은 정치 발언권을 확보하려 왕권과 갈등하였다. 로크는 갈등을 해소하려 자연법에 근거한 사회제도를 제안했다. 각 개인은 원시 상태에서도 자율적 존재이므로 국가는 개인의 생명, 재산을 침해할 수 없다고 그는 보았다. 모두 자연 상태에서 출발했지만 자연 상태를 다르게 인식하여 홉스, 로크의 국가관도 다르다.

프랑스 루이 14세(1638~1715)가 개신교를 탄압하자 로크는 《관용에 관한 편지》로 종교의 자유를 호소했다. 그도 홉스와 마찬가지로 왕권신수설을 반박했다. 그는 국가 권력을 신이 기름 부은 권위가 아니라 국민이 각출한 권위로 보았다. 그러나 불가역적 양도를 주장한 홉스와 다르게 그는 국민이 위임을 파기할 수 있다고 보았다. 홉스는 자연상태를 투쟁의 터로 보았지만 로크는 자율의 장으로 보았으므로 최소 위임만 요구했다. 국가는 사유 재산을 지키는 최소 기능을 수행해야 하고 만일 권한을 남용하면 국민에게는 저항권이 있다는 혁명 정신을 전파했다.

크롬웰의 무자비한 학살을 경험했던 영국민들은 1689년 유혈 사태 없이 명예혁명을 일으켰다. 로크는 왕으로 옹위된 메리 공주와 함께 배를 타고 영국으로 돌아왔다. 그는 《권리장전》작성에 참여하여 왕은 정치에 손을 뗀 입헌군주국을 탄생시켰다. 그의 사상은 프랑스에도 파급되어 프랑스 대혁명에 영향을 주었고 미국 독립전쟁과 헌법 제정에 영향을 주었다.

로크: 들어오는 길 가에 꽃들이 만발하네.
크로: 공무원 손길 못 미치는 땅에 꽃을 심었지.
로크: 그럼 너 땅이 되는 거지.
크로: 잠시 사용할 수 있지 여전히 국가 소유이지.
로크: 사용권과 재산권을 나누고 있군.
크로: 제1 속성이 본질적 속성이라면 인간에게도 본유관념이 있겠지.
로크: 속성은 대상에 적용되는 개념이고 인간 정신은 본유관념 대신에 복합관념을 지니지.
크로: 그럴 수도 있겠군. 그러나 제2 속성은 관찰자에 따라 변화한다는 주장은 틀리지. 제2 속성도 대상 성질이야. 맛은 혀의 화학 현상이고, 색은 눈의 광학이지만 오감 없이 분석 기기로 맛과 색을 객관적으로 측정할 수 있지.

뉴턴: 자연법칙을 통해 신을 사유

아이작 뉴턴(Isaac Newton, 1643~1727)은 링컨셔 농부 유복자로 태어났으며 재혼한 어머니와 떨어져 외가에서 자랐다. 19살에 케임브리지 대학에 입학한 그는 정규 과정인 아리스토텔레스 과학보다는 케플러, 데카르트 자연철학에 매료되었다. 1665년 흑사병으로 케임브리지 대학이 폐쇄되자 2년간 시골에 처박혀 광학, 역학, 수학을 파고들었다. 그는 프리즘을 만들어 무지개 색을 펼쳤고 반사 망원경을 만든 공로로 왕립학회 회원으로 선출되었다. 그는 죽을 때까지 독신으로 살았다.

뉴턴은 거인의 어깨에 올라 탄 덕분이라고 고백했듯이 선배들의 연구 결과를 잘 활용했다. 케플러의 공전주기와 반경의 관계를 철저히 되새김질했고 갈릴레오의 자유낙하 운동을 완전히 소화했다. 뉴턴은 자신을 비판하는 로버트 후크 의견도 수용하여 만유인력을 발견했다.

뉴턴은 힘을 받는 물체가 움직일 궤적을 밝혀냈다. 이 운동방정식을 적용하며 만유인력으로 공전하는 행성의 타원 궤도도 마술처럼 계산되었다. 케플러 3개 법칙이 방정식 하나로 통합되어 뉴턴은 1년 전 죽은 갈릴레오 환생이라는 음모론이 있을 정도였다. 운동 방정식은 미적분 방정식으로 표현되어 뉴턴과 라이프니츠 중에 누가 미적분의 발견자인지 영국과 신성로마제국은 다투었다.

놀라운 사실은 이 방정식과 힘이 하늘에만 적용되는 것이 아니었다. 아리스토텔레스는 하늘의 운동과 땅의 운동을 구분했지만 뉴턴 방정식은 하늘과 땅에서도 모두 적용되었다. 땅으로 떨어지는 낙하 운동에 뉴턴 방정식을 적용하여 떨어지는 속도와 시간까지 정확히 예측했다. 운동이 일어나지 않는 지렛대의 작용에도 운동방정식은 적용되었다.

크로: 어제 밤샜나 얼굴이 말이 아니네.
뉴턴: 금을 만드느라.
크로: 연금술은 불가능하지. 원자를 변환할 수는 없어.
뉴턴: 작금의 과학 현안은 무엇인가?
크로: 은하를 관찰하다가 고전역학으로 해석되지 않는 현상을 발견했지. 그래서 암흑 물질을 도입했는데 아직까지 검출이 되지 않아 고전역학을 의심해.
뉴턴: 고전역학은 정확해. 바꾸지 마.
크로: 암흑 물질의 분포도를 얻어 현상을 규명하려 하지만 여전히 안개 속이야.
뉴턴: 알수록 모르는 지평은 넓어지지. 당시 나도 사회에 적용되는 사회방정식을 유도하려 했지만 성공하지 못 했어.
크로: 경제학에서는 통화량이나 금리에 따른 성장률 예측하기도 하지만 사회는 너무나 인자가 다양해 지금도 사회방정식은 유도하기 어려워.

라이프니츠: 모나드라는 정신적 실체

라이프니츠(Leibniz, 1646~1716)는 라이프치히 법률가이며 철학교수 아들로 태어났다. 8살에 라틴어를 혼자서 깨우쳤고 14살에 라이프치히 대학에 입학하여 데카르트 철학을 공부했다. 나이가 어리다는 이유로 박사 입학을 불허한 라이프치히 대학 대신 알트도르프 대학에서 박사학위를 받았다. 그는 30년 전쟁 이후 대립과 갈등을 조화시키려 했다. 개신교와 가톨릭을 조화시키고 기계론적 자연 해석과 정신적 스콜라 철학을 화해시키려 했다. 새로운 사상을 제안하면서도 지배층과 갈등을 피하고자 문제 소지가 있으면 발표를 미루었다. 그는 라틴어, 프랑스어, 독일어로 자신의 생각을 간략히 남겼고 생전에 출간된 책은 《변신론》뿐이다. 그는 제후들의 고문이나 사서로 활동하며 많은 과제를 수주했지만 남에게 베풀지 못해 장례식에는 하인만이 자리를 지켰다.

라이프니츠는 루이 14세 침략 야욕을 신성로마제국 대신 이집트로 돌리려 파리로 갔다가 스피노자, 호이겐스, 보일 등을 만났다. 그는 파스칼 계산기에 곱셈, 나눗셈 기능을 추가했고 동양 주역을 보고 0과 1 이진법을 제안했다. 수식뿐만 아니라 사람 생각을 정확히 표현할 보편언어를 제안했는데 보편언어로 작성된 모든 문장은 참 거짓이 명확히 판명될 수 있다.

라이프니츠는 데카르트, 스피노자와 함께 합리론자로 불린다. 신이 질서 정연하게 창조한 세상을 이성으로 살피면 실체, 법칙, 윤리도 얻을 수 있다고 보았다. 그는 데카르트 연장은 무한히 분할되므로 실체일 수 없고, 생성과 소멸 과정이 모호한 스피노자 자연도 사변적이라고 보았다. 라이프니츠는 데카르트의 분할되지 않는 정신과 스피노자의 무한한 속성을 융합하여 실체로 모나드를 제안했다.

모나드는 그리스의 아페이론, 누스와 비슷하다. 모나드는 물질이 아니라 에너지이고 힘이다. 모나드는 질량을 지니나 크기가 없으므로 분할이 불가능하다. 수학에서 점은 반경이 없지만 선을 만들 수 있고, 선은 폭이 없지만 면을 만들 수 있고, 면은 두께가 없지만 도형을 만들 수 있다. 동일한 논리를 적용하여 라이프니츠는 부피가 없지만 다양한 모나드가 모여 개체를 구성할 수가 있다고 보았다. 그는 모나드를 여러 등급으로 나누었다. 최상위 등급은 사유하는 정신 모나드이고 최하위 등급은 질량 모나드이다. 동물이나 식물은 정신 모나드 아래에 위치하고 있다.

모나드는 창이 없어 서로 상호 작용이 없다. 사유 모나드와 질량 모나드도 상호 작용이 없다. 따라서 모나드 간에 조율하는 중계자가 필요하다. 데카르트는 송과선을 중계자로 두었지만 라이프니츠는 신을 중계자로 세웠다. 사람들이 수행할 업무의 일과표를 짜듯이 신도 각 모나드 활동 시간표를 지니고 있다. 시간표는 세분되고 정교하여 모나드들이 마치 상호 작용하는 듯이 보인다. 시간표를 통한 모나드의 상호 작용은 악보 따라 연주하는 교향곡과 같고 예정조화설로 불린다.

 신은 시간표를 짤 때 가능 세계에서 최상으로 프로그래밍 하였다고 라이프니츠는 보았다. 최악으로 짤 수도 있지만 선한 신은 그럴 수가 없으니 세상은 가장 좋은 방향으로 흘러왔다. 세상은 시간표 대로 진행되니 미래도 사람의 개입 없이 이미 결정되어 있다.

 결정론으로 세상을 해석하면 악의 문제를 해결하기 어렵다. 신이 전적으로 결정하므로 개인에게는 선택의 여지가 없기 때문이다. 라이프니츠는 시간표의 결정론을 주장하면서도 《변신론》에서 개인의 자유의지를 주장한다. 라이프니츠가 인간을 영적 존재로 여기는 중세의 사상에서 벗어나지 못한 탓에, 화해시키기 어려운 결정론과 자유의지를 버젓이 내놓았다.

 라이프니츠는 더 나아가 종합명제는 없고 분석명제만 있다고 보았다. 종합명제를 관찰을 통해 판단이 가능한 명제이고 분석명제는 사유만으로 판단이 가능한 명제이다. 예를 들어 "콜럼버스가 계란을 깨뜨렸는가?"는 보지 않으면 알 수 없으니 종합명제이고, "삼각형의 내각 합은 180도이다" 사유만으로 알 수 있으니 분석명제이다. 분석명제는 주어가 술어의 속성을 함축하므로 관찰이 필요 없다. 그런데 라이프니츠는 신이 모든 사건을 미리 정해 두었기 때문에 모든 명제를 관찰 없이 참 거짓을 판단할 수 있다고 보았다.

 아리스토텔레스가 도입한 동일률, 모순율, 배중율의 사유법칙에 라이프니츠는 충족이유율을 추가했다. 충족이유율은 모든 결과에는 충분한 원인이 있다는 사유법칙이다. 결정론이 선택되면 충족이유율로의 전개는 자연스럽다.

 라이프니츠의 물리학 관점도 데카르트와 다르다. 데카르트는 물질의 운동을 중요시하여 운동이 보존된다고 보았다. 그러나 라이프니츠는 운동은 절대적 속성이 아니라 관찰자 상태에 의존하는 상대적 속성임을 간파하고 운동보다는 에너지를 중시했다. 현대 물리학은 운동량과 에너지는 모두 보존된다고 보고 있으니 두 사람의 주장은 모두 합당하다.

데카르트는 운동하는 대상을 고정 좌표에서 바라보아 공간을 절대적 속성으로 해석했지만 라이프니츠는 운동하는 대상을 운동 좌표에서 바라보아 공간을 상대적 속성으로 해석했다. 절대적 공간은 지도의 주소처럼 어떤 경우에도 변경되지 않는 주소이다. 반면에 상대적 주소는 물체와 물체 사이의 관계만을 나타난다. 절대적 주소에 놓여 있는 대상은 주변 개체에 영향을 받지 않지만 상대적 주소에 놓여 있는 대상은 주변 개체의 영향을 받는다. 일상생활에서는 공간을 물체와 독립된 절대적 개념으로 해석해도 무난하지만 블랙홀과 같은 우주여행에서는 공간도 물체의 영향을 받아 왜곡되므로 상대적 공간으로 해석된다.

크로: 대단한 업적을 남겼는데 조화예정설은 완전한 허구야.
라이프니츠: 전능한 신은 모든 사물을 조화시킬 수 있어.
크로: 인간은 새 기기를 만들고 새 규칙을 제정하므로 신이 사전에 알 수가 없지.
라이프니츠: 신은 인간이 만들 기기와 규칙까지 이미 알고 있었지.
크로: 오컴의 면도날로 보면 신의 개입이 너무 많아.
라이프니츠: 모나드들이 협동하려면 신이 지휘를 할 수밖에 없어.
크로: 현대과학은 정신과 물질의 상호 작용을 인정하지.
라이프니츠: 상호 작용 있으면 무한개의 모나드도 필요 없겠네?
크로: 필요 없어. 현대 과학에서는 118개 원자로 무한개의 분자를 만들고 분자를 섞어 모든 사물을 만들 수 있지.
라이프니츠: 모나드는 내 철학의 핵심이었는데.

비코: 자연 대신 사회

잠바티스타 비코(Giambattista Vico, 1668~1744)는 이탈리아 나폴리 가난한 집안 출신이다. 서재에서 책을 꺼내다 사다리에서 떨어져 머리를 다쳤고 학교 생활에 적응하지 못해 그는 철학, 법률, 역사, 언어를 홀로 공부했다. 나폴리 대학에서 수사학 교수로 임명되었지만 가난을 벗어나지 못했고 당대 지식인들도 그의 사상을 제대로 평가하지 못했다.

자연 세계에 집중하던 계몽주의자들과 다르게 그는 인간 사회를 탐구하라고 외쳤다. 직접 만든 것만 알 수 있으니 신이 만든 자연 대신에 인간이 만든 사회를 연구하라고 주문했다. 성경과 자연 현상을 각각 분리하여 연구하라는 오컴의 주문과 비슷하다.

비코는 또한 사회 연구 방법을 제시했다. 이성과 경험으로 자연 세계 지식을 얻지만 사회는 원시 사회에서부터 역사적으로 해석되어야 한다고 보았다. 원시 사회에서는 감정, 상상력이 중요한 인자였고 지금도 사회를 변화시키는 힘이라고 주장했다.

크로: 역사가 순환한다고?

비코: 영웅에서 인간으로 변했지만 다시 영웅 시대가 다시 올 수 있지.

크로: 설익은 역사 분석으로 순환을 주장하지만 오늘 강물은 어제 강물이 아니야.

비코: 역사에서 교훈을 얻지 못하면 역사는 반복되지.

크로: 반복처럼 보이지만 실제로는 나선 형태일 수 있지.

비코: 인간도 과거와 유사하지.

크로: 원시인과 현대인은 달라. 인간도 진화되고 있어.

비코: 성경 속 인물은 장수했으니 인간은 진화보다는 퇴화되고 있겠지.

크로: 사회도 문학도 인간 역사를 넘어 빅히스토리 관점에서 해석되어야지. 철학도 마찬가지야.

비코: 차이가 있을까?

> **크로:** 빅히스토리 관점에서는 정신이 본능, 감정, 이성 순으로 태동되었지. 이를 고려하여 인간의 문화와 철학을 해석해야지.

버클리: 극단의 관념론

조지 버클리(George Berkeley, 1685~1753)는 아일랜드 출신으로 더블린 트리니티 대학에서 문학사 학위를 받았다. 아메리카 버뮤다에 성공회 사역자를 양성할 교육 기관을 세우려다 본국 지원을 받지 못해 고국으로 되돌아와 주교가 되었다.

뉴턴의 발견은 충격이었다. 조물주가 우주를 창조했지만 이후 간여하지 않으며 우주 자체의 힘에 의해 움직인다는 이신론이 퍼져 나갔다. 이들은 성경의 기적을 부정했다. 지식인들은 서재 문을 닫고 금서로 지정된 스피노자를 읽었고 범신론도 새 나왔다. 위기를 느낀 버클리는 이신론이나 범신론이 감정 메마른 신앙으로 이어진다며 비판했다. 그는 유물론으로 흐르는 과학기술을 저지하고자 했다.

버클리는 신의 개입 없이 사물이 스스로 존재한다는 로크 주장을 인정하고 싶지 않았다. 그는 로크의 제1 속성과 제2 속성의 구분에서 시빗거리를 찾았다. 버클리는 제1 속성도 객관적 성질이 아니라 주관적 성질이라고 보았다. 가령 제1 속성인 대상의 크기를 보아도 주제가 가까이 가면 커 보이고 멀어지면 작아 보인다. 모두가 주관적 속성이면 사물 자체의 객관적 존재도 없다고 보았다.

버클리는 한술 더 떠 감각 기관에 맺힌 표상만을 인정하고 대상은 존재하지 않는다고 주장했다. 비상식인 주장으로 사람들이 비웃자 버클리는 전능한 신이 항시 지각하기 때문에 대상은 존재한다고 맞받아 쳤다.

크로: 지각되지 않으면 존재하지 않는다고 주장했지?

버클리: 망각에 맺힌 표상은 확실하지만 의식 밖 대상은 알 수가 없지.

크로: 맘에 생기는 소유욕도 외부 명품 탓이지.

버클리: 외부 대상 없어도 신은 명품의 표상을 나에게 심을 수도 있지.

크로: 눈감으면 표상도 사라지니 표상은 우리 감각 기관을 통해 들어오지.

버클리: 안구를 덮을 때 망각에 표상이 생기지 않도록 신이 개입했지.

크로: 밤새 내가 보지 않더라도 외부 세계는 그대로 존재해.

버클리: 전능한 신이 항상 보고 있어.

크로: 신을 CCTV 역할로 격하시키지 마.

8. 프랑스와 잠자는 시민 깨우기

이성이 날개를 맘껏 펼치니 결실도 실하게 맺혔다. 미래를 예측하는 역량도 생겼다. 신대륙에서 들어오는 재화는 신앙과 관련이 없었고 신흥 졸부들은 귀족이 되었다. 시민들은 왕권신수설 대신 자신들의 자유를 위임하여 창발된 국가를 인식했다. 영국에서 시작된 시민 혁명이 절대 왕권의 나라 프랑스로 전염되었다. 프랑스는 영국의 경험을 전수받고 자유로운 상상력을 가미했다. 유부녀와 과학을 속삭이며 정신을 물질의 운동으로 파악했다. 막나가는 혁명가를 감금했지만 철창 틈을 헤집고 나온 정신은 대혁명으로 이어졌다.

과학기술은 산업 혁명으로 이어지고 부를 창출했다. 탐욕스러운 자본가들은 쥐꼬리만 한 임금만 지급하여 노동자를 자극했다. 각국은 생산된 제품을 내다 팔기 위해 수입은 막고 수출을 장려하니 무역 전쟁도 일어났다. 갈등을 일으킨 자본가는 정부 개입을 촉구했다. 하나를 해소하면 또 다른 문제가 불거져 나왔다. 사상가는 3자 개입보다는 본질적 힘으로 갈등을 해결하고자 했다. 경제학자들은 물물교환으로 결정된 가격이 냉정하지만 서로의 욕망을 화해시키는 방법임을 밝혀냈다.

몽테스키외: 삼권분립

몽테스키외(Montesquieu, 1689~1755)는 영국 명예혁명 발생 다음 해 프랑스 보르도 귀족 아들로 태어났다. 그는 수도회 소속 학교에서 문학과 고전

교육을 받고 보르도 법과대학에 16살에 입학하여 법학사를 받고 변호사가 되었다. 그는 삼촌으로부터 남작과 봉토를 물려받고 지방법원 평의원이 되었지만 9년 만에 그만두었다. 그는 사회를 예리한 펜으로 풍자했다.

프랑스는 재정이 악화되고 있었다. 루이 14세는 이웃나라 땅을 야금야금 파먹고 아메리카 대륙에는 루이지애나 식민지를 개척하느라 막대한 군비를 지출했다. 그는 자신이 곧 국가라고 주장하고 바로크 풍 베르사유 궁전을 지어 귀족을 박수부대로 초청했다. 그는 개신교와 피의 혈투를 종식시켰던 낭트칙령마저 1685년 폐지하고 위그노를 추방하여 국부를 잃었다.

몽테스키외는 파리 생활을 풍자적으로 묘사한 《페르시아인의 편지》를 1721년 익명으로 발표하여 인기를 얻었다. 편지에서 루이 14세는 이해관계 없는 사람끼리도 싸우게 하였고 1+2=4로 믿게 하는 능력을 지녔다고 풍자했다. 그는 가톨릭의 관행과 교황도 조롱하며 가톨릭은 부를 부정적 인식하여 국부를 감소시킨다고 보았다.

유명세를 얻는 몽테스키외는 여러 나라를 여행하면 제도와 법을 연구했다. 특히 영국을 방문하여 시민법을 살폈고 영국 시민문화를 프랑스에 소개했다. 그는 그리스 로마의 공화정과 영국의 합리적 정치체계를 호평했다. 그는 시력을 잃었지만 구술로 《법의 정신》을 저술하였다. 이 책에서 보편적이고 선험적인 법은 없으며 국민 정서와 자유와 본성을 조화시키는 실정법을 주장했다. 그는 기존 입법권 행정권에 사법권을 추가하여 3권 분립을 제안했다.

크로: 정치는 국민 수준이라는 말이 있지.
몽테스키외: 공화정은 덕성, 군주정은 명예, 전제정은 공포가 작동하고 있지. 선택은 국민 몫이지.
크로: 덕성과 명예를 잃으면 시민 저항을 받고 권력 행사도 어렵지.

> **몽테스키외:** 당시 프랑스는 이웃나라와 전쟁에서 승리하여 절대왕권이 강했지.
> **크로:** 프랑스 왕조는 부패할 절대적 조건을 갖추었군.
> **몽테스키외:** 권력을 견제하기 위해 행정권은 군주에게, 입법권은 의회에게, 사법권은 귀족에게 주는 삼권분립을 제안했지.
> **크로:** 로마 공화정의 사법권은 평민에게 있었지. 왜 사법권을 귀족에 주는가?
> **몽테스키외:** 중세에는 귀족이 지방 영주였어. 왕과 별 차이가 없었다고.
> **크로:** 자신이 귀족이니 한 자리 얻고 싶었겠지.
> **몽테스키외:** 서운하군. 법 관직을 스스로 내놓은 사람이야.

볼테르: 앙시앵 레짐 풍자와 관용

볼테르(Voltaire, 1694~1788)는 파리 공증인 아들로 태어나 예수회 소속 루리 르그랑에 입학했다. 문학 살롱에서 재기를 발휘하며 방탕한 생활을 했고 법조인이 되라는 아버지 말을 한 귀로 흘리고 문학의 길로 갔다. 프랑스 귀족들은 루이 14세 치하에서는 자기 개성을 표현하지 못하다가 루이 15세가 즉위하자 로코코 예술로 목소리를 내기 시작했다. 로코코 예술은 화려하며 여성적인 예술이다.

볼테르는 한 귀족들 풍자하여 바스티유 감옥에 수감되었고 출소 후에 평민의 성 대신 귀족의 성 볼테르로 바꾸었다. 무늬만 부르주아라며 빈정대는 귀족에게 대들다가 구타를 당했고 귀족 친구들은 이 광경을 외면했다. 분을 이기지 못한 그는 결투를 신청했다 다시 수감되었고 영국으로 피하는 조건으로 풀려났다.

볼테르는 계급 의식에 찌던 프랑스에 절망했지만 자유정신이 꽃핀 영국에 매료되었다. 그는 로크 철학을 들었고 뉴턴 과학을 배웠다. 그는 영국에서 돌아와 《철학서간》을 발표했지만 적국을 찬양하고 조국을 비방했다는 이유로 당국 수배를 받았다. 그는 샤틀레 후작부인 영지로 숨어들어 10년간 로맨스를 즐기며 저술 활동을 했다. 뛰어난 문장과 사교술 덕분에 그가 머무는 곳은 문화 중심지가 되었다. 후작부인이 분만하다 죽자 그의 은둔 생활도 끝났다.

볼테르는 러시아의 여제 예카테리나2세와 서신으로 교제했고 프로이센 프리드리히 대왕(1712~1786) 초청도 받았다. 루이 14세가 절대 군주였다면 프리드리히는 계몽 군주였다. 루이 14세는 자신이 국가라고 여겼지만 프리드리히는 자신을 국가의 문지기로 여겼다. 루이 14세는 독단 자체였고 프리드리히는 관용을 보였지만 자신이 계몽적 사상을 이끈다는 독단을 버리지 못했다.

볼테르는 역사를 왕의 치적이나 사건의 연대기로 보기보다는 정신 흐름을 중시했다. 구약이나 아우구스티누스에게 역사는 신의 나라 구현이었으면 볼테르에게는 예술과 사상의 진보였다. 유럽 중심의 시각에서 탈피하여 페르시아, 중국까지 역사에 포함시켰다. 볼테르 영향으로 헤겔은 역사를 절대 정신의 실현으로, 마르크스는 계급 투쟁으로 보았다. 위정자는 정신을 강조하는 볼테르 역사 철학을, 성직자는 이성을 강조하는 자연 철학을 꺼려했다.

가톨릭 광신도들이 개신교도들을 잔인하게 박해하고 화형에 처하자 볼테르는 풍자에만 머물 수가 없었다. 그는 종교 간의 관용을 구하는 전도사로 목소리를 냈고 투사로 행동했다. 그는 재테크에도 밝아 대저택과 별장을 여러 군데 소유했는데 자신의 재산을 팔아 핍박당한 사람을 도왔다. 그가 죽고 1년 후에 프랑스 대혁명이 일어났다.

크로: 샤틀레 후작부인과 재미를 보면서 사회를 비판할 수 없지.

볼테르: 그녀는 과학자였어. 나는 영어를 가르치고 과학을 배웠지.

크로: 돈 버는 재주까지 있었군.

볼테르: 수배 당하면 도망갈 비상금이지.

크로: 1755년 11월 1일 지진으로 리스본이 쑥대밭이 되었다며?

볼테르: 신이 최상의 세상을 만들었다는 라이프니츠를 《캉디드》에서 깠지.

크로: 루소도 깠다면서

볼테르: 성당을 판자로 지었다면 깔려 죽지 않았을 거라고 헛소리를 했지.

크로: 풍자와 독설이 시원하지만 자네의 생각은 무엇인가?

볼테르: 위선 타파이지.

린네: 낫과 기역 자

린네(Linné, 1707~1778)는 스웨덴 스텐브로홀트 아마추어 식물학자이자 부목사 아들로 태어났다. 그는 웁살라 대학교에 진학하여 지도 교수 배려로 2학년생 조교가 되어 학생들에게 강의했다. 그는 1732년 스칸디나비아 북부 지역인 라플란드를 탐험하여 수술과 암술 숫자로 식물을 분류하고, 치아와 유두 위치로 포유류를 동정하는 방법을 얻었다. 그는 학위를 빨리 따려 네덜란드로 내려갔다. 도중에 함부르크 시장을 방문하여 머리가 7개 달린 히드라 박제가 가짜임을 밝히고 줄행랑을 쳤다.

린네는 1735년 《자연의 체계》를 출간했고 1738년 스웨덴으로 돌아와 웁살라 대학에서 가르쳤다. 그의 수업은 강의와 교외 식물 관찰을 병행하여 인기가 대단했다. 그는 생물의 위계체계인 계문강목과속종을 도입하였고 속과 종을 이어 명명한 생물 이명법을 제시했다. 1757년 왕으로부터 귀족 칭호를 받았다.

> **크로:** 인간을 동물로 분류했군. 이전에도 아메리칸 원주민을 동물로 보긴 했지.
> **린네:** 몽테뉴가 인간을 동물로 의심하기에 나는 계통도 우리에 냉큼 가두었지.
> **크로:** 아리스토텔레스도 동물, 식물계로 나누고 유/종을 분류했지.
> **린네:** 그는 분류뿐만 아니라 생물 성장을 설명하려 식물/동물/인간 순으로 위계를 세웠지.
> **크로:** 그가 도입한 목적인이 오히려 학문 발전을 막았어.
> **린네:** 잘못인가? 신의 목적에 따라 배아 세포가 아기가 되겠지.
> **크로:** 천문학에서는 목적인이 사라졌어.
> **린네:** 생물학에서는 남아 있어야 해.
> **크로:** 목적인 없이도 아낙시만드로스는 인간도 물고기에서 진화했다고 봤지.
> **린네:** 생물학자들은 알에서 물고기, 개구리, 인간로 가는 진화를 상상하지만 너무 발칙해.
> **크로:** 욕을 감수해야 진리가 보이지.

라메트리: 인간도 기계

라메트리(La Mettrie, 1709~1751)는 프랑스 브르타뉴 해안 상인 아들로 태어났다. 그는 아버지 뜻으로 신학을 배웠으나 중도에 의학으로 바꾸었다. 사상에 너그러운 네덜란드에서 《인간 기계론》을 출간했음에도 책은 불살라졌으며 박해를 피해 프로이센 프리드리히 궁정으로 피했다.

데카르트가 동물을 기계라고 보았지만 라메트리는 사람도 기계라고 주장했다. 해부된 동물 뇌는 인간 뇌와 동일하므로 인간만이 특별할 수 없다. 그는 소화나 호흡이 신체 운동이듯이 사유나 정신 활동도 신체 활동으로 보았다. 세상을 지휘하는 신 대신 개체들 간에 자율적 힘이 작용하는 자연법칙을 강조했다. 영혼은 물질의 움직임이니 육체가 흙으로 돌아가면 영혼도 사라진다고 보았다.

> **크로:** 왜 정신 활동이 물질 운동이지?
> **라메트리:** 심폐소생술로 머리에 피가 돌면 의식이 돌아오거든.
> **크로:** 피가 의식이군.
> **라메트리:** 피가 의식과 연관이 있다는 뜻이지.
> **크로:** 충격에 의식을 잃어도 조금 후 회복하기도 하지. 내세로 갔으면 빠져나오기 힘들지.
> **라메트리:** 이상한 가스를 흡입해도 행동이 달라지기도 하지.
> **크로:** 나누리틀은 정신이 발생되는 기제까지 설명하고 있지.
> **라메트리:** 쫓겨나기 알맞은 주장인데.

흄: 표정만이 경험

데이빗 흄(David Hume, 1711~1776)은 스코틀랜드 에든버러 소지주 아들로 태어났다. 12살에 에든버러 대학에 입학하여 언어, 논리학, 자연 철학을 공부하다 학위도 받지 않고 귀향했다. 그는 가족이 원하는 법학을 외면하고 철학과 문학에 빠졌다. 그는 데카르트가 다닌 프랑스 라플레슈로 건너가 《인성론》을 집필하고 고향으로 돌아와 출간했지만 주목받지 못했다. 그는 담담히 털고 일어나 도서관 사서로 일하면서 영국사를 써 역사가로 명성과 부를 거머쥐었다.

흄도 경험과 관찰을 중시하며, 표상에서 관념까지의 인식 과정도 수용한 경험론자이지만 확실한 경험은 표상뿐이라고 봤다. 그는 인식 과정에서 개입하는 이성, 본유관념, 신, 신념 등을 인정하지 않았고 특히 인과율을 거부했다. 시공간에서 두 현상이 인접하여 일어날 수 있지만 이를 원인과 결과로 볼 수 없다고 주장했다. 두 사건이 자주 동시에 일어나다 보니 사람들은 인과성이 있다고 오해한다.

흄은 이성으로 파악하는 윤리도 받아들이지 않았다. 인과율이 없으니 예측도 부정확하다. 얼굴 표정으로 나타나는 기분만이 행위의 결과이다. 이성은 정념의 노예에 불과하다. 도덕은 타인 감정에 호응하는 행위이고 공감 능력에서 발생한다고 보았다. 실제 그는 루소 처지에 공감하여 영국으로 초빙하여 보살폈다. 공감 이론은 흥미롭긴 하지만 그의 공감 활동은 루소의 원망으로 돌아왔다.

관찰 결과를 제대로 설명 못 하는 스콜라 철학에 반발하며 대륙 합리론과 해양 경험론이 나타났으나 흄은 인과율 자체를 부정하자 다시 회의주의가 유럽을 가라 앉혔다. 흄의 외침에 독단의 잠에서 깼다고 고백한 칸트처럼 수많은 과학자와 사상가들이 흄의 회의주의에 대응해야 했다.

크로: 밥 먹으면 배가 부르지.

흄: 까마귀가 날아도 배는 떨어지지 않아.

크로: 밥으로 위가 채워지지만 까마귀는 가벼워 배가 떨어질 정도는 아니지.

흄: 그럼 인과율 근거는 있다는 말인가?

크로: 충돌은 상호 영향을 주지. 질량 보존이나 에너지 보존 법칙이 인과율 근거이지.

흄: 보존의 법칙이 우주 전체에 적용된다는 보장은 없어.

크로: 보존 법칙을 더 깊게 파고들면 공간, 시간 균질성에서 유도되지.

흄: 그럼 공간과 시간이 균질하다는 근거는 무엇인가?

크로: 설명은 다시 의문을 낳지. 의문을 해소하려는 노력이 문명 발전의 원동력이지.

흄: 과학이 내 독단을 깨우는구나.

루소: 자유와 평등

　루소(Rousseau, 1712~1778)는 스위스 제네바 시계공 아들로 태어났으나 바로 어머니는 죽었고 자식을 방치하는 아버지 집을 떠나 떠돌이 생활을 했다. 16살 루소는 바랑 남작 부인을 만나 낮에는 엄마로 밤에는 연인으로 부르며 공부했고 계몽주의자 디드로 등을 만나면서 출세 끈을 잡았다. 그는 디종 아카데미가 낸 현상문에 응모하여 학문과 예술은 인간 사회를 오히려 퇴보시켰다고 주장하여 최고상을 움켜쥐었고 주목을 받았다.

　인간은 자연 상태에서 오히려 평등하였으며 문명으로 인해 불평등이 심화된다고 보았다. 칼은 주인과 노예를 나누었고, 언어도 불평등을 야기했다. 왕을 옹립한 탓에 피지배자가 나타났고, 토지에 친 울타리는 이웃을 부랑자로 내몰았다. 이성이라는 법과 제도가 지배층에게 유리하게 작동하면 불평등이 악화될 수 있다.

　루소는 사회에 일반의지가 구현되어야 한다고 보았다. 홉스나 로크 계약은 부르주아에게 유리한 법이고 루소 일반의지는 프롤레타리아에 유리한 법이다. 홉스나 로크가 강조한 시민의 자유에 루소는 경제의 평등까지 외쳤다. 모두가 법치를 강조하지만 출신 성분에 따라 법 조항이 다르게 해석되었다.

　볼테르가 부르주아 행세를 했다면 루소는 태생대로 프롤레타리아였다. 볼테르는 부르주아 권리를 쟁취하기 위해 귀족, 왕족을 공격했다면 루소는 자유와 평등을 위해 고상한 척하는 신흥 상공인까지 공격했다.

　루소는 이성을 강조하는 계몽주의 시대에 살고 있었지만 감정에 호소하여 낭만주의 씨앗을 뿌렸다. 그가 쓴 《신엘로이즈》는 연애 소설이며 발표되자마자 베스트셀러가 되었다. 《에밀》은 교육 소설인데 강압적인 교육 과정이 아니라 자연과 함께 하는 교육을 강조하고 있다.

　루소 사상은 미국 독립운동과 프랑스 대혁명의 불쏘시개가 되었다. 흉년이 들어 삶은 궁핍하고 국가 재정은 텅텅 비었지만 왕족과 귀족은 비과세 혜택에 권력과 명예를 누렸다. 루소 글에서 시민들이 자유와 평등에 눈을 떴다. 새로 부상한 제3계층인 부르주아도 왕족과 귀족들을 타도 대상으로 삼았다.

드디어 1789년 프랑스 대혁명이 일어났다. 거리마다 함성이 메아리쳤다. 희망으로 발화된 프랑스 대혁명은 무정부 상태가 될 때까지 탔다. 시민들은 자유 평등 박애에 흠뻑 취했다. 유럽 군주 국가들은 프랑스 혁명의 광기를 차단하고 왕권을 지키고자 대불 동맹군을 결성하여 프랑스로 진격하였다. 프랑스 시민들은 의용군으로 지원했고 나폴레옹은 슬기롭게 전투를 이끌었다. 세계 시민들은 나폴레옹을 지지했고 이웃나라 베토벤은 교향곡 영웅을 작곡하여 응원했다. 그러나 나폴레옹은 쿠데타를 일으켜 황제가 되었고 베토벤은 나폴레옹에게 바친다는 영웅 표제를 삭제했다.

크로: 혁명을 이끄는 철학 요건은 무엇인가?
루소: 아직도 혁명이 필요한가?
크로: 아직도 불평등이 남아 있지. 지역 불평등이고 직업 불평등이지.
루소: 일반 의지를 제대로 실현시켜.
크로: 직업 자유, 경쟁 자유를 허용하면 수도권으로 인구가 집중되고 철밥통으로 직업이 편중되지.
루소: 편중되는 비율에 따라 비용을 부담시키는 정책이 일반의지이지.
크로: 비용 부담은 개인 권리의 침해 아닌가?
루소: 소멸되는 지역을 지키려는 애국시민에는 지역 편중은 매국 행위이지.

디드로: 생명의 자연 발생

드니 디드로(Denis Diderot, 1713~1784)는 프랑스 샹파뉴 칼장수 아들로 태어났다. 아버지는 교구 참사원인 삼촌 자리를 이어받길 원해 예수회 학교에서 집어넣었으니 그는 성직자 삶이 인간 본성에 어긋난다며 겉돌았다. 그는 생활비를 벌면서 법학도 공부했으나 결국 문학의 길로 갔다. 그는 지참금도 없다며 아버지가 반대하는 앙투아네트와 결혼했고 소피 볼랑에게는 철학적 사유로 채워진 500여 통 연애 편지를 보냈다.

디드로는 영국 백과사전을 번역하려다 오히려 새로운 백과전서를 기획하게 된다. 달랑베르, 몽테스키외, 루소 등 180명 집필진을 동원했지만 정부 견제에 필진이 빠져나가기도 했다. 그는 시력을 잃어 가면서도 거의 20년 동안 심혈을 쏟아 완성했다. 백과사전은 계몽주의를 드높였으나 교회와 전제 정치를 비판하여 금서로 지정되기도 했다.

특성들이 각양각색인 합리론자 신을 그는 수용할 수 없었다. 그는 과학기술에 따른 이신론에 쏠렸고 로크처럼 무신론자가 되었다. 당대 과학 영향으로 그는 로크의 제2 성질도 개체의 성질로 제대로 파악했다. 디드로는 정신도 무생물 반응의 연장선상에 있다고 보았다. 외부 자극에 견디면 바위처럼 단단하게 보이고 쓰러지면 식물과 동물처럼 유연하게 된다.

디드로: 프록시마에서 지구 철학을 집대성한다고? 내 백과사전을 번역하면 될 텐데.
크로: 계몽주의 시대와 현대 과학은 다르지.
디드로: 당시에도 수학과 과학은 최고 수준이었지.
크로: 피상적으로 보면 모든 것을 아는 듯하지만 자세히 보면 모르는 것이 있지.
디드로: 나누리틀 물심론과 내 생물적 유물론의 차이는 있는가?
크로: 당연하지. 퇴비에 물을 뿌리면 생물이 발생한다는 자연발생론은 틀렸지.
디드로: 메주 장독에도 구더기가 생겨.
크로: 파리가 몰래 알까기 때문이지.
디드로: 좋아. 나누리틀 철학사가 기대되는군.

바움가르텐: 미학

알렉산더 바움가르텐(Alexander Baumgarten, 1714~1762)은 베를린 출신으로 할레대학 볼프 가르침을 받았고 프랑크푸르트 암 오데르 대학에서 가르쳤다. 데카르트에서 시작된 합리론은 명확한 인식을 추구하였으므로 진리를 추구하는 이성을 강조했고 감성을 경시했다. 바움가르텐은 합리주의가 무시했던 감성을 소환했다. 그는 감각에서 진리에 이르는 인식론이 있듯이 감각에서 아름다움을 느낀다는 미학이 있다고 보았다. 그는 미학이론으로 인간을 이성뿐만 아니라 감성 능력을 지닌 주체로 끌어올렸다.

그는 데카르트의 명석판명한 방법론을 빌려, 미를 재인식이 가능한 명석한 성질로 보았지만, 미는 분석 가능성이 없는 판명하지 않은 성질로 보았다. 그는 미를 천상으로 올라가는 고귀한 사다리가 아니라 지상에 펼쳐진 멋진 풍경으로 인식했고 예술가는 아름다움을 창작할 수 있다고 보았다.

크로: 얼굴 노출은 외설인가 예술인가?
바움가르텐: 이슬람 사회에서는 외설이지.
크로: 가슴 노출은 외설인가 예술인가?
바움가르텐: 가슴은 외설이지만 흉상은 예술로 보지.
크로: 본능이 움직이면 외설이고 감정이 움직이면 예술이라는 거군.
바움가르텐: 미적 인식은 감성을 유발하지만 미를 엄밀히 분석하기는 어려워.
크로: 라디오가 방송국 주파수에 공조하듯이 주체가 대상의 미에 공명하지.
바움가르텐: 미의 객관적 기준을 제시할 수 없어.
크로: 진화적으로 살펴야지. 짝짓기 위해 생명체에 미가 나타났지. 수공작은 암공작을 꼬시려 아름답지. 인류도 언어가 발견되기 전부터 미를 느꼈어.
바움가르텐: 프랑스 지식인처럼 싸구려 사랑을 말하지 마. 철학으로 격상시켜 놓은 미학을 포르노로 격하시키네.
크로: 미인식은 발기 기관이나 감정 샘으로 연결되어 있다고 봐.

> **바움가르텐:** 외설은 단발적 사정으로 해소되지만 예술은 지속적인 감정을 유발하지. 신체 기관에 연결된 미인식은 일부분이야.

애담 스미스: 보이지 않는 손과 자유무역

애담 스미스(Adam Smith, 1723~1790)는 스코틀랜드 세무관리 아들로 태어났다. 글래스고 대학에서 윤리철학을 공부한 후에 옥스퍼드 대학에 입학했지만 무성의한 교육에 실망하여 자퇴했다. 1751년 글래스고 대학 논리학 및 도덕철학 교수가 되었고 데이빗 흄과 평생 교류했다. 그는 1759년《도덕감정론》을 발표한 후에 1762년 한 귀족 자제를 데리고 프랑스 등지를 여행하며 경제 정책을 살폈다. 귀국 후 저술에 몰두하여 1776년《국부론》을 발표했다.

돈독 오른 상공인들은 외국상품 수입을 제한하여 자국 상품 수출을 신장하고, 노동자 단체행동을 제한하도록 정부 개입을 촉구했다. 애담 스미스는 인위적 정책은 또 다른 문제를 양산하다고 보아 정부 개입 최소화를 주장했다. 정부는 임금체불, 탈세 등의 범죄적 경제활동을 막아야 하지만 자본가 욕망에 찌든 불합리적 제도도 경계했다. 그는 시장을 왜곡시키는 정경 유착보다는 정부 개입이 없는 편이 낫다고 보았다. 그는 경쟁과 자유무역을 주장했다.

그는 공감 능력으로 개인 갈등을 해소할 수 있다고 보면서 경제에서는 공감이 가격으로 나타난다고 보았다. 생산자는 비싸면 많이 생산하려 하고, 싸면 구매하려는 소비자가 많아 공급량과 소비량이 조절되면서 가격도 결정된다. 신은 인간에게 경쟁심을 심어 주었지만 가격이라는 보이지 않는 손을 선물하여 갈등을 해소한다.

크로: 경제 이론을 펼쳤지만 실제 절제된 삶을 추구하고 재산을 사회에 환원했지?
스미스: 가격과 공감으로 합리적인 사회 이론을 만들려고 했지.
크로: 경제학자인지 도덕학자인지 말이 많아.
스미스: 책 두 권을 내고 두 개념을 조화시키려 많은 글을 썼지만 힘들었지. 임종을 앞두고 태워 버렸지.
크로: 가격이 신의 오른손이라면 공감은 신의 왼손이지.
스미스: 나와 너 사이에 공감이고 나와 너희들 사이에는 가격이라. 뭐 틀린 해석은 아니네.
크로: 판매 가격을 올리고 싶지만 판매량이 걱정되어 가격을 조절하지. 동일하게 나의 유익을 추구하고 싶지만 상대방 비난이 두려워 공감능력을 발휘하지.
스미스: 가격처럼 공감 능력을 지수화하는 방법은 없나?
크로: 추종자나 열람 수를 봐.

칸트: 경험과 이성의 통합

임마뉴엘 칸트(Immanuel Kant, 1724~1804)는 프로이센의 쾨니스베르그 마구 제작자 아들로 태어났다. 경건한 기독교 가정에서 자란 칸트는 쾨니스베르그 대학에서 신학, 수학, 자연과학, 철학을 배웠다. 칸트는 평생 고향에서 200km 밖으로 벗어난 적이 없다. 타도시의 교수자리는 사양하여 늦은 나이에 쾨니스베르그 대학 철학 교수 자리를 얻었다.

칸트의 초기 저작은 자연과학을 다루었다. 태양계가 성간 물질에서 시작하여 공전하는 행성이 되기까지의 과정을 설명하였다. 초기에는 성간 물질이 서로 충돌하며 인력으로 뭉쳐 행성이 되고, 관성으로 운동하던 행성이 인력에 잡혀 공전한다고 보았다. 뉴턴 역학에 부합하지만 그의 철학은 오히려 관념론으로 흘렀다. 그는 인간이 날 때부터 지닌 사고의 틀을 인정하고 인식론, 윤리론, 종교론을 전개했다. 지구 관점에서 천체 운동을 설명하듯이 자아 관점에서 세상을 설명하여 철학에서도 코페르니쿠스 전환을 이루었다며 칸트는 자기 도취에 빠졌다.

관찰과 경험만으로 세상을 이해하려는 영국 경험론이 있었고, 공리와 연역적 방법으로 자연의 운행원리를 규명하고 도덕 윤리를 세우려는 대륙 합리론이 있었다. 그러나 칸트가 보기에는 합리론은 사람마다 공리가 다르고 경험론은 관찰과 경험에만 의지하여 흄의 회의론에 빠질 수밖에 없었다고 보았다. 칸트는 경험과 이성의 장점을 따서 독일 관념론을 개시하였다.

칸트는 선험적 종합명제를 제안하여 융합의 돌파구를 열었다. 선험이란 경험에 대비되는 개념으로 태어날 때부터 가지고 있다는 뜻이다. 종합명제는 관찰에 의해 참 거짓이 구별되는 명제이고 분석명제는 주어가 술어를 함축하는 명제이다. 분석명제는 선험적이지만 지식을 확장하지 못하는 한계를 지니는 반면에 종합명제는 후험적이지만 진리를 100% 보장 못한다. 칸트는 선험적 종합명제라는 형용 모순적 어휘 조합을 통해 둘을 통합하고자 했다.

칸트가 제시한 대표적 선험적 종합명제는 "모든 변화에는 원인 있다"는 충족이유율이다. '변화'라는 어휘를 찾아보아도 '원인'이라는 의미가 없으니 분석명제는 아니다. 또한 변화에는 원인이 있음을 사람들은 경험하지 않더라도 선천적으로 안다. 또 다른 선험적 종합명제는 '12345+67890=80235' 등 모든 수학적 진리이다. 칸트는 12345, 67890, + 정의 속에 80235가 보이지 않으므로 분석명제가 아니며 사람이 12345, 67890을 일생 동안 경험할 수 없으니 종합명제도 아니다.

칸트는 의식 과정을 데카르트, 로크처럼 분석하여 지각, 지성, 이성으로 세분하면서 선험적 종합명제가 성립함을 증명하고자 했다. 칸트《순수 이성비판》에서 자아는 오감으로 개체 속성을 시간과 공간이라는 선험적 틀을 통해 수용한다. 지각 작용이다. 경험론자나 합리론자 모두 시공간을 외부 객관적 속성으로 보았지만 칸트는 인간의 선험적 능력으로 보았다. 눈은 망막을 가지고 각 세포는 생체 시계를 지니므로 인간이 시공간 틀을 지녔다고 우길 수 있으나 경험론이나 합리론자에 비하면 칸트 제안은 퇴보했다. 기하학은 공간의 선험적 능력에서, 수학이 시간의 선험적 능력에서 나왔다고 그는 보았다.

인식의 다음 단계는 지성이다. 칸트 지성은 지각된 속성들을 종합하여 어휘를 고르고 결합하여 문장을 만드는 능력이다. 아리스토텔레스가 범주표를 도입했듯이 칸트도 범주표를 도입했다. 칸트의 범주표는 베이컨 귀납법, 데카르트 분할과 정복이라는 진리 탐구 방법론과 궤를 같이한다. 칸트는 범주표에서 단수/복수, 긍정/부정 술어, 주절/종속절, 필연/우연을 구분한다. 아리스토텔레스는 범주표로 일상 문장을 생성했다면 칸트는 범주표로 명제 문장을 생성했다. 칸트는 범주표를 인간의 선험적 틀로 보았으며 범주표에 포함된 인과율을 통해 자연과학이 성립된다고 보았다.

인간은 지각과 지성 단계를 통해 세상을 인식할 수 있으므로 지성 없는 지각은 맹목적이고 지각 없는 지성은 공허하다고 칸트는 보았다. 더 나아가 인간은 사물 자체를 본질적으로는 알 수가 없고 범주표로 해석할 따름이라고 그는 보았다.

칸트는 지각과 지성을 넘어 이성의 한계를 탐구했다. 이성은 모든 개념들을 통일하는 정신의 최상위 능력이다. 지각과 지성은 시공간 틀과 범주표에 따라 행사되지만 이성은 통일원리에 따라 행사된다. 이성은 시간의 시작을 찾고 공간의 궁극을 묻는다. 이성은 신, 영혼, 우주 등과 같은 어휘들을 잉태시켰고 아래와 같은 질문을 토해 냈다.

- 시간과 공간은 한계가 있는가?
- 세계는 부분의 단순 합이다?

- 세계는 인과성 외에 자유가 있다?
- 우주에는 신이 존재한다?

칸트는 이성이 만들어 내는 궁금증에 참과 거짓으로 답할 수 없다고 보았으며, 이율배반적인 답을 양산하는 이성의 사용은 제한되어야 한다고 보았다.

칸트의 《순수 이성비판》이 인식을 다루었다면, 《실천 이성비판》은 행위와 도덕을 다루고 있다. 던진 돌이 필연적으로 타겟에 적중하듯이 지각은 감각의 경로를 따라 하나의 어휘에 필연적으로 안착된다. 그런데 사람의 행위는 사람마다 다르니 자유가 있다. 본능적 행위는 자유롭지 못한 경우도 간혹 있지만 의지가 작용하면 자유가 있다. 순수이성은 결정적이고 필연적이지만 실천이성은 비결정적이고 우연적이다. 칸트가 구분한 필연과 우연 개념은 향후 후배 철학자를 괴롭혔다.

칸트는 행동 동기에는 본능, 선의지, 내세 희망, 미의 끌림, 합목적성이 있다고 보았다. 본능은 욕망에 좌우되므로 자유도가 낮고 나머지는 자유도가 높다. 선의지는 좋음을 추구하는 동기이며 도덕 법칙으로 나타난다. 욕망으로 달아올랐던 본능은 선의지로 잦아든다. 범주표가 선험적 능력이듯이 선의지도 선험적 능력이다. 칸트는 선의지로 도출된 2개의 도덕을 제시한다. 하나는 "나뿐만 아니라 모든 사람에게 보편타당하게 행동하라"는 법칙이고 다른 하나는 "사람을 수단이 아니라 목적으로 대하라"는 태도이다. 칸트는 별이 빛나는 자연 세계의 법칙을 찬송하고 선이 솟아나는 마음 세계의 도덕을 찬양했다.

칸트는 도덕 법칙은 의무론이다. 2개 도덕 법칙에서 보듯이 선의지는 활동을 제약한다. 그는 실천 동기를 고려하지만 흄이나 애담 스미스처럼 공감으로 눈치를 보거나 아리스토텔레스처럼 행복을 기대하지 않는다. 도덕

준수가 반드시 주체에게는 행복이나 이익으로 귀결되지 않는다. 칸트에게나 가능한 도덕 법칙이다. 칸트도 실망하는 하인을 측은하게 여겨, 사람이 본능보다는 도덕 법칙을 준수하려면 당근을 주어야 한다고 보았다. 칸트의 《판단력 비판》은 인간에게 희망과 당근을 심어 주기 위한 책이다. 이성으로 냉정한 삶에 아름다움과 목적성을 부여하여 예술적 삶과 소명적 삶을 추구하도록 꼬신다.

칸트는 자신의 철학 방법론인 범주표를 미에 적용시켰다. 바움가르텐이 데카르트의 명약판명 기준을 미에 적용시킨 전략과 유사하다. 적용 결과 미는 무관심의 속성을 지닌다고 보았다. 기능을 모르는 첨성대는 아름다울 수 있고 정욕을 유발하는 섹시미는 미가 아니라는 주장이다. 그는 또한 미의 주관적 보편성을 주장했다. 사람들은 대상의 미를 조금씩 다르게 인식하므로 미는 제 눈에 안경이지만 미는 객관적 사실 판단과 주관적 취미 판단의 중간 즈음에 놓여 있다고 보았다. 미인 기준이 시대적으로 변화했으니 칸트 주장은 수긍이 된다. 그는 전통적인 미 외에 인간의 인식을 뛰어넘는 나이아가라 폭포 같은 경치를 볼 때 발생하는 숭고미를 찾아냈다.

칸트는 세상 모든 개체가 목적을 띠고 있다고 보았다. 이는 아리스토텔레스가 언급하고 신이 부여한 목적인의 다른 양태이다. 당시 '부동의 원동자' 개념은 사라지고 있었지만 칸트는 각 사물에는 부여된 목적과 소명만을 잡아 두고 싶었다. 라이프니츠가 최상 세계로 신을 찬양했듯이 칸트는 합목적성으로 자연 세계의 조화를 찬양했다. 칸트도 미와 합목적성이라는 이름으로 순수이성에서 쫓아냈던 신을 슬그머니 제자리에 데려다 놓았다.

프랑스의 살롱 문학과 칸트의 《판단력 비판》으로 이성 외에 감성의 놀이 공간이 마련되어 낭만주의 씨가 뿌려졌다. 이후에 칸트 노선을 추종하며 자아와 정신을 강조하는 독일 관념론이 나타났고 또한 이론적 체계를 거부하는 낭만주의가 전개되었다.

크로: 뇌는 선험적 틀과 후험적 틀을 모두 가지고 있어. 건축가가 만든 집은 선험적이고 부부가 꾸린 가정은 후험적이지.

칸트: 집과 가정은 구분이 되지만 뇌는 다르지.

크로: 1000억 개의 독립적 뉴런을 가지고 태어난 아기 뇌는 학습으로 뉴런이 연결된 후에 인식 틀로 작용하지.

칸트: 엄마 젖을 빠는 행동은 학습 없이도 가능하지.

크로: 본능적 반응은 선험적일 수 있어.

칸트: 학습 이후에는 생각의 틀이 바뀌지 않겠지?

크로: 인간 뇌는 사물을 인식하면서도 오류를 경험하면 뉴런이 재연결되지. 뇌에는 순전파 작용과 역전파 작용이 있는데 전자는 사물을 인식하는 작용이며 후자는 뉴런의 재배열로 사고 틀이 변형되는 작용이지.

칸트: 인식 과정을 뉴런으로 이해할 수 있지만 도덕을 뉴런으로 이해할 수 있나?

크로: 도덕률은 뇌의 목표 설정 과정이지. 목표는 개인과 공동체 모두의 행복에 있지. 하지만 이 둘을 완전히 조화시키기 어렵지.

홍대용: 근대 사상을 알림

　홍대용(1731~1783) 충청도 청원군 수신면 권세 있는 집안에서 태어났다. 당시는 조선 선비들은 멸망한 명나라를 조선이 이어받았다는 소중화사상을 지니고 있었다. 35세에 숙부를 따라 청나라 수도 북경에 가서 성리학에 집착하지 않는 중국 지식인을 보았고 북경 천주당을 방문하여 유럽 선교사로부터 서양 천문지식을 습득하였다. 귀국 후에 이런 지식을 정리한 《의산문답》을 지었다. 《의산문답》은 의무려 산에 사는 실옹과 유학자 허자 간의 대화인데 둥근 지구, 지동설, 무한우주를 주장하고 있다. 이는 조선이나 중국도 세상 중심이 아니라는 사상을 보여 준다. 홍대용은 44세에 사헌부감찰로 나갔으며 양반제도를 타파하는 사민평등을 주장했다. 《대학》에 나오는

'격물치지 수신제가치국'를 어린 세자 정조에게 가르치며 전자를 강조했지만 정조는 후자에만 꽂혀 조선 유학의 이데올로기를 벗어나지 못했다. 홍대용은 후배 박제가, 정약용의 북학에 영향을 미쳤다.

> **홍대용:** 서양의 과학기술을 수용하여 세상을 보는 눈을 바꾸었지.
> **크로:** 혼천의를 만들고 무한 우주를 주장했더군.
> **홍대용:** 정치 제도도 바꾸자고 주장했지.
> **크로:** 노력에도 불구하고 조선은 멸망의 길로 갔지.
> **홍대용:** 개혁이 제대로 이루어졌으면 역사가 다르게 흘렀을 텐데.
> **크로:** 글쎄. 사대주의를 버리지 않으면 문명 주역이 되기 어렵지.
> **홍대용:** 유교에 세뇌되어 모두가 관료가 되려고 하지.
> **크로:** 하나라도 우수한 분야를 가지면 사대주의가 서서히 사라지지.

9. 독일과 결정론적 인식

영국은 시민 혁명으로 정치 제도 개선을 선도했고 프랑스는 대혁명으로 구체제를 몰아냈다. 과학 혁명으로 산업이 발전하자 자본가는 부를 얻었지만 거대한 기계에 보조를 맞추느라 작업은 고되고 환경은 악화되었다. 노사 갈등을 해소하려 영국에서는 다수 이익을 추구하는 공리주의가 나타났고 프랑스에서 공상적 사회주의가 나타났다.

공리주의도 사회주의도 권력욕을 막을 수는 없었다. 프랑스 나폴레옹은 영국을 봉쇄하고 러시아로 진격하였다. 역사는 세계 이성의 간계라고 했는가? 모스크바 한파는 나폴레옹을 동결시켜 버렸다. 프랑스는 힘을 잃어 갔고 나폴레옹 침입에 놀란 독일은 민족의식을 고취했다.

이성을 앞세운 체계적 철학이 유행하자 사회에는 차가운 피가 흘렀다. 반작용으로 칸트가 넘어 가지 말라던 물자체를 규명하고 예술과 성령 체험으로 신을 부르는 독일 관념 철학이 나타났다. 독일 관념론은 과학기술을 도외시하며 죽창을 들고 정신 승리를 외쳤다. 낭만주의자도 중세 전원생활을 그리워하며 감성과 의지를 노래했다.

밤새 몽롱했던 낭만주의 안개는 아침해가 뜨자 사라지고 이성의 행진은 계속되었다. 이성은 민주주의를 신장시켰다. 세상이 뒤집어지자 소수 지식인은 다수 노동자를 견제하며 질적 공리주의, 표현의 자유를 외쳤다.

헤르더: 이성 앞에 떠는 감성

고트프리트 헤르더(Gottfried Herder, 1744~1802)는 독일 소도시 모룽겐 가난한 가정에서 태어났다. 그는 신학, 철학, 문학으로 소년 시절을 보낸 후 쾨니히스베르그 대학에서 칸트의 강의를 듣고 지리학 및 인류학에도 흥미를 느꼈다. 그는 리가에서 목사와 교사로 잠시 활동하다 세계를 더 체험하기 위해 독일 여러 도시와 파리를 여행했고 교육, 철학, 문학을 총체적으로 묶고자 했다.

헤르더는 계몽주의가 주장하는 역사의 필연성과 보편성을 수긍할 수 없었다. 필연적 자연법칙을 수용하더라도 우연적 개인 의지가 개입되므로 역사의 보편성은 헛소리라고 생각했다. 그는 보편적 법칙보다는 시대 맥락과 지역 특성을 존중하는 역사주의를 주장했다. 이집트나 독일의 역사도 자국 고유 가치로 해석될 수 있다. 그는 역사 고유성은 인종보다는 언어에서 온다고 보았다.

보편성을 거부하면서도 헤르더는 인류사를 인간성 증진의 역사로 보았다. 이는 그가 신학 영향권 아래 있음을 보여 준다. 역사는 간혹 퇴행하기도 하지만 점진적으로 발전한다고 보았고 중세를 동경했으며 괴테를 만나 질풍노도의 씨앗을 뿌렸다.

크로: 이제 겨우 이성을 깨웠는데 다시 자장가를 부르는군.
헤르더: 낮에 이성이 활개칠지라도 저녁엔 감성을 깨워야지.
크로: 감성은 본능이라 늘 깨어 있어. 예술이나 문학은 감성 놀이터이지.
헤르더: 당시에는 미도 선도 문학도 이성의 칼로 분석하려 덤벼들었지.
크로: 그럴 수 있지. 철학은 모든 주제를 통합하지.
헤르더: 엉성한 도구로 통합하려면 내버려 두는 편이 낫지. 굳이 손대려면 인간성을 강조해야지.
크로: 인간성 따지면서 인간성 좋은 사람이 없지.
헤르더: 비난 받을수록 역사는 역동적으로 살아나지.

괴테, 바이런: 고전주의에서 낭만주의

이성이 곳곳에 파고들며 삶도 삭막해졌다. 제품을 계속 쏟아내는 기계는 노동자를 육체적으로 옭아맸고 혁명의 붉은 단두대는 꿈속에도 나타났다. 모두 합리적이라고 우기지만 자기 욕심만 채웠다. 시민들은 지쳐 갔다. 하루라도 일터에서 벗어나고자 시내로 나가니 음악소리가 들렸다. 하이든, 모짜르트, 베토벤은 신식 악기로 연주되는 명곡을 내어 놓았다. 숨쉴 듯했다. 계몽주의에 휩쓸려 가면서도 시민들은 귀족처럼 예술과 문학을 즐겼다. 낭만주의는 중세 목가적이고 자립적 공동체를 이상으로 삼았다.

괴테(Goethe, 1749~1832)는 독일 프랑크푸르트 암마인 왕실 고문 아들로 태어나 라이프치히 대학에서 법학을 공부했다. 그는 짝사랑 경험을 살려 발표한 《젊은 베르테르의 슬픔》으로 20대에 유명 작가가 되었다. 감정을 맘껏 표현한 것까지 좋았지만 소설 주인공처럼 자살하는 사람들도 나타났다. 그는 바이마르 공국에서 정치가로 활동하다 돌연 그만두고 이탈리아 여행을 떠났다.

바이런(Byron, 1788~1824)은 런던에서 귀족 아들로 태어났다. 후처 소생이고 도버 출신이라는 소문도 있었다. 나폴레옹이 봉쇄한 유럽을 피해 지중해를 여행하면서 발표한 《차일드 해럴드의 순례》로 그는 하루 아침에 유명해졌다. 조각 같은 얼굴로 그는 유럽 여성 우상이었고 절름발이로 뭇 여성 모성애를 자극했다. 학창시절부터 사랑에 빠졌고 가는 곳마다 염문이 돌았다. 그를 아버지라 부르는 아이들도 여기저기서 나타났다. 그는 자유분방함으로 여심을 훔쳤고 시로써 웃음을 줬지만 이복동생을 근친상간하여 영국에서 쫓겨났다.

유럽에서 머물던 그는 그리스 독립운동이 발발하자 아테네로 갔다. 그리스는 비잔틴 제국의 멸망으로 오스만 제국 지배를 받았다. 이베리아 반도에서 레콩키스타 운동이 일어났듯이 그리스에서 오스만 축출 운동이 일어났다. 유럽인들은 유럽 문명 발상지 그리스에 향수를 느꼈고 바이런도 자기 명성과 부로 도왔지만 그의 꿈은 말라리아로 죽었다.

괴테는 1808년 《파우스트》 1부를 발표하고 긴 공백 후 바이런 사망 소식에 2부 저술에 착수하여 임종 1년 전에 완성했다. 주인공 파우스트는 괴테 꿈이고 철학이다. 파우스트는 16세기 독일에서 살았던 마법사이다. 괴테는 파우스트에게 19세기 과학과 이성을 불어넣었지만 인간의 욕망을 충족시킬 수는 없었다. 파우스트는 자기 영혼을 악마에게 팔고 나서야 마력을 얻었다. 염치를 버린 파우스트는 동물처럼 정욕을 채우지만 애인은 죽게 되고, 국가 지도자로 사업을 일으키지만 토지 수용자들이 피해를 본다. 파우스트는 욕망과 꿈으로 얻은 만큼 잃는 지혜를 깨닫고 자족하며 영혼을 악마에게 맡긴다.

괴테: 《색채론》을 읽어 보았나?
크로: 흥미롭지만 안쓰럽다.
괴테: 감정을 무시하는 뉴턴 광학을 바로잡고자 했지.
크로: 뉴턴이 빛을 제대로 보았지. 자네는 과민반응했지.
괴테: 빛 삼원색은 빨강, 초록, 파랑이지. 그런데 색 삼원색은 빨강, 노랑, 파랑이지. 색과 빛이 객관적이라면 서로 다를 이유가 없지.
크로: 뉴턴은 광원에서 직사되는 빛을 분석했고 너는 물체에서 반사된 빛을 보고 있지. 색을 이야기하고 있지만 빛을 발생시키는 상황은 달라.
괴테: 화가는 내 색채학을 선호한다고.
크로: 조명 작가는 뉴턴 색채학을 선호하지.
괴테: 인간은 차가운 기계가 아니고 심장이 따뜻한 동물이야.
크로: 차가운 머리에 뜨거운 심장이면 이상적이지.

벤담: 공리주의

제러미 벤담(Jeremy Bentham, 1748~1832)은 런던 출신이다. 16세에 옥스퍼드 대학 학위를 받았고 21세에 변호사 자격증을 땄지만 철학에 미련이 남아 법관 대신 법이론가로 활동했다. 대체로 변호사는 자기 이득을 위해 소송만 남발하며 과잉 변호하고 관료들도 개혁을 거부한다고 보았다.

자본가는 끝없이 부를 추구했다. 산업 혁명의 산물인 기계를 도입하고 고임금 노동자를 쫓아내며 저임금 부녀자나 아동을 고용하였다. 노동자들은 휴식도 없이 온 종일을 작업해야 먹고 살 수 있었다. 오염된 강과 공기는 시민 수명을 위협했다. 영국 부르주아들은 생산된 상품을 수출하려 혈안이 되었고 프랑스 나폴레옹은 대륙봉쇄령으로 맞섰다.

벤담은 사회 문제를 외면할 수 없었다. 그는 1789년 《도덕과 입법의 원칙에 대한 서론》에서 공리주의를 주장한다. 법률은 다수에게 최대 행복이 돌아가도록 입법되어야 한다. 노동자에게 돌아가는 동전이 자본가에게 들어가는 동전보다 열등하지 않으며 한계효용 체감 법칙에 따르면 가난한 자에게 뿌려진 동전이 더 많은 행복을 일으킨다고 보았다. 그는 공리주의에 의거 평등선거 및 비밀선거도 주장했다.

벤담은 공리주의를 제도나 공공설비에도 적용하여 파놉티콘을 설계했다. 파놉티콘은 중앙에는 불 꺼진 간수 방이 있고 원형으로 불 켜진 죄수 방들이 배치된 감옥이다. 죄수들은 간수를 볼 수가 없지만 간수는 쉽게 죄수를 감시할 수 있다. 정보의 비대칭으로 간수가 졸아도 죄수는 늘 감시 당한다는 느낌에서 벗어날 수 없다. 지금 거리마다 설치된 CCTV가 동일한 효과를 준다.

> **크로:** 공리 계산이 가능한가?
> **벤담:** 인공지능 바둑은 한 수를 둘 때마다 승률을 보여 주지.
> **크로:** 바둑은 끝이 있으니 그나마 가능하지만 사람 행위는 사후에도 영향을 미치니

계산이 쉽지 않지.

벤담: 공리는 미래 가치를 현재 가치로 환산하지. 내일 모레 글피로 갈수록 가치는 줄어들지.

크로: 조직의 이득은 어떻게 계산되지?

벤담: 조직은 구성원의 모임이니 이익은 구성원 수로 나눠야지.

크로: 집은 살 수 있지만 가정은 계산할 수 없다고 하지.

벤담: 추상 가치를 핑계로 합리성을 거부하는 논리이지. 이혼보다 공리 계산이 쉬워.

크로: 파놉티콘은 한 사람 편의를 위한 다수 불편이지?

벤담: 예산을 절약하니 모든 납세자에게 혜택이 돌아가지.

생시몽: 공상적 사회주의자

클로드 생시몽(Comte de Saint-Simon, 1760~1825)은 백작가문에서 장남으로 태어났다. 그는 미국독립전쟁에 참여하여 발전되고 귀천이 없는 사회에 충격을 받아 자신의 귀족칭호를 버리면서 평등 사회를 열고자 했다. 프랑스 대혁명 때 국유재산을 매매하여 반혁명 세력으로 투옥되었다가 풀려났다.

생시몽은 프랑스 대혁명 이후 불안전한 사회를 안정화시키고 박애정신으로 충만된 유토피아를 꿈꾸었다. 그는 뿌리 깊은 불평등 문제를 살폈다. 불평등은 영주와 농노에서 내려와 부르주아와 프롤레타리아 계급으로 더 악화되었다. 특히 프랑스 금융가들은 노동을 하지 않고 불로소득을 올린다고 그는 보았다. 서로 욕망을 가격이나 계약으로 해소하려는 아담 스미스와 다르게 그는 능력에 따라 일하고 필요에 따라 분배하는 사회주의를 제안했다. 새롭게 도래한 산업사회에서는 모든 사람이 산업의 역군이 되어야 한다.

그는 과학자들이 산업사회에서 사제 역할을 맡으며, 가난한 사람에게 자비를 베푸는 그리스도 정신을 보여야 한다고 외쳤다. 그는 불평등을 해소하려 사회주의를 도입했지만 마르크스처럼 계급 투쟁을 선동하지 않았다.

> **크로:** 현대 사회가 사회주의 제도를 받아들이고 있지.
> **생시몽:** 당연하지. 인류는 평등한 사회로 이행될 거야.
> **크로:** 개인마다 적성과 역량이 다른데 일률적으로 평등은 쉽지 않지.
> **생시몽:** 과학자는 방법을 찾을 수 있지.
> **크로:** 네가 존경했던 뉴턴도 국회의원으로 한 일이 없어.
> **생시몽:** 정치 사회 활동에 익숙해지면 과학자도 잘 할 수 있지.
> **크로:** 너는 평생 노력했지만 효과가 없자 자살을 시도했지?
> **생시몽:** 그래 뭐가 잘못되었을까?
> **크로:** 박애와 사랑은 자선단체와 종교 단체의 존재 이유이지. 세속적이지만 욕망에 따른 활동만이 후회를 남기지 않지.

피히테: 활동하는 자아

피히테(Fichte, 1762~1814)는 작센주 직공 아들로 태어나 지역 유지의 후원으로 귀족 학교와 예나 대학에서 신학과 법학을 공부했다. 후원자가 돌아가자 그는 가정 교사로 근근이 연명하며 칸트 사상을 접했다. 도움을 기대하며 그는 쾨니히스베르크까지 칸트를 찾아갔고 익명으로 《모든 계시의 비판 시도》를 출간했다. 사람들은 오랜 만에 나온 칸트 저술로 오해했고 칸트가 저자를 밝혀줘 피히테는 일약 유명해졌다. 그는 1792년 예나대학 교수가 되었으나 예배 시간과 겹치게 강의하는 등 무신론 의혹에 싸여 베를린으로 쫓겨 왔고 슐라이어마허 등 낭만주의자들과 교류하며 신비주의에 물들었다.

신성독일제국은 종교 다양성으로, 프랑스 이간 정책으로 분열된 공국으로 남아 있다가 나폴레옹 희생양이 되었다. 피히테는 프랑스 대혁명을 찬양했지만 나폴레옹이 독일을 짓밟자 저항하며 교육과 독일인 궐기를 호소했다. 달도 차면 기울듯이 나폴레옹은 영국을 고립시키기 위해 유럽대륙을 봉쇄하고 러시아로 진격했다가 몰락한다. 엘바섬으로 귀양 간 나폴레옹은 탈출하였으나 1815년 워털루 전투에서 잡혀 유배된 세인트 헬레나섬에서는 벗어나지 못했다. 유럽은 빈회의를 열고 나폴레옹 지배 이전으로 되돌아 갔다.

피히테는 칸트가 알 수 없다던 물자체를 규명하고자 했다. 그는 세상과 주체를 나누는 칸트 접근법에 시비를 걸며 주체 의식으로 세상을 알 수 있다고 보았다. 그는 태초에 혼돈 대신 원시적 자아가 일어나 신처럼 만물을 호명했다고 보았다. 자아는 자연 법칙에 꼼짝달싹 못 하는 수동적인 존재가 아니라 능동적으로 의지를 펼치는 존재이다. 완벽한 창조주는 아니지만 피히테 자아는 뒤뚱거리며 지식을 쌓아 간다.

자아가 세상을 주물럭거리지만 자기도 세상을 위한 빈방을 열어 놓는다. 세상은 그 빈방에 자리를 튼다. 주인은 정(正)이 되고 세입자는 반(反)이 된다. 주인 생각은 세입자 생각과 달라 타협되어 합(合)이 된다. 자아와 세상은 합의된 정신을 닮아 간다.

크로: 자아가 신처럼 세상을 창조하고 있군.
피히테: 믿음은 태산을 옮길 수도 있지.
크로: 칸트에서 출발한 사람이 어떻게 정신 승리를 주장할 수 있지?
피히테: 철학 선택은 성향에 달려 있지. 칸트도 말년에 일부 자기 철학을 손대고 싶어 했지.
크로: 과학이 물자체를 하나씩 규명하니 칸트도 놀랐겠지만 정신 승리만을 외치지는 않았지.
피히테: 칸트 선험적 범주론보다 정반합이 적절한 방법론이야.
크로: 맞아. 나누리틀도 변증법을 수용했지.
피히테: 변증법이 전부인가?
크로: 이율배반적 명제는 정반합만으로 해소될 수 없어 환원적 분석법도 채용하지.

돌턴: 원자론

존 돌턴(John Dalton, 1766~1844)는 영국 컴벌랜드 출생으로 12살에 형을 도와 동네 아이들에게 산수와 과학을 가르쳤다. 산업 혁명 발원지인 맨체스터 대학에 입학하여 자연과학을 배웠고 맨체스터 문학 철학 협회를 이끌었다. 그는 경건한 기독교 신자였고 매일 날씨를 관찰하고 일기에 썼다.

돌턴은 기상과 기체를 탐구하면서 원자설을 제안했다. 돌턴 원자설은 여러 종류 원자를 제시하여 자연 현상을 기막히게 설명했다. 지동설이 부동의 원동자를 제거시켰듯이 돌턴 원자설은 연금술을 종식시켰다. 그는 원자설을 바탕으로 화학식 표기법을 제안했으며 왕립학회 회원으로 선출되었다.

> **돌턴:** 과학자끼리 불러내지 마라.
> **크로:** 원자설 이후 과학자와 철학자가 나누어졌지?
> **돌턴:** 맞아. 내는 맨체스터 문학 철학협회 회장이었는데 본의 아니게 물질 실체에 대한 철학적 논의를 끝내 버렸지.
> **크로:** 자신감이 넘칠 때에는 각자 길로 갈 수밖에 없지.
> **돌턴:** 정신적 실체를 알게 될 때 둘을 다시 만나게 될 거야.
> **크로:** 이제 창발된 정신을 알지. 지금 과학과 철학을 통합시키고 있는 중이야.

훔볼트: 선험적 언어

빌헬름 훔볼트(Wilhelm Humboldt, 1767~1835)는 포츠담 출신으로 예나 대학을 나왔다. 그는 교황령 외교관으로 파견되어 예술과 문학 정책을 세웠고 프로이센 문교부 장관이 되어 베를린 대학교를 창설했다. 그는 나폴레옹과 전쟁으로 황폐해진 프로이센 재건을 위해 땀을 흘렸다.

그는 칸트와 헤르더를 계승하였으며 언어 기원을 밝히기 위해 스페인 바스크웨와 자바섬 카위어 등을 비교 연구하였다. 그는 언어를 단순한 의사소통 도구로만 한정하지 않고 사유 틀로서 살폈다. 칸트가 선험적인 범주표를 통해 지성을 주장하듯이 훔볼트는 언어를 통한 지성을 주장했다. 언어가 다르면 세상을 보는 눈도 다르다고 보았다.

> **크로:** 언어는 인간 발명품이지.
> **훔볼트:** 칸트 범주표가 선험적이듯이 언어도 선험적이야. 신이 준 선물이지.
> **크로:** 개인에게는 언어가 선험적이지만 인류에게는 언어는 후험적이지.
> **훔볼트:** 인류와 함께 언어가 발전되어 왔다고 보는 군.
> **크로:** 언어 이전에 범주표가 있었지.
> **훔볼트:** 칸트 범주표를 말하는가?
> **크로:** 아리스토텔레스도 있지. 두 범주표는 시공간, 사물 간, 사건 간 관계이고 자연스럽게 어휘로 전환되었지.
> **훔볼트:** 왜 사람들은 범주표를 더 이상 사용하지 않는가?
> **크로:** 범주표보다 어휘가 편리한 탓이지.

슐라이어마허: 자유주의 신학

슐라이어마허(Schleiermacher, 1768~1834)는 독일 살레시아 경건주의 군목 가정에서 태어났다. 모리비안 학교에서 교육을 받았고 할레 대학교에서 성서 역사 비평을 공부했고 그리스 문헌을 번역했다. 베를린으로 가서 낭만주의 철학자 슐레겔 등과 교제했으며 베를린 대학교에서 신학 교수를 역임했다.

중세에 신 존재를 증명하려 신학 논쟁이 있었듯이 근대에는 신 역할을 두고 의문이 일었다. 과학기술과 계몽주의 영향으로 범신론이 득세하자 기독교를 떠나는 자들이 줄을 이었다. 데카르트는 완성자로, 칸트는 도덕 법칙

심판자로서 신을 인정했지만 실은 자기 이론의 모순을 숨기는 덮개이다. 슐라이어마허는 스피노자 범신론에 따라 계몽주의를 수용하면서도 진정으로 신앙을 지키고자 했다. 그는 계몽주의 경험, 낭만주의 체험, 그리고 영적 인지 능력을 신앙 근거로 삼았다. 인간은 아는 능력, 실천하는 능력, 느끼는 능력이 있으며 세 번째 능력은 영성이다. 영성은 유한한 인간이 무한한 신에게서 느끼는 절대 의존적 감정이며 칸트 숭고 의식이다.

슐라이어마허는 성경을 신의 계시로 쓴 책이 아니라 영성 체험 간증문으로 보았다. 그는 예수도 신이 아니라 영성을 체험한 신앙인으로 보았으며 신약은 예수의 자기 고백이다. 그는 사도들이 남긴 인위적인 성경을 재해석했고 베를린 시민들은 그의 설교에 몰려왔다. 애매한 설교 덕분에 이단 혐의를 벗었지만 그는 자유주의 신학자로 불린다.

슐라이어마허는 성경의 독특한 해석을 발전시켜 해석학을 열었다. 해석학은 신의 예언을 인간에게 알려 주는 학문이었다. 그리스 주술가가 술의 힘을 빌려 내키는 대로 말했듯이 대부분 저자들은 언어의 힘을 빌려 멋대로 미래를 전망했다. 주술가가 목이 두려워 횡설수설하듯이 저자도 검열이 두려워 모호하게 저술하곤 했다. 그러니 해석학은 저자의 숨는 뜻을 밝히는 학문이다. 그는 부분과 전체를 조화롭게 바라보면 진짜 저자 의도를 알 수 있다고 보았다. 글을 읽는 독자는 저자 입장을 추체험하고 저자 일생을 따라가며 저술 당시 생각을 읽어 내라고 그는 주장한다.

크로: 교부 신학을 인정하지 않는군?
슐라이어마허: 지성의 눈으로 보면 기이한 주장들이 많지.
크로: 새로 써야 하는가?
슐라이어마허: 그럴 필요는 없고 믿음대로 해석하고, 체험과 영성으로 보면 되지.
크로: 유한한 자아는 무한한 신에게 매달릴 수밖에 없구나.

> **슐라이어마허:** 주인을 따르는 개는 항상 즐거워.
> **크로:** 개도 먹이 앞에서는 서로 다투고 주인 손을 물기도 하지. 진정한 신앙은 자기 욕망을 줄이고 타협하는 태도이지.
> **슐라이어마허:** 금욕적 신앙은 영속성이 없어. 이성은 영성과 감성과 조화를 이뤄야지.

셸링: 동일 철학

셸링(Schelling, 1775~1854)은 뷔르텐베르크 목사 아들로 태어나 15살에 튀빙겐 신학과에 들어갔다. 그는 횔덜린, 헤겔과 기숙사에서 만나 신과 세상을 화해시키는 통일신학을 꿈꾸었다. 그는 졸업 후 라이프치히에서 가정 교사를 3년간 하다 피히테가 무신론 혐의로 예나대학에서 물러나자 괴테 추천으로 예나대학 교수가 되었다. 그는 낭만주의자들과 교류하면 헤겔을 예나대학으로 불러들이며 전성기를 맞이하지만 슐레겔 아내와 불륜에 빠져 예나를 떠나야 했다.

셸링은 피히테 철학을 비판적으로 계승했다. 피히테는 세상을 독립적 존재로 보지 않고 자아가 의지적으로 빚어 가는 존재로 보았다. 셸링은 피히테 철학을 유아론이라 비판하며 자아와 세상을 각각 독립된 유기체로 보았다. 다만 두 유기체에 동일한 원리가 작용한다고 보았다. 당시 과학은 전기 작용, 자기 작용, 화학 작용을 밝혀내며 하늘을 찌르는 중이었다.

헤겔은 동일한 원리가 주체와 자연에 적용된다는 셸링 철학을 변별력이 없는 철학으로 비판했다. 캄캄한 밤에는 누렁이 황소도 검은색으로 보인다고 비꼬았다. 친구에게 배신당한 셸링은 울분을 삭히며 자아와 자연에 적용된 정신 수준이 다르다고 반격했다. 인간의 정신적 힘은 무생물의 힘보다 자유를 더 구가할 수 있다고 항변했지만 헤겔 제자들은 냉담했다.

크로: 주체와 대상을 동일하게 볼 수는 없어.
셸링: 동일한 유기체이지만 작용하는 힘 수준은 각각 다르지.
크로: 수준뿐만 아니라 힘 유형이 다르니 인간은 대상을 알 수 없지.
셸링: 인간은 의지로 예술품을 빚을 수 있어.
크로: 인간은 의지로 숟가락을 구부릴 수 없어.
셸링: 간절히 기도하면 가능할 수도 있지.
크로: 의지의 힘은 어휘적이고 물질의 힘은 전자기력이야. 인간은 기도로 전자기력을 조정할 수 없지.
셸링: 인간의 힘을 대상의 힘과 일치시킬 방법이 없나?
크로: 약품 든 비커에 담긴 숟가락은 달라. 인간 의지가 화학반응으로 전환될 때 대상과 교류가 가능하지.

헤겔: 정신 변증법

　게오르크 헤겔(Georg Hegel, 1770~1831)은 독일 뷔르템베르크 공국 슈트가르트 회계사 아들로 태어났다. 18살에 튀빙겐 신학교에서 들어갔고 1년 후 프랑스 대혁명 총소리를 들었다. 기숙사에서 동갑내기 시인 휠덜린과 다섯 살 아래 셸링과 교제는 일생 동안 영향을 주었다. 졸업 후 스위스 베른에서 가정 교사로 입에 풀칠하면서 1801년 셸링의 추천으로 예나대학교에서 강사 자리를 얻었다. 1807년 《정신 현상학》을 탈고한 헤겔은 예나로 진군하는 나폴레옹을 세계정신으로 찬양했다. 그는 김나지움 교장을 거쳐 1818년에 베를린 대학교에 자리를 잡았다. 그의 강의는 청중들을 끌어들이며 선풍을 일으켰다. 헤겔은 칸트에서 시작하고 피히테, 셸링을 거쳐 독일 관념론을 완성했다.

　헤겔은 감각, 지각에서 지성을 거쳐 이성에 이르는 칸트 인식 과정을 건설적으로 차용하고 이율배반적 명제로 유인한다며 가지 말라던 칸트 정신, 종교, 절대지까지 변증법으로 나아갔다. 변증법은 자아가 개념 간의 모순을 해소하는 방법이며 세계와 대립을 극복하고 통일하는 방법이다. 예를 들면 윤리적 신이 한 쌍의 남녀만을 만들었다는 테제가 있다고 하자. 이 부부가 자녀를 낳으면 이 자식들은 근친상간을 할 수밖에 없는 상황에 봉착하게 된다. 따라서 여러 신이 있도록 테제 변경이 필요하다.

칸트 범주표는 한번 지나가는 개회로이지만 헤겔 변증법은 반복되는 폐회로이다. 칸트 개회로에서는 범주표에 근거한 순수이성 인식과 자유의지에 따른 실천이성 사이에는 커다란 간격을 미와 합목적성으로 땜질 처방했지만 헤겔철학에서는 폐회로 마법으로 인식과 실천의 간격을 좁혔다. 변증법은 이론과 현실의 차이를 해소하는 강력한 방법이다.

변증법에 따라 인식이 해소된다는 의미는 관념도 재정의된다는 뜻이다. 세상에 존재하는 개체는 서로 관계를 조정하여 정합성을 유지한다. 만일 주체가 지닌 관념이 불명확하다면 관념은 가치를 잃는다. 변증법에 따라 관념은 재정의되고 관념 간의 관계가 재설정된다. 이는 마치 컴퓨터 디렉토리를 재배치하는 행위와 동일하다. 들어오는 새로운 파일을 하나의 방에만 저장할 수가 없다. 파일 개수가 증가하면 재배열된다. 개정된 관념은 세상 대상과 일치된다. 헤겔은 현실적인 것이 이성적인 것이고 이성적인 것이 현실적이라고 선언했다.

헤겔은 의식이 감각, 지각, 지성, 자아의식, 이성, 정신, 종교, 절대지의 단계로 도약한다고 보았다. 각 단계 모순은 다음 단계로 도약하는 원동력이 된다. 감각과 지각은 칸트처럼 대상을 인식하는 능력이다. 자아의식은 대상을 넘어 자기 자신을 인식하는 능력이다. 자아의식 단계에서는 인정투쟁이 일어나 이웃은 서로 싸우고 승자는 주인이 되고 패자는 노예가 된다. 그러나 예상치 못한 반전이 일어난다. 주인은 노예를 부리지만 노예에 의존하는 삶을 살고, 노예는 주인 지배를 받지만 자연 지배권을 확보한다. 여전히 모순이 남아 있다.

헤겔 이성 단계는 자신이 진리를 안다고 자신하는 단계이다. 내가 경험으로 알고 무슨 일이든지 해결할 수 있다고 자신한다. 이성 단계에 빠져 있는 자로 헤겔은 돈키호테를 호명했다. 이제 의식은 이성 단계를 벗어나 정신 단계로 접어든다. 이 단계에서 정신은 우물 안 개구리에서 벗어나며 법과 도덕률로 표출된다. 하지만 민족과 문화의 영향에서 벗어나기 어렵다. 마지막으로 의식은 보편 종교를 거쳐 신의 세계인 절대지에 안착한다.

헤겔은 세계사를 의식이 절대지로 가는 여정으로 보았다. 이는 신이 세상을 신국으로 몰고 가는 방식과 동일하다. 헤겔은 의식이 그리스 신화, 로마법을 거쳐 프랑스 혁명으로 이어졌다고 보았고 나폴레옹을 보냈다고 보았다. 인간이 역사를 이끄는 것이 아니라 의식이 이끌어 간다. 이기적 DNA가 인간을 수단으로 사용하듯이 정신이 영웅호걸을 호명한다. 이성과 언어도 개인에게 본능보다는 시대의 대의명분을 선택하도록 조종한다. 개인은 사익을 추구하지만 조직 완장을 채워 주면 조직에 헌신한다. 죽음에도 불구하고 비석에 새길 글 탓에 인류는 죽지 않는다. 개인 욕망은 사회 희망으로 승화된다.

헤겔은 프로이센의 철학자가 되었고 후학들은 거대한 학파를 이루었다. 올빼미가 황혼에 날아오르듯이 그는 만년에 날아올랐다.

크로: 의식의 단계별 설명은 흥미롭지만 세상을 모두 설명하지 못하지.
헤겔: 정신현상학 이후에 《논리의 학》과 《자연철학》《법철학》까지 저술했지.
크로: 범위는 넓어졌지만 아직도 미흡해. 지각이나 오성 이전에도 원시적 의식이 있지.
헤겔: 이미 뵈메가 지각 이전의 변증법은 기술해 놓았지.
크로: 나누리틀은 우주 탄생에서 세상 궁극까지 설명하지. 정신과 물질이 함께 작용

> 할 때 도약이 일어나지.
> **헤겔:** 아직도 물질을 벗어나지 못했군. 상대성이론에서 물질이 에너지로 바뀌듯이 정신이 물질로 바뀌는 이론이 나올 거야.
> **크로:** 관념론은 연금술처럼 틀린 사상이야.

쇼펜하우어: 철학계의 라마르크

쇼펜하우어(Schopenhauer, 1788~1860)는 발트해 연안 단치히 부유한 상인 아들로 태어났다. 아버지보다 스무 살 적은 어머니는 예술가였다. 아버지는 아들을 사업가로 키우려고 유럽을 여행 보냈으나 그는 오히려 철학에 흥미를 느꼈다. 사교적 어머니는 유명인사들을 초대하여 연회를 열었고 훼방 놓는 쇼펜하우어를 조롱했다.

쇼펜하우어는 괴팅겐 대학에서 의학을 공부하다 플라톤 이데아와 칸트 물자체에 빠져 현실 세계를 비판적으로 보기 시작했다. 최고 지성을 찾아 그는 베를린 대학에서 피히테 강의를 들었고 예나대학에서 박사 학위를 받았다. 동양 불교와 우파니샤드의 범아일여 사상도 접했다. 사강사 주제에 쇼펜하우어는 베를린 대학에서 헤겔과 같은 시간대에 철학 과목을 감히 개설했다. 수강생 확보에 실패한 그는 대학을 떠났고 자기 철학을 몰라 주는 사회를 개탄했다. 그는 강단 철학자를 비난하며 프랑크푸르트에서 재야 철학자로 활동했다.

쇼펜하우어는 칸트를 이어받으며 칸트가 알 수 없다는 물자체를 헤겔처럼 규명하려 했다. 피히테 강의를 들었던 쇼펜하우어는 모든 개체 속에 꿈틀거리는 의지가 물자체 본질이라는 《의지와 표상으로서의 세계》를 30살에 저술한다. 모든 대상안에는 충동이 있는데 인간에게는 의지로 나타나고 무생물에게는 본능, 위장 등으로 표출된다. 들려는 의지로 손이 나오고 달리려는 의지로 발이 생겼고, 말하려는 의지로 입술이 나타났다고 주장한다. 여성의 아름다움도 종의 번식을 위한 위장이며 아기를 낳고 나면 사라진다. 쇼펜하우어식 용불용설이다.

하나의 욕심이 만족되면 또 다른 욕심이 기어든다. 변덕스러운 욕심이 세상과 사회를 움직인다. 주중 노동을 보상하려 주말을 기대하지만 주말에는 월요일 염려하며 안절부절한다. 자살도 해답이 아니다. 자살로 흙으로 돌아가더라도 땅의 욕망을 없앨 수는 없다.

의지를 다스릴 두가지 방법이 있는데 예술과 도덕이다. 예술은 정신적 아편으로 궁극적 행복을 주지는 못한다. 더 나은 방법은 의지와 욕심을 줄이는 방법이다. 인생무상을 스스로 깨우치지 못하면 불교의 명상도 나쁘지 않다. 그는 칸트를 흉내 내며 해탈을 주장했다.

쇼펜하우어의 철학이 자신의 삶을 변화시키지는 못했다. 그의 행동은 말과 다르게 망나니였고 주색잡기를 즐겼다. 아버지 유산을 받아 재산을 굴리는 재테크 실력자였고 금전적 문제에는 인정사정없었다. 그는 현자가 받는 조롱과 비난을 감수했지만 명성에 목말랐다. 검색 엔진이 없었던 그때에 그는 자기 평판을 확인하기 위해 여론 조사를 하기도 했다. 다행스럽게 1848 혁명이 실패한 후 세상은 염세적인 분위기로 바뀌었고 그가 갈구하던 명성도 찾아왔다. 기쁨도 잠시 그도 흙으로 돌아갔다.

크로: 물자체를 알려고 헤겔 변증법이 나오고 네 의지의 철학이 나왔지.
쇼펜하우어: 헤겔을 꺼내지 마. 변증법으로 물자체를 어떻게 아는가?
크로: 처음에는 알 수 없지만 여러 번 대화를 통해 대상을 알 수 있지.
쇼펜하우어: 속이려 들면 알 수 없지.
크로: 칸트가 알 수 없다는 물자체를 유추할 수 있지. 즉 자아 지각이 물자체 겉모습이고 자아 의지는 물자체 속모습에 대응될 수 있어.

> **쇼펜하우어:** 물자체는 의지라는 내 주장의 근거가 바로 그거야.
> **크로:** 과잉 해석했지. 무생물은 의지가 없지.
> **쇼펜하우어:** 땅은 식물을 받아들이고 물은 낮은 데로 흐르는 의지가 있어.
> **크로:** 그것은 의지 작용이 아니라 힘과 운동 특성이지.
> **쇼펜하우어:** 무생물의 힘과 생물의 의지는 동일하지.
> **크로:** 힘의 작용은 수동적이지만 의지 작용은 능동적이니 구별해야지.
> **쇼펜하우어:** 라마르크는 의지가 진화 방향이라고 봤지.
> **크로:** 진화에는 의지가 없고 진보에는 의지가 있어.

콩트: 실증주의와 사회

오귀스트 콩트(Auguste Comte, 1798~1857)는 스페인과 프랑스 국경 피레네 산맥아래 몽펠리에 출신이다. 그는 이공계 명문 대학 에콜 폴리테크닉에 입학했지만 당국과 마찰로 그가 속한 학년이 퇴학당했다. 공상적 사회주의자 클로드 생시몽 비서가 되었으나 저작권 및 가치관 차이로 헤어졌다. 콩트는 매춘부와 결혼하는 등 관습에 얽매이지 않았고 부질없이 여러 대학 교수직에 응모했다. 프랑스 지식인들은 중졸인 주제에 학문을 통합하려는 태도를 못마땅하게 여겼지만 도버 해협 건너 스튜어트 밀은 그를 재정적으로 후원했고 영국 지식인들에게 알렸다.

콩트는 집에서 실증 철학을 13년 동안 강의했고 6권의 실증 철학을 출간했다. 실증주의는 모든 현상을 경험 법칙이나 연역이론으로 설명하려는 태도이다. 태양은 동쪽에서 뜨는 현상은 서에서 동으로 자전하는 지구 운동으로 설명될 수가 있고 지구의 자전은 생성시 관성의 법칙으로 설명될 수 있다. 더 이상 실증되지 않는 원리를 캐묻지는 않는다. 실증주의 출현은 자연 현상을 거의 규명할 수 있을 정도로 진보한 과학에 힘입었다.

콩트는 실증 깊이에 따라 수학 천문학 물리학 화학 생물학 사회학으로 학문을 나누었다. 앞 이론 학문이 뒤 응용 학문의 근거가 된다고 보았다. 그는 또한 사회를 종교가 지배하는 사회, 형이상학이 지배하는 사회, 실증주의가 지배하는 사회로 나누었다. 종교가 지배한 중세, 헤겔 관념론이 지배한 프로이센, 공리주의를 추구하는 영국 사회를 염두에 둔 듯하다. 그는 자연과학은 이미 실증 단계에 들어섰지만 사회현상은 여전히 형이상학 단계를 벗어나지 못했다고 여겨 사회학을 창시하였다. 그는 사회학을 사회정학과 사회동학으로 나누어 사회정학은 당대 사회 법칙인 질서에 초점을 맞추고, 사회동학은 통시적으로 사회의 진보를 다룬다.

콩트는 프랑스 대혁명 이후 프랑스 사회를 실증적 방법으로 세우고자 했다. 그는 관찰, 실험, 비교와 역사적 분석을 통해 사회 법칙을 발견할 수 있다고 보았다. 그는 다수임에도 이제까지 소외된 여성과 노동자의 권익을 추구했고 노년에는 과학 지식을 신으로 숭배하며 인류에 공헌한 자를 기리는 인류교를 창시했다.

콩트는 사회를 개인보다는 가족의 결합으로 보았는데, 선이 점으로 나눠지지 않는다고 오해하면서 사회는 개인의 계약으로 형성될 수 없다는 이유를 댔다. 그는 또한 개인의 권리를 강조하는 종교 개혁이나 계몽주의를 부정적으로 바라보았다.

크로: 실증주의가 종교로 귀결되다니 실패 아닌가?
콩트: 최상 사회는 종교일 수밖에 없지.
크로: 초기 사회가 종교였는데 최종 사회도 종교라면 이상하지.
콩트: 나누리틀에서 사회 최종 단계가 무엇인가?
크로: 창발의 심급은 가치 다양성이지. 획일적 종교가 아니야.
콩트: 실증주의로 보이는데?

> **크로:** 실증주의에 가까워. 비슷한 철학 방법을 추구하지만 목표는 다르지.
> **콩트:** 내 실증주의를 무시하는 후배들이 많아. 너는 솔직하군.

포이에르바하: 신학 대신 인간학

포이에르바하(Feuerbach, 1804~1872)는 독일 란즈후트 법률가 아들로 태어났다. 그는 하이델베르크대학 신학공부에 실망하여 아버지 반대를 무릅쓰고 베를린 대학으로 옮겨 헤겔 강의를 2년 들었다. 그러나 존재보다 사유를 우선시하는 관념론은 진리가 아님을 깨닫고 그는 예를랑겐 대학교에서 자연과학 학위를 받았다.

이웃나라 프랑스에서 유물론은 광범위하게 퍼졌지만 프로이센에서는 헤겔 철학이 관변 철학이 되어 이성과 현실은 더욱 벌어지고 있었다. 포이에르바하는 사유보다 존재가 먼저라고 보았다. 존재는 주어이고 사유는 술어인데 헤겔이 주어와 술어를 바꾸어 놓아 자신은 이제 순서를 정위치시켜야 한다고 외쳤다. 그는 먹는 음식에서 육체가 성장하고, 기제는 모르지만 신비한 정신이 돋아 나온다고 보았다.

슐라이어마허는 신을 무한한 실상으로 보았지만 포이에르바하는 신을 무한한 허상으로 보았다. 인간이 현실에서 이루지 못한 것을 얻으려 신을 투사했으니 종교는 인간 소망을 위한 꿈일 뿐이다. 중생들은 만들어진 신에게 오히려 사로잡혀 살아가므로 인간소외가 발생한다. 그는 철학이 신을 변호하기보다는 인간을 위해 섬겨야 한다고 토로했다. 그는 신보다도 인간을 중시하고, 관념보다 물질을 중시하는 인간적 유물론을 주장했다.

> **크로:** 현실과 이론의 일치를 주장하면서 생활력은 없나?
> **포이에르바하:** 노동은 하인들의 일이지.
> **크로:** 먹는 것을 중시하면서 노동을 경시할 수는 없지.
> **포이에르바하:** 비난은 쉽지만 헤겔을 물구나무 세우기도 나에겐 큰 일이었어.
> **크로:** 사회를 변화시키려면 이론에 합당한 실천 방안을 제시해야지.
> **포이에르바하:** 빵이 정신으로 전환되는 과정은 수수께끼야.
> **크로:** 음식은 타는 석탄처럼 소화되면서 에너지를 내지. 한 쪽으로 분출되는 증기가 운동을 야기하듯이 에너지도 신체를 움직이게 하지.
> **포이에르바하:** 그 정도는 나도 알지. 음식이 정신을 발현시키는 과정을 모르지.
> **크로:** 에너지가 뇌 뉴런으로 흐르면 정신이 나타나지.

토크빌: 소수자와 결사의 자유

알렉시드 토크빌(Alexis Tocqueville, 1805~1859)는 노르망디 귀족 집안에서 태어났다. 법률을 배워 변호사와 재판관으로 활동했다. 토크빌은 부르봉 왕족이 물러난 1830년 7월 혁명 이후 미국식 민주제를 주장했지만 먹히지 않았다. 프랑스는 영국식 입헌 군주제를 도입했고 루이 필리프가 첫 혜택을 입었다.

서운했던 토크빌은 1831년 미국의 감옥 제도를 연구한다며 미국 정치를 살피려 떠났다. 신생 독립국 미국이 안정된 이유를 파악하려 여러 도시를 여행하며 미국식 행정 제도를 조사했다. 귀국하여 그는 《미국의 민주주의》를 출간했다.

미국은 신생국가로 유럽과 달리 왕족이나 귀족 계층이 없으며 중앙집권적 프랑스 대비 권력이 위임된 연방 정부라는 점을 포착했다. 또한 미국 시민 참여제도는 공공정신의 결핍이나 정치적 무관심을 막을 수 있는 제도로 보았다. 그는 다수 여론에 좌우되는 민주주의를 우려하며 대책으로 소수자의 결사 권리를 제시했다.

> **크로:** 다수에 의한 정치를 우려했군?
> **토크빌:** 중세 마녀 사냥이나 프랑스 대혁명 처형을 보라고.
> **크로:** 귀족 출신이니 노동자 힘을 두려워했겠지.
> **토크빌:** 노동자는 이익 단체고 다수야. 소수에게는 뭉칠 자유를 주어야지.
> **크로:** 단체 행동보다 정확한 정책 경쟁을 해야지.
> **토크빌:** 이론적으로 틀린 말은 아니지만 진리로 권력을 잡을 수는 없어.
> **크로:** 왜곡과 거짓은 권력을 얻는 지름길이지만 패망의 지름길이기도 하지.
> **토크빌:** 복잡한 상황이지만 적어도 전문 지식을 지닌 전문가가 세상을 바꾸려면 결사의 자유는 필요해.
> **크로:** 맞아. 결사는 대체로 약자의 무기이지.

밀: 표현의 자유와 질적 공리주의

존 스튜어트 밀(John Stuart Mill, 1806~1873)은 런던 엄격한 도덕주의자 제임스 밀의 아들로 태어났다. 아버지 교육관에 따라 그는 또래들과 격리되어 그리스 고전과 당대 경제학을 읽었고 스스로 문제를 푸는 능력을 키웠다. 17살에 입사한 인도 동인도 회사에서 35년간 통신 업무를 관리했다. 청년시절 우울증을 앓았지만 문학으로 극복했고 유부녀 해리엇을 만나 20년간 정신적 사랑을 나누다 남편이 죽자 결혼했다.

노동조건 개선, 여성의 사회참여 등 아직도 갈 길이 멀지만 당시 영국에서는 민주주의가 정착해 가고 있었다. 민주주의는 다수결에 의해 정책이 결정되니 공정하다고 할 수 있겠지만 밀은 다수의 횡포에 무시되는 소수에 관심을 지녔다. 토크빌은 이 문제를 해결하려 결사의 자유를 요구한 반면에 밀은 《자유론》에서 표현의 자유를 주장했다. 표현의 자유로 소수의 주장이나 틀린 주장도 나오겠지만 공론장이 걸러낼 수 있다고 보았다.

그는 고전 경제학, 고전 민주주의에 머물지 않고 사회의 다양한 목소리를 담아 개선책을 제안했다. 사람은 경제적으로 풍족해지면 돈보다 명예와 고귀함을 추구한다고 그는 믿었다. 그는 동물적 욕구와 정신적 욕구를 구별하였고 배부른 돼지보다 배고픈 소크라테스를 인정한 질적 공리주의자이다.

밀은 정치적 자유를 허용했지만 경제적 경쟁에는 부정적이었다. 그는 사회 보장, 노동자 권리, 노동자 주주 회사를 주장하는 등 성장보다 분배를 강조했다. 그는 자유주의 시조로 불리지만 자본주의자들에게 1950년까지 홀대를 받았다.

크로: 하원의원으로 선출됐네.
밀: 선출을 바라거나 선거비용을 모금하지도 않았는데 당선되었지.
크로: 다수인 여성과 노동자 권리를 주장했으니 표를 받았겠지.
밀: 이들을 위해 노력했지만 재선에는 실패했지.
크로: 지식인에 유리한 차등투표를 주장했으니 표를 잃었겠지.
밀: 다수결에 소수자 진리가 묻힐 수도 있어.
크로: 전문가도 민감한 정책에 반반씩 나눠지니 굳이 차등을 줄 필요가 없지.
밀: 그래? 여론 형성에 기여하는 전문가 선에서 만족해야겠군.
크로: 정치 자유를 허용하면서 경제 자유를 왜 제한하지?
밀: 자유 경쟁은 부의 불평등을 야기하지.
크로: 죽어도 움켜쥘 수 없는 부는 사회 자산 아닌가?
밀: 유족 자산이지. 불평등을 방지할 방법은 무엇인가?
크로: 과하면 비난하는 사회 정화기능에 맡겨야지. 또 채굴 지하 자원 50%는 국제 사회에 헌납해야지.

10. 환원과 저항

 과학은 원자론을 수용하여 자연 현상을 완벽히 설명하며 질주했다. 이에 힘입어 사회현상과 정신현상도 과학적 방법인 환원주의로 해석하고자 했다. 생물학의 진보도 한몫하였다. 자극에 따른 반응을 측정하여 정신을 밝힐 수도 있을 듯했다. 이곳 저곳을 찔러 보니 물질과 다르게 정신은 너무나 자유로웠다. 자연 과학은 결정론적으로 설명되지만 정신 과학은 우연이 횡행한다.
 진화론은 오랜 의문인 인간의 조상을 밝혔다. 인간도 동물이며 정신도 물질에서 꽃 핀다니 사람들은 충격을 받았고 신학은 상처를 입었다. 환경에 적응한 종들이 살아 남았다는 주장이 여기저기 들리자 주일 설교는 힘을 잃었다. 겸손의 기독교 윤리가 아니라 적자생존의 제국주의 윤리가 당연시되었다. 제국주의를 막을 방패가 없었다.

다윈: 진화론

 찰스 다윈(Charles Darwin, 1809~1882)는 영국 슈루즈버리 의사 아들로 태어났다. 그는 정규 교육 과정에는 시큰둥했지만 동식물 채집에 흥미를 보였다. 지도교수 권유로 다윈은 남아메리카 해안을 탐사하는 영국해군 비글호에 동승할 기회를 잡았다. 비글호는 대서양을 건너 브라질, 아르헨티나, 칠레, 갈라파고스 제도를 훑고 타히티, 오스트레일리아를 거쳐 돌아왔다. 다윈은 채집 동식물을 분석하여 계통도에 넣으면서 격리된 섬에서는 동식물도 그 섬에 맞게 적응해 왔음을 알았다.

육종기술 발전으로 자식이 부모를 닮는다는 유전은 상식으로 여겨졌고 진화는 당시 지적 조류였다. 라마르크는 획득 형질이 유전된다는 용불용설을 주장했고 스펜서도 적자생존을 발표했다. 다윈은 당대 조류를 따르면서도 형질은 돌연변이로 바뀌고 환경에 적용한 종만이 살아남는다는 진화론을 서둘러 발표했다. 형질 변화는 천천히 진행되어 한 세대 안에 변화를 확인하기 힘들다는 설명도 덧붙였다.

다윈은 각 종의 시조 대신 모든 생명체의 공통 시조를 언급했다. 따라서 아담과 이브도 인간의 시조가 될 수 없었고 닭과 달걀이 누가 먼저인가라는 철학적 질문은 세속적 우문이 되어 버렸다. 창조론을 믿는 기독교도는 분노하였고 성직자는 거세게 반발했다. 지동설보다 불경스러운 제안이었지만 종교 재판은 사라져 다윈을 세울 수는 없었다.

진화론을 통해 이제 존재론은 형이하학으로 전환되었다. 철학자는 안으로 끓는 분을 삼켰지만 태연한 표정으로 역전 기회를 노리고 있다. 현행 인류가 마지막 형태가 아닐 수 있다는 주장은 진화론을 마지못해 수용했던 자들에게 염장을 지르고 있다.

크로: 진화론은 인간의 조상, 인간의 목적 등 고질 현안을 치웠지?
다윈: 이성적인 사람들은 박수치지만 감성적인 사람들은 아쉬워하지. 또한 적자 생존은 경쟁과 불평등을 심화시켰다고 비난하지.
크로: 자기 약점에서는 평등을 주장하지만 자기 강점에서는 경쟁을 주장해.
다윈: 맞아. 흥미로운 축구를 위해 동네 선수를 차출할 수는 없지.
크로: 적성에 맞는 일을 하면 누구든지 최고가 될 수 있지.
다윈: 그래도 최소한 기본권은 부여해야지.
크로: 나누리틀은 진화론에 헤겔 변증법을 더했지.

> **다원:** 욕먹는 개념을 더했으니 고생하겠군. 굳이 둘을 합칠 필요가 있나?
> **크로:** 진보의 원동력 때문이지. 물질이나 생명체 진화는 의지와 무관하지만 조직이나 국가는 의지를 통해 발전하지.

키에르케고르: 절망의 철학

쇠렌 키에르케고르(Sören Kierkegaard, 1813~1855)는 덴마크 상인 집안에서 태어났다. 전처를 자녀 없이 사별한 아버지는 하녀와 결혼하여 7형제를 낳았다. 독실한 루터파 아버지는 젊을 때 가난 탓에 신을 저주했고, 혼전 임신으로 자녀들을 얻은 죄책감에 시달렸다. 키에르케고르는 아버지의 고집스런 결벽과 암울한 성격을 물려받았다.

키에르케고르는 코펜하겐 대학에서 소크라테스의 아이러니라는 주제로 철학 박사학위를 받고 연하의 처녀 레기나와 약혼했지만 미래를 염려하여 파혼하고 베를린 대학으로 떠났다. 그는 세상을 이성적으로 해석하는 칸트를 멀리했고 자아 자연 신 사회를 하나로 통합하려는 헤겔 전체주의 철학을 거부했다. 헤겔과 칸트는 큰소리치지만 소크라테스의 시각에서는 무지한 소피스트에 불과하다고 보았다. 그는 결정론석으로 작동하는 세상은 없으며 절대지를 향해 가는 보편적 역사는 없다고 보았다. 인간은 자기 문제를 짊어지고 신 앞에 스스로 해답을 얻는 단독자이다. 태어남이 슬픔이며 다시 산 나사로는 두 번 죽었으니 더 슬픈 사람이다.

키에르케고르는 필연적 인식 과정보다는 자유로운 선택 문제를 탐구하여 어떤 경로를 택하든 그 속의 절망을 보았다. 인간은 절망을 잊으려 미적 활동, 윤리 활동, 종교 활동에 기웃거린다. 돈 후앙처럼 본능을 따라 미적 활동으로 살아가거나, 소크라테스처럼 양심을 따라 윤리적으로 살아가거나 아브라함처럼 이삭을 희생양으로 바치는 믿음으로 살아간다.

신을 찾으면서도 키에르케고르는 덴마크 기독교를 비난했다. 예루살렘에서 외식하던 제사장을 비난하던 예수처럼 그는 형식에 갇힌 기독교를 비판했다. 재산을 쏟아부으며 열정적으로 외치고 비평 글을 썼지만 사람들은 들은 체도 하지 않았다. 그냥 묻히나 싶었는데 세계 대전 겪은 후에 해외에서 무덤에 든 그를 꺼냈다.

크로: 똑같이 신을 추구하면서 헤겔을 거부하지.
키에르케고르: 세상에 거만한 소피스트가 많아. 헤겔도 그중에 하나이지.
크로: 그래서 네가 소크라테스처럼 헤겔을 비평하는군.
키에르케고르: 지상에는 헤겔식 신국이 올 수 없어. 천국에서나 신국을 소망해야지.
크로: 자식을 죽이는 아브라함이 믿음의 모델인가?
키에르케고르: 믿음은 모든 것을 버릴 수 있는 순종이지.
크로: 천국에서 무슨 영화를 누리겠다고 자식을 죽이는가?
키에르케고르: 영원히 죽지 않는 구원이 있지.
크로: 가을에 씨를 맺고 죽어야 봄에 새싹이 올라오지. 씨앗만 영원해.

마르크스: 혁명의 철학

칼 마르크스(Karl Marx, 1818~1883)는 독일 라인주 트리어 유태인 변호사 아들로 태어났다. 그는 본 대학교에 들어갔지만 법학보다는 이념 동아리에 들락거렸다. 보다 못한 아버지는 학구적인 베를린 대학교에 집어넣었고 그는 법학, 철학을 공부하면서 청년 헤겔학파로 활동했다. 신학은 철학에게 상석을 양보하라는 학위논문을 작성한 후에 보수적 베를린대학 대신 학위 제조에 능숙한 예나대학에 제출하여 박사를 받았다.

마르크스는 대학에 남고자 했지만 프로이센 정부가 헤겔좌파의 준동을 막자 학자의 길을 포기하고 신문 편집장이 되어 사회를 비판했다. 절대왕조를 추구하는 프로이센 정부는 마르크스를 눈의 가시로 여겨 그는 프로이센 국적까지 버렸다. 그는 프랑스, 벨기에, 영국을 전전했지만 환영받지 못했다.

마르크스는 헤겔 변증법과 소외 개념을 수용하면서 관념을 버렸고, 포이에르바하 유물론을 수용하면서 실천부재를 비판했고, 생시몽 사회주의를 이어받으면서 공상적 태도를 버렸다.

마르크스는 정신보다는 물질에 헤겔 변증법을 적용했다. 헤겔은 물질을 정신의 외화로 보았지만 마르크스는 물질에서 관념이 생긴다고 보았다. 사회 발전은 헤겔식 정신의 발전이 아니라 재화의 생산 방식의 발전으로 보았다. 즉 인간 사회는 생산 방식 및 분배에 따라 노예사회, 봉건사회, 자본사회, 공산사회로 발전한다고 보았다. 선사나 고대 시대에는 싸움에 진 노예, 중세에는 봉토를 지니지 못한 농노, 자본주의에서는 자본이 없는 노동자가 생산을 담당하며 지배를 받았다. 생산 방식으로 나눠진 지배층과 피지배층은 투쟁하고 다음 사회로 전환된다. 국가가 모든 자산을 소유하는 공산주의가 최종 단계라고 보았다. 헤겔의 절대지가 마르크스에게는 공산주의로 전환되었다.

1848년 유럽 사회는 혁명으로 몸서리쳤다. 나폴레옹 몰락 이후 빈체제는 프랑스 혁명 이전으로 역사를 되돌렸지만 한번 맛본 자유 평등 박애 사탕을 잊을 수는 없었다. 흉년으로 촉발된 혁명은 신 교통망과 통신망을 타고 영국과 러시아를 제하고 유럽 전역으로 번져 나갔다. 영국은 산업화와 민주주의가 성숙 단계였고 러시아는 아직 농경 사회에 머물고 있었다.

변혁을 부를 기회였다. 공상적 사회주의자들은 개별 노동자를 설득하여 사회주의를 성취할 수 있다고 보았으나 마르크스는 이를 순진한 전술이며 모든 노동자 봉기를 선동했다. 자본가와 시민들도 변화를 원하면서도 사회주의 준동과 무정부 사태를 우려했다. 48혁명은 실패로 기록되지만 혁명 영향으로 군주 국가가 공화제로 전환되었다. 민족의식이 싹트면서 독일 및 이탈리아는 단일 국가를 꿈꾸게 되고 다민족 발칸 지역에서는 독립 운동이 일어났다.

노동자 혁명을 선동했던 마르크스는 도버 해협을 건너 영국으로 쫓겨와 《뉴욕 데일리 트리뷴》지에 기고하며 근근이 생활했다. 그는 1848 혁명 이후 국제노동자협회 평의원으로 선출되어 활동하고 1871년 파리 꼼뮌을 지도하는 등 노동 운동을 이어 나갔지만 계급 투쟁의 동력은 기대에 미치지 못했다.

의지만으로 노동자 혁명이 성공할 수 없음을 자각하고 마르크스는 자본주의 경제를 과학적으로 분석하여 1867년 《자본론》 1권을 출간했다. 상품 가격을 공급과 소비로 결정되는 애담 스미스 방식 대신 그는 투입된 노동 원가로부터 결정했다. 노동 원가는 가족 생계를 책임진 노동자가 살아가기 위한 비용이다. 그런데 자본가는 원가보다 높은 가격으로 이익을 얻고, 초과노동을 강압하여 잉여 이익을 얻는다고 그는 주장했다. 자본가 욕심은 과잉 생산으로 이어지고 가격은 폭락하며 그 여파로 노동자가 해고되는 불황이 일어난다. 마르크스는 자본주의 몰락에 이를 때까지 이론을 수정했다.

자본주의는 그의 저주에도 불구하고 점진적으로 발전했다. 아담 스미스의 보이지 않는 손이 생산량을 조절했고 다수 이익을 추구하는 공리주의가 자본가 탐욕을 견제했다. 평등투표와 권력 임기 제한으로 피 터지게 싸울 이유도 사라졌다. 엉뚱하게도 자본주의가 발달한 유럽 대신에 자본주의가 낙후된 소련과 중국에서는 공산 혁명이 일어났다. 주인공도 노동자 대신 농민이었다.

마르크스는 상부 구조인 법 문화 도덕 언어도 하부구조인 생산 양식에 종속된다고 보았지만 후기 공산주의자 레닌 등은 상위구조는 종속 관계가 아니라 별개라고 수정하였다. 만일 언어나 도덕이 부르주아 사상으로 오염되었다면 지역적으로 역사적으로 도덕률 등이 유사할 수 없지만 여러 문명의 도덕률은 유사하다.

엥겔스는 역사적 유물론에 진화론을 가미하여 변증법적 유물론을 주장했고 레닌은 이를 수용하여 공산주의 사상으로 삼았다. 변증법적 유물론은 과학기술 진보를 반영하여 물질이 최고조에 이르면 정신으로 양질 전환된다고 주장한다. 그들은 문명 발전과 계급 투쟁을 사회 변혁의 동력으로 보았다.

1990년 공산국가 소련과 동독은 무너졌다. 북한은 마르크스 사상에 민족 자립을 더한 주체 사상을 전개하면서 개인의 자유를 억압한다. 자본주의와 공산주의 경쟁은 자본주의 승리로 끝났지만 사람 의식속에 공산주의 환상은 여전히 남아 있으며 이는 사회민주주의 형태로 실현되고 있다. 자본주의도 경제 공황이나 서브프라임 사태가 발생했으니 완벽한 제도는 아니다. 북유럽과 독일은 사회민주주의 성향이 강하고 사유 재산을 허용하면서 사회 복지 개념을 추구한다.

크로: 1990년대 공산주의가 무너진 사실을 아나?
마르크스: 그래도 자본가 착취에서 벗어나려는 희망은 여전하지.
크로: 자본가 착취가 있다면 노동자 기생도 있겠지.
마르크스: 기생은 숙주를 죽이므로 일어날 수가 없어.
크로: 죽이지 않을 만큼 기생할 수도 있지. 자본가 노동자의 이분법도 적절하지 않지. 노동자도 은행 대출이나 주식 투자로 자본가가 될 수 있지.
마르크스: 부의 불평등은 여전히 문제이지.
크로: 누진세나 상속제 조정을 통해 부의 균형을 맞추면 되지.
마르크스: 계획하여 생산하고 공정하게 분배하면 더 쉽지 않는가?
크로: 인간은 경쟁을 즐겨. 도전할 기회를 줘야지.
마르크스: 국민의 반은 평균 소득 이하이니 공산주의는 다시 나타날 거야.
크로: 공산주의도 그 문제는 풀 수 없어.

스펜서: 사회진화론

허버트 스펜서(Herbert Spencer, 1820~1903)는 영국 더비 교장 아들로 태어나 미덥지 못한 학교교육 대신 가정교육으로 고등교육을 마쳤다. 그는 철도기사로 일하면서 신문에 글을 기고하다 《이코노미스트》 부편집장이 되었고 백부 재산을 상속받자 저술에 전념하여 36년간 종합 철학 체계 10권을 완성했다.

스펜서는 물리의 기본 원리인 운동량, 물질, 에너지 보존법칙을 제1원리로 두었고 진화 원인으로 간주했다. 인간은 제1원리를 알 수 없으며 종교 영역이라고 주장했다. 그는 과학기술 열매를 따먹으면서도 뉴턴과 다르게 선현의 땀과 노력을 인정하지 않았다.

스펜서는 진화론을 무생물, 유기체, 사회에도 확장하였다. 다윈은 《종의 기원》을 개정하면서 '자연선택' 대신 스펜서의 '적자생존'을 차용했다. 둘 다 "환경에 적용하는 자가 살아 남는다"라는 사전적 의미는 비슷하지만 스펜서는 "강한 자가 살아 남는다"라는 뉘앙스를 풍겼다.

스펜서는 동질 성분에서 이질 성분으로 분화를 진화로 규정했다. 세포에서는 균일한 세포질에서 이질적인 핵이나 소포체가 만들어진다. 분화를 통해 개체는 성장하지만 운동이 소진되면 개체는 해체된다고 보았다.

스펜서는 콩트처럼 사회를 하나의 유기체로 보았다. 사회의 각 기관은 고유 기능을 지니고 사회에도 유기체처럼 법칙이 있다고 보았다. 19·20세기 지식인들은 스펜서의 적자생존 이론에 호응하였고 공존보다 적자생존을 추구하는 제국주의를 열어 갔다.

스펜서는 진화에 따라 사회도 군사형 사회 그리고 산업형 사회로 바뀐다고 주장했다. 군사형 사회에서는 국가가 개인을 강압적으로 동원하지만 산업형 사회에서는 국가 대신 이익 단체가 구성원을 조율하므로 국가 간섭이 줄어든다고 보았다.

> **크로:** 당대에는 인기가 좋았다며?
> **스펜서:** 식민지 지식인들은 나를 미워하지.
> **크로:** 인종 간 우열이 있다는 주장은 좀 거북하지.
> **스펜서:** 선진국과 후진국 차이를 부정하지 마.
> **크로:** 후진국에도 개인 재능이 뛰어난 사람이 있지.
> **스펜서:** 그럼 문명이 발전한 이유가 뭔가?
> **크로:** 재능이 있는 자를 존중하는 문화이지.
> **스펜서:** 배고픔보다 배아픔을 크게 느끼더라도 할 수 없지. 경쟁 없는 공존은 공멸이야.

분트: 정신의 작동 기제

빌헬름 분트(Wilhelm Wundt, 1832~1920)는 독일 바덴 성직자 아들로 출생하였으며 튀빙겐, 하이델베르크, 베를린 대학에서 철학과 생리학을 공부한 후에 하이델베르크 대학 조교를 거쳐 라이프치히 대학 교수가 되었다.

화학에도 혁명이 일어나 화학현상이 분자, 원자로 환원하여 멋지게 설명되었고 생물의 물리적 반응도 자극 세기에 비례했다. 물질이 정신으로 표출된다는 포이에르바하 주장을 분트는 캐고 들었다. 이미 로크, 칸트가 제시한 지각, 오성, 이성의 인식 단계를 분트는 측정하고자 했다. 지각에서 시작하여 '억' 소리가 나거나 감정 샘에 도착하는 시간을 잴 수 있다고 보았다. 그는 라이프치히 대학에 심리학 실험실을 꾸몄고 피실험자에게 자극을 가하고 느낌을 말로 표현하는 내성법을 적용하여 심리 과정을 정량적으로 관찰했다.

> **크로:** 고귀한 정신을 세속적 기계로 재겠다는 발칙한 시도를 했군.
> **분트:** 다윈은 심리 현상을 자연과학 방법으로 연구할 수 있다고 귀띔했지.
> **크로:** 돈 세는 중에 질문을 하면 숫자를 까먹기도 하지.
> **분트:** 다중 작업으로 주의력이 분산되기 때문이지.
> **크로:** 여자는 남자보다 그래도 다중 작업을 잘하지?
> **분트:** 남녀 뇌 특성이 다르기 때문이야.
> **크로:** 단순 인지 외에 의식의 작동 기제는 아직도 신비에 싸여 있어.
> **분트:** 당시에도 눈치보는 답변을 골라 내기 어려웠어.
> **크로:** 내성법 대신 뇌파나 혈액이 집중되는 뇌 부위를 측정하는 방법도 있어.
> **분트:** 인식론을 심리학으로 접근했더니 이제 생리학으로 변하고 있군.

딜타이: 내적 체험에 기반한 정신과학

빌헬름 딜타이(Wilhelm Dilthey, 1833~1911)는 독일 비스바덴 목사 아들로 태어났다. 하이델베르크에서 신학을 공부한 후 베를린 대학에서 역사, 철학을 공부했다. 그는 김나지움에서 잠시 교편을 잡다가 대학으로 돌아와 박사학위를 받았고 바젤대학과 베를린 대학에서 가르쳤다.

칸트는 외부 대상을 지각과 지성으로 파악했고 분트는 인간 정신을 시계로 측정하는 등 결정론적 시각이 대세였다. 랑케도 연대별로 사실만을 기록하며 주관적 역사 서술을 거부했다. 헤겔은 절대정신으로 향하는 곧은 길을 주장했고 콩트와 스펜서도 3단계 발전되는 사회를 제시했고 마르크스는 공산사회로 이르는 과정을 묘사했다. 모두 확신에 차 결정론적 경로를 제시했다.

딜타이는 사회와 예술세계를 객관적 이성만으로 해석하려는 시도를 경계하며 두 세계는 객관적인 자연 세계와 다르다고 보았다. 자연 세계의 물질은 더 작은 요소로 분해하는 방식으로 설명되지만 정신과 사회는 환원될 수 없다고 보았다. 그는 데카르트의 분할되지 않는 정신을 상기시켰다.

딜타이는 정신을 환원시키는 시도에 반대하면서 정신 활동의 결과물에 대해서도 결정론적 시각을 경계하였다. 자연 현상은 분석되지만 정신 활동은 이해되어야 한다고 보았다. 그는 정신과학을 해석하는 방식으로 내적 체험을 꼽았다. 자연과학은 오감에서 시작하여 지성의 산물이지만 정신과학은 감정, 의지, 체험의 산물이다. 체험으로 작품이나 제도가 탄생했으니 체험으로 작품이나 제도가 이해되어야 한다고 보았다. 표현하는 저자나 독자는 동일한 심적 구조를 지녀 체험을 통해 공감할 수 있다고 그는 보았다.

딜타이: 만유인력나 전자기력은 장(場)으로 표현되지. 힘의 변형인 정신도 결국 장으로 표현되어 물질로 환원될 수 없어.
크로: 놀랍군. 그런데 자석의 자장(場)은 철분 선(線)으로 표현되고 선들을 따라가면 시작점과 끝점이 있지. 결국 장(場)도 선(線)을 거쳐 점(點)으로 환원될 수 있지.
딜타이: 점은 자석 N/S극이니 힘은 결국 물질에서 나오는군.
크로: 유사하게 정신도 뇌에서 나와.
딜타이: 정신 활동도 자연과학처럼 다룰 수 있다는 입장인가?
크로: 적어도 정신의 발생 원리는 과학처럼 환원될 수 있지.
딜타이: 본능이야 환원뇌겠지만 소명의식, 역사의식, 사랑, 배려는 하늘에서 내려오지.
크로: 그건 희망 사항이고 고귀한 정신도 지연, 혈연, 학연, 진영 논리로 환원되지. 어휘의 사용 빈도로 개인 성격과 사회 문화를 해석할 수도 있지.

에른스트 마흐: 관찰과 이론

에른스트 마흐(Ernst Mach, 1838~1916)는 오스트리아 모라바 출신으로 빈에서 공부했다. 그라츠 대학을 거쳐 프라하 대학에서 28년 동안 가르치며 《역학의 발달》을 저술했고 1895년에 빈대학교 교수에 초빙되었다.

빈은 합스부르크 공국이자 신성로마 제국의 수도로 유태인을 포함한 다양한 인종이 모여들고 베토벤 모짜르트의 활동 무대였다. 콧대 높았던 오스트리아가 프로이센과 전쟁에서 패하자 지식인은 충격을 받았다. 세기말적 패배 의식은 세기가 바뀌자 세기초적 희망 의식으로 꿈틀거렸다. 클림트와 에곤 실레는 기존 형식을 깨트리는 관능적 그림을 선보였다.

실증주의 태도는 하나의 자연 현상이 관찰되면 이를 설명하는 이론을 요구했다. 과학은 귀납과 연역을 씨줄과 날줄로 쌓아 진보하였다. 마흐는 실험을 중시하는 과학자였고 비행기 속도를 재는 단위 마하도 그의 이름을 땄다. 그런데 마흐는 관찰되는 것만 믿겠다는 신념의 소유자였다. 마흐는 소리, 모양, 맛, 냄새, 파동 등의 대상 속성들만 인식할 수 있고 칸트처럼 대상 자체는 알 수 없다고 주장했다.

마흐는 데카르트의 절대공간과 절대시간도 인정하지 않았기 때문에 절대공간 절대시간으로 기술된 뉴턴 역학도 비판하였다. 주위에 고정된 사물이 없으면 등속으로 이동하는 사람은 자신의 이동을 감지할 수 없다. 주위의 사물과 비교를 통해 움직임을 알 수 있으므로 라이프니츠도 절대공간보다는 상대공간을 주장했다. 특히 마흐는 높은 온도에서 낮은 온도로 흐르는 비가역 현상을 설명하기 위해 볼츠만이 인용한 돌턴 원자론까지 거부했다.

크로: 원자의 존재를 인정하지 않다니?
마흐: 우리 눈에 보이지 않지.
크로: 훌륭한 업적을 낸 볼츠만은 마흐 학파 반대에 목숨을 끊었지.
마흐: 비난을 견디어 냈으면 좋았을 텐데 암튼 미안하지.
크로: 물리만이 과학이 아니야. 화학, 생물, 대기에서도 새로운 원리들이 나와.
마흐: 연소를 설명하는 플로지스톤, 빛의 파동을 설명하는 에테르도 결국 폐기되었어. 우리는 원자론에 신중할 수밖에 없었지.

> **크로**: 이제는 전자현미경으로 원자배열을 볼 수 있지.
> **마흐**: 눈에 보이니 이제는 인정하지. 반면에 내가 절대시간과 절대공간을 거부한 탓에 아인슈타인이 상대론을 찾았지.
> **크로**: 그렇지만 자네는 상대론을 인정하지 않았지.
> **마흐**: 눈에 보이지 않았거든.

퍼스: 기호와 도면

찰스 샌더스 퍼스(Charles Sanders, 1839~1914)는 하버드 대학교 수학 교수 아들로 태어나 하버드 대학 화학 석사를 취득했다. 미국 연안 측량 기사로 일을 했고 존스 홉킨스 대학 논리학 강사로도 활동했다. 어릴 적부터 안면 신경통으로 고생을 했던 그는 까칠한 성격으로 직장을 잃고 컬럼을 쓰며 가난하게 살았다. 생전에 저서를 출간하지는 않았으나 많은 원고들이 사후에 발견되어 하버드 대학교로 보내졌다.

미국의 개척자들은 유럽과 생각이 달랐다. 기득권을 거부했고 청교도 정신이 강했다. 영국으로부터 독립을 쟁취한 그들은 스페인, 프랑스 식민지를 야금야금 주워 삼켜 영토를 확장하였다. 정복할 낭이 정리되자 이제 내부적으로 남과 북이 노예 해방을 두고 싸웠다.

보스턴을 중심으로 과학과 철학도 발전하여 유럽 문명을 거의 따라잡았다. 그들은 헤겔 철학, 다윈의 진화론을 미국의 상황에 적용하였다. 퍼스는 윌리엄 제임스와 철학 동호회를 만들어 미국 철학을 빚어 나갔다. 그들은 삶에 도움이 되는 철학을 추구하며 실용주의라는 용어를 처음 썼다. '무거움'은 "놓으면 떨어진다"는 진술처럼 진리는 결과로 판명되어야 한다고 보았다.

퍼스는 철학은 개념을 명확히 하는 데 있다고 보았다. 그는 칸트가 말한

물자체를 알 수 없지만 기호를 통해 물자체를 더 가까이 다가갈 수 있다고 보았다. 그는 철학자 이전에 화학자였고 측량 기사로 원소기호, 측량기호에 익숙하였다. 과학자들은 자연언어보다는 수식과 도면을 선호한다. 일반인들은 자연언어가 논리이지만 과학자들은 도면과 수식이 논리이다.

외부의 세계는 개체들로 이루어져 있다. 그런데 과학 발전은 개체들도 만유인력, 인과관계, 포함관계로 맺어져 있음을 알려 주었다. 개체는 눈에 보이지만 개체 간의 관계는 아쉽게도 눈에 잡히지 않는다. 퍼스는 개체와 관계를 모두 보여 줄 방법을 원했다. 그는 대상에 대응되는 표상체와 주변 관계를 표시하기 위해 기호를 도입했다. 퍼스의 기호는 아이콘, 지표, 상징을 지닌다. 예를 들어 일기예보의 깃발 아이콘으로 바람을, 숫자 지표로 바람의 세기를, 화살표 상징으로 풍향을 나타낼 수 있다. 어휘도 기호인데 문자 아이콘으로 동작을, 어미 지표로 시제를, 발음 표식으로 장단음을 나타낼 수 있다.

기호는 표상체뿐만 아니라 주변 관계까지 표현하므로 대상과 모양이 유사하나 같지는 않다. 이렇게 정의된 기호를 연결하여 세상과 자연 현상을 설명할 수 있는 도면을 그릴 수 있다. 도면은 수많은 기호를 배열한 그림이다.

퍼스는 과학은 동일한 방법으로 수행되면 동일한 결과를 산출해야 한다고 보았다. 그러면서 과학 및 철학적 방법으로 귀추법을 제시하였다. 귀추법은 연역법과 귀납법의 융합이다. 귀납법이 결과만을 일반화시키는 데 반하여 귀추법은 가정을 세운 후에 관찰 결과를 잘 설명하는 가정을 선택하는 방법이다.

> **크로:** 건설, 전기, 제작 등 다양한 분야에서 도면들이 기호로 표시되지.
> **퍼스:** 지도가 지역을 잘 묘사하듯이 도면이 세계 현상을 잘 설명하지.
> **크로:** 어휘와 문장이 서로 다르듯이 기호와 도면을 구별하면 좋겠어.

> **퍼스:** 기호는 학교, 절, 하천 같은 범례이고 도면은 이를 사용하여 그린 그림이지.
> **크로:** 문자로 표현된 장문의 글도 한 장의 도면을 당할 수 없지.
> **퍼스:** 백문불여일견. 그런데 풍부한 정보를 주는 도면을 만들려면 기호도 정교해야지.
> **크로:** 세상을 잘 알수록 기호에 풍부한 의미를 넣을 수 있지만 기호가 복잡하면 사람들이 도면을 읽는 데 어려움을 느끼지.
> **퍼스:** 언어를 배우듯이 기호 읽는 법을 배워야지. 도면 읽어 주는 기계가 나올 수도 있지.

윌리엄 제임스: 실용주의 철학

윌리엄 제임스(William James, 1842~1910)는 미국 뉴욕 목사 아들로 태어났다. 할아버지의 막대한 유산과 아버지의 개방적 교육관으로 그는 미국과 유럽을 오가며 관념론, 유물론, 진화론 토론에 참여했다. 그는 회화, 화학에 기웃거리다가 하버드 대학 의학과로 전과했고, 브라질을 탐험하면서 풍토병에 걸려 후유증으로 평생 고생했다. 그는 학위 후에 하버드에서 생리학, 심리학, 철학을 가르쳤다.

제임스는 퍼스와 함께 실용주의를 추구했지만 방법은 날랐다. 퍼스는 과학적 탐구를 통한 진리와 실용을 추구했지만 제임스는 이익을 주는 현실적 실용주의를 추구했다. 산타 크로스도 아이들에게 희망을 심어 주므로 그의 존재는 참이 될 수 있다.

제임스는 엄밀성을 요하는 실험 과학에는 흥미를 느끼지 못했다. 그는 실험 대신 통찰로 진리를 발견하려 했고 정신 승리를 외쳤다. 1890년 출간한 《심리학의 원리》가 통찰의 결과이다. 심리를 생리학으로 환원하는 분트에 반대하며 그는 오히려 기능주의 심리학을 주장했다. 자극에서 뇌까지 가는 과정을 해부학적으로 쪼개 측정하기보다는 의식의 흐름을 중시했다.

제임스는 외부 신호를 받은 감각이 사람의 행동을 결정하는 것이 아니라 적극적 의지가 사람의 행동을 결정한다는 보았다. 영국 경험론는 오감으로 들어오는 신호가 의식의 흐름을 좌우했지만 윌리엄는 오감뿐만 아니라 의지도 의식 흐름을 결정한다. 그는 의식의 흐름을 우주라고 보았고 각 개인들은 고유한 우주에 살고 있다고 보았다. 그는 성경 구절처럼 바라는 것의 실상이요, 보지 못하는 것의 증거인 믿음을 강조하며 믿음으로 삶이 바뀔 수 있다고 보았다. 제임스는 명상과 신이 간섭하는 우주를 믿었다.

> **크로:** 융합적 학문을 했군.
> **제임스:** 과학하다 철학하는 너도 마찬가지지.
> **크로:** 믿음을 강조하는 철학은 다른 지식이 필요 없어.
> **제임스:** 난 달라. 현실을 정확히 인식한 후에 확신하며 기도했지.
> **크로:** 감각 신호뿐만 아니라 의지까지 경험으로 두었군.
> **제임스:** 영상 편집자는 촬영 화면을 편집하여 게시하면 구독자는 경험을 얻고 변화되지.
> **크로:** 의지가 가미된 영상은 편집이 아니라 왜곡일 수도 있지.
> **제임스:** 왜곡이든 편집이든 동영상은 작가 의식의 흐름이지.
> **크로:** 의식의 흐름은 우주가 아니라 작가 주관이 개입된 상상이지. 의식의 흐름을 신의 계시로 여기면 사기이지.

니체: 적자생존의 철학자

프리드리히 니체(Friedrich Nietzsche, 1844~1900)는 프로이센 작센 루터교 목사 아들로 태어나 5살 때 아버지를 여의고 외가에서 살았다. 14살에 전통 깊은 기숙학교 슐포르타에 입학했고 본 대학에서 고전문헌학을 배웠다. 지도 교수 리츨을 따라 라이프치히 대학으로 갔다가 서점에서 쇼펜하우어

《의지와 표상으로서의 세계》를 보고 정신을 못 차렸다.

프로이센의 수상 비스마르크가 일으킨 오스트리아를 독일 연방에서 축출하는 전쟁에 그는 징집되었고 사고를 당해 제대했다. 리츨의 호의적 추천으로 학위도 없는 그는 바젤대학교 교수가 되었고 음악가 바그너까지 만났다. 니체는 1870년 보불전쟁에도 군의관으로 참전했지만 이질에 걸려 곧 제대했다. 1879년 건강문제로 바젤대학을 퇴임하고 유럽을 돌아다니며 쓴 글들이 쐐기처럼 근대 사상을 깨뜨렸다. 1889년 정신병원에 입원하여 10년 동안 어머니와 여동생의 간호를 받다가 세상을 떠났다.

니체는 그리스 비극이 디오니소스 축제에서 기원했다고 보았다. 비극은 아폴론적 진리와 정의, 디오니소스적 열정, 광란, 흥분을 균형 있게 보여 주었다. 그런데 플라톤이 이데아가 있다고 허풍을 칠 때부터 인류는 잘못된 길로 갔다. 이데아가 힘을 얻자 세상은 참모습을 숨기기 시작했다. 플라톤을 이어받은 기독교 천국은 이데아와 다를 바가 없다. 겸손이 찬양되고 디오니소스적 열정은 경멸되었다. 기독교는 약육강식을 부정하며 겸손과 희생을 강요한다. 원수를 사랑하고 내세를 위해 선을 행하라고 한다. 약자들이 영웅을 시기하는 르상티망을 지닌다. 기독교 도덕은 열등한 자의 사기, 위선이다. 니체는 노예 도덕 대신 적자생존을 강조한다. 여자에게 독설을 퍼붓는다. 동물처럼 강자의 논리로 살고 그리스 이전의 철학에서 배우라고 주장한다. 권력의지를 지닌 초인으로 살아가라고 한다.

크로: 왜 신이 죽었다고 난리를 치냐?
니체: 동물에서 진화된 인간을 인정해야지.
크로: 그렇다고 동물이 될 필요는 없지.
니체: 신의 율법은 인간을 망가뜨리고 있어.
크로: 율법과 이성을 통해 사회는 발전하였지.

니체: 그럼에도 영웅은 사라졌어. 우주도 역사도 영원회귀하니 역사를 다시 써야지.

크로: 영원회귀하는데 뭐 하러 노력하지?

니체: 나도 그게 이상했지만 당대 과학은 시간 가역성을 주장했거든.

크로: 현대 과학은 시간이 단방향으로 흐른다고 보지. 세상에 영원회귀가 없어.

니체: 이제 말이 되는 군. 세상이 되돌아오지 않을 때가 초인의 활동이 의미 있지.

크로: 자네의 문학은 아름답고 통찰력이 있지. 낙담한 사람들은 격정적 글에 위안을 받고 다시 시작할 수 있지. 그러나 단편적인 글이 사회의 제도가 될 수는 없겠지.

니체: 변혁은 감정에서 나와.

11. 복합체와 정신의 창발

자연 현상은 뉴턴역학으로 예측이 가능했지만 사람의 행동과 생각은 한 시간 앞도 예측하기 힘들었다. 인간이 지닌 자유의지로 인해 선택의 경로가 많기 때문이다. 과학자들은 예측을 방해하는 자유의지를 규명하고자 했다. 해답은 고전역학을 깊게 바라보자 나타났다. 3개의 물체에 고전역학을 엄밀하게 적용하면 미래 궤도를 예측할 수 없다는 사실이 밝혀졌다. 결정론적 고전역학도 비결정론적 거동을 보인다. 카오스 이론이다. 뿐만 아니라 물체 수가 천문학적으로 증가하면 자연 현상의 주기성이 사라지면서 한 방향으로 흐르는 비가역적 현상들도 나타났다. 이는 시간의 화살로 나타나며 시간은 지속된다는 인식을 심어 주었다.

입자가 모여 구성된 복합체는 비결정론의 특성을 지니게 될 수밖에 없다. 시간이 지나면 예상한 궤도를 벗어 날 수밖에 없는데 이를 방지하려면 구성 요소의 수를 줄어야 한다. 신체는 세포 대신 장기로, 기계는 분자 대신 부품으로 구성 요소 수를 저감하여 결정성을 높인다. 그래도 벗어나는 궤도를 복귀하려 인체는 오감과 뇌를 분화하여 자유의지를 얻었다. 자유의지는 내부의 소화 에너지로 외부의 힘을 극복한다.

물질과 힘은 서로 협력하여 복합체를 창발하지만 당대 철학자는 인식하지 못했다. 아니 창발을 거부하며 대안을 추구했다. 눈이 보이지 않는 정신 대신 눈에 보이는 정신의 분신을 찾기 시작했다. 정신의 분신은 심리, 기호, 언어로 나타났다.

볼츠만: 비가역성

볼츠만(Boltzmann, 1844~1906)은 오스트리아 빈 출신이다. 빈대학교에서 물리학을 전공하고 그라츠 대학을 거쳐 빈 대학 물리학 교수가 되었다. 마흐 후임으로 과학 철학도 강의했다.

열역학 현상들이 정확히 측정되면서 탄탄했던 뉴턴 역학도 한계를 노출했다. 가역적인 뉴턴 역학은 비가역적인 열역학 현상을 설명하지 못했다. 뉴턴 역학으로 기술되는 태양은 항상 동쪽에서 뜨고, 봄은 매년 돌아오는 가역성을 보인다. 그런데 열의 흐름, 냄새의 확산은 비가역적이다. 낮아진 온도는 다시 높아지지 않고 물컵에 떨어진 한 방울 잉크는 퍼져만 나간다. 비가역성은 다수의 입자로 이뤄진 시스템에서 관측된다.

뉴턴 역학으로 해석될 수 없는 신기한 현상이지만 열역학자들은 온도에 반비례하는 열적 엔트로피라는 개념을 도입하여 비가역성을 아쉬운 대로 해석하여 왔다. 그러나 과학자들은 표피적 성공에 만족할 수 없었다. 그들은 열적 엔트로피를 뉴턴 역학의 입자운동과 연계하고 싶어 했다.

기똥찬 해답을 볼츠만이 내놓았다. 그는 다수의 원자나 분자를 군집으로 처리하는 통계적 방법으로 통계적 엔트로피를 제시했다. 긴 증명 과정을 생략하고 핵심만 말하면, 분자들은 한 곳에 몰리기보다는 골고루 퍼지는 방향으로 운동이 일어난다. 뿐만 아니라 그는 열역학적 엔트로피가 통계적 엔트로피와 동일함을 수학적으로 밝혔다. 엄청난 쾌거였다. 거시 세계의 열역학과 미시 세계의 통계 역학의 연결은 엔트로피뿐만 아니라 거시 변수인 부피, 압력, 온도 등을 개별분자의 운동으로 환원하는 길을 터 주었다.

위대한 발견은 진통을 겪는 법인지 빈 대학의 마흐 등은 통계역학에서 가정한 원자나 분자를 수용하지 않았다. 볼츠만은 실증주의 과학자들과 마찰을 겪다가 우울증에 걸렸고 생을 스스로 마감했다. 후속 연구들은 원자와 분자는 실재하고 볼츠만의 접근법에 손을 들어 주었다.

우주는 천문학적 입자로 구성되어 시간은 과거에서 미래로 일방적으로 흐르고, 과거로 돌아가지 못한다. 죽은 사람은 살아나지 못한다. 니체의 영원회귀는 일어날 수 없다.

> **볼츠만:** 나도 은퇴를 앞두고는 철학에 뛰어들었지.
> **크로:** 이해하지. 이념에 중독된 과학자들과 싸우려면 소굴로 들어가야지.
> **볼츠만:** 끝까지 투쟁하지 못하고 나 스스로 무너졌지.
> **크로:** 복합체의 온도, 압력, 부피를 분자 속성에서 멋있게 유도했군.
> **볼츠만:** 알아주는 친구를 만났군. 과학자는 거시 현상을 미시 행동으로부터 해석하려는 성향을 지니고 있지.
> **크로:** 국가 권력도 개인이 자유를 일부 위임하여 얻어졌지.
> **볼츠만:** 창발된 복합체가 움츠러들면 개별 원자들이 영향을 받아.
> **크로:** 국가가 공권력을 발휘하면 개인은 자유를 제한 받지.
> **볼츠만:** 그럼 개인 자유와 국가 권력의 우선 순위는?
> **크로:** 창발된 속성이 우선이지. 따라서 개인이 자유를 위임할 땐 신중해야지.

프레게: 기호 논리학

프레게(Frege, 1848~1925)는 독일 비스마르 교사 아들로 태어나 예나 대학에서 4학기를 다닌 후에 괴팅겐 대학교에서 물리학, 수학, 철학을 배웠다. 1874년 사강사로 시작하여 예나대학교 교수가 됐다. 1879년 〈개념표기법〉, 1892년 〈뜻과 지시체에 관하여〉를 출간했다. 그는 어휘 의미, 어휘 관계, 수 의미, 수 관계를 체계적으로 표기하고자 했다. 그의 저작들이 난해하여 독일 학계는 거들떠보지도 않았지만 1900년 파리 철학자대회에서 러셀은 프레게 연구 가치를 단번에 알아챘고 몇 되지 않는 제자 카르납이 스승을 계승했다.

수학은 당대까지 객관적 학문으로 여겨졌고 데카르트, 스피노자, 칸트도 수학에 근거하여 철학을 전개하였다. 기하학에서 싹튼 수학은 자연 현상을 설명하려 미적분, 복소수, 로그로 뻗어나갔고 풍성한 결실을 맺었다. 승승장구하던 기세는 삼각형 내각의 합이 180도가 아니라는 비유클리드 기하학이 나오면서 일단 멈춰 섰다. 연속, 무한, 미분가능성, 값의 수렴 등이 근거 없이 사용된다는 반성이 일었다. 수학자들은 얽힌 가지를 잘라내고 탄탄한 수학체계를 세우려 수학의 기초를 들여다보기 시작했다.

칸토르(Cantor, 1845~1918)는 수학의 기초를 찾아 파 내려가다 집합이라는 암석을 만났다. 가공되지 않았지만 넓고 단단했다. 그는 이리저리 살피다가 집합의 대응 관계를 적용하면 무한에도 등급을 나눌 수 있음을 알아챘다. 자연수는 유리수의 부분 집합이지만 두 집합의 원소 간에 일대일 대응 관계가 있다. 한편 자연수는 실수의 부분집합이지만 두 집합의 원소 간에 일대일 대응관계가 없음을 기발한 방식으로 밝혀냈다. 다시 말해, 자연수, 유리수, 실수가 무한 개의 원소를 지녔지만 자연수와 유리수는 크기가 같고, 자연수와 실수는 크기가 다르다.

수학자들은 부분이 전체와 같다는 칸토르 주장에 잠시 머뭇거리며 살폈다. 곧 집합은 보석이라는 함성이 터졌다. 그들은 칸토르가 적용한 집합론을 수학의 근본적 토대로 삼고자 했다. 프레게도 솔깃하여 수 체계를 집합론과 연결시켰다. 가령 1은 지구 위성인 달의 수나 인체 코의 수로 대응시켰다.

프레게는 어휘에 의미를 부여했다. 이전까지는 어휘는 외부의 대상을 지칭하는 정도였지만 그는 어휘를 '뜻'과 '지시체'로 엄밀히 나누었다. 토끼로 예를 들면 '지시체'는 눈앞에 뛰어 가는 외부의 동물이며, '뜻'은 귀가 크고 털이 있는 동물이다. '뜻'은 '지시체'의 속성이다. 어휘사전은 '어휘', '뜻', '지시체'를 구분하는데 '어휘'는 가나다순으로 나열되어 굵은 글씨로 표시되고, '뜻'은 설명 문장이며 '지시체'는 그림으로 그려진다.

프레게는 일상언어로 쓰인 문장은 다양하게 해석되므로 이를 피하려면 수학적 문장으로 전환되어야 한다고 보았다. 가령 '소크라테스는 사람이다'라는 일상 문장을 '어떤 것이 사람인데 이것은 소크라테스다'라는 집합 표기법으로 바꾸자고 제안했다. 전환 과정에서 그는 '모든'에 ∀ 양화기호, '어떤'에 ∃ 양화기호를 도입하였다. 뿐만 아니라 두 문장을 연결하는 AND(그리고), OR(또는), IF-THEN(만약-이면)의 논리기호를 도입하여 기호논리학을 탄생시켰다.

프레게가 도입한 수학적 문장은 아리스토텔레스 이후에 정체된 논리학을 한 단계 끌어올렸다. 수학적 문장으로 표현되는 논리학은 술어 논리학이며 아리스토텔레스의 고전 논리학과 구별된다. 고전 논리는 '주어+술어'를 통째로 다루지만 술어 논리는 술어를 만족하는 '지시체'의 집합을 지정할 수 있다. '지시체' 범위를 지정함으로써 삼단논법이 자연스럽게 추론된다. 프레게의 아이디어는 현대의 기호논리학, 언어철학의 마르지 않는 샘이다.

프레게: 인기 없었던 나를 찾아 주니 고맙군.
크로: 프레게가 빠진 철학사는 비정상이지.
프레게: 고맙지만 칭찬이 무서워. 러셀처럼 결함을 지적하지 말어.
크로: 어휘를 '뜻'과 '지시체'로 구분하는군. 새로운 개념은 도입한 이유가 뭔가?
프레게: 내 설명은 다른 사람들이 어려워하지.
크로: 짐작은 가지. 데카르트, 로크 등도 외부 대상을 보고 뇌에서 관념이 생긴다고 했지.
프레게: 맞아. 외부 대상은 '지시체'이고 관념은 '어휘'로 볼 수 있지. '뜻'은 대상의 속성들로 볼 수 있고.
크로: 자기가 본 지시체를 멀리 떨어진 타인에게 설명하려면 '지시체' 대신 '뜻'으로 설명할 수밖에 없지.
프레게: 맞아. 언어는 인식뿐만 아니라 의사 전달의 목적도 있지.

푸앙카레: 예측 불가

앙리 푸앙카레(Henri Poincare, 1854~1912)는 프랑스 로렌스 낭시 출신으로 에콜 폴리테크니크를 수석으로 입학했고 소르본 대학교에서 미분방정식으로 수학 박사학위를 받았다. 광산감독 공무원으로 잠시 일하다 캉 대학을 거쳐 소르본 대학에서 가르쳤다. 위상수학, 카오스이론, 상대성이론에 기여했다.

스웨덴 국왕 오스카 2세가 제기한 "태양계는 안정한 상태인가?"라는 현상 문제에 푸앙카레는 흥미를 느꼈다. 그는 일반해가 없음을 밝히면서 특수해를 제시하여 행성 궤도가 초기 조건에 민감함을 발견했다. 초기 조건이 조그만 틀어져도 몇 달 후 궤도가 팍팍 바뀐다. 현재 태양계는 안정적으로 자신의 궤도를 따라 운동하고 있지만 초기 조건이 나빴던 행성들은 충돌하여 흡수되었다는 의미이다. 지금도 운석들이 장거리를 날아왔지만 일부는 지구에 떨어지고 있다. 이 발견은 한라산 나비의 조그만 날개 짓이 한반도 태풍 경로를 바꾸는 카오스 이론으로 비약된다.

푸앙카레는 또한 과학이론의 규약주의를 주장한다. 기하학에는 유클리드 기하학과 비유클리드 기하학의 두 종류가 있으며 어느 것이 옳다는 근거는 없다. 둘 다 진리이고 선택은 적용 상황에 따르면 된다. 대륙을 비행하는 기장은 비유클리드 기하를 따르고 밭고랑을 내는 농부는 유클리드 기하학을 따르면 된다. 어려운 선택은 아니다.

크로: 삼체 문제 풀이집을 출판하려다 실수로 손해를 보았지?
푸앙카레: 받은 상금을 다 털어 부었지.
크로: 남녀 간 삼각관계 해결도 어렵지.
푸앙카레: 삼체의 일반해는 없지만 정삼각형으로 배치된 경우 해가 있지.
크로: 일반해가 없다는 의미는 궤도를 수식으로 표현할 수는 없다는 뜻이지?

푸앙카레: 맞아. 수식이 없더라도 수치적으로 계산은 되지.

크로: 당구 고수는 수식 없어도 궤적을 알고 최신 컴퓨터도 궤적을 빠르게 그리지.

푸앙카레: 주최 측은 특수해만 보고 함의 된 철학적 의미를 깨달았지.

크로: 궤적이 초기 조건에 민감하니 결국 미래는 알 수 없군. 뉴턴 역학이 이론적으로는 결정론이지만 현실적으로는 비결정론이군.

푸앙카레: 스쳐 지나가는 소행성도 행성 궤적에 영향을 미치지.

크로: 태풍 경로 예측과 비슷하군. 두리뭉실하게 태풍의 진행 영역을 표시하지.

푸앙카레: 동물도 주변 천적과 거리를 두고 풀을 뜯지.

크로: 불확실한 상황에 대처하려 생명체는 눈, 코, 귀의 감각 기관을 지니지.

푸앙카레: 판단하는 뇌와 도망치는 다리를 지녀.

프로이트: 먹는 인간 싸는 인류

지그문트 프로이트(Sigmund Freud, 1856~1939)는 체코 유태인 가정에서 출생하여 빈에서 자랐다. 빈대학 의학부에서 신경해부학을 공부하면서 유기체도 하나의 역학계이며 화학과 물리 법칙이 적용된다는 사실을 배웠다. 그는 세기의 행운을 꿈꾸며 1900년 정신분석학《꿈의 해석》을 출간했는데 소망대로 유명세를 탔고 1930년 독일문학에 기여한 공로로 괴테상을 받았다. 1933년 나치는 그의 책을 불살랐으며 1938년 오스트리아를 합병하고 그의 집을 수색하자 프로이트는 영국으로 망명했다.

힘이 물질을 움직이듯이 정신도 인간의 행동을 결정한다. 뿐만 아니라 타인의 시선도 우리의 행동을 좌우한다. 그런데 신경증 환자들은 다르다. 의사들은 이상한 행동을 의식 뒤에 숨어 있는 무의식 탓으로 보았고 무의식을 최면으로 끄집어내어 치료하고자 했다. 프로이트도 초기에 최면에 의지했지만 효과에 의문을 품고 자유연상 기법을 적용했다. 무의식은 의식의 건전한 표출을 방해한다. 정상 궤도를 이탈시키는 푸앙카레의 초기 조건, 경계 조건처럼 무의식은 의식을 이탈시킨다.

프로이트는 무의식의 발생 및 특성을 깊게 탐구했다. 의식이 깨어 있을 땐 무의식은 잠복되어 있지만 의식이 한 눈을 팔면 억압된 무의식이 표출된다. 히스테리 환자의 신경질적 행동은 무의식 탓이다. 정상인에게도 무의식은 꿈으로 나타나고 말실수로도 나타난다고 보았다. 꿈에 나타난 무의식은 전도, 치환되므로 규칙을 알면 해몽될 수 있다고 보았다.

프로이트는 무의식은 성적 욕망에서 발원했다고 보았다. 그는 여행하며 처제와 한 방에 머물 정도로 삶과 이론은 성으로 채워져 있다. 그는 사람의 성장 단계를 성적 은유로 구강기, 항문기, 남근기, 잠재기, 생식기로 구분했다. 각 단계의 충족되지 않는 욕구는 무의식의 흔적으로 남는다. 그는 어린 시절 아버지에 대한 적대감과 어머니에 대한 성적 감정을 상기하며, 엄마를 차지하고픈 어린 아이의 심리를 소포클레스의 비극에서 따 와 오이디푸스 콤플렉스로 명명했다.

포이에르바하가 먹는 것이 인간을 만든다고 인간을 격하시켰지만 프로이트는 배출하는 것이 인간을 결정한다고 보았다. 딜타이는 정신을 분석하지 말고 이해하라고 당부했지만 프로이트는 유물론적으로 해석했다.

크로: 좋은 경험으로 나쁜 기억을 덮으면 동물도 변화되지.
프로이트: 나쁜 기억이 무의식이지.
크로: 무의식 도입 없이 이성이 본능을 조율했다고 볼 수도 있지.
프로이트: 이성과 본능이 잠자는 동안에도 인간을 좌우하는 힘은 무의식이지.
크로: 그건 무의식이 아니라 꿈이지.
프로이트: 무의식은 꿈뿐만 아니라 말실수로도 나타나.
크로: 최신 이론은 꿈을 신경의 재배치 현상으로 보지.

> **프로이트:** 재배치는 무작위 현상이라 꿈의 줄거리가 만들어질 수 없어.
> **크로:** 전두엽은 재배치되는 단어를 치환, 전도하여 꿈을 만들지. 전두엽은 의식을 관장하거든.
> **프로이트:** 꿈은 미래를 보여 주기도 해.
> **크로:** 특정 단어는 소망으로 이어질 수 있지.

소쉬르: 구조주의 언어학

페르디앙 소쉬르(Ferdinand de Saussure, 1857~1913) 스위스 제네바 생물학자 아들로 태어나 라이프치히 대학에서 언어학을 공부했다. 그는 저서를 출간하지 않았지만 1906년 제네바 대학교에서 강의한 언어 이론을 제자들이 《일반언어학 강의》로 출간했다.

헤르더, 훔볼트은 언어를 국민 의식의 틀로 바라보는 정신 철학을 싹틔웠고 어휘, 음운의 변천을 추적했다. 소쉬르는 기호, 의미, 문법을 더해 언어를 정신 철학의 기둥으로 세웠다. 당대의 실증주의 풍조에 퍼스 기호학이나 프레게 논리학을 감안하면 세상과 사상을 정확히 표현하려는 소쉬르의 언어학은 자연스런 귀결로 보인다.

소쉬르는 언어를 랑그와 파롤로 구분했다. 랑그는 사회적 동의를 얻은 문법이나 어휘이다. 파롤은 랑그를 표현한 문장이고 음성으로 발화된 음파이다. 파롤은 어휘 배치, 논리 전개, 고유 음색을 지니므로 개인별로 다르다. 언어학자는 주로 랑그에 집중하고 작가와 독자는 파롤로 작품활동을 하고 의사 소통한다.

소쉬르는 랑그의 한 요소인 어휘를 기표와 기의로 구분했다. 기표는 어휘의 기호이고 기의는 기호가 나타내는 개념이다. 기의는 프레게 표현을 빌리면 '지시체'와 '뜻'으로 세분될 수 있다.

기표와 기의가 늘 짝을 이루지만 대응 관계는 우연이며 필연성이 없다고 소쉬르는 주장한다. 자연에 자라는 줄기 식물을 '나무'로 사회가 약속했지만 '마무'라고 했더라도 별 문제없다. 의성어나 상형 문자는 기표와 기의의 유사성을 일부 지니고 있지만 언어 공동체가 다르면 유사성도 사라진다.

소쉬르는 기표와 기의의 쌍을 분석하여 미묘한 기의 차이를 표현하려 다양한 기표가 파생됨을 확인했다. 똑같은 바다지만 미묘한 뉘앙스를 표현하도록 기표는 바다(Sea)와 대양(Ocean)으로 나눠진다. 어휘는 매년 새롭게 사출되는 레고 조각이다. 인간은 현상을 규명하고 문학 작품을 창작하면서 부족할 경우 새로운 레고 조각을 찍어 낸다. 새 어휘는 기존 어휘와 차이를 극대하도록 직교화된다. 어휘 간의 관계성을 지시하는 구조에는 세상을 보는 관점이 녹아 있다.

소쉬르는 어휘를 결합하여 문장을 생성하는 원칙도 제시했다. 문장은 결합관계와 계열관계로 생성된다. 결합관계는 '주어+목적어+동사'와 같이 어휘들의 순서이고, 계열관계는 목적어 위치에 올 수 있는 어휘들은 집합이다. 사실과 사상을 표현하려 계열관계에서 어휘를 선택하여 결합관계로 묶은 배열이 문장이다.

아기는 시행 착오를 통해 규칙을 배우고 3~4세가 되면 다양한 어휘 조합으로 새로운 문장을 만들 수 있다. 인간은 자율성을 가진 듯하지만 타인이 약속한 언어로 사유하므로 자율성이 없다. 인간 주체는 언어의 구조 속에 세뇌되어 간다.

크로: 일반 언어에서 기의와 기표는 임의적이지만 그렇지 않은 언어도 있지.
소쉬르: 상형 문자도 임의적이야.
크로: 수학 언어이지. 아라비아 숫자는 세계 어디에서나 동일하지.
소쉬르: 로마 숫자와 한자는 아라비아 숫자와 달라.

> **크로:** 초기에는 달랐지만 로마도 동양도 이제는 아라비아 숫자를 사용하지.
> **소쉬르:** 수 개념은 명확하고 아라비아 표기가 탁월하니 기의와 기표가 통일되었군.
> **크로:** 프록시마 행성에서도 1, 2, 3은 동일하지.
> **소쉬르:** 더 나아가 숫자나 과학이 실재인지 논란이 있지?
> **크로:** 수나 과학의 지시 대상은 없지. 수나 과학은 대상보다는 대상 간의 관계를 다루지. 사랑이라는 실재를 믿는다면 수학과 과학도 실재하지.

뒤르켐: 창발된 사회

에밀 뒤르켐(Emile Durkheim, 1858~1917)은 프랑스 알자스-로렌 유태인 랍비 집안에서 태어났다. 이 지역은 1870년 보불전쟁으로 독일에게 넘어 간 땅이다. 비스마르크는 합스부르크의 오스트리아와 전쟁을 치러 오스트리아를 독일 연방에서 우아하게 몰아냈고 프랑스에 호의적인 남부 독일을 포용하기 위해 보불전쟁을 일으켰다. 프랑스는 교황령 로마에 파견된 군까지 차출했지만 패했고 이탈리아는 그 틈에 로마를 삼켜 이탈리아를 통일했다. 분노한 파리 시민들은 거리로 뛰쳐나와 파리 코뮌을 설치했지만 프랑스 정부의 무자비한 진압으로 파리 코뮌은 2개월 만에 시라졌다.

뒤르켐은 고등사범학교를 졸업하고 독일로 유학한 후에 보르도 대학을 거쳐 소르본 대학에서 사회학을 강의했다. 시민 혁명과 과학 혁명으로 기독교 가치를 잃고 개인의 욕망으로 다원화되는 프랑스 사회의 작동 원리를 밝히고자 했다. 뒤르켐은 수만건의 자살 사례들을 조사하여 자살이 개인의 심신 미약이 아니라 사회 탓으로 보았다. 그는 사회의 통제 수준에 따라 아노미적 자살과 숙명적 자살로 나누었다. 아노미적 자살은 사회 격변으로 통제가 약하고 규범이 무너질 때, 숙명적 자살은 강한 통제로 절망을 느낄 때 발생한다고 보았다. 그는 또한 사회 결합력에 따라 이기적 자살, 이타적 자살로 구분하고 이기적 자살은 구성원 간의 결합이 약한 사회에서 일어나면 순교와 같은 이타적 자살은 결합이 강한 사회에서 일어난다고 보았다.

이제까지 철학자들은 사회를 개개인으로 환원하여 법칙을 찾으려 했지만 성공하지 못했고 콩트는 사회를 종교의 제물로 삼았다. 뒤르켐은 사회를 개인의 합이 아니라 창발된 독립체로 보았다. 비록 개개인이 사회 구성원이 되지만 일단 사회가 구성되면 사회는 개인과 독립적으로 작동한다고 보았다. 창발된 전체는 부분의 합 이상이다. 뒤르켐은 창발된 사회의 고유 특성을 사회적 요소(Social Factors)라고 했다. 사회적 요소는 존재적 요소와 작용적 요소로 구분되고 존재적 요소는 인구분포, 도로망, 주거 등이고 작용적 요소는 종교, 법률, 언어, 문화 등이다. 마르크스는 생산 방식만을 사회적 요소로 두었다.

뒤르켐은 창발된 사회가 작동하려면 개인이 도덕 교육을 받아야 한다고 보았다. 고대 사회에서는 종교가 사회 규범이 되었지만 근대 산업 사회에서는 개인은 합의된 제도를 수용하는 태도를 배워야 한다. 마르크스는 분업이 노동자를 소외시킨다며 비난했지만 뒤르켐은 분업은 경제적 효율성뿐만 아니라 사회 구성원의 유기체적 연대감을 준다며 긍정했다.

크로: 창발 개념은 훌륭하지.
뒤르켐: 나누리틀은 창발을 근본원리로 두고 있군.
크로: 사회학 교주로 불리는데 프랑스 몰락을 막지는 못했지?
뒤르켐: 독일에 항복한 보불전쟁과 달리 1차 세계대전에서는 프랑스도 승전국이야.
크로: 2차 세계 대전에서는 독일에게 점령당했지.
뒤르켐: 그래도 2차대전 승전국이니 독일 부역자 척결을 주장할 권리가 있지.
크로: 도덕 교육으로 사회구성원을 세뇌시킨다는 주장은 거북하지.
뒤르켐: 패전국 국민이 말이 많구나.

> **크로:** 분업이 복잡한 사회를 유기체적으로 맺어 주듯이 다양한 사상이 사회를 유기체적으로 묶어 주지.
> **뒤르켐:** 그래도 공유하는 문화가 없으면 사회가 유지되기 어렵지.
> **크로:** 공유할 게임의 규칙은 진리에 근거하되 절차에 따르는 태도이지.

존 듀이: 지식은 도구

존 듀이(John Dewey, 1859~1952)는 노예 해방을 두고 싸웠던 남북전쟁 직전 미국 버몬트주 상인 아들로 태어났다. 그는 가족 가게를 도우면서 책임감과 성실성을 익혔다. 버몬트 대학교에 철학을 배웠고 잠시 교사로 가르치다 존스 홉킨스 대학원에서 박사학위를 받았다. 미시간, 미네소타, 시카고, 콜롬비아 대학에서 가르쳤다.

존 듀이는 주체와 환경도 상호 작용하고 수동적 인식과 능동적 의지도 상호 침투한다고 보았다. 상호 작용은 헤겔 변증법으로 일어나지만 존 듀이는 종착지가 결정된 절대지를 고집하지는 않았다. 그는 철학을 삶의 문제를 해결하는 도구로 생각했다. 그는 문제를 발굴하여 분석하고 대책을 강구하여 이행하려 변증법을 적용했다. 적용 효과는 피스나 세임스의 실용주의를 적용하여 측정했다. 피드백 과정은 기업의 품질 개선 활동과 동일하다.

존 듀이는 변증법 적용으로 환경도 변경되지만 주체도 계발된다고 보았다. 교육학자로 교실의 이론 교육이 아니라 현장 교육을 강조했고 일방적 주입식 교육에서 탈피하여 학습자 눈높이에 맞춘 코칭 교육을 권고했다.

> **크로:** 끝없이 제안하고 활동하여 효과를 평가하는 태도가 바람직하지만 피곤하지.
> **듀이:** 민주 시민에게는 필요한 활동이지.
> **크로:** 멍청한 상사가 부지런하기까지 하면 조직은 죽어.

> **듀이:** 고인 물은 썩기 마련이야.
> **크로:** 휴식으로 비약할 수 있는 창의력을 얻기도 하지.
> **듀이:** 나누리틀도 되먹임 회로인데 반복 활동에 왜 불만이지?
> **크로:** 원칙이 부재하면 개선된다는 보장이 없어. 인과율, 동일률뿐만 아니라 과학적 원리를 꼭 지켜 줘.

베르그송: 시간의 지속

베르그송(Bergson, 1859~1941)은 파리 유태인 집안에서 태어났다. 어린시절 영어, 수학, 역사에서 두각을 나타냈고 수학 경시대회에서 쓴 풀이과정은 수학 전문지에 실리기도 했다. 수학 대신 철학으로 고등사범학교에 입학하여 23세에 교수 자격 시험에 합격했다. 그는 대중 강연으로 인기를 얻었고 콜레주 드 프랑스에서 철학 교수를 역임했다.

베르그송은 실증주의 철학을 거부하는 핑계를 시간에서 찾아냈다. 공간과 다르게 시간은 멈출 수 없고 단방향이라 시간을 쪼갤 수 없다. 그럼에도 과학과 철학은 시간을 쪼개서 해석했다고 그는 트집을 잡았다. 생명체를 해부하면 생명체가 죽듯이 자연 현상을 시간으로 쪼개 미분으로 해석한 자연과학이나 진화론은 제대로 된 이론일 수 없다고 보았다.

베르그송은 아리스토텔레스의 목적론에서 질서로 향하는 힘을, 엔트로피 법칙에서 무질서로 향하는 힘을 포착하였다. 모든 사물에는 상승하는 힘과 하강하는 힘이 작용하고 있으며 지금도 창조적 진화가 일어나고 있다고 보았다. 늘 생성되는 과정에서는 보편자도 본유관념도 없다. 창조적 진화는 창세기에 신이 주입한 형상을 거부했고 6일간 진행된 창조론과도 다르다. 교황청은 1907년 출간된 《창조적 진화》등을 금서로 지정했지만 1928년 노벨 문학상을 막지는 못했다.

크로: 과학 법칙을 잘못 적용하니 강단 철학자가 되기 어렵지.

베르그송: 시간은 쪼갤 수 없지.

크로: 정신과 힘은 쪼갤 수 없지만 시간은 쪼갤 수 있지. 영화도 시간을 쪼개 촬영했지.

베르그송: 그래. 시간은 멈출 수가 없지.

크로: 황량한 행성에서는 시간은 멈춘 거나 다름없지만 변화하는 지구에서는 시간은 한 방향으로 흐르지. 지구에 사는 인류가 시계를 발명하면서 방향성을 주었지.

베르그송: 그래서 내 철학은 지속의 철학이지.

크로: 이해하지. 그런데 고전역학, 양자역학, 상대성이론에서 시간은 방향성이 없어.

베르그송: 헷갈리게 말고 입장을 정리해 줘.

크로: 인류는 일상에서 시간을 발명했으니 시간은 방향성이 있지. 그렇지만 단일 입자에 적용된 역학에서 시간은 국부적이라 세계 시간과는 달라.

베르그송: 시간 지속을 뒷받침할 과학적 사실은 없는가?

크로: 지속을 시간이 아니라 운동으로 보면 근거가 있지. 빛은 멈출 수가 없고 언제나 광속으로 날아다니지. 빛뿐만 아니라 질량이 작은 입자는 멈출 수 없어.

후설: 현상학

에드문트 후설(Edmund Husserl, 1859~1938)은 체코 유태인 상인 아들로 태어났다. 1876년 라이프지히 대학, 1878에 훔볼트 대학, 1881년 빈대학을 옮겨 다니며 자연과학, 수학을 공부했고 1883년 변분론 논문으로 박사학위를 받았다. 후설은 1884년 브렌타노 심리학 강의를 듣고 연구 주제를 수리 심리 철학으로 바꾸었고 수를 심리적 현상으로 바라보는 《산술의 철학》을 발표했다. 그러나 프레게는 심리 현상으로 수를 정의하면 수학의 객관성이 유지될 수 없다며 비판했고 그는 이 비판을 받아들였다.

후설은 산불처럼 번지는 환원주의를 우려하며 프로이트 정신 분석학도 의식을 환원적으로 해석했다고 비판했다. 그는 환원주의를 대체할 방식을 찾다가 언어의 '지시체' 개념에 꽂혔다. 자아는 늘 어떤 대상을 지각하거나 어떤 개념에 사로잡혀 있으므로 주체의 지향성을 그는 철학의 공리로 삼았다. 컴퓨터 마우스 커서가 화면의 한 지점을 가리키듯이 뇌의 정신도 하나의 개념을 가리킨다. 지향된 개념은 시간 흐름에 따라 꼬리에 꼬리를 물고 이어지니 윌리엄 제임스가 주장한 의식의 흐름과 유사하다. 후설은 지향성을 좇는 철학적 방법을 현상학이라고 명명했다. 그는 의식 지향성이 실증적 환원적 방향으로 틀면 진입을 중지하고 괄호 쳐 생략하라고 말한다.

현상학 덕분에 그는 할레 대학의 강사, 2016년 괴팅겐 대학의 부교수를 거쳐 프라이부르크 대학교 정교수가 되었다. 그는 현상학적 방법을 다듬으며 일생을 보냈다. 1차 세계대전 후에 다민족 다문화에 관대했던 오스트리아-헝가리 이중 제국이 패배하고 독일 나치가 반유태인 정책을 쓰면서 후설도 교수 명단에서 삭제되고 도서관 출입을 금지당해 발표마저 어려워졌다. 그는 현상학을 여러 분야에 적용하면서 4만 장의 원고를 집필했다. 유럽 철학자들은 실증주의적 환원에 비해 적용하기 쉬운 현상학적 환원을 여러 분야에 적용하였다.

크로: 현상학에서 판단중지는 잘못된 방법이야.
후설: 판단 중지를 해야 실증주의 환원에 빠지지 않아.
크로: 숫자를 심리적으로 보는 시도가 저지당했을 때 현상학도 버려야 했지.
후설: 과학적으로 세상을 바라보는 철학을 저지해야만 했지.
크로: 산은 산이고 물은 물이지. 그게 제대로 된 인식이지.
후설: 산을 태어난 본향으로 바라볼 수도 있지.
크로: 그것도 인문학 가치이지만 산을 지질로, 지형으로 보는 시각까지 버릴 필요는 없지.

화이트헤드: 유기체 철학

앨프리드 노스 화이트헤드(Alfred North Whitehead, 1861~1947)는 영국 켄트주 성직자이자 교장 아들로 태어났다. 케임브리지 대학교에서 제자 러셀과《수학원리》를 공동 저술하였고 런던 대학교로 옮겨가 상대성 이론을 익혀 과학 철학을 탐구했다. 그는 1924년 정년을 앞두고 하버드 대학교의 철학 교수로 초빙을 받아 도미했고 1929년《과정과 실재》를 내놓았다.

그는 뉴턴 역학을 밟고 탄생하는 상대성 이론, 양자역학을 목도했다. 뉴턴 역학은 질량을 지닌 대상들이 각자 존재하고 질량 사이에 힘이 작용한다는 기계적 역학이다. 질량과 힘이 뚜렷이 구분되는 뉴턴 역학은 이데아와 질료를 구분하는 플라톤 철학과 틀이 유사하므로 그는 이제까지의 서양철학은 플라톤 철학의 각주에 불과하다고 보았다.

양자역학에서는 대상의 독립성이 약해진다. 물체는 파동과 입자의 이중 성질을 띤다. 뉴턴 역학에서 속도는 위치의 시간 변화율이었지만 양자역학에서는 위치와 속도는 각각 다른 독립 변수로 처리된다. 뉴턴 역학에서는 측정은 대상에 영향이 없지만 양자역학에서는 측정도 대상에 영향을 준다. 양자 현상은 상식으로 이해되지 않으니 고전 논리학이 적용되지 않는 듯 보인다. 화이트헤드는 양자역학을 반영한 새로운 형이상학이 태동되어야 한다고 보았다.

그는 세상의 대상들은 상호 작용한다는 유기체 철학을 제시했다. 유기체는 측정에도, 우주라는 환경에서도 영향을 받는다. 각 유기체는 주변의 기를 받아 생성되고 사라진다. 세상에 불변하는 실재는 없으며 끊임없이 변화하는 과정만 있다.

화이트헤드: 야만인이 지구 철학을 정리한다고! 웃겨.

크로: 아직도 냉소적이군. 참아야지. 양자역학은 확률적이라 숨은 인자가 있다고 의심받았지?

화이트헤드: 아인슈타인도 그랬지.

크로: 후학들은 숨은 인자가 없음을 증명했지.

화이트헤드: 자신하지만 개체의 목적이 숨은 인자일 수도 있지.

크로: 무생물은 목적을 지니지 않아.

화이트헤드: 식물은 농부 발자국 소리를 듣고 자라지.

크로: 농부는 걸으면서도 무심결에 식물을 돌보지.

화이트헤드: 우주가 기를 모아 주고 있어.

크로: 주체에서 멀수록 받는 영향은 적어.

화이트헤드: 증거가 있나?

크로: 범인은 현장 주변에 있지.

화이트헤드: 존재 방정식의 허수부 해답이 유기체의 목적을 나타내지.

크로: 전자기학에서 허수부는 위상이므로 숨은 신비나 목적일 수는 없지.

화이트헤드: 양자역학은 상식을 바꾸고 있어. 동일률, 모순율, 배중률, 인과율 등을 버려야 할지도 몰라.

크로: 양자 해석이 어렵지만 아직은 양자 철학을 도입할 단계는 아니지.

조지 산타야나: 아름다운 세상

조지 산타야나(George Santayana, 1863~1952)는 스페인 마드리드 출신으로 미국으로 건너갔다. 그는 윌리엄 제임스 지도로 하버드 대학교에서 박사학위를 받고 교수가 되었다. 어머니 재산을 상속받자 그는 교수직을 포기하고 영국에 머물다가 1차 세계대전이 끝나고 로마에 정착했다.

그는 물질적 실재를 동물적 감각으로 볼 수는 있지만 본질로부터 합리적으로 증명할 수는 없다고 보았다. 그는 유물론 과학을 기꺼이 받아들였지만 새로 태동한 양자역학의 초월적 형이상학까지는 수용할 배짱은 없었다. 머뭇거리다 그는 결정을 미루고 세상 속에서 시적 아름다움을 찾고자 했다. 그는 사회, 예술, 과학, 종교를 사색하였고, 역사를 기억하지 못하는 자는 과거를 반복할 수밖에 없다는 경구를 남겼다.

> **크로:** 유명하다는데 기여한 업적을 알기 어려워.
> **산타야나:** 삶을 과학으로 환원하려고 애쓰는구나.
> **크로:** 창발된 정신에서 멋진 가치를 찾으려고도 하지.
> **산타야나:** 받은 숙제를 마무리하고 빨리 지구로 돌아가.
> **크로:** 뚝 떨어진 과제이지만 논리와 시를 통합하는 재미도 있어.
> **산타야나:** 어려운 길 가지 말고 아름다운 세상을 즐기게.
> **크로:** 현미경, 망원경을 선택하여 바라보면 흐린 영상도 뚜렷하게 볼 수도 있지.

막스 베버: 윤리가 사회 변혁의 원동력

막스 베버(Max Weber, 1864~1920)는 독일 튀링센주 에어푸르트 정치가 아들로 태어났다. 베버는 하이델베르크 대학에 수학하면서 병역 의무를 마쳤고 베를린 대학으로 전학하여 법률, 경제, 철학, 역사를 공부하였다. 그는 프라이부르크 대학교에서 경제를 가르치다 성격 차이로 갈등했던 아버지의 갑작스러운 죽음에 충격을 받아 교수를 그만두고 《사회과학 및 사회정책》지 편집자로 활동했다.

철의 재상 비스마르크는 독일을 통일했다. 통일 독일은 연방끼리 관세를 철폐하고 사회보험제도를 도입하여 국력을 신장하고 건조한 군함을 몰고 해외 식민지 개척에 뛰어들었다. 대항해 시대 제국주의는 아메리카와 아프리카를 먹잇감으로 삼았다면 19세기말 제국주의는 아시아와 태평양을 노렸다. 통일 독일은 중국의 칭다오와 태평양의 작은 섬들을 손에 넣었다.

베버는 계급 투쟁을 주장하는 마르크스에 맞서 사회 발전의 원인을 찾고자 했다. 그는 가톨릭 신자보다 부유한 칼빈주의자들에게서 직업의식과 소명의식을 끄집어 냈다. 유교, 이슬람교, 힌두교에 기반을 둔 문화권은 돈보다 명예를 중시하여 자본주의를 발전시키지 못했다고 보았다.

그는 사회과학은 자연과학과 다르게 절대적 법칙이 없으며 정책자의 성향에 따라 정책의 가치도 달라질 수 있다고 보았다. 그러나 정책의 근거 등은 객관적으로 제시되고 합리적이고 체계적으로 설명되어야 한다고 보았다. 정치가는 또한 자신이 선택한 정책의 결과에 책임져야 한다고 보았다.

다민족이 터전을 잡은 발칸반도는 티격태격했다. 오스트리아-헝가리 이중 제국은 러시아와 함께 동유럽에서 오스만 제국을 밀어냈지만, 목표를 이루자 독일을 주축으로 한 게르만족은 러시아를 주축으로 한 슬라브족을 견제했다. 1차 세계 대전이 일어나자 베버는 노구를 이끌고 야전병원에서 근무했다. 베버는 미국과 전쟁을 피해야 한다고 충고했지만 무능한 관료들은 듣지 않았다. 항복한 독일은 그의 외교력에도 불구하고 굴욕적인 강화조약을 맺었다. 그는 1920년 많은 사망자를 낸 스페인 독감으로 사망했다.

베버: 한 우물을 파라고 하지만 여러 분야를 통합하는 자세도 나쁘지 않아.
크로: 독일은 칼뱅 윤리보다 비스마르크의 철혈 정책으로 강력한 제국이 되었지.
베버: 시비 걸지 마. 비스마르크가 뛰어났지만 나약한 관료들만 심어 놓고 갔지.
크로: 유능한 관료였다면 1차 세계대전을 피할 수 있었을까?
베버: 확전은 피할 수 있었을 거야.
크로: 비스마르크도 전쟁으로 독일을 통일했지.
베버: 자국의 피해를 줄이면서 전쟁을 이기는 방법까지 찾아야 했는데.

> **크로:** 남의 영토에서 전쟁을 치르는 방법이지.
> **베버:** 쉽게 눈치를 챌 텐데.
> **크로:** 원조를 하는 척하면서 내부에서 갈등을 조장해야지.
> **베버:** 고래싸움에서 새우의 선택은?
> **크로:** 객관적 과학을 장려하고 국내 사상에는 관용을 보여야지.

크로체: 삶은 예술

베네데토 크로체(Benedetto Croce, 1866~1952)는 이탈리아 페스카세롤리 지주 아들로 태어나 나폴리에서 살았다. 1883년 대지진 건물 잔해에 매몰되어 부모를 잃고 홀로 구조되었다. 그는 로마대학에 다녔지만 법학 학위를 따지 못했고 오히려 역사학을 독학했다. 그는 1903년 월간잡지 《비평》을 창간하여 20년 이상 번뜩이는 통찰로 문화비평을 실었다.

헤겔 사상이 독일 통일의 밑거름이 되었듯이 크로체는 통일 이탈리아를 정신까지 통일시켰다. 사실만을 기록하는 실증주의 역사학의 한계를 지적하면서 그는 모든 역사는 현재의 역사라고 주장하였다. 그는 낭만주의도 배격하며 창조적 노력을 설파하였다. 그는 파시스드를 초기에는 우호석으로 바라보았지만 차츰 진리를 부정하는 자들로 비판했다. 2차 세계대전 패전 이후 공화제 수립에 목소리를 냈다.

크로체는 인간 정신은 헤겔의 절대지가 아니라 이론적으로 논리학과 미학으로, 실천적으로는 경제와 윤리라는 봉우리로 표출된다고 보았다. 그는 직관은 흐릿한 인상들을 명료하게 하는 능력이며 신이 준 능력으로 치켜 세웠다. 특히 모든 사람은 직관을 통해 아름다운 작품을 구상할 수 있으며 시인과 예술가가 창작하는 작품은 나중이라고 보았다.

> **크로체:** 한 편의 글이나 한 권의 책도 직관이 없으면 저술하기 어렵지.
> **크로:** 상투적인 글보다 통찰을 주는 글을 쓰고 싶은데.
> **크로체:** 눈을 감으면 과거의 역사도 현재 관점에서 파악할 수 있지.
> **크로:** 지진의 컴컴한 잔해에서 살아난 자에게만 가능하겠지.
> **크로체:** 어머니 자궁 안에서 안식을 누린 모든 인간은 직관이 있어. 신의 선물이야.
> **크로:** 정신의 절대지에 오른 듯한데 프록시마 철학을 왜 집대성하지 않았지?
> **크로체:** 나는 정신의 심급까지 나아갔지만 물질의 심원을 거부했지. 프록시마 행성은 빅히스토리 철학을 원했거든.
> **크로:** 직관은 물질과 정신의 심원에서 흘러나오는 기운일 수 있겠군.
> **크로체:** 지진 잔해와 자궁이 심원은 아니겠지?

드리슈: 생기론

한스 드리슈(Hans Driesch, 1867~1941)는 독일 예나 상인 아들로 태어나 에른스트 헤켈에게 배웠다. 헤켈은 개체발생은 계통발생을 반복한다는 원리를 발견한 생물학자이다.

드리슈는 성게의 난할에서 할구를 분리하여 각각 배양하면 2개의 온전한 성게로 성장됨을 관찰했다. 이는 부분이 합쳐 전체가 된다는 기계론으론 설명하기 어렵다. 기계 부품은 용도가 정해지면 다른 목적으로 대체될 수가 없다. 드리슈는 이 현상을 설명하기 위해 아리스토텔레스가 제안한 생명의 힘인 엔텔레키 개념을 소환했다. 엔텔레키는 변신의 역량으로 이웃 부품이 분실된 부분을 메운다.

> **드리슈:** 할구 배양을 통해 기계론적 생명 탄생을 반박했지.
> **크로:** 식물은 가지를 짤라 삽목해도 온전한 개체가 나와.

> **드리슈**: 그러니 각 부분을 조립한 기계론적 유물론은 결함이 있는 주장이지.
> **크로**: 조직의 각 부서도 공통 정관을 지니고 있지만 역할은 달라.
> **드리슈**: 인사 발령이 나기 때문이지.
> **크로**: 생명체의 각 기관도 공통 유전자를 지니고 있지만 다른 기능을 할 수 있지.
> **드리슈**: 인사발령 같은 것이 있나?
> **크로**: 호메오 유전자나 mi-RNA가 인사발령 역할을 하지.
> **드리슈**: 생명체는 멍청하기보다는 똑똑한 기계라는 사실을 인정해야 한단 말인가?
> **크로**: 전체는 항상 부분의 합 이상이지. 창발 현상을 신의 개입으로 오해하지만 엄연한 기계적 현상이야.

레닌: 변증법적 유물론

블라디미르 레닌(Vladimir Ilyich Lenin, 1870~1923)는 소련 볼가강 유역 신빌리스크 교사 아들로 태어났다. 그가 17살에 형이 차르 암살 모의에 가담하여 사형을 당하자 러시아 반체제 활동에 뛰어들었다. 카잔대학 법학과에 입학한 그는 학생운동으로 퇴학당했고 마르크스주의 서적을 탐독했다. 그는 사상 동지를 만나려 유럽을 여행했고 노동자와 농민에게 무료 변론하며 지원 세력을 얻었다. 파업중인 노동자를 도왔다는 죄명으로 시베리아로 5년간 유배당했다가 독일로 망명했다. 그는 러시아 사회민주노동당을 만들고 농민 노동자가 주축이 된 볼세비키 혁명을 성공시켰다.

그는 자본주의가 제국주의를 불러온다고 보았으며, 민족자결 주의를 주장하여 1차 세계대전에서 피지배 민족을 우방세력으로 모을 수도 있었다. 레닌은 최신 과학을 수용하여 마르크스의 사적 유물론을 변증법적 유물론으로 개축했다. 그는 관측되지 않는다며 원자를 거부하는 마흐를 자본주의 수구세력으로 보았다.

> **레닌:** 이번에 들어온 과학자라고 들었어.
> **크로:** 지구 철학을 정리하고 있지.
> **레닌:** 프롤레타리아가 중심이 되는 철학을 해. 내가 지원하지.
> **크로:** 진리에 근거해야 사회가 발전할 수 있지.
> **레닌:** 진리도 중요하지만 철학은 자본주의의 자양분이 될 수도 있어.
> **크로:** 프롤레타리아 혁명으로 이룬 공산사회는 무너졌지.
> **레닌:** 자본주의가 지속되는 이유가 뭔가?
> **크로:** 욕망으로 무너지고 희망으로 일어서는 자본주의 유연성 탓이지.

버트런트 러셀: 행동하는 지식인

버트런트 러셀(Bertrand Russell, 1872~1970)은 영국 웨일즈 수상도 배출한 명문가문에서 태어났다. 두 살 때 아버지를 잃고 4살 때 어머니가 돌아가 할머니 집에서 자랐다. 형이 소개한 유클리드 기하학에서 유년시절 꿈을 찾았고 캠브리지 대학에 진학하여 수학, 과학, 도덕을 공부했다. 그는 제국주의 전쟁이라며 1차 세계대전을 반대하여 대학에서 쫓겨나기도 했다. 평화주의자인 그는 파시즘을 몰아내기 위한 2차 세계대전에 찬성했지만 핵무장 운동을 반대하여 다시 옥고를 치렀다. 그는 사랑과 지식을 끝없이 갈망하며 인류의 고통에 참을 수 없는 연민을 지녔다고 고백했다. 그는 젊을 때에는 수학을 연구했고 중년이 되자 철학을 연구했으며 나이가 들어서는 사회 현안에 목소리를 냈다.

수학의 토대를 쌓으려는 러셀은 프레게가 인쇄를 앞두고 보낸 수체계에서 결함을 발견했다. 러셀의 지적은 비유적으로 설명하자면 "나를 제하고 우리 팀을 만들어라"와 유사하다. 나를 빼 버린 팀이 우리 팀이 될 수가 없다. 이는 일종의 자기 참조의 역설이다. 어떤 언명이 자신을 지칭할 때에는 역설이 간혹 발생한다. 프레게는 지적을 받고 평생 수고한 업적이 거품이 되는 아픔을 느꼈다고 털어놓았다.

러셀의 역설로 특정 조건의 집합을 항상 찾을 수 있다는 소박한 집합론이 무너졌다. 집합을 토대로 두고 수학 체계를 세우려던 시도는 반세기도 되기 전에 무산됐다. 러셀은 역설을 피하기 위해 자기 참조 없는 유형이론을 제안하였다. 유형이론은 계층별로 참조할 어휘를 제한한다. 특정 문자를 A에서 Z 사이로 한정하는 유형이론도 있고, 만자문을 천자문으로 설명하는 유형이론도 있다. 유형이론은 위계를 지녀 자기 참조를 회피할 수 있다.

러셀은 프레게 연구의 가치를 간파했을 뿐만 아니라 제자 비트겐슈타인을 발굴했다. 비트겐슈타인은 스승에 대한 존경심이 눈곱만큼도 없었지만 러셀은 진리를 향한 인류의 책임과 후계자를 키우는 소명으로 제자의 모욕을 참아 냈다. 러셀은 비트겐슈타인과 서로 영향을 주고받으며 논리적 원자론을 제안했다. 논리적 원자론은 과학의 원자론처럼 한 단락을 분자 문장으로 나누고, 분자 문장을 원자 문장으로 나눈 후에, 원자 문장을 '주어+술어'로 분해하여 참과 거짓을 알 수가 있다는 방법론이다. 기호논리학은 논리적 원자론을 지탱하는 틀이다. 정신을 직접 환원할 수 없으니 대안으로 정신과 동등한 언어를 통해 환원 효과를 얻었다. 논리직 원자론은 논리실승주의와 분석 철학으로 전개되었다.

크로: '1+2=3' 증명을 어렵고 길게 할 필요가 있나?
러셀: 다 이유가 있지. 가령 "현재 프랑스 왕은 대머리다"는 참인가?
크로: 가능한 어휘 조합이지만 현재 '프랑스 왕'은 없으니 거짓이지.
러셀: 그럼 "현재 프랑스 왕은 없다"라는 문장은 참인가?
크로: 이것은 참이지.
러셀: 존재하지도 않는 어휘인데도 불구하고 참인 명제가 있으니 이상하지 않아?

크로: 프레게는 어휘를 '지시체'와 '의미'로 분석하여 '지시체'의 존재를 묻는 문장, 존재하는 '지시체'의 속성을 묻는 문장은 명제로 보았지.

러셀: 그럼 '홍길동은 의적이다'는 명제가 아니겠네?

크로: 현실 세계에서는 명제가 아니지만 문학 세계에서 홍길동은 존재하며 소설에서 그는 의롭지. 그래서 문장의 명제 여부는 발화자의 문맥에 따라 다르지.

12. 세계대전과 양자 정신

과학이 발전하고 이성이 발휘될수록 국가들은 민족의식으로 뭉쳤다. 나폴레옹 몰락 후에 100년 동안 유럽에 큰 전쟁이 발발하지 않아 전쟁의 잔혹함도 잊혔다. 독일도 제국주의 경쟁에 뛰어들었고 더 많은 부를 창출하려 식민지를 확장했다. 오스만 제국이 빠져나간 발칸 반도에는 민족마다 자신감이 넘쳤다. 갈등은 고조되었고 사라예보에서 총성이 울렸다. 기다렸다는 듯이 민족 국가들은 전쟁을 향해 달려갔다. 전쟁은 중세의 낭만이 아니었다. 강력한 화력은 전쟁 양상을 바꾸었다. 아침에 인사했던 전우를 저녁에는 볼 수 없었다. 눈 앞에 드리운 죽음 앞에서 한발짝도 전진할 수 없었다. 전선은 교착되어 세월만 흘렀다.

 질주하던 자연과학도 장애물을 만났다. 고전 역학을 위배하는 자연 현상들이 다시 나타났다. 물체가 빠르거나 물체가 작아지면 해석이 어려웠다. 노벨상을 탈 절호의 기회로 여기고 과학자들은 덤벼들었다. 상대성 이론과 양자역학을 찾아 냈다. 그런데 신기하게도 이들 역학은 동일률, 모순율, 배중률 등 상식적인 인식을 위협했다.

 정신과학이 파괴적 전쟁에 놀라 새로운 가치를 찾으려 몸부림쳤다. 육체적 인간에게 고귀한 가치를 찾지 못한 철학자들은 정신적 인간다움으로 눈을 돌렸다. 전통 인식을 허무는 현대 과학처럼 상징, 희망 등 다양한 양자 정신을 제시했다.

카시러: 상징으로 세상을 해석하는 인간

에른스트 카시러(Ernst Alfred Cassirer, 1874~1945)는 독일 슐레지엔 브레슬라우 유태인 무역상 아들로 태어났고 베를린과 마르부르크에서 문학, 철학을 배우고 함부르크 대학교에서 교수와 총장을 역임했다. 그는 1923년부터 1929년까지 3권의 《상징형식의 철학》을 저술했다. 히틀러가 정권을 잡자 그는 1933년 총장직을 내려 놓고 스웨덴, 영국으로 피했고 1940년 미국으로 건너가 예일, 컬럼비아에서 가르쳤다. 카시러는 "칸트로 돌아가자"는 기치를 든 신칸트학파에 속한다. 신칸트학파는 인식 범주를 자연 세계에서 사회 및 예술 세계로 넓힌 학파이다.

과학기술의 진보는 인간 본질을 밝혔고 인간의 이성까지 생리적 현상으로 파고 들자 후설은 현상학으로, 드리슈는 생기론으로 저항했다. 카시러도 인간이 무엇인지 윤리적 질문을 던지면서 제3 방어선을 구축했다. 동물은 시공간에서 대상을 지각하고 반응하지만 인간은 판단하는 과정을 더 거친다는 사실을 그는 짚었다. 판단은 시공간과 다른 추상공간에서 일어나며 상징으로 표현된다고 그는 보았다. 그는 신화, 종교, 과학, 사회, 예술 등을 모두 상징으로 보았다. 다리가 부러진 제비를 고쳐 주는 흥부전도 하나의 상징이며 자연을 기술하는 뉴턴 역학이나 이상기체 방정식 등도 과학적 상징이다.

상징은 밝은 면만 아니라 어두운 면도 보여 준다. 신화나 종교는 고대의 부족한 지식으로 빚어진 상징으로 진실과 거리가 멀고 과학 상징은 눈물을 흘리지 않는다. 그는 민족 우월성에 도취된 나치를 신화의 상징에서 벗어나지 못한 세력으로 보았다. 하나의 상징은 미래를 한방향으로 편향시키지만 다양한 상징은 사회를 풍요롭게 한다고 보았다.

> **카시러:** 나누리틀이 명시한 개념, 지식, 도덕, 감정을 모두 상징으로 바꾸어야지.
> **크로:** 반문명 세력은 상징인 석상을 파괴하지. 상징은 진실과 거리가 멀기 때문이지.
> **카시러:** 개념, 지식, 도덕, 감정도 진리라고 단정할 수 없어.
> **크로:** 전통 상징은 견고하여 진보를 가로막지.
> **카시러:** 상징은 사실에 기초하지만 미래의 희망을 잉태하고 있어.
> **크로:** 진보를 바란다면 진실은 과학에 기대고 희망은 종교와 문학에 의지해야지.
> **카시러:** 시간은 현재와 미래로 구분되지만 인간은 현재와 미래를 동시에 인식하지.
> **크로:** 상징인 산타클로스를 잊을 때 아이는 어른이 되지.

막스 셸러: 철학적 인간학

막스 셸러(Max Scheler, 1874~1928)는 독일 뮌헨 출신으로 딜타이에게 철학을 배웠고 후설에게 현상학을 배웠다. 1910년 쾰른대학 강사가 되어 1차대전 후 격변의 독일사회에 목소리를 내었고 1928년 프랑크푸르트 교수가 되었다.

셸러는 여제자를 바꿔 가면서 재혼하는 바람에 교수직과 재산을 잃고 방황을 자주 했다. 그는 칸트 도덕을 높게 평가했지만 형식 윤리라며 비판하고 가치에 기반한 도덕을 발굴하고자 했다. 그는 가치에 서열을 매겨 유한한 물질적 가치보다 마르지 않는 칭찬, 사랑 등의 정신적 가치를 높게 보았다.

셸러는 세계와 신의 관계 속에서 인간을 바라보는 철학적 인간학을 제시하였다. 고대는 자연, 중세에는 신이 중심이고 근세에는 인간이 주인공이 되었지만 진화론으로 인간도 동물이 되었고 실증주의는 냉혈 인간을 양산했다고 그는 개탄했다. 그는 프로이트의 심리학도 거부하며 이기주의로 치닫는 인간의 모습을 안타까워했다. 셸러는 식물은 순응하고 동물은 본능에 따르지만 인간은 평화와 자유에 대한 소망을 지닌 존재로 보았다. 그는 1차 세계대전을 자본주의로부터 인간성을 회복하기 위한 전쟁이라고 옹호했다.

> **셸러:** 더운데 하천에서 잡초를 베고 있나? 글이나 한 자 더 봐.
> **크로:** 깨끗하면 지나다니는 사람들도 상쾌하지.
> **셸러:** 노동은 노예의 가치이고 학문은 철학자의 가치야.
> **크로:** 노동으로 뒷받침되지 않는 정신 가치는 붕괴될 수밖에 없어.
> **셸러:** 나는 인간을 존중하고 있어. 돈으로 집을 살 수 있지만 가정을 살 수 없어.
> **크로:** 어떤 이는 돈이 적은 탓이라고도 하지.
> **셸러:** 자본에 물 든 사람들을 숙청할 필요가 있지.
> **크로:** 자본보다는 정신적 가치를 추구하면서 전쟁을 옹호하는 철학은 정상인가?
> **셸러:** 자본은 중립이지만 자본가는 고귀한 정신을 오염시키지.

부버: 관계를 통한 실존

마르틴 부버(Martin Buber, 1878~1965)는 오스트리아 빈 출신으로 어머니 가출로 우크라이나에 있는 랍비 할아버지 밑에서 자랐다. 그는 빈, 취리히, 베를린에서 철학과 미학을 배웠고 한때 시온주의자에 빠졌다가 뵈메, 쿠자누스 주제로 박사를 받았다. 그는 1차 세계대전으로 이어진 민족주의를 철학의 주제로 삼고 1923년 관계를 중시하는 《나와 너》를 발표했다.

그는 세상에 2개의 근원어가 있다고 했다. 근원어는 홀로 존재할 수 없고 짝말이다. 하나는 나-너이고, 또 하나는 나-그것이다. 전자는 호의적 관계어이고 후자는 계약적 관계어이다. 나-너의 관계는 협력과 화평의 관계이나 나-그것의 관계는 착취와 갈등의 관계이다. 나와 신의 만남은 평형선처럼 불가능하나 너를 안고 신에게 도달할 수 있다. 신은 멀리 있지 않고 너 속에 있다.

부버는 1935년 공적 활동을 금지당했고 1938년 팔레스타인으로 이주하여 예루살렘 히브리 대학에서 사회 철학을 강의하다 1951년 은퇴했다. 그는 세계대전을 일으킨 독일을 원망하지 않았다. 여러 가지 복합 원인이 작용했다고 보았다.

> **부버:** 자연과 벗하는 모습도 좋지만 사람이랑 자주 대화를 하게.
> **크로:** 누구와도 거리낌 없이 사귀지.
> **부버:** 상투적 인사가 아니라 감정을 교환하는 대화가 필요하지.
> **크로:** 당대 법과 윤리만 지켜도 군자가 되고도 남아.
> **부버:** 조금 더 인간적일 수 있지.
> **크로:** 사기꾼은 좋은 인간 관계를 유지하다 뒤통수를 치지. 노동 없는 감동은 사기야.
> **부버:** 이웃을 사랑하라는 성경 구절을 보라고.
> **크로:** 너-너-그것의 관계로 사람을 구분 말고 자연과 양심의 소리를 듣자고.

아인슈타인: 상대성 이론

아인슈타인(Albert Einstein, 1879~1955)은 독일 울름 전기공학자 아들로 태어났다. 독일식 교육을 따라가지 못해 스위스로 유학 갔고 취리히 공대에 재수하여 들어갔다. 졸업 후 학교에서 자리를 얻지 못해 특허청 심사관이 되었다. 1905년 그는 브라운 운동, 광전자 이론, 특수 상대성 이론 논문을 3편 발표하여 세계를 뒤집었다. 1916년에는 가속도와 중력의 등가원리에 기반한 일반 상대성 이론을 완결하여 칸트가 가지 말라던 우주 너머로 이성을 확장했다.

물속에 떨어진 잉크가 퍼지거나 공기 속의 담배 연기가 퍼져 나가는 확산은 브라운 운동이다. 고전 역학을 따르는 개별입자도 주변의 많은 입자와 수시로 충돌하여 원래 위치로 돌아오지 못하는 비가역적 현상을 보인다. 이는 술 취한 사람이 옆 사람들과 충돌하면서 술집에서 멀어지는 거동과 비슷하다. 아인슈타인은 입자의 충돌 각도와 속도를 통계적으로 처리하여 잉크의 확산 속도를 계산했다. 통계기법으로 불확실한 충돌 조건을 모사할 수 있다.

아인슈타인은 빛을 금속에 쪼이며 전자가 튀어나오는 광전자 효과도 발견하였다. 이는 빛이 파동이면서 입자라는 증거이다. 수많은 물리학자들이 광전현상을 쪼아대며 확률로 표현되는 양자역학을 발견했다. 그러나 아인슈타인은 신은 주사위를 던지지 않았다며 막 태어난 양자역학을 거부했고 숨겨진 변수들 탓에 확률이 나타난다고 고집했다. 아인슈타인의 비판에도 불구하고 양자역학은 더욱 힘을 얻어 갔고 결국 숨은 변수는 없다는 결론에 이르렀다.

상식적으로 공간과 시간은 절대적으로 존재한다. 뉴턴은 절대 시공간에서 고전역학을 발견했다. 아인슈타인은 빛의 속도가 항상 일정하다는 사실에 근거하여 공간과 시간의 상대성을 발견했다. 상대성 이론에 따르면 무거운 물질 근처에는 공간은 휘어진다. 일반 상대성 이론은 태양을 지나는 굴절된 빛을 통해 증명되었다.

크로: 빛의 경로가 공간과 일치하는가?
아인슈타인: 그렇지. 빛은 최단 경로로 이동하지.
크로: 빛이 물속에 굴절되더라도 물속 공간이 변형된다고 보지 않아. 빛이 만든 공간은 허상이지 실제는 아니지.
아인슈타인: 과학적 지식이 제법인데 굳이 철학을 하는가?

> **크로:** 프록시마 숙제로 철학을 통일시키려고 철학자를 만나고 있지.
> **아인슈타인:** 통일 철학은 핵무기 위협을 경시하지 않겠지?
> **크로:** 핵확산방지 조약이 있지만 핵보유국에게만 유리해.
> **아인슈타인:** 핵보유국의 감축 노력이 미흡하면 후발 주자도 개발 유혹에 빠질 수 있지.
> **크로:** 보유 국가도 핵무기를 군축해야지.
> **아인슈타인:** 핵 선제 발사를 금지하는 국제법을 만들자는 제안도 있지.
> **크로:** 나쁘지 않은데.
> **아인슈타인:** 그 조항만 믿다가 공격을 당하면 피해가 클 수 있지.
> **크로:** 결국 신뢰의 문제가 되는군.

신채호: 아와 비아의 투쟁

신채호(1880~1936)는 충남 대덕 양반 가문에 태어났다. 성균관에서 유학을 공부했고 1905년 을사조약이 체결되자 민족의식을 고취하는 글을 신문에 기고하며 자주 독립을 위해 싸웠다.

초기에는 이순신처럼 영웅에 의한 국난 극복을 주장하나 러시아 혁명을 보고는 민중 혁명으로 선회했다. 신채호는 1919년에 임시정부에 가입했으나 이승만이 국제연맹에 위임통치를 제안하자 1923년에 탈퇴했다. 1924년 집필된 《조선 상고사》에서 그는 헤겔 변증법을 적용하여 역사란 아(我)와 비아(非我)의 싸움으로 정의했다. 그는 독립은 주어지는 것이 아니라 쟁취된다는 시각을 지녔다. 외부의 세력과 싸운 고구려를 진정한 아(我)로 보았고 당을 끌어들인 신라를 경멸했다. 신채호의 민족사관은 사대주의 유학자와 식민주의 역사가와 달랐다.

> **크로:** 한국에도 철학자가 있는가?
> **신채호:** 부처가 들어오면 한국의 부처가 되지 못하고 부처의 한국이 되지. 공자, 예수가 들어와도 동일하지.
> **크로:** 토착화되지 않았다니. 동의할 수 없어.
> **신채호:** 성리학이 들어오니 주자를 섬기지.
> **크로:** 외래 사상이 토착 세력과 교배하여 열성 잡종이 나오지.
> **신채호:** 자본주의도 토착화되었나?
> **크로:** 자본주의 개방성이 한국에서는 폐쇄성으로 바뀌었지.

하르트만: 비판적 존재론

니콜라이 하르트만(Nicolai Hartmann, 1882~1950)은 라트비아 리가 포병 장교 아들로 태어났다. 그는 상트페테르부르크 대학과 마르부르크 대학에서 의학, 철학을 배웠다. 그는 1차 세계대전에 종군한 후에 마르부르크, 쾰른, 베를린, 괴팅겐 대학에서 가르쳤다.

하르트만은 신칸트 철학을 배웠지만 차츰 멀어졌다. 칸트가 경험론과 합리론을 융합하여 비판 철학을 세웠듯이 하르트만은 유물론과 관념론을 융합하여 비판적 존재론을 세우고자 하였다. 독일 관념론은 정신을 우선시하여 정신이 존재를 재구성한다고 보았지만 마르크스는 존재와 정신을 바로 세웠다. 과학기술이 진보할수록 눈 앞에 서 있는 대상의 존재는 상식으로 수용되었다.

하르트만은 과학에 근거하여 세계를 4개층 즉, 물질층, 유기층, 심리층, 정신층으로 나누었다. 대표적으로 돌, 식물, 인간의 인식, 사회의 문화가 각 층에 대응된다. 물질층 존재와 유기층 존재는 연장을 점유하나 심리층 존재나 정신층 존재는 연장을 지니지 않는다. 그는 대립과 통일을 4개 층을 관통하는 원리라고 보았다. 또한 상위 층은 하위 층을 딛고 구축되지만 하위 층은 상위 층의 원리를 활용할 수 없다고 보았다.

하르트만은 새로운 존재론을 적용하여 그림의 전경은 정신적인 관념을 담고, 배경은 물질적 대상을 깔아 창작하고 감상하라고 권고했다. 하르트만의 철학은 당대에 호응을 얻었지만 차츰 잊혔다.

> **하르트만:** 나누리틀은 내 이론과 비슷하군.
> **크로:** 무생물, 식물, 동물, 인간, 신의 존재 사다리는 아리스토텔레스도 도입했지.
> **하르트만:** 그렇지만 정신을 강조하는 고대 중세 철학은 신에서 물질로 하향하는 유출론이었지. 지금은 무생물에서 정신으로 상향하는 진화론이지.
> **크로:** 물질 혹은 정신만으로 된 층은 없어. 모든 층이 물심 비율만 다를 뿐이야.
> **하르트만:** 사회는 정신만 있지.
> **크로:** 사회 구성원을 물질로 볼 수 있지. 복합체가 창발될 때 물질은 물질대로 이합집산하고 힘은 힘대로 재규격화되지.
> **하르트만:** 단방향이니 하위 계층은 상위 계층의 원리에 영향받지 않겠지?
> **크로:** 하늘에서 땅으로 집을 지을 수는 없지만 윗물이 맑아야 아랫물도 맑지. 진화는 느리지만 퇴화는 순간이지.

야스퍼스: 실존자는 신의 자녀

칼 야스퍼스(Karl Jaspers, 1883~1969)는 독일 북부 올덴부르크 법학자 아들로 태어나 하이델베르크 대학에서 법학을 공부했다. 그는 입원 중에 의료 강의를 듣고 정신질환에 적용된 당대 심리학을 비판했고 괴팅겐 대학에서 의학으로 전과했다. 그는 1913년 하이델베르크 대학의 심리학 교수로, 1921년 철학 교수로 기어코 갈아탔다.

야스퍼스는 막스 베버, 막스 셸러. 하이데거와 교류하고 제자의 초청을 거부하지는 않았지만 바깥 활동을 꺼려했고 도도한 자세로 손님들을 맞았다. 그는 유태인 아내와 이혼하라는 나치 정책을 거부하여 1938년 교권을 박탈당했다. 부부는 언제 닥칠지 모르는 체포에 대비하여 독약을 지니고 다녔다. 그는 1932년《현대의 정신적 상황》을 발표했고 1948년 교수에 복귀하여 스위스 바젤 대학교에서 철학을 가르쳤다.

칸트가 이성으로 갈 수 없는 우주나 시간을 한계로 삼았듯이 야스퍼스는 생명이 겪을 수밖에 없는 한계 상황을 사유했다. 칸트의 형이상학적 물음과 본질이 과학으로 밝혀졌듯이, 한계 상황이 실존으로 극복된다고 야스퍼스는 주장한다. 그는 죽음, 불안을 주제로 삼지만 부정적 시각을 지닌 니체, 키에르케고르와는 다르게 세계, 자아, 초월자의 관계속에서 실존 해답을 찾으려 했다. 인간은 한계상황에서 초월자를 통해서만 참된 자아를 알 수 있다. 그는 참된 지혜를 설파한 공자나 참 자아를 찾았다는 석가의 동양 사상을 수용하여 실존에 이르기 위해 신의 암호를 해독해야 한다고 외쳤다.

그는 1948년《역사의 기원과 목표》에서 한계 상황을 극복한 4번의 시대를 찍었다. 선사 시대, 고대문명 태동기, 축의 시대, 과학기술의 시대이다. 선사 시대는 불, 언어로 발명했고, 고대 문명 태동기는 강유역에서 도시 문명이 나타났다. 축의 시대는 기원전 8세기부터 기원전 3세기까지인데 지혜의 시기이며 과학기술의 시대는 이성의 합리성이 기하급수적으로 증대하는 시대이다.

크로: 역사적으로 변혁의 시대가 네 번 있었다고?
야스퍼스: 인식에서 혁명이 일어났지.
크로: 그런데 인식의 혁명인 실증주의를 비판한 이유가 뭔가?
야스퍼스: 실증주의는 제한적이야. 인간의 한계 상황에서 답을 주지 못해.
크로: 한계 상황에 빠지지 않도록 약은 고통을 치료하고 보험은 슬픔을 치유하지.

> **야스퍼스:** 죽음도 한계 상황이야.
> **크로:** 심폐제세동기도 있지. 길가메시도 죽음을 수용했어. 죽지 않는 좀비를 원하나?
> **야스퍼스:** 인간의 본질은 동물이지만 인간의 실존은 신의 자녀야.
> **크로:** 모두가 신의 자녀라고 착각하며 타인을 가르치려 들지.
> **야스퍼스:** 자녀만이 하늘에서 오는 소리를 듣지.
> **크로:** 신의 족보에 기대지 말고 지금 여기서 달리게.

호세 오르테가 이 가세트: 대중 비판

호세 오르테가 이 가세트(José Ortega y Gasset, 1883~1955)는 마드리드에서 출생했다. 마드리드 대학교에서 철학을 배운 후에 독일 마르부르크로 넘어가 헤르만 코헨의 신칸트주의, 딜타이의 생철학을 배우고 귀국하여 모교에서 철학을 가르쳤다.

호세는 프랑스 혁명 이후 확대되는 대중의 힘을 우려했다. 러시아에서는 불세비키 혁명이 일어났고 이탈리아에서는 무솔리니 정권이 탄생했고 독일에서는 나치가 세력을 확대했다. 그는 1930년 출간된 《대중의 반역》에서 스페인 사회를 엘리트와 대중으로 나누고 책임지지 않으면서 요구만 일삼는 대중을 비판했다. 나태하고 조급한 대중은 문명을 창조한 소수 엘리트의 땀을 경시하면서 자신의 권력을 위해 직접 행동과 폭력에 호소하는 경향이 있다. 그는 엘리트 대신 대중이 사회의 권력을 획득하는 사태를 대중의 봉기라고 비판하며 스페인은 대중의 힘이 강해 후진성을 벗어나지 못했다고 진단했다.

호세의 우려대로 1936년 총선으로 사회주의자들이 의회를 장악했고 기득 세력인 군부, 지주, 로마 가톨릭은 위협을 느꼈다. 그들은 프랑코 장군을 지원하며 스페인 내전을 일으켰다. 내전은 국제전으로 커졌고 사회주의자 헤밍웨이도 정부군으로 참전했다. 승리한 프랑코는 2차 세계대전 이후에도 독재를 이어 갔지만 스페인을 발전시켰다. 호세는 내전 초기에 프랑스로 피했고 네덜란드, 아르헨티나로 전전하다 2차 세계대전 말기에 귀국했다.

그는 삶에 가치를 두는 실존주의 생철학자로 사회와 문명을 비평하였다. 그는 실존의 본질적인 속성은 지금 여기의 삶으로 보았다. 실존은 개인적이고, 환경적이고, 양도 불가능하며, 책임을 지는 특성을 지닌다고 보았다.

> 크로: 대중비판이 군부 쿠데타를 불러 온 것 아닌가?
> 호세: 대중은 이미 기득권을 획득하여 지식인의 글에 현혹되지 않아.
> 크로: 양 진영으로 나눠진 대중을 부정적으로 볼 필요는 없지.
> 호세: 양 진영 모두 위험해. 정치가들이 표를 매수하려 포퓰리즘 정책을 펴지.
> 크로: 부조리한 정책은 저항을 부르지. 대중도 정책을 판단할 역량이 있지.
> 호세: 입에 풀칠하기 바쁜 대중이 뭘 알겠어.
> 크로: 현업 감각이 격리된 의회 정치가보다 더 정확할 수도 있지.
> 호세: 깊은 검토가 필요한 정책은 알기 어렵지.
> 크로: 양측 전문가 설명을 듣고 시민들이 선택할 수도 있지.
> 호세: 실패를 경험하고 배우기에는 인생이 짧아.
> 크로: 주부도 미래를 위해 허리띠를 졸아 매듯이 시민들은 포퓰리즘을 마냥 수용하지 않아. 따라서 포퓰리즘 정책이 승리한다는 보장도 없어.

바슐라르: 불타는 정신

가스통 바슐라르(Gaston Bachelard, 1884~1962)는 파리 근교에서 태어났고 고등학교를 졸업하고 프랑스 우체국에 일하며 독학으로 학사를 땄다. 1차 세계대전 참전 후 제대의 기쁨도 누리지 못하고 그는 아내를 병으로 잃고 어린 딸을 돌보며 독학으로 물리학과 철학을 공부했다. 43세에 소르본 대학에서 문학 박사학위를 취득한 후에 과학사와 과학철학을 강의했다.

바슐라르는 폐기된 천동설, 플로지스톤 등을 조사하면서 과학의 발전 과정이 연속적이지 않고 비연속적이라고 보았다. 베르그송은 사물 내부에 겹겹이 쌓인 시간의 나이테를 주장했지만 바슐라르는 과학의 발전에는 시간과 인식이 단절된다고 보았다. 현대 과학도 단절 없는 지속을 보장할 수 없다.

바슐라르는 단절과 도약의 힘으로 상상력을 뽑았다. 그는 그리스 4원소인 물, 흙, 공기, 불로 돌아가 새로운 상상력을 펼쳤다. 4원소를 따뜻함, 차가움, 건조함, 습함으로 휘저어 과학이론보다는 시적 작품을 남겼다.

> **바슐라르:** 입자와 파동이라는 이중성은 고전적 인식으로는 이해될 수 없어.
> **크로:** 미시세계로 들어가면 거시세계의 인식은 장애물로 작용하긴 하지.
> **바슐라르:** 나누리틀은 여전히 인과율, 동일률의 논리로 정신을 조정하는군.
> **크로:** 플라톤과 플로티노스는 정신을 이데아에서 찾았고 슐라이어마허나 딜타이는 체험에서 찾았지.
> **바슐라르:** 나는 4원소에서 나온 몽상이 정신이라고 보지.
> **크로:** 틀렸어. 정신은 4종류의 힘이 재규격화되어 나온 파생적 힘이야.
> **바슐라르:** 기계적 힘에서 예술과 문학이 나올 수가 없지.
> **크로:** 미디어 아트도 있어.
> **바슐라르:** 눈물약으로 만든 싸구려 감동에 불과하지.

루카치: 관념론적 마르크스

게오르그 루카치(Georg Lukacs, 1885~1971)는 헝가리 부다페스트 유태인 은행가 아들로 태어났다. 부다페스트에서 공부했고 하이델베르크 대학에서 베버와 교류하며 자본주의 맛을 보았으나 1차 세계대전과 1917년 러시아 볼셰비키 혁명이후 골수 공산주의자가 되었다. 그는 1918년 헝가리 혁명으로 문교부 장관이 되었지만 쫓겨 났고 1956년 헝가리 혁명 시에도 소련으로 잡혀갔다. 두 혁명 사이에 그는 소련으로 망명하여 마르크스-엥겔스-레닌 연구소에서 문학사와 문학이론을 탐구했다.

루카치는 과거에 세상과 삶이 조화로웠지만 자본주의가 똬리를 튼 이후 불협화음이 발생했다고 보았다. 그는 제국주의를 몰고 온 자본주의와 물신 사상을 비판한다. 자본주의는 시민들을 돈의 노예로 전락시켰지만 시민들은 풍요롭게 산다며 최면에 걸려 있다고 보았다. 그는 실존주의도 자기만을 강조하여 허무주의, 파시즘으로 연결된다고 날을 세웠다. 그는 마르크스의 자본주의 비판과 궤를 같이하지만 마르크스 유물론보다는 헤겔 관념론을 공산주의에 적용했다.

루카치는 헤겔 변증법을 문학에 적용하여 서사시가 중세 문학 형식이었다면 소설은 진보된 근대 문학형식이라고 여겼다. 그는 소설로 현대 사회 부조리를 들춰내고 전체와 부분, 주관과 객관, 자아와 세계를 변증법적으로 통일시킬 수 있으며 좌파 이념을 실현할 수 있다고 보았다. 특히 도스토예프스키 리얼리즘 문학이 소설 표본이다. 반면에 사실주의 문학은 자본주의 야만성을 감추는 반동 문학으로 그는 몰아붙였다.

크로: 공산당으로부터 당적을 박탈당했는데 자본주의 사상가로 전환하지.
루카치: 가장 나쁜 공산주의도 가장 좋은 자본주의보다 낫지.
크로: 구름 같은 이상에 사로잡혀 있으니 공산주의자들도 거리를 두지.
루카치: 똘똘한 10명만 힘을 모으면 세상을 변화시킬 수 있지.
크로: 세상은 다양하여 10인 혁명은 10일 만에 무너지지.
루카치: 재산 국유화는 물신 사상을 막는 원칙이야.
크로: 취득세와 재산세로 재산 사유화를 완화시킬 수 있지.
루카치: 자본주의 허위의식에 여전히 묶여 있군.
크로: 국유화 이전에 자유와 사상의 자유부터 풀어 줘.
루카치: 반동 분자지만 노동으로 본을 보이니 내가 참지.

블로흐: 마르크스식 희망철학

에른스트 블로흐(Ernst Bloch, 1885~1977)는 유태계 독일인으로 철도 노동자 아들이다. 뮌헨에서 철학, 물리학을 공부했고 박사학위를 받았다. 루카치, 벤야민, 아도르노와 교류하며 다방면 지식을 섭렵했다. 1차 대전 중에 평화를 찾아 스위스로, 1933년 미국으로 망명했다. 2차 대전 이후 동독으로 귀국하여 라이프치히 대학에 64세에 교수가 되었지만 그것도 잠시였다. 그는 스탈린식 유토피아를 비판하여 교수직을 박탈당했고 서독 괴팅겐 대학으로 넘어가 평화운동, 반핵운동을 벌였다.

블로흐가 1938년부터 출간된 《희망의 원리》는 아픔을 치료의 소망으로, 가난을 풍족의 소망으로 바꿈으로써 미래를 이야기한다. 그는 인류사 심층에 흐르는 무의식 희망을 탐지했다. 희망은 과거보다 미래를 보는 시선이다. 그는 잃어버린 이데아를 상기하는 플라톤보다 잠재태를 소망하는 아리스토텔레스를 희망의 선구자로 보았다. 그는 일상 생활에서도 예리한 눈으로 희망을 찾아냈다. 무의식은 밤 꿈으로 나타나지만 희망은 낮 꿈으로 나타난다. 유태인이 메시아의 재림을 기대하듯이 그는 희망이 도래하는 미래를 이야기했다.

> 크로: 막노동을 하면서도 희망을 이야기했지?
> 블로흐: 희망 덕분에 늦은 나이에 교수가 되었지.
> 크로: 10년만에 교수직에서 잘리고도 여전히 희망 타령인가?
> 블로흐: 시련은 다가올 은총의 다른 형태이지.
> 크로: 역사에서 누가 유토피아를 누렸는가?
> 블로흐: 없어.
> 크로: 그럼 유토피아가 온다는 보장은 없겠군.
> 블로흐: 억압과 착취가 없는 마르크스식 유토피아는 오게 되지.

> **크로:** 공산주의 소련은 무너졌지.
> **블로흐:** 나누리들은 절망을 이야기하지는 않겠지?
> **크로:** 오늘보다 나은 내일은 있지.
> **블로흐:** 방법은?
> **크로:** 억압과 착취를 몰아내기 위한 계급 투쟁보다는 희망의 자유 경쟁을 벌어야지.

가브리엘 마르셀: 나그네 철학

　가브리엘 마르셀(Gabriel Marcel, 1889~1973)은 파리 외교관 외아들로 태어났다. 어릴 적 어머니는 돌아갔고 새엄마가 된 이모는 공부를 닦달했다. 그는 아버지를 따라 외국으로 가곤 했는데 그곳에서 오히려 편안함을 느꼈다. 그는 희곡을 쓰고 음악을 작곡하고 연주했으며 파리대학에서 철학을 배웠고 콜레주 드 프랑스에서 베르그송 강의를 들었다.

　1차 세계대전에 구호원으로 참전하여 참혹한 전장을 경험하고 체계적 철학을 배격했으며 박사학위도 받지 않았다. 그는 나치즘을 보면서 추상적 사고는 사람을 편향시키고 폭력적으로 만든다고 보았다. 강도 당한 사람에게 축복하는 철학자가 아니라 겉옷을 벗어 주는 이웃이 필요하다. 그는 기계화되어 가는 사회에 저항하며 인간성을 지키고자 하였다. 구체적 삶을 중시하여 글로 표현했고 현실 문제에 뛰어난 통찰력으로 해답을 제시했다.

　정주한 사람은 영원에 집착하지만 지나가는 여행객은 욕망에서 자유롭다며 여정의 철학을 제시했다. 그는 객관화되고 우상화 된 신 대신에 타인에게서 신의 향기를 맡았다. 유신론적 실존주의자이지만 기독교에 매달리기보다는 신비주의적 텔레파시, 예언도 중시했다.

> **마르셀:** 철학 체계를 세우려 덤비는가?
> **크로:** 철학의 보편적 틀을 발견했으니.
> **마르셀:** 무슨 틀이든 삶을 구속하지. 나그네처럼 살다 가야지.
> **크로:** 나누리틀은 나그네를 주인 되게 하지.
> **마르셀:** 주인은 나눌 줄을 몰라.
> **크로:** 나그네는 쓰레기를 버려 두고 가지.
> **마르셀:** 여행으로 다양성을 포용할 수 있지.
> **크로:** 웹으로 에베레스트 정상을 볼 수 있고 그리스 법정에 들어갈 수 있어. 발로 걷는 여행은 지구를 더럽히지만 눈으로 보는 여행은 지구를 보존하지.
> **마르셀:** 도전적이군. 프록시마 행성에서 금요 모임을 만들까?

비트겐슈타인: 언어의 기능

비트겐슈타인(Ludwig Wittgenstein, 1889~1951) 합스부르크의 영광이 저물어 가는 오스트리아 빈 철강재벌 아들로 태어났다. 재벌가족은 브람스, 말러를 초대하여 석양을 노래하며 우울한 기분을 달래려 했지만 도시의 분위기를 되돌릴 수는 없었다. 재벌 아들들은 스스로 목숨을 끊었다.

비트겐슈타인은 1906년 베를린 공과대학에 입학했고 1908년 맨체스터 공과대학으로 갔다. 그의 학문은 실용적인 항공, 기계, 유체에서 추상적인 수학, 수학 철학, 논리학으로 옮겨갔다. 러셀은 자기를 찾아온 비트겐슈타인의 천재성을 알아보고 철학을 가르쳤다. 비트겐슈타인은 3년 후에 케임브리지를 떠났다가 1차 세계대전에 참전하였다. 전쟁의 참호에서 그는 수첩에 《철학 논고》를 메모했고 러셀은 1921년 출판을 도왔다.

《철학 논고》는 글과 세상의 일치를 추구한다. 세상은 시공간에 개체들의 배치이고 운동이다. 사물들은 색채, 모양, 향기, 소리를 내뿜고 사건 사이에는 전후 관계나 인과 관계에 있다. 자동차 사고를 그림으로 묘사하듯이 그는 사건 사태를 언어로 표현할 수 있다고 보았다. 잘 표현된 글은 한 장의 그림과 같다. 문단의 글은 문장으로 분해되고 문장은 그리고, 또는, 후에, 하자마자, 만약 등의 접속사로 연결된다. 그러나 그는 사진으로 찍히지 않은 신과 같은 형이상학적 어휘와 이를 사용한 글에는 침묵하라고 주문한다.

비트겐슈타인은 철학 현안은 거의 해결되었다고 주장하는《철학 논고》를 철학계에 던져 놓고 오스트리아 시골로 들어갔다. 그는 아버지 유산을 받았지만 대부분 기금으로 돌리거나 형제자매에게 양보하고 평생 검소하게 살았다. 그는 알프스 산골짜기에서 애들을 가르쳤고 누나 집을 설계했다. 비트겐슈타인은 교재용 사전을 만들어 배포하고 체벌을 가해서라도 학생을 가르치고자 했지만 아이들과 학부모는 철저함을 거부했다.

엄밀한 학문 없이도 해맑게 살아가는 아이들을 뒤로하고 그는 1929년 자신을 영웅처럼 받드는 케임브리지로 돌아왔다. 그는《철학 논고》를 스스로 비판하면서 철학적 탐구를 이어 간다. 엄격함을 버리고 유연성을 추구하지만 결론을 내릴 수 없어 수정을 반복한다. 강의안에 제자들이 받아 적은 내용을 가미한《철학적 탐구》는 사후에 출판되었다.

언어의 그림 이론은 언어의 게임 이론으로 바뀌었다. 그는 어휘가 대상을 지칭한다는 그림이론을 완화한다. 어휘의 대응은 상황에 따라 다르다. 장기 게임에서 '차'를 잃어버렸다면 '차'를 다시 깎을 필요도 없다. 돌멩이를 주워 '차' 대신 사용할 수 있다. 돌이 '차'의 역할을 거뜬히 한다. 전기의 언어가 과학 언어였다면 후기의 언어는 시장 언어이다. '사과'는 붉고 동그란 과일을 지칭하지만 "사과 한 박스 가져간다"는 조폭의 말은 더 이상 과일이 아니다. 어휘도 상황에 알맞게 재해석된다. 어휘의 의미는 문맥속에서 재정의되며 비언어적 눈짓 손짓이 어휘의 해석을 돕는다.

2차 세계대전이 일어나자 그는 병원으로 달려갔고 이후에 노르웨이 오두

막집에 은거하였다. 후기 철학이 전기 철학을 비판하면서 태어났지만 그는 본질적으로 언어 철학 범위를 벗어나지 않았다. 전기에는 그가 공학에서 과학 수학의 엄밀함으로 옮겨 갔지만 후기에는 일상의 유연함으로 되돌아 왔다.

> **크로:** 철학의 문제는 언어의 문제와 달라.
> **비트겐슈타인:** 언어로 전환이 일어났다고 생각하는데.
> **크로:** 정신 철학은 언어 철학으로 전환됐지만 철학 현안은 여전히 남아 있지.
> **비트겐슈타인:** 언어가 불완전하기 때문에 생기는 문제도 있지.
> **크로:** 언어의 불완전성은 자체로도 문제지만 철학적 현안은 언어를 뛰어넘지. 철학적 현안이 해소되면 언어로 설명될 수 있지만 언어를 들어본다고 철학적 현안은 풀어지지 않지. 철학적 현안은 과학적 문제이고 사회적 문제이지.
> **비트겐슈타인:** 크레타 섬의 거짓말쟁이 문제는 언어의 문제이지.
> **크로:** 문제를 재정의하면 풀리는 문제는 제대로 된 철학 현안이라고 보기 어렵지.

하이데거: 내가 부동의 원동자

하이데거(Martin Heidegger, 1889~1976)는 독일 바덴주 메스키르히 교회지기 아들로 태어났다. 그는 가톨릭 장학금으로 김나지움을 거쳐 프라이부르크 대학 신학부로 진학하여 신과 아리스토텔레스의 존재론도 익혔다. 1차 세계대전에 소집되었지만 심장병으로 징집 유예되어 박사학위를 받았고 후설 조교가 되었다. 전쟁이 급박하게 돌아가자 그는 징집되어 우편물 검열국에서 소속되었다가 이후 독가스 살포를 예보하는 기상 정보 기관에 배속되었다.

1차 세계대전은 이전의 전쟁이 아니었다. 과학기술로 무장된 무기들은 엄청난 파괴력을 지녔다. 미국의 개입으로 패전한 독일은 베르사유 조약으로 과도한 배상 책임을 졌다. 독일 국민들은 새로 탄생한 바이마르 공화국이 연합국의 꼭두각시에 불과하다며 분노했다.

전쟁이 끝나자 하이데거는 프라이부르크로 복귀하였고 1923년 마르부르크 대학의 교수가 되었다. 1927년 《존재와 시간》을 발표하여 절망에 찬 독일 국민을 위로했다. 하이데거는 후설 후임으로 프라이부르크 대학으로 돌아왔다.

1929년 자본주의는 대공항이 일어났고 일상의 삶은 붕괴되었다. 혜성처럼 나타난 히틀러는 계획 경제로 공황을 극복하며 아리아인의 우월성을 선동했다. 1차 세계대전의 설욕을 벼르던 독일 국민들은 히틀러와 하이데거에게 환호했다. 나치 정권하에서 그는 프라이부르크 대학의 총장이 되었다. 그러나 그 영광은 오래가지 못했다. 하이데거는 정신적 만족을 추구했지만 히틀러는 물질적 번영을 추구하여 둘은 1년 만에 갈라섰다.

2차 세계대전 기간 중에 유태인 학살은 독일, 폴란드, 오스트리아에서 자행되었고 교황과 세계의 지도자들은 침묵했다. 십자군의 유태인 학살과 프랑스의 드레퓌스 사건이 보여주듯이 유태인에 대한 반감은 유럽에서 뿌리가 깊었다. 전후 하이데거는 나치에 협력한 혐의로 기소되었으나 여제자 안나 아렌트의 호의적 증언으로 5년간 학문 활동만 금지당했다. 그는 명예교수로 복직했지만 바로 시골 오두막집으로 은둔했다.

하이데거는 《존재와 시간》을 통해 본질 존재론을 비판했다. 기존 철학은 존재자의 본질을 규명하느라 개개인의 존재 의미를 놓쳤다고 보았다. 진화론으로 밝혀진 본질보다 현재 개인에게 초점을 맞춰야 한다고 보았다. 개인은 지금 여기에 살아가는 실존자이다. 실존자는 미래를 향한 염려에 빠져 있다. 특히 죽음은 피할 수 없는 염려이며 죽음에서 인간은 존재의 참의미를 찾을 수 있다고 하이데거는 주장한다. 그는 자신의 존재론을 설명하기 위해 새 어휘를 수없이 만들어, 침묵하라는 비트겐슈타인의 주문을 교묘히 빠져나갔다.

하이데거는 현존재는 혼자 사는 것이 아니라 생활 세계속에서 배려하고 관심을 가지며 살아간다. 주위 환경과 관계를 유지하고 존재의 의미를 찾아간다. 소명을 주었던 신은 쫓겨났지만 대신에 우리는 주변의 속삭이는 소리를 들어야 한다. 시인의 감수성으로 세계를 바라봐야 한다. 그는 과학기술의 의한 도시화를 비난하면 숲길에서 자연의 음악을 듣고자 했다.

크로: 새로운 선지자가 나타났군.
하이데거: 내뱉는 말을 통해 너를 알려주마.
크로: 성경도 창조에서부터 이야기가 시작되니 본질에서 삶이 나오지.
하이데거: 참호 속에서 본질보다 죽음을 느끼고 사회 속에선 희망보다 불안을 느껴.
크로: 슬픈 현실이지만 죽음과 불안도 욕망과 위선의 치료약이야.
하이데거: 자연과 주변의 속삭임이 불안의 치료약이야.
크로: 아직도 과학과 철학에는 미개척지가 많아. 그곳에는 불안에 빠질 틈도 없지.
하이데거: 신학의 계단을 올랐지만 무너졌고 과학의 사다리도 탔지만 떨어졌어. 이제 새로운 목소리를 들어야지.
크로: 개인의 길이 다양하니 단정하기 어렵지만 건설적으로 불안을 해소할 수 있지. 각자 역량에 알맞은 목표를 세워 추구하다 보면 저녁에 죽음도 수용하게 되지.

13. 전체주의 비판과 진단

사람들은 1차 세계대전을 벗어나 희망을 향해 이륙하려는 순간 대공황이 찾아왔다. 전사한 자녀 유골을 묻은 고향을 떠날 수밖에 없었다. 길에는 직장을 찾아 나선 사람들이 깔렸다. 힘든 삶에 지친 사람들은 자신을 위로할 철학을 바랐고 자신을 구해 줄 영웅을 기다렸다. 이 소망을 읽은 히틀러는 권력을 쥐고 국민에게 일자리를 보장하면서 민족주의로 세뇌했다. 그는 강력한 지도력과 선동으로 독일을 발전시키고 1차 대전의 패배를 만회할 2차 세계대전을 일으켰다. 600만 유태인은 학살되었다.

철학자들은 히틀러 재출현을 막으려 인간과 사회에 청진기를 갖다 댔다. 이성으로 계몽된 인간이 전체주의로 흐르는 이유를 알고자 했다. 그들은 전체주의, 자본주의, 공산주의, 민족주의의 획일화된 사회를 비판하면서 그 원인을 과학과 도구적 이성 탓으로 돌렸다. 철학자들은 역사 속 단절된 과학이론을 지목하며 분풀이했다.

비판은 생각할 거리를 던져 주었지만 곰곰이 따지고 들면 시작도 끝도 없는 언어 유희에 불과했다. 과학 철학자들은 뜻이 명확한 언어 철학을 제시하면서 검증과 반증 기준으로 사이비 철학을 쫓아 내고자 했다. 유토피아는 검증될 수 없었고 과학적임을 부르짖는 공산주의도 반증될 수 없었다.

그람시: 헤게모니 혁명이론

안토니오 그람시(Antonio Gramsci, 1891~1937)는 이탈리아 남부 사르디니아 출생으로 4살 때 사다리에 떨어지면서 척추를 다쳐 키가 작았다. 그는 장학금을 타 북부 자동차 공업도시 토리노 대학으로 들어갔으나 병으로 중퇴했다. 그는 노동운동, 사회운동에 뛰어들었고 정치평론가로 활동하다가 이탈리아 공산당을 창당했다.

1차 세계대전 말 자본이 집중되고 불평등이 심화되면서 소시민들이 사회당을 지지하자 권력자와 자본가들은 노동자의 준동을 경계했다. 사회당에 몸담았던 무솔리니는 시대를 재빨리 읽고 극우로 변신하여 언변술로 대중을 사로잡았고 폭력과 테러를 교묘하게 구사했다. 무솔리니는 초기에는 의석을 가지지 못했지만 쿠데타로 지방 권력을 무너뜨리고 로마로 진격하자 국왕은 그를 총리로 임명했다.

친구였던 그람시와 무솔리니는 이제 정적으로 바뀌었다. 무솔리니는 정당 활동을 금지했고 그람시 입을 막으려 20년간 감옥에 쳐 넣었다. 그람시는 허약한 몸으로 글을 쓰며 11년을 버티다가 감옥에서 죽었지만 《옥중수고》는 죽지 않았다.

그람시는 마르크스 전망과 다르게 서구 자본주의가 유지되는 데 의문을 지녔다. 그람시 혁명이론은 부의 착취 같은 경제적 요인보다는 정치, 문화적 요인을 중시했다. 그는 정치 이데올로기뿐만 아니라 시민사회와 지식인층이 형성하는 헤게모니를 찾아냈다. 서구에서는 자본주의가 이미 헤게모니를 얻어 러시아처럼 혁명이 일어날 수 없다고 보았다. 그람시는 서구에서 공산혁명이 성공하려면 헤게모니용 진지를 먼저 구축하도록 제언했다.

크로: 1차 세계대전 미참전자가 진지전을 어떻게 알지?
그람시: 생각은 천리를 보지. 좌파동지들이 의식화 교육으로 진지를 구축해야 공산주의가 도래하지.
크로: 불평등이 심화되면 일시적으로 정권이 교체되겠지만 영속되긴 어렵지.

> **그람시:** 이유가 뭔가?
> **크로:** 공산주의는 국가의 주인을 명시하지 않아.
> **그람시:** 프롤레타리아가 탈취했으니 공산당이 주인이지.
> **크로:** 자유주의 자는 국민이 자신의 권리를 국가에 일부 위임했다고 주장하지.
> **그람시:** 공산주의도 동일하지.
> **크로:** 일당 독재에서 국민은 안중에도 없지. 권리를 행사할 투표권도 없지. 따라서 공산주의 이론을 아무리 세밀하게 다듬어도 가장 기본적 권리에서 문제가 있지.
> **그람시:** 공산주의에 관심이 없는 자는 투표권을 줄 필요가 없지.

카르납: 언어 분석을 통한 철학

　루돌프 카르납(Rudolf Carnap, 1891~1970)는 독일 론스토르프 출신으로 예나대학에서 물리학과 철학을 배웠고 프레게 강의를 수강한 얼마 안 되는 제자이다. 그는 1차 세계대전에 참전 후 대학으로 돌아가 공간 개념을 탐구하여 박사학위를 받았다. 공간도 신의 정의처럼 일관된 정의가 없다.
　20세기 초반 상대성이론, 양자역학이 정립되는 시기였고, 수학에서는 러셀, 힐베르트가 수학의 토대를 쌓아갔지만, 과학적 방법에 저항하며 베르그송은 창조적 진화를 제안했고 하이데거는 본질적 존재가 아니라 시적 존재를 읊었다. 카르납은 하이데거가 지껄이는 의미 없는 형이상학적 문장을 못 본 체할 수 없었다. 하이데거의 '무를 무화한다'라는 문장은 은유일 뿐이다.
　카르납은 철학은 진술을 명확히 해야 한다고 보았다. 그는 경험만을 신뢰했던 데이비드 흄과 에른스트 마흐의 사상을 따랐고 프레게와 러셀 연구를 이어받았다. 1926년 그는 비슷한 목적을 지닌 빈학파에 합류하고 슐리크, 노이라트와 교류했다. 빈학파는 비트겐슈타인처럼 세상을 논리적 구조로 나타낼 수 있다고 보았고, 문장은 구문을 따르며 망막에 인화되는 그림이어야 한다고 보았다. 그들은 형이상학을 반대하며 세상의 진술을 관찰과 논리적 환원으로 참 거짓을 판단할 수 있다는 논리실증주의를 열었다. 나치 독일이 오스트리아를 침공하자 대부분 빈학파는 미국으로 망명하였고 카르납은 시카고 대학과 캘리포니아 대학에서 연구를 이어 갔다.

카르납은 어휘의 의미를 명확히 하도록 메타언어를 도입했다. 메타언어는 사용 규칙을 명시한 사전이고 소쉬르의 랑그와 유사하다. 다만 어휘 '이념'이나 '신'은 비록 일반 사전에 수록되지만 의미가 불명확하므로 메타언어로 정의를 내리기는 어렵다. 메타언어로만 작성된 문장만이 정확한 의미를 지닌다. 컴퓨터 프로그램 언어, 정보를 전달하는 인터넷 언어, 수학과 과학의 모든 방정식도 메타언어라고 부를 수 있다.

크로: 현대 문명은 메타언어의 경연장이야.
카르납: 어휘를 잘 정의하고 문법 기호로 묶으면 모든 현상을 기술할 수 있지.
크로: 컴퓨터, 수학, 화학, 공학도 각각의 메타언어를 도입했지.
카르납: 학문마다 메타언어가 다른 이유는 칸막이가 있다는 뜻이군.
크로: 메타언어들은 계속하여 버전업 되고 있어.
카르납: 지식이 축적되면 언어도 버전업 될 수밖에 없지. 나중에 통일된 언어가 되겠지.
크로: 메타언어로 작성되었다고 항상 진실이라는 보장은 없어.
카르납: 맞아. 메타언어는 어휘와 문법을 제시하지만 모순된 문장이 나올 수도 있지. 가령 "쌀 때 사서 비쌀 때 팔라"라는 문장은 헛소리에 불과하지.
크로: 헛소리를 제거하려면 아직도 길 길이 멀지. 또한 쫓아낸 형이상학 진술을 어느 정도 허용해야지. 그들은 상상력을 자극하거든.

벤야민: 콜라주 철학

발터 벤야민(Walter Benjamin, 1892~1940)은 독일 베를린 유복한 유태인 아들로 태어나 1909년 1년간 군 복무를 마쳤다. 1차 세계대전 직전 독일 사회는 참전과 반전의 소용돌이가 몰아쳤고 학생운동을 했던 그는 침묵하다 1915년 뮌헨으로, 1917년 중립국 스위스로 들어가 문학가들을 만났다. 집안은 세계대전으로 기울고 결혼 생활도 순탄치 못했다. 베른대학에서 박사학위를 받았지만 교수 자격 논문 형식이 파격적이란 이유로 거부되자 문필가로 진로를 변경하고 신문 기고의 길을 택했다. 그는 루카치, 블로흐, 아도르노, 호르크하이머와 교류를 했고 이탈리아를 여행하며 파시즘을 목격했다. 그는 소비에트 대백과사전에 괴테 항목을 서술하려 러시아에 머물면서 변증법적 유물론의 영향도 받았다.

벤야민은 유태 신비주의의 눈으로 자본주의와 과학기술뿐만 아니라 나치와 공산주의도 비판적으로 바라보았다. 그는 전단지나 상품에 묻은 인간의 욕망과 흔적을 민감하게 포착하여 표현하였다. 자연은 건축되다 만 공사장으로 훼손되었고 사회는 인간이 토해 놓은 구토물로 오염되었다고 보았다. 에펠탑도 1만2천 개의 철골 조각으로 구성되어 있듯이 그의 글도 단편들이 어지럽게 흐트러진 콜라주이다.

나치가 바이마르 공화국을 해체하고 표현과 출판을 검열하며 유태인을 체포하자 그도 파리로 피했다. 망명 독일 지식인을 만나며 국립도서관 자료를 뒤지며 힘든 삶을 이어 갔다. 생활은 열악하고 건강은 악화되었지만 그는 파리 아케이드를 거닐며 욕망이 배출된 쓰레기통을 뒤졌다. 독일이 파리마저 점령하자 그는 스페인을 거쳐 아도르노가 초대한 미국으로 가기 위해 피렌체 산맥을 넘다 체포 당했고 스스로 생을 마감했다.

크로: 글들이 통찰력이 있고 흥미로운데 지향점을 파악하기 어려워.
벤야민: 글을 통해 신과 합일을 기대했는가?
크로: 번뜩임이 탐나지만 진실과 함께 해야 힘이 있지.
벤야민: 진실처럼 보이는 글도 뜯어보면 욕망이야.
크로: 과학은 모든 자에게 열려 있으니 계층의 욕망은 없어.
벤야민: 부정 신학으로 신을 높이듯이 비판 문학으로 현실을 찬양할 수도 있지.
크로: 교묘한 논리야. 초현실주의로 날아가는 글도 문제지.
벤야민: 남들이 꺼린 뒷골목을 거닐었지. 상투적인 글은 더 이상 글이 아니지.
크로: 문명을 보이는 대로 평가해야지 치마를 들치면 파렴치범이지.
벤야민: 일반 사람에게는 금지되어 있지만 작가는 예외이지.

호르크하이머: 비판이론

막스 호르크하이머(Max Horkheimer, 1895~1973)는 독일 슈투트가르트 유태계 재벌 아들로 태어났다. 그는 아버지 사업을 도왔고 신검 부적격으로 1917년 군복무를 피했다. 뮌헨 대학에서 철학과 경제학을 공부했다. 1924년 교수 자격 시험을 합격하고 프랑크푸르트 대학 교수가 되었으며 부실 사회연구소 2대 소장으로 부임하여 아도르노, 마르쿠제와 프랑크푸르트 학파를 세웠다. 그는 나치의 유태인 박해를 피해 미국으로 망명했으며 유태인 학살이 벌어지는 사회를 용납할 수 없었다. 아도르노와《계몽의 변증법》을 집필했고 2차 대전 후에 독일로 복귀했다.

프랑크푸르트 학파는 나치의 전체주의뿐만 아니라 자본주의, 스탈린 사회주의도 비판했다. 마르크스가 생산 방식에 따른 불평등을 주목한 반면에 이들은 과학과 자본이 흘러가며 할퀸 비인간적인 사회에 비판의 펜을 들었다. 철학은 대안을 제시하기보다는 사회를 비판하는 자체로 의미를 지닌다고 보았다.

이성으로 합리화된 인간은 근대에 주술을 쫓아내며 자유, 평등, 정의, 관용을 추구했지만 주술이 물러나자 개인과 집단은 이성으로 무장하고 돈과 권력만을 탐했다. 계몽은 반성적 이성에서 시작했으나 이제는 도구적 이성으로 변질되었다. 도구적 이성은 목적보다 수단을 중시하며 효율만을 따진다. 그는 도구적 이성이 활개를 치면 과학과 기술은 중시되나 시나 소설은 경시된다고 보았다.

크로: 루카치나 레닌처럼 혁명을 선동하지는 않았군?
호르크하이머: 비판 글로 혁명의 효과를 거둘 수도 있지.
크로: 비평을 위한 비평이 철학이라고?
호르크하이머: 비평을 하지 않으면 전체주의로 빠지지.
크로: 편향된 비평은 인류의 역사를 원시로 후진시킬 수도 있지.
호르크하이머: 전체주의보다 낫지.
크로: 비평을 듣다가 주관을 잃어버리거나 예산이 낭비되기도 하지.
호르크하이머: 그건 알 바가 아니야. 돈과 권력을 추구하는 풍조도 바꿔야지.
크로: 돈과 권력에 눈 먼 개인은 서로 이간질하므로 오히려 전체주의를 막을 수 있지.

야콥슨: 자연 언어 분석

로만 야콥슨(Roman Jakobson, 1896~1982)은 러시아 태생으로 어릴 적부터 언어 재능을 보였으며 모스크바 대학 출신이다. 볼세비키 혁명을 지지했으나 곧 환멸을 느끼고 체코 프라하로 이주했다. 그는 체코 구조주의를 이끌었지만 나치가 침략하자 북유럽으로 몸을 피했고 1941년 미국에 귀화했다. 10개 언어를 구사하는 언어학자였고 소쉬르 언어학을 이어받았다.

언어는 인식의 선험적 틀로 자리잡은 후에 지속적으로 철학의 주제가 되었다. 과학 철학자에게 언어는 진리를 담는 도구였으며, 정신 철학자에게는 언어는 보이는 정신이었다. 언어는 가시적이니 해석도 용이했다. 야콥슨은 레비스트로스와 함께 언어를 사회 해석 도구로 활용했다.

야콥슨은 모든 사람들이 모국어를 자유롭게 구사하는 점에 착안하여 언어의 생성 규칙을 찾고자 시학, 음운학, 언어심리학, 언어의 정보이론, 실어증을 연구했다. 언어는 논리실증주의가 강조하는 지시적 기능 외에 시적 기능, 감정 표출 기능, 감화적 기능, 친교적 기능, 메타 언어적 기능이 있다고 그는 보았다.

야콥슨은 소쉬르의 문장 생성규칙인 결합관계와 계열관계로 아이의 언어 습득 과정과 실어증 환자를 분석했다. 이들은 결합관계 실어증이나 계열관계 실어증을 보이는데 야콥슨은 전자를 환유 실어증으로, 후자를 은유 실어증이라고 명명했다. 두 어휘의 결합관계는 인접성이므로 수사학의 환유 관계와 대응되고 두 어휘의 계열관계는 유사성이므로 수사학의 은유와 대응될 수 있기 때문이다. 그는 산문은 환유가 강하게 작동하고 시는 은유가 강하게 나타난다고 보았다.

크로: 문장의 결합관계와 계열관계를 환유와 은유로 해석할 수는 없지.
야콥슨: 왜? 서로 대응 관계에 있지.
크로: 문장은 세상의 한 장면이야.
야콥슨: 문장은 희망의 표현일 수도 있지.
크로: 맞아. 문장은 사실과 희망을 나타내고 그중 일부는 수사적으로 표현되지.
야콥슨: 그래. 환유와 은유 기법으로 표현된 문장은 일부분이지. 10개 언어를 구사하는 나를 가르치려 드네.
크로: 초보가 원래 용감하지. 실어증도 어휘 실어증. 문장 실어증으로 구분해야지.

> **야콥슨:** 어휘 실어증은?
> **크로:** "여기 개풀이 피었네"라는 표현에서 '개풀'은 '강아지풀'의 착오이지.
> **야콥슨:** 문장 실어증은?
> **크로:** 문장은 시공간 인접성, 인과관계, 속성을 공유한 어휘들의 배열이지. '역전 앞'이라는 문장은 그래서 이상하지.
> **야콥슨:** 좋아. 문장 실어증은 연결 어휘들의 관계성을 찾지 못하는 증상이군.
> **크로:** 문장에는 결합관계만, 어휘에는 유사어, 반의어의 계열관계만 지니지.

마르쿠제: 사육된 인간에게 고함

마르쿠제(Marcuse Herbert, 1898~1979)는 유태계 공장장 아들로 태어나 군복무를 마치고 사회민주당에 잠시 참여했다. 훔볼트 대학에 4학기를 공부하고 프라이부르크 대학교에서 4학기 독일문학사를 전공하여 박사학위를 받았다. 그는 신비한 소릴 낸다는 하이데거를 찾아가 조교가 되었으나 스멀스멀 올라오는 전체주의 냄새를 맡고 슬그머니 빠져나왔다. 그는 나치 탄압을 피해 스위스에 1년 머물다가 1934년 미국으로 건너가 뉴욕 사회연구소에서 일했다. 2차 세계대전 후에 미국 첩보국에서 냉정시대의 심리전을 연구했으며 미국과 베를린을 오가며 학생을 가르쳤다.

그는 나치를 지지하는 독일 노동자들에게서 충격을 받고 이유를 밝히고자 하였다. 노동자들은 노동으로 소외되기보다는 먹고 입고 대중 문화를 즐기고 비판보다는 체계에 순응했다. 그는 과학기술에 바탕을 둔 실증주의와 자본주의는 일차원적 인간을 양산했다고 보았다.

독일 패전으로 전체주의는 사라졌지만 승리한 연합국들은 공산주의와 자본주의로 양분되고 냉전에 빠졌다. 한국전과 베트남 전쟁은 냉전의 희생물이고 젊은이들과 시민들은 목숨을 잃었다. 냉전체제는 실증주의 철학으로 현실을 긍정하며 자유를 억압하였다. 이를 타파하기 위해 마르쿠제는 프로이트의 리비도 본능을 깨워야 한다며 에로스 사랑을 설교하는 에리히 프롬과 티격태격 논쟁을 벌였다.

본능을 얽어매는 규칙에 반대하며 대학생들은 68운동을 일으켰다. 그는 강단에 숨은 프랑크푸르트 학자를 손가락질하며 68운동의 정신적 지주가 되었다. 반전 운동으로 미국은 베트남에서 철군하였고 베트남은 공산화되었다. 비판이론은 68운동 후에 포스트모더니즘으로 계승되었다.

크로: 나치를 피하려면 좌파는 미국 대신 소련으로 탈출해야지.
마르쿠제: 스탈린은 지식인을 숙청했지.
크로: 반동이니 숙청을 당했지 자네는 진짜 좌파 아닌가?
마르쿠제: 마르크스는 노동자를, 우리는 학생을 포섭하지.
크로: 자본주의도 비판하고, 공산주의도 비판하면 어쩌라는 거야?
마르쿠제: 정확하게는 그 둘의 공동 분모인 국가 통제를 비판하지.
크로: 타인에게 피해만 없다면 개인 이탈은 문제가 아니지. 직업 카르텔이 문제이지.
마르쿠제: 암. 철학은 변혁의 동력을 제시해야지.

하이에크: 계획경제 불가능론

프리드리히 하이에크(Friedrich Hayek, 1899~1992)는 오스트리아 빈 출신으로 비트겐슈타인과 외가 친척이다. 1917년 오스트리아-헝가리 이중 제국의 육군 포병으로 이탈리아 전선에서 싸웠다. 전후 빈대학에서 법학 및 경제학 박사를 받았고 오스트리아 경제연구소장을 지냈다. 1931년 런던대학교 교수가 되어 계획경제학자 케인즈와 논쟁했으며 1950년부터 시카고 대학교로 옮겼다.

미국 경제는 1920년부터 호황기를 맞았다. 묻지 마 투자로 주식시장은 풍선처럼 부풀어 올랐다가 1929년 9월에 터졌다. 주식은 1/10 수준으로 쪼그라들었고 실업률은 20%에 육박했다. 수많은 은행이 파산하였고 시민들은 돈을 찾으려 줄을 섰다. 당시 세계는 보유한 금괴에 상응하는 화폐만 찍을 수 있는 금본위 제도를 채택하여 국가는 금리를 올려 예금 인출을 저지했다. 대출은 그만큼 어려웠고 돈은 돌지 않았다. 경제 대공황은 10년 동안 지속되었고 삶은 비참했다.

케인즈는 정부가 사업을 일으켜 수요를 촉진시키는 뉴딜 정책을 제안하였다. 개인과 기업에게 경제 활동 권리를 일부 빼앗아 국가가 경제를 주도했다. 경제는 조금씩 나아졌다. 독일에서도 히틀러가 계획 경제를 통해 독일을 회생시켰다. 사람들은 국가가 제공하는 일자리에 감지덕지하며 경쟁을 회피했다.

하이에크는 국가의 시장 개입은 전체주의를 몰고 올 수 있다며 반대했다. 정부 개입은 오히려 문제만 키우고 결국에는 자유 억압으로 나타난다고 보았다. 그는 공황을 잘못된 경제 활동에 대한 자연스런 조정으로 보았다. 하이에크는 경제 인자들은 다양하고 그 효과가 복잡하여 계획대로 진행되지 않는다고 보았다.

하이에크 이론은 경제 전체주의에 대한 비판 이론이었지만 무시되었다. 1980년대에 정부 개입에 의한 복지 정책이 한계에 부딪치고 공산주의가 몰락하면서 그의 이론은 재조명되었고 신자유주의를 불렀다.

크로: 자유 경쟁을 옹호하지만 케인즈 계획 경제가 1930년대 대공황의 돌파구가 되었지.

하이에크: 그냥 시장 경제에 맡겼어도 해결됐을 거야.

크로: 피해가 너무 컸겠지. 더구나 자유 경제가 정답이라면 대공황이 발생하지 않아야지.

> **하이에크:** 계획 경제가 답인 듯하지만 예상치 못한 곳에서 부작용이 생기지. 계획 경제는 나치의 전체주의로 귀결됐지.
> **크로:** 대공황 이후 몇 차례 경제 위기가 있었지만 조직 구조, 금리, 통화량을 조절하여 빠져나왔지.
> **하이에크:** 조정은 경제 활동을 왜곡시켜 국가간 갈등을 야기하고 전쟁을 부르지.
> **크로:** 되도록 계획보다 자유 경쟁 시장을 확대해야지. 고착화된 영역에도 자유의 바람을 넣어야지.
> **하이에크:** 몽펠르랭 소사이어티 회원으로 들어오게.

에리히 프롬: 국가에 위임한 삶

에리히 프롬(Erich Fromm, 1900~1983)은 프랑크푸르트 유태인 랍비 가정에서 태어나 하이델베르크 대학교에서 사회학 및 심리학을 공부했고 1922년 철학박사를 받았다. 졸업 후 아내와 함께 심리 치료소를 세웠고 1930년 프랑크푸르트 사회연구소에도 잠시 활동했다. 그는 나치 박해를 피해 제네바를 거쳐 미국으로 망명한 후에 여러 대학에서 교편을 잡았다. 말년에는 스위스로 돌아왔다.

프롬은 인본적 사회주의를 추구하며 프로이트 심리이론을 변형하여 나치와 자본주의 병폐를 설명하고자 하였다. 프로이트가 성 충동으로 개인의 행동을 설명했지만 프롬은 사회 심리학으로 개인의 행동을 설명했다. 사회 심리학은 개인 성격을 사회 영향으로 본다. 그는 종교혁명 이후 독일인들은 더 많은 자유를 누렸지만 자신의 삶을 직접 개척해야 하는 불안에 휩싸였다고 보았다. 그들은 결국 생계를 위해 자유를 위임하여 나치의 권위에 복종하였다. 자유를 위임한 개인은 강자에게 마조히즘으로 맹종하고 약자에게 사디즘으로 착취하는 이중적인 태도를 보인다고 프롬은 진단한다.

프롬은 자본주의에서 개인의 끝없는 소유욕을 비판하며 소유보다는 존재에 가치를 두자고 주장했다. 그는 프로이트의 리비도가 아니라 에로스의 기술을 익혀 인류애가 넘치는 사회로 나아가자고 호소했다.

> **크로:** 철학자보다 베스트셀러 작가로 사랑을 받았지?
> **프롬:** 힘들어하는 개인들에게 사랑이라는 약을 처방을 했지.
> **크로:** 종교 혁명 이후 이성을 견제하면서 사랑이나 존재 가치를 넓히고 있군.
> **프롬:** 노파심에서 말하지만 본능적 사랑은 진정한 사랑이 아니지.
> **크로:** 구르는 눈덩이가 뭉치듯이 특정 어휘도 덩치를 너무 키우면 가치가 없어. 발기된 사랑은 가정을 파괴하지.
> **프롬:** 한 번 결혼한 자의 불평인가?
> **크로:** 사랑타령은 그만하고 다른 어휘에도 그만큼 가치를 부여해 봐. 균형 속에 인본주의도 싹트는 거야.

가다머: DNA가 다른 인간

한스 게오르그 가다머(Hans-Georg Gadamer, 1900~2002)는 독일 마르부르크 화학 교수 아들로 태어났다. 소아마비로 1, 2차 대전 군 복무를 면제받았다. 4살 때 어머니를 잃은 아픔 탓에 아버지가 바라던 자연과학 대신 인문학을 공부했다고 한다. 그는 신칸트주의에서 시작했으나 마르부르크 대학 하이데거의 속삭임에 포섭되었다. 그는 하이데거 전철을 밟지 않으려 나치 정책에 소극적이라, 37세에야 마르부르크 대학 교수 자리를 얻었고 1938년 라이프치히 대학 정교수가 되었다. 전후 연합군 치하의 프랑크푸르트 암 마임대학을 거쳐 1949년 하이델베르크 대학에서 은퇴했다. 12년의 사색 끝에 《진리와 방법》을 1960년 출간하는 등 102살까지 왕성하게 활동했다.

그는 정신과학은 자연과학과 다르다는 딜타이 주장을 수용하면서도 모든 사람이 동일한 심신 상태를 지닌다는 주장을 거부했다. 그는 작가와 독자는 다른 역사적 맥락에 놓여 있어 객관적 앎은 없다고 보았다. 가다머는 세상 속삭임을 듣는 하이데거 존재론을 해석학에 반영하였고 근대 이성이 배척한 선입견과 권위까지 수용했다. 선입견과 권위는 경험의 산물이며 지혜가 담겨 있는 도구라고 보았다. 해석학은 작가의 선입견과 독자의 선입견이 지평 융합되는 과정이라고 보았다. 결국 정신과학은 절대적 진리를 지니지 않으며 다양한 이념에 따라 다르게 해석될 수 있다고 보았다.

크로: 해석이 불가능하다면 해석학이 존재할 이유가 있나?
가다머: 한계를 알아야지. 저자와 독자의 심신 상태도 달라.
크로: 좌우 진영의 유전자가 다르다는 연구도 있지. 그렇지만 권위를 인정하는 해석은 제대로 된 철학이라고 볼 수 없지.
가다머: 권위자의 말은 시정잡배의 말과 품격이 다르지.
크로: 선입견이 해석의 도구라고?
가다머: 언어처럼 선입견도 사회의 산물이지.
크로: 언어는 문명 진보와 거의 일치하지만 선입견은 문명의 부정적 찌꺼기만 쌓여 있지.
가다머: 해석은 진리 추구가 아니라 행동의 이해야.
크로: 진리를 감안하지 않는 해석은 아편과 같지.

라캉: 자신 이해 불가

자크 라캉(Jacques Lacan, 1901~1981)은 파리에서 태어나 파리 대학교에서 의학학위를 받고 정신과 의사로 활동했다. 그는 초현실주의 작가들과 교류하면서 무의식 이론이 생물학적으로 해석되는데 반발하여 프로이트로 돌아가자고 외쳤다. 그는 정통 정신분석학을 따르지 않아 동료들과 마찰을 빚으며 결국 국제정신분석학회를 떠났고 자신이 창립했던 프랑스 정신분석학회에서도 쫓겨났다. 그는 1950년 중반부터 세미나를 열어 30년 동안 파리 담론을 이끌었다. 1966년 논문 모음집인 《에크리》를 발행하여 인기를 얻었다.

라캉은 거울과 언어를 통해 주체를 해석했다. 대부분 동물들이 거울 속에 비친 자신을 잘못 인식하여 공격하거나 거울 뒤로 달려간다. 돌 지난 아기는 거울에 비친 모습을 보고 충격을 받지만 이내 자기 인식에 도달한다. 나아가 아기는 거울 이미지처럼 세상을 이해할 수 있다는 자신감을 얻어 나르시스에 빠지기도 한다.

거울 단계를 지난 아이들은 언어를 배우면서 상징으로 세계를 이해한다. 상징 세계는 언어 기표로 가득 차 있다. 아기는 언어로 욕구를 표현하면서 충족과 좌절도 함께 배운다. 라캉은 내뱉는 말조차 주체의 언어가 아니라 타인의 언어이며 주체가 말하는 대신 말해진다고 보았다. 주체는 욕망이 충족되기를 원하지만 완전한 충족은 없다. 타인의 언어로 자신의 욕망을 온전히 표현할 수 없는 탓이다. 주체의 실재계는 욕망의 세계이며 기의의 세계인데 타인의 기표가 도달할 수 없는 세계이다. 죽음이라는 기표만이 실재계를 열 수 있는 열쇠이다.

라캉: 나의 글은 독자를 위한 글이 아니야. 어렵지.

크로: 수학기호를 남용하다니. 정신분열증 환자야.

라캉: 너마저도. 이해해 줄 사람은 프로이트밖에 없는가?

크로: 프로이트도 정신을 욕망으로 환원했지.

라캉: 이제는 정신을 생물학적으로 더 깊게 환원하고 있지. 그게 문제야.

크로: 배울 것이 없지만 온 김에 상상계, 상징계, 실재계나 들어 보자.

라캉: 아기는 거울 표정만으로도 감정을 읽을 수 있지만 어른은 어떤 어휘로도 감정

> 을 표현 못하지. 죽음밖에는 없지.
> **크로:** 성급하군. 어휘로 부족하면 행동으로, 예술, 문학으로 표현해야지.

파슨스: 창발된 조직에서 힘의 규격화

텔콧 파슨스(Talcott Parsons, 1902~1979)는 미국 콜로라도 목사 아들로 태어났다. 에머스트 대학에 생물학으로 입학했다가 3학년 때 사회학으로 갈아탔다. 런던경제대학에서 1년을 지내고 독일 하이델베르크 대학에 교환학생이 되어 마르크스 사회주의와 베버 자본주의 연구로 학위를 받았다. 1927년 하버드 대학에 임용되어 경제학을 강의하다 사회학과를 신설하였다. 1937년 《사회적 행위의 구조》를 저술했고 1960~1970년 미국 사회학을 주도했다.

파슨스는 돈뿐인 경제학보다 여러 가치를 좇는 사회학에 빠져들었다. 그는 심리적 동기, 생물학적 욕망, 공리주의에 매몰되지 않고 폭 넓게 행동 동기를 규명하고자 했다. 그는 신체 기관들이 생존을 위해 협력하듯이 사회 조직들도 사회를 위해 협력하고 균형을 맞추어 간다고 보았다. 그는 조직에 역할을 부여하려 외부와 내부를 X축, 목적과 수단을 Y축으로 그어 AGIL로 명명되는 사분면을 얻었다. AGIL에서 적응(Adaption)은 외부/수단으로 자원을 조달하며, 목표(Goal)는 외부/목표로 사명을 완수하며, 통합(Integration)은 내부/목표로 구성원 갈등을 조정하며, 잠재성(Latent Pattern)은 내부/수단으로 조직을 영속시킨다. AGIL이 성취될 때 조직은 성장할 수 있다고 그는 보았다.

> **크로:** 창발된 조직이 정신을 재규격화하는 방식을 제안했군.
> **파슨스:** 너는 AGIL을 정신 재규격화 과정으로 바라보는구나.
> **크로:** 목적과 수단은 제품 설계의 논리 도구이기도 하지.
> **파슨스:** 미국은 유기체 조직으로 양대전을 이기고 냉전까지 승리했지.
> **크로:** 유기체 조직은 전체주의로 변질되거나 조직에 섞이지 못한 개인을 튕겨 내지.
> **파슨스:** 개인은 자기 욕구를 자제하며 조직이 부여한 가치를 따라야지
> **크로:** 개인도 조직 목표를 좇느라 개인 신념을 희생할 수는 없지.
> **파슨스:** 조직과 개인 목표가 다르면 제대로 된 이론이라고 할 수 있나?
> **크로:** 개인은 자유 일부만을 조직에 위임했으니 개인 자율성은 여전히 살아 있지.

포퍼: 반증 가능성

칼 포퍼(Karl Popper, 1902~1994)는 오스트리아 빈 유태인 법률가 아들로 태어났다. 부유했던 집안은 1차 세계대전 패전과 인플레이션으로 기울었다. 그는 마르크스 평등사상에 끌려 오스트리아 사회민주당에 가입했지만 개인 희생을 강요하는 분위기에 실망하여 탈당했다. 그는 막노동을 하면서도 학업에 매진하여 1928년 빈 대학에서 철학 박사학위를 받았다. 나치가 오스트리아를 합병하자 1937년 뉴질랜드로 피했고 1945년 《열린 사회와 그 적들》을 저술하여 전체주의를 비판했다. 1946년 런던 정경대학에 부임했다.

히틀러 나치즘, 베버 자본주의, 마르크스 공산주의가 최고라면 서로 싸웠지만 부질없었다. 인간 행위에 설명하는 심리학도 한 꺼풀만 벗기면 허깨비였다. 포퍼는 비과학적 진술을 쫓아낼 방법으로 반증가능성을 제시했다. 플라톤 이상국가, 헤겔 절대정신, 유태인 시온운동도 반증 불가하므로 과학이 아니다.

논리실증주의자들은 검증 가능한 진술만을 명제로 인정하는 과학적 태도를 보였다. 그런데 이것도 완전한 검증은 불가능하다. 종합명제 "백조는

흰색이다"에서 모든 백조를 관찰하기 어렵고 "우주에는 외계 생명체가 산다"라는 문장은 관찰 자체도 어렵다. 검증성 대신 반증성을 도입하면 귀납법은 정합성이 유지된다. 즉 반증 전까지 가설은 인정되고 관찰이 쌓일수록 신뢰는 강화된다. 그러다가 반증된 진술은 폐기된다.

포퍼는 유토피아를 거부하면서 역사는 천재의 통찰이 아니라 다수의 노력과 성취로 진보한다고 보았다. 개인이 반증에 참여하는 열린 사회를 그는 주장했다.

크로: 마르크스나 프로이트 이론이 과학이 아니라는 주장이 중요한가?
포퍼: 과학적이라며 국민을 선동하니 반론할 수밖에.
크로: 자유민주주의는 그럼 과학인가?
포퍼: 과학이라고 선동하지 않지.
크로: 카르납을 비판하는 이유가 뭐야.
포퍼: 흰 백조를 검증하려 온 세계에 다닐 수 없지. 검증성보다 반증성이 강력해.
크로: 도토리 키 재기지. 또한 반증된 과학 법칙을 바로 폐기하지 않아.
포퍼: 예를 들면?
크로: 태양에서 먼 행성이 뉴턴 역학을 벗어났지만 폐기되지 않았지.
포퍼: 불일치를 야기하는 다른 행성이 숨어 있었군.
크로: 그렇지. 자료를 다각도로 해석해야지. 검증 혹은 반증보다 진리는 관찰과 연역을 모두 충족할 때 인정되지.
포퍼: 과학적 태도인가?
크로: 맞아. 색결정 유전자를 알면 깃털색에만 목매지 않지. 유전자는 연역이고 털색은 관찰이지.

요나스: 환경론자

한스 요나스(Hans Jonas, 1903~1993)는 유태인으로 프라이부르크 대학, 베를린 대학에서 철학, 신학, 예술사를 공부했다. 그는 1928년 하이데거 지도로 영지주의에 관한 논문을 써 박사학위를 받았고 나치를 피해 1933년 영국으로 탈출하여, 팔레스타인, 캐나다를 거쳐 미국에 정착했다.

요나스는 미국 사회연구소에 근무하며 1979년 《책임의 원칙》을 출간했다. 인간 중심의 윤리를 이제부터는 자연과 동물로 넓혀야 한다고 그는 주장했다. 행위에 예상된 영향뿐만 아니라 부작용도 인류는 책임을 져야 한다고 밀어붙였다.

요나스는 과학기술이 삶을 윤택하게 하지만 환경을 파괴하고 타생명체를 멸종시키는 점을 지적했다. 인간은 자연의 일부이며 자연이 파괴되면 인간의 삶과 자유도 파괴된다. 자연 파괴 후에 신도 손을 쓸 수 없으므로 우리는 지금 신을 도와야 한다. 마르크스의 유토피아나 블로흐의 희망마저도 자연을 파괴하므로 인간에게 공포를 주입하여 자연을 보존해야 한다고 그는 외쳤다.

요나스: 호모 사피엔스 출현으로 많은 동물이 멸종됐어. 매머드도 1만 년 전에 사라졌지.
크로: 인류가 잔인하게 사냥을 한 탓으로 보는구나. 인류 출현 전 고생대 삼엽충도 중생대 공룡도 사라졌다. 생물은 화산 폭발, 대륙 이동, 외행성 충돌로 멸종되고 포식자에게 잡아 먹히거나 전염병으로 몰살되기도 했지.
요나스: 지금은 핵무기도 쌓여만 가지.
크로: 피해는 가슴 아프지만 핵폭탄으로 2차 세계대전은 끝났지. 이제 원전은 이산화탄소를 배출하지 않아 온난화를 방지하지.
요나스: 유전자 조작으로 인한 변형은 어떨 건가?
크로: RNA조작은 바이러스 백신을 만들 수 있고 DNA 조작은 질 좋은 품종을 만들지.

> **요나스:** 과학기술 혜택이 저소득층에는 미치지 못해.
> **크로:** 저소득층도 과거 왕보다 나은 문명을 즐겨.
> **요나스:** 쓰레기는 온 지구를 덮었어.
> **크로:** 버리지 말고 주워. 소박한 삶을 살아. 두 눈을 떠 공포를 극복해야지.
> **요나스:** 두 눈을 감으면 지구를 지킬 수 있지.
> **크로:** 배출 기준에 근거하여 규제할 때 환경도 살고 타생물체도 공존할 수 있지.

아도르노: 대중문화 비평

아도르노(Adorno, 1903~1969)는 독일 프랑크푸르트 유태인 상인 아들이다. 가수인 어머니의 영향으로 그는 작곡에도 재능을 보였다. 프랑크푸르트 대학에서 후설 현상학으로 학위를 받고 호르크하이머를 만나 평생 동료가 되었다. 사회를 비평하는 프랑크푸르트 학파 1세대이며 나치 박해를 피해 미국으로 망명했다. 전후 미국은 소련을 견제하는 반공주의를 표방하여 자본주의를 비판하는 아도르노는 인기를 얻지 못했다.

아도르노는 파시즘 발생원인이 계몽과 이성 차체에 있다고 보았다. 이성은 감성이나 윤리를 옭아매이 기울어진 사회를 만든다. 아도르노는 근대 이성이 만발하기 전 신화에서도 이성의 싹이 텄다고 말한다. 오디세우스는 사이렌 노랫소리에 유혹되지 않으려 밧줄을 묶는 이성적인 사람이었다. 계몽시대는 감성을 튼튼한 철창에 가두면서 이성만이 날뛰자 전체주의가 나타났다고 보았다. 계몽의 아이러니이다.

아도르노는 부정의 변증법을 주장했다. 헤겔 변증법은 모순이 긍정으로 전환된 순간 비판 능력을 잃어버린다. 비판 없는 사회는 전체주의에 빠지므로 끝없는 비판이 필요하다. 어떤 경우에도 비판 정신을 잊지 않는 부정의 변증법을 간직해야 한다.

아도르노는 대중 매체를 통한 문화산업에 비판적이었다. 대중음악은 매체를 통해 소비되므로 기계적이고 표준화된 형식으로 작곡되어 단조로운 문화를 조성한다고 보았다. 대중들은 획일화된 음악에 중독되어 현실 부조리에 무뎌지고 비판 능력을 잊어버린다.

> **크로:** 부정의 변증법은 형용 모순이야.
> **아도르노:** 합리적 철학을 막으려면 모순적 주장을 펼 수밖에 없어.
> **크로:** 변증법은 원래 긍정이 될 수 없어.
> **아도르노:** 모순이 해소되면 긍정으로 바뀌지.
> **크로:** 모순이 해소되면 목표를 다시 설정하지.
> **아도르노:** 과학자의 변증법은 다르군.

사르트르: 실존이 본질을 앞선다.

사르트르(Sartre, 1905~1980)는 파리 장교 아들로 태어나 아버지를 여의고 외할아버지 집에서 자랐다. 외할아버지는 노벨상 수상자인 슈바이처 큰아버지이다. 그는 파리 고등사범학교에서 철학, 사회학, 심리학을 전공했고 1929년 보부아르와 계약결혼 했다.

사르트르는 2차 세계대전 동안 나치에 저항했고 1950년대 알제리 독립전쟁을 옹호했다. 그는 공산주의 운동에 가담했으며 한국전쟁이 북침이라고 주장하여 메를로 퐁티와 틀어졌다. 1964년 노벨평화상 후보에 올랐으나 자본주의가 주는 상이라며 거부했다. 그는 베트남 전쟁에 반대했고 68학생 운동을 옹호했다.

사르트르는 1933년 독일 베를린으로 유학하여 후설 현상학과 하이데거 영향을 받았다. 그는 세상을 과학적으로 환원하기보다는 현상학적으로 접근하여 실존주의를 견인했다. 1938년에 발표된 사유소설《구토》에서 수동적 존재인 돌멩이나 식물에서 주인공은 메스꺼움을 느끼지만 재즈 음악으로 치유한다. 음악은 의지의 산물이기 때문이다. 주어진 환경을 탈출하여 자유를 추구하는 삶이 실존이다.

하이데거가《존재와 시간》마지막 문장에서 제기한 '존재와 무의 이유'를 사유하며 사르트르는《존재와 무》를 저술했다. 사물에게는 고유 기능으로 꽉 차 있지만 인간에게는 정해진 기능이 없다는 것이 요점이다. 텅 빈 인간에게 자유의지로 채워 가는 활동이 실존적 삶이다. 본질은 과거에 얽매인 삶이며 실존은 미래를 향한 삶이다.

> **크로:** 돌멩이 보고 메스꺼움을 느끼는 사람이 있을까?
> **사르트르:** 즉자존재는 더 이상 변화하지 않으니 구토를 유발하지.
> **크로:** 수석을 모으는 사람들도 있지. 자연은 그냥 아름다워.
> **사르트르:** 본질로 충만된 존재는 쓰레기야.
> **크로:** 인간도 본능으로 꽉 차 있지.
> **사르트르:** 인간 의지는 본능에 앞서지.
> **크로:** 계약결혼 의지는 본능적인데.
> **사르트르:** 나는 자식을 두지 않았고 무소유 삶을 살았지.
> **크로:** 자식에게 실존 기회를 빼앗지 말게.

레비나스: 타인의 얼굴

에마뉘엘 레비나스(Emmanuel Levinas, 1906~95)는 리투아니아 유태인으로 성경과 톨스토이 문학을 읽으며 자랐다. 1923년 프랑스 스트라스부르 대학에서 철학을 공부했고 독일 프라이부르크 대학에서 후설과 하이데거 지도를 받았다. 그는 프랑스에 현상학을 소개했으며 프랑스 시민권을 얻었다. 2차 세계대전이 일어나자 그는 프랑스군 통역사로 참전했다 포로로 잡혀 벌목 작업에 동원되었다. 그 사이 리투아니아에 남았던 가족은 아우슈비츠에서 희생되었다. 2차 세계대전 이후 이스라엘과 프랑스에서 학생을 가르쳤다.

그는 전통 존재론은 주체를 강조하므로 타자를 자기 위주로 판단한다고 보았다. 타자를 자기 시각에서 재단하고 동일하지 않으면 훈육이나 비난 대상으로 삼는다. 언변 좋은 주체는 주류 세력이 되어 소수자를 억압하면서 전체주의로 이끈다.

레비나스는 제1철학이 존재론보다는 윤리학이 되어야 한다고 보았다. 존재론은 타인을 나에게 당기지만 윤리론은 자기를 타인에게 내어 놓는다. 타인에게서 신을 발견할 수 있으며 타인을 통해 무한 가치와 발전 기회를 얻을 수 있다. 타자는 나를 보충하는 존재이며 내 꿈을 돕는 존재이다.

레비나스: 나누리틀로 많은 철학자를 정죄하고 있어.
크로: 이해하여 줄 거야. 지구 철학을 위한 목표는 동일하지.
레비나스: 자기 명예가 아니라고 양심선언할 수 있나?
크로: 진리를 추구했고 타인을 수단으로 삼지 않았지.
레비나스: 아직 부족해. 타인의 인질이 되어야지.
크로: 타인에게 노예됨은 범죄야.
레비나스: 타인의 수호천사가 될 수도 있어.
크로: 내 한 몸 가꾸기도 어려워. 쉽게 살자고.
레비나스: 공적인 위치에서는 타인을 위해 살 수 있지.
크로: 타인을 위한 활동은 온정주의로 흘러가 공적 자원을 낭비하지.

한나 아렌트: 공적 활동

한나 아렌트(Hannah Arendt, 1906~1975)는 독일 쾨니히스베르크 출신으로 놀림을 받으면서 유태인 자의식이 싹 텄다. 그녀는 마르부르크 대학에서 하이데거 제자가 되었고 곧 연인으로 발전했다. 나치가 날뛰고 하이데거가 친나치 행보를 보이자 그녀는 환멸을 느껴 파리로 피했고 불법 비자를 얻어 미국으로 들어갔다. 2차 세계대전 후에 하이데거를 옹호했다.

아렌트는 나치 및 스탈린 전체주의 원인을 밝히고자 인간의 활동을 분석했다. 그녀가 포착한 인간의 존재 의미는 노동, 작업, 정치 행위에 있다. 노동으로 하루를 먹어 살고, 작업으로 목적 있는 삶의 흔적을 남기며, 정치 행위로 공동체가 건강하게 된다고 보았다. 그런데 이들 균형이 깨어져 먹고사는 데 치중하고 정치 행위를 멀리하면 전체주의가 나타난다고 보았다. 그녀는 유태인 학살에 가담한 관료들도 정치 행위에 둔감한 평범한 사람이라고 보았다.

아렌트: 유태인 학살에 제동을 거는 비판의식이 없었어.

크로: 지식인들이 역할을 못 했군.

아렌트: 유태인을 학살한 하이리만은 상부 명령만 따르고 자신을 되돌이보지 못했어.

크로: 슬픔 역사이지만 시민이 정치에 적극적으로 참여하는 일도 힘들지.

아렌트: 전체주의를 막으려면 필요하지. 공약을 살펴 꼭 투표해야지.

크로: 자기 분야 탁월성이 정치 참여보다 사회에 오히려 이롭지.

아렌트: 인간은 정치적 동물이야.

크로: 노동과 작업에서 가치를 발견해야 해. 노동과 작업 없이 정치에 매몰되면 결국 진영 논리에 빠져 갈등은 고조될 수도 있지.

아렌트: 갈등이 전체주의를 막을 수도 있어.

크로: 갈등이 심화된 공동체는 제국주의 희생양이 될 수도 있어.

14. 거대 담론 허물기

사상의 결말은 검증도 반증의 방법이 아니라 2차 세계대전이 내어주었다. 나치 전체주의가 역사에서 사라지기 무섭게 이번에는 전승국 사이에 자산 사유화를 두고 자유진영과 공산진영으로 갈라져 냉전이 시작되었다. 각 진영은 과학기술을 발전 원동력으로 삼고 서로를 못 잡아먹어 으르렁거렸다. 국가가 선택한 사상은 거대담론이 되어 표현과 자유를 억압했고 개인에게 순종을 강요했다. 양차 세계 대전을 치른 시민들은 냉전의 거대담론에 피로감을 느꼈다.

과학자들은 진리를 추구하면서 탄탄한 지반에도 땅 꺼짐이 있음을 발견했다. 싱크홀을 제거하고자 주변에 시멘트를 붓지만 완전히 제거하기 힘들다는 사실도 밝혀졌다. 과학의 불완전성은 역사 속에 수시로 나타났던 진리가 없다는 회의주의가 아니다. 진리는 있지만 더 깊은 곳에 숨겨져 있으며 인간은 더 가까이 갈 수 있다는 겸손한 태도이다.

정신과학에서도 진리를 향한 노력이 계속되었다. 뇌 속의 정신을 볼 수 없으니 종이에 기록된 언어에 매달렸다. 언어 속에 시빗거리를 찾은 인간들은 이제 야생 원시림으로 들어갔다. 야생 문화를 재해석하면서 서구의 문명에 흠집을 냈다.

괴델: 불완전성의 정리

쿠르트 괴델(Kurt Godel, 1906~1978)은 오스트리아-헝가리 이중 제국에서 태어난 독일계이다. 1차 세계대전 패배로 이중 제국은 분할되니 그에겐 체코 국적이 달렸다. 그는 빈대학교 물리학으로 입학하여 수학으로 전과했고 과학적 기초위에 철학을 세우려는 빈학회 모임에도 가끔 나갔다. 그는 불완전성 정리를 1931년 발표하여 수학사에 큰 획을 그었지만 나치는 특출함을 광인의 기행으로 본 듯하다. 그는 결국 자신을 알아주는 미국 프린스턴 고등연구소 아인슈타인에게 갔다.

진리를 누적해 온 인류에게 두개 지뢰가 늘 놓여 있다. 하나는 분모를 0으로 나누는 지뢰이고 또 하나는 모순 문장이다. 폭탄을 제거하기 위해 땀을 흘렸지만 뾰쪽한 묘수는 없다. 에피메니데스가 "모든 크레타 섬 사람은 거짓말쟁이다"라고 말했을 때 이 말의 진위를 파악하기 어렵다. 자신도 크레타 섬 사람으로 그의 말도 신뢰할 수 없기 때문이다. 대체로 모순은 자기를 참조할 때 일어나므로 러셀과 카르납은 일상언어를 규정하는 메타언어를 도입했다.

독일 수학자 힐베르트(Hilbert, 1862~1943)는 1900년 아직 증명되지 않은 수학적 명제 23개를 밀레니엄 문제로 제시했다. 그는 메타언어로 구축된 공리계에서는 이들 명제들이 증명될 수 있다고 낙관했고 대부분 수학자들도 참인 명제는 증명이 가능하다고 철떡 같이 믿고 있었다. 이름깨나 쓰는 수학자들이 뛰어들었고 그중에 25살 괴델도 있었다. 괴델은 참이지만 증명할 수 없는 명제를 기상천외한 방법으로 증명했다. 이것이 괴델 불완전성 정리이다. 자기 참조를 막는 메타언어에서도 하나의 지뢰는 제거할 수 없다는 주장이다. 힐베르트는 이 증명을 보자마자 더 시비를 걸지 않고 천재의 탄생을 인정했다. 수학계의 지동설이고 진화론이다.

공리의 무모순성을 증명할 수는 없지만 더 심오한 공리를 찾는 노력이 무의미하다는 결론은 아니다. 닭을 해부하여 궁극적 원시 달걀의 씨앗을 찾지 못하겠지만 지금 보다 더 작은 원시 달걀을 찾을 수 있다는 가르침이다. 한 단계 깊은 공리로 들어가면 지식은 확장되고 지식은 단단해진다.

> **크로**: 프린스턴 연구소에서 독살을 염려하여 먹지를 않았다고?
> **괴델**: 그랬지. 음식을 믿을 수가 없었거든.
> **크로**: 수학의 불완전성을 증명한 사람이 음식은 완전하기 바라나?
> **괴델**: 불완전성 증명은 현 수학이 불완전하다는 뜻이 아니라 자체 지식만으로는 완전성을 증명할 수 없다는 뜻이지.
> **크로**: 설명이 어려워. 불완전성 정리의 사례가 있는가?
> **괴델**: 나도 사례를 찾으려 노력했지. 연속체 가설은 참일수도 있고 거짓일 수도 있어. 어려운 명제이니 이해하려고 할 필요는 없어.
> **크로**: 어려워. 참 거짓이 불명확한 토대로 쌓은 현대 문명은 사상누각이 아닌가?
> **괴델**: 아닐 거야. 현 지식에서 삼각형인지 사각형인지 모르는 작은 벽돌이 있다고 가정해 봐. 규명이 덜 된 벽돌이지만 빈틈없이 쌓으면 벽은 허물어지지 않아.
> **크로**: 지식이 확장되면 향후에 삼각형인지 사각형인지 알려지겠지.
> **괴델**: 맞아. 0으로 나누지 않도록 주의하듯이 모든 논리에도 모순이 생기지 않도록 탄탄한 과학기술 체계를 쌓아 가야지.

콰인: 탄 뗏목을 고친다

콰인(Quine, 1908~2000)은 오하이주 애크린 사업자 아들로 태어났다. 오벌린 대학교에서 수학 및 철학 학사학위를 받고 하버드에서 철학 박사를 받았다. 2년간 유럽에 머물면서 논리실증주의자 카르납과 교류했고 하버드로 돌아와 크립키 등을 가르쳤다. 그는 현상을 하나의 원인에 대응시키는 환원적 방법의 한계를 지적하고 종합적 관점에서 세상을 해석해야 한다고 보았다.

논리실증주의자는 모든 명제를 관찰 가능한 진술로 바꾸려고 노력했는데 이 과정에서 콰인은 어휘도 재정의 됨을 포착했다. 가령 "진공관 음극에서 나오는 물질은 질량이 $1.97*10^{-28}$ g이다"의 문장은 종합명제이고 관찰이 가능하다. 그런데 과학자들은 진공관에 나오는 물질을 '전자'로 명명하면 "전자는 질량이 $1.97*10^{-28}$ g이다"라는 문장으로 바뀌고 분석명제로 전환된다. 즉 종합명제나 분석명제가 본질적으로 구분되지 않으며 어휘의 정의에 따라 바뀔 수 있다고 보았다.

괴델은 불완전성 정리로 논리실증주의 밑동을 가격했고 콰인은 종합명제와 분석명제 구분이 불명확하다고 하여 논리실증주의 줄기를 흔들었다.

콰인: 내가 종합명제와 분석명제 구분 불가능성을 제기했지.
크로: 냉철한 관찰력이야.
콰인: 자세히 살펴보면 어휘 정의는 경험에 따라 바뀌는 경우가 많아.
크로: "호주는 가정의 장이다" 명제에서 호주제가 폐지되므로 호주라는 정의는 사라졌지. 동성 결혼이 허용되자 "엄마는 여자다"라는 분석 명제도 사라졌지.
콰인: 구분의 소멸은 세상을 어지럽히기보다는 신세계로 나아가는 힘이야.
크로: 이성은 끊임없이 의문을 생성하고 동시에 대안을 제시하지. 고대에는 본질 증명이 어려웠고 중세에는 신 존재 증명이 어려웠지.
콰인: 현재 과학 지식도 완전할 수가 없어.
크로: 세파에 흔들리면서 언어와 과학도 더 깊게 뿌리를 내리지.

메를로 퐁티: 몸부림을 통한 저항

메를로 퐁티(Merleau-Ponty, 1908~1961)는 프랑스 로쉬포르 쉬르메르 카톨릭 가정에서 어머니 외도로 태어났지만 아버지 성을 따랐다. 그는 파리 고등사범학교에서 사르트르를 만났다. 철학 교수 자격 시험을 통과했으며 교편을 잡다가 2차 세계대전 초기에 보병으로 복무했다. 그는 후설의 생활세계 현상학에 영향을 받아 1945년 《지각의 현상학》 출간했으며 리옹 대학,

파리 대학의 교수를 거쳐 콜레주 드 프랑스 교수로 임명되었다. 그는 정치에 관심을 돌려 사르트르와 잡지 《현대》를 편집했고 한국전을 일으킨 스탈린을 비난하여 사르트르와 헤어졌다. 심장마비로 죽었다.

　종합과 분석명제의 구별성이 흔들리자 주체와 객체, 정신과 육체, 대자와 즉자 등의 구분도 의심을 받았다. 메를로 퐁티는 대상의 실재론이나 정신 우위의 관념론도 의심했다. 인식에서도 이항 대립이 위배되는 현상이 관찰되었다. 똑같은 속성이 들어와도 배경색에 따라 도형 형태나 색이 다르게 보이고, 3개 점만 입력되어도 삼각형으로 인식된다. 잃어버린 팔에서 고통을 느끼는 환각지도 설명이 어렵다. 누락된 부분을 채워 전체를 완성하려는 경향은 뇌보다 몸에서 온다며 그는 전통 인식이론 대신 현상학적 상상력을 발휘했다.

크로: 심장마비로 죽을 때 데카르트 광학이 펴져 있었지.
퐁티: 어려운 이론은 사람을 죽일 수 있지.
크로: 말 잘했다. 광학을 현상학으로 접근하니 몸도 정신도 부담을 느끼지.
퐁티: 현상학은 있는 그 자체로 봐.
크로: 자체로 보는 사람이 왜 광학책을 펼치나? 이미 고대 그리스인은 현상은 왜곡된다고 여겨 본질을 찾았지.
퐁티: 찾은 본질이 결국 유물론이나 관념론 아닌가?
크로: 정신과 물질이 상호 창발하는 나누리틀이지.
퐁티: 효과를 확신할 수 있나?
크로: 문명 발전은 나누리틀로 해석될 수 있지.
퐁티: 예를 들어 환각지를 설명하여 봐?
크로: 뇌는 자극받는 신체 부위를 구분할 수 있어.
퐁티: 그래야 피를 뽑는 모기를 잡을 수 있겠지.
크로: 뇌 작동방식은 진화의 걸작이지만 부작용도 있지. 즉 특정 뇌 부위를 건드리

> 면 절단된 신체가 아픔을 느끼지.
> **퐁티:** 아! 진리 추구는 문학의 죽음이다.
> **크로:** 환원과 창발로 땅속 과학과 땅 위 문학을 동시에 좇을 수 있어.

레비 스트로스: 서양 문명의 우위 비판

　레비 스트로스(Levi-Strauss, 1908~2009)는 벨기에 유태인 화가 아들로 태어나 소르본 대학에서 법학과 철학을 전공했다. 그는 공리주의와 도덕 철학을 혐오하며 프랑스 사회주의 운동에 가담했다. 그는 1939년 아마존 유역 원시 부족을 관찰하여 생활방식, 문화 등 자료를 수집해 왔다. 나치가 프랑스를 침범하자 그는 뉴욕으로 피했다가 2차 세계대전 후 파리로 복귀했다. 그는 아마존에서 수집했던 자료들을 구조주의 관점에서 정리했다. 사회 조직이 기능으로 구획된다는 구조기능주의 사회학이 득세하고 있었지만 그는 포착되지 않는 사회 구조를 가시적 언어로 밝히려 하였다.

　그는 유럽을 벗어나면 야만이라는 서구 중심주의 인식을 거부했다. 원주민도 서구 문명과 유사하게 이항 대립적으로 사고하며, 족장은 부족을 위해 희생하는 화합 유발자임을 포착했다. 원시 사회는 탐욕이 적어 지연 피괴도 적으며 근친 간 결혼도 금지된다. 그런 원시 사회에 문자가 유입되자 족장은 알지도 못하는 이상한 글씨를 휘갈기고 자신의 권위를 과시하여 든다. 그는 문자를 지식의 도구가 아니라 권위와 억압의 도구로 보았다.

> **스트로스:** 야만인 생활을 관찰하면 인류 사회를 파악할 수 있지.
> **크로:** 맨 눈 탐험은 진화론을 주지만 색안경 낀 탐험은 진실을 숨기지.
> **스트로스:** 딸을 시집보내 부족 간 평화를 도모하지. 근친상간 금지가 문명의 첫 단추이지.

크로: 이웃 여자에 끌림은 문명이 아니라 본능이야.
스트로스: 막장으로 치닫는 제국주의를 막을 지혜가 필요하지.
크로: 인권은 근세에 중세보다 신장되었지.
스트로스: 중세에는 낭만이 있었어.
크로: 낭만은 노예 희생 덕분이야.
스트로스: 비판만 말고 사회를 설명하는 방법을 제시해 봐.
크로: 먼 아마존도 좋지만 가까이 이웃의 숨은 미담을 찾아봐.

보부아르: 제2의 성

보부아르(Beauvoir, 1909~1986)는 파리 부르주아 딸로 태어났다. 1차 세계대전 후 은행장 외할아버지가 파산하면서 가족은 가난에 쪼들렸다. 소르본 대학교에서 철학을 전공했고 철학교수 자격시험에 합격하고 사르트르를 만나 계약결혼 했다. 계약은 2년마다 갱신돼 평생 이어졌다. 두사람은 원고를 검토하고 잡지를 편집하는 학문 동지로도 협력했다.

보부아르는 1943년 여제자와 동성연애를 하다 교직에서 해고당하자 작가로 전향했다. 1949년 《제2의 성》을 발표하여 여성은 성을 가지고 태어나는 것이 아니라 성을 획득한다고 주장했다. 그녀는 본질을 거부하며 여성은 신비감을 가지도록 세뇌당했다고 보았다. 그녀는 글에만 머물지 않고 여성 해방 운동에 뛰어들어 낙태, 피임 자유화, 가정 폭력 근절, 여성 노동자에 대한 권익 보호에 헌신했다.

보부아르: 내가 여권을 신장시켜 놓고 왔지.
크로: 만들어진다는 여자의 성은 탁월한 통찰력이지.
보부아르: 사회는 정숙하고 예쁜 여자를 원하지.

> **크로:** 남녀 욕망이지. 너도 여성을 위하는 척하면서 풋풋한 여제자와 동성애를 즐겼지.
> **보부아르:** 나는 여자로 태어났지만 남자로 만들어졌으니 별 문제없어.
> **크로:** 그 여제자를 사르트르에게 넘겠지? 부부가 짜고 여제자를 농락한 느낌이 들어.
> **보부아르:** 열린 친구 같아 히파티아를 소개하려 했더니 잘못 보았군.
> **크로:** 그래! 처음에는 떠 보는 말로 시작하지.
> **보부아르:** 자네는 내 취향이 아니니 꺼져.

벌린: 자유를 빙자한 간섭

이사야 벌린(Isaiah Berlin, 1909~1997)은 라트비아 리가 유태인 목재상 외아들로 태어났다. 독일이 침공하자 1916년 상트페테르부르크로 이주했고 볼세비키 혁명을 목격했다. 그는 부르주아 신분으로 감시를 받자 영국으로 망명했고 옥스퍼드 대학교에 진학하여 유명인사들과 교류했다. 2차 세계대전 중에 미국주재 영국대사로 활동하며 미국을 전쟁에 끌어들이려 로비를 벌였다. 전후 냉전 시대에는 러시아주재 외교관으로 활동하면서 이념에 매몰되지 않으려 애를 썼다. 옥스퍼드 대학교에서 사회 철학과 정치 철학을 가르쳤고 미국 하버드 등에서 강의했다.

벌린은 소극적 자유와 적극적 자유를 구분했다. 소극적 자유는 타인의 간섭 없이 행사할 수 있는 자유이며 적극적 자유는 타인 동참으로 얻어지는 자유이다. 그는 국민을 선동하는 나치나 스탈린 정치철학이 적극적 자유와 같다고 보았으며 이는 전체주의로 귀결될 수 있다고 진단했다.

벌린은 고슴도치와 여우의 비유를 창안하였는데 여우는 아리스토텔레스처럼 다방면으로 아는 사람, 고슴도치는 한 분야만 아는 플라톤, 다윈, 프로이트 같은 사람이다. 그는 여우가 아무리 꾀를 내도 고슴도치를 제압할 수 없다고 일갈했다.

크로: 학위와 훈장을 취미처럼 수집하는가?
벌린: 자유를 신장시킨 보답이지.
크로: 내 보고 믿으라는 거야. 상대방을 은근히 압박했겠지.
벌린: 외교관의 협상술이고 수사학이지.
크로: 자유를 적극적 자유와 소극적 자유로 나누었지만 구별이 어려워.
벌린: 순진하긴. 그냥 수사적 표현이지. 스탈린 정책을 독재라고 표현했다면 나는 러시아에 발들일 수도 없었지. 적극적 자유라고 표현할 수밖에 없어.
크로: 여우와 고슴도치도 수사 표현인가?
벌린: 당연하지. 개인방어에서 고슴도치를 칭찬했지만 협동 측면에서 고슴도치는 꽝이지.

에이어: 사라질 진리

알프레드 에이어(Alfred Ayer, 1910~1989)는 런던 출신으로 옥스퍼드 대학교를 졸업했다. 빈 대학 유학 중에 빈학파를 접하고 영국으로 돌아와 논리실증주의를 소개했다. 그는 2차 세계대전에 참전하고 1959년 옥스퍼드 대학 교수가 되었다.

에이어는 빈의 논리실증주의를 경험론자 흄과 논리적 원자론자인 러셀 연장선상에 있다고 보았다. 그는 논리실증주의 쟁점을 깔끔하게 정리하여 분석 철학으로 가는 길을 열었다.

그는 참 거짓에만 사로잡혀 종합명제와 분석명제만 가치가 있고 도덕 법칙은 무의미하며 '아!' '이런!' 감탄사와 같은 감정 표현에 불과하다고 보았다. 그가 평생 집착한 종합명제와 분석명제 구분 등은 후배 철학자들에게 의해 허물어졌다.

> **크로:** "소금은 용해성이 있다"를 관찰 가능한 원자명제로 나눠 봐라.
> **에이어:** "소금이 물속에 있다"와 "소금은 녹는다"로 나눠지지.
> **크로:** 소금은 공기 중의 습기를 흡수하여 녹으니 위 해체는 적절하지 못하지.
> **에이어:** 평생 생각했지. 더 좋은 방법이 나왔는가?
> **크로:** 문장만 쪼개지 말고 물과 소금도 분자나 원자 수준으로 환원해야지.
> **에이어:** 논리 실증주의자들은 물질이 쪼개진다는 가설을 수용하지 않지.
> **크로:** 문장을 원자명제로 환원할 수 있다면 물질도 원자로 환원해야지.
> **에이어:** 원자는 관측되지 않기 때문이지.
> **크로:** 직접 관측이 어려우면 간접 관측이나 계산으로 검증되기도 하지.
> **에이어:** 그런데 도덕 명제나 미적 진술을 버려야 하는가?
> **크로:** 진선미는 각각 독립된 개념으로 선함과 아름다움을 진의 시각으로 볼 수 없지. 특히 진리는 참 거짓의 이항 속성이지만 선과 미는 다항 속성이야.
> **에이어:** 선과 미는 흑백논리가 아니라 회색논리로 간주한다는 뜻이군.

오스틴: 말은 진리 이상

존 오스틴(John Austin, 1911~1960)은 영국 랭커서 출신으로 옥스퍼드에서 공부했고 가르쳤다. 그는 비트겐슈타인의 후기 사상인 언어게임에 영향을 받아 문장의 진위보다는 문장의 효과를 연구했다. 그는 말은 진리를 전달해야 한다는 에이어의 좁은 시각을 거부하고 문장은 세상을 변화시키는 힘이라고 보았다.

야콥슨이 주장했듯이 말은 진리를 전달할 뿐만 아니라 설득하고, 명령하고, 공감의 힘을 지닌다. 말은 천냥 빚을 갚는 힘이 있다. 설교자는 말로 청취자를 변화시킨다. 발화자와 청취자는 약속한 시간에 만나 화해를 하기도 하지만 다투기도 한다. 법률적 언어는 시민에게 준수와 실천을 강요한다. 언어 형식은 정확한 문법을 요하지만 말의 힘은 내용과 태도에서도 나오므로 그는 화행론을 강조했다.

> **오스틴:** 지구에서 절차서 언어를 창제했다며.
> **크로:** 질문으로 설비 이상유무를 판단하지. 설비 진단용 의문문은 대체로 참이지만 고장이 발생하면 거짓으로 바뀌지.
> **오스틴:** 거짓으로 진단되면 정비용 절차를 펼치겠군.
> **크로:** 맞아. 설비 정비 문장은 명령문으로 표현되지.
> **오스틴:** 일상 언어는 명령문에게 참/거짓을 부여하지 않지.
> **크로:** 절차서는 수행 완료된 명령문에 참 값을 부여하지.
> **오스틴:** 모든 진술에 참 거짓 값을 부여하여 진단하고 수행하는군.
> **크로:** 현재형인 일반문뿐만 아니라 미래형인 청유문, 명령문도 세상을 변화시키지.
> **오스틴:** 암. 희망은 사실보다 힘이 세지.
> **크로:** 명제는 진위를 담지하지만 모든 문장은 질서를 담지하고 있어.

리쾨르: 비판과 확신의 해석학

폴 리쾨르(Paul Ricoeur, 1913~2005)는 프랑스 남동부 발랑스 개신교 집안에서 태어나 바로 어머니를 여의고 1차 세계대전에서 아버지도 잃었다. 그는 1935년 파리로 상경하여 파리대학에서 철학을 공부하며 가브리엘 마르셀 정기 철학 모임에 참석했다. 제2차 세계대전에 참전했다 포로로 잡힌 그는 수용소에서 공부방을 열고 후설과 하이데거 현상학을 공부했다. 전후에 소르본 대학에서 철학을 가르치다 낭테르 대학에서 학장으로 취임했지만 68운동을 진압하는 경찰을 막지 못해 급진파 학생과 지식인으로부터 외면당했고 1970년 해임당했다. 이후 미국으로 건너가 영미권 철학자와 교류했다.

리쾨르는 실존주의, 현상학, 정신분석학, 언어의 구조주의를 적용하여 세상, 문학, 신화를 해석했다. 세상을 단일 관점으로 보면 확실하지만 진영 논리에 빠지게 되고, 여러 관점으로 보면 서로 모순과 갈등이 불거진다. 그는 진영 논리를 피하고 모순을 해소하기 위해 다각도로 해석하고 비판하면서도 소망을 잊지 않았다. 세상과 타인에 귀 기울이며 자아를 세우고 사회 제도를 개선하고자 노력했다.

크로: 다양한 학문을 습득해도 세상 해석이 정확해지지 않아.
리쾨르: 넓게 알면 이해도 높아지지.
크로: 세상을 환원과 창발로 해석해야지.
리쾨르: 필연과 의지로 표현한 나의 해석학과 유사한데?
크로: 대충 환원은 필연적 현상에 적용되고 창발은 의지적 현상에 적용되지.
리쾨르: 궁극이 있는가?
크로: 환원의 심원은 없고 창발의 심급도 없지.
리쾨르: 양끝을 모르면서 세상 해석이 가능한가?
크로: 이제까지 밝혀진 깊이와 달성된 높이를 감안하여 세상을 최선으로 해석해야지.
리쾨르: 나누리틀 해석학이군.

바르트: 취소선의 철학

롤랑 바르트(Roland Barthes, 1915~1980)는 노르망디 셰르부르 출신이다. 1차 세계대전에서 해군 장교인 아버지가 전사하여 그는 어머니와 가난하게 자랐으며 소르본 대학에서 고전문학을 전공했다. 폐결핵으로 늦은 나이에 교수가 되어 콜레주 드 프랑스에서 강의했다. 경미한 교통 사고를 당했지만 치료를 거부하여 죽음으로 이어졌다.

바르트는 기의와 기표를 일대일로 대응시키는 소쉬르의 구조주의는 획일적 사회를 이끌고 일탈자를 처벌하는 문화를 잉태한다고 보았다. 그는 기표와 기의 대응성을 확장했다. 그는 문학, 예술, 사진, 행위를 하나의 기호로 두고 1차 기의, 2차 기의를 포착해 내었다. 가령 아기를 보살피는 엄마 사진은 1차적으로 부모의 사랑과 가정의 행복을 나타내지만 2차적으로는 양육의 책임을 은연중에 여자에게 전가한다. 자본주의 작가는 2차 기의를 통해 자본주의 허위의식을 심는다. 바르트는 작가 글에 취소 줄을 치고 3차 기의를 써넣었다.

롤랑 바르트는 더 나아가 저자는 이미 약속된 언어를 재사용하므로 창작자가 아니라 필사자라고 보았다. 필사자는 기존 언어, 기존 제도, 기존 신화에 얽매어 이데올로기를 재생산하는 복제자에 불과하다. 독자는 작품의 행간을 읽어야 하며 필요하다면 저자까지 죽여야 한다고 보았다.

> **크로:** 왜 사진이 기호인가?
> **바르트:** 사진이 전하는 의미가 있으니 기호이지.
> **크로:** 기호는 동일한 표식이지만 사진은 사진사마다 다르므로 기호일 수 없지.
> **바르트:** 유명한 사진은 복사되어 전 세계로 퍼지므로 하나의 기호이지.
> **크로:** 사진은 저작권이 있어 맘대로 사용하지도 못해.
> **바르트:** 이념을 지닌 사진은 권리를 주장하지 않지.

프리고진: 혼돈에서 질서

일리야 프리고진(Ilya Prigogine, 2017~2003)은 화학자 아들로 러시아 혁명 발발 직전에 태어났다. 재산을 몰수당한 가족은 리투아니아, 독일을 거쳐 벨기에 정착했다. 그는 브뤼셀 자유 대학에 법학으로 입학하여 화학으로 졸업했고 유럽과 미국 대학에서 가르쳤다.

프리고진은 당대 과학인 비가역성과 시간의 화살을 수용했지만 베르그송 영향도 받았다. 그는 과학자이면서 시인이었고 비가역성 속에서도 창조적 진화처럼 질서가 생길 수 있다고 믿었다. 생명 현상도 질서가 생기는 현상이다. 그는 1977년 비평형 열역학 현상인 산일구조(散逸構造)로 노벨 화학상을 수상했다.

> **크로:** 혼돈속에서 산일구조가 나타나더라도 엔트로피가 줄어들지 않지.
> **프리고진:** 무질서 상태에서 질서가 나타났으니 엔트로피가 줄어들었지.
> **크로:** 구성 요소들이 단단히 결합된 복합체는 외부 충격을 받더라도 내부 결속 탓에 새로운 형태를 빚어 내지. 우유컵에 각설탕을 떨어뜨리면 아름다운 왕관이 나타나지.
> **프리고진:** 왕관은 질서를 얻는 과정이지.
> **크로:** 우유가 표면장력으로 꽃이 되지만 총 엔트로피는 증가하고 있어.
> **프리고진:** 자넨 자연을 시인의 눈으로 볼 수가 없나?
> **크로:** 예술가 눈으로 아름다움을 보지만 그 속의 원리는 과학자 눈으로 봐.

알튀세르: 중층결정론

루이 알튀세르(Louis Althusser, 1918~1990)는 프랑스령 알제리 불우한 가정에서 태어났고 우울증을 앓았다. 그는 파리 고등사범학교 입학 후에 2차 세계대전에 참전하였고 포로가 되어 독일 수용소에서 지냈다. 복귀하여 헤겔 철학을 공부했고 미셸 푸코, 데리다 등 많은 제자들을 가르쳤으며 1948년 공산당원이 되어 계급 투쟁을 전개했다. 우울증을 앓아오던 그는 아내를 목 졸라 살해하여 정신병원에 감금되었고 공적 발언권을 박탈당했다.

레닌은 변증법적 유물론으로 과학기술과 보조를 맞추었으나 스탈린 독재하에서는 과학도 정치 권력에 휘둘리며 객관성을 잃어버렸다. 동구 유럽은 소련 발굽 아래 신음하였다. 이런 공산주의를 마주한 서구 유럽에서 마르크스 사상이 좀처럼 힘을 얻지 못했다. 스페인, 프랑스, 이탈리아 공산당은 1978년 교조적 프롤레타리아 독재 정책을 포기하고 인간 소외를 강조한 초기 마르크스주의로 되돌아가 기존 정당과 연합하여 권력을 노렸다.

알튀세르는 소련의 교조적 마르크스주의와 유럽의 인본주의 마르크스주의를 비판하며 자본론을 저술하던 후기 마르크스로 돌아가고자 했다. 후기 마르크스는 경제 활동을 과학적으로 분석하여 자본주의에서 공산주의로 이행하는 과학적 근거를 제시하고 있다.

마르크스는 경제 활동에서 혁명의 추동력을 얻었지만 알튀세르는 그람시처럼 경제 외에 정치, 문화, 교육 등의 상부구조도 혁명의 디딤돌이 되거나 걸림돌이 된다고 보았다. 그는 사회 갈등이 경제 단일층으로 환원되기보다는 다수층으로 환원된다는 중층결정론을 주장했다. 각 층 잠재한 모순들이 응집될 때 혁명이 발생한다고 보았다.

알튀세르는 각 층에 배인 이데올로기는 구조화되어 세대를 이어 재생산된다고 보았다. 이데올로기는 학교 교육이나 종교 교육을 통해 무의식적으로 구성원에게 주입된다. 개인은 자유로운 의식의 주체가 아니라 이데올로기에 세뇌된 좀비에 불과하다. 호명을 받은 개인은 이데올로기 프로파간다로 암약을 한다.

알튀세르: 나는 너를 마르크스 전사로 호명하노라.
크로: 꿈을 깨게. 자네는 발언권을 이미 박탈당했어.
알튀세르: 너도 내 제자들을 열심히 만나고 있군. 내 사상이 퍼지는 거지.
크로: 서로 끌어주고 밀어주는 문화는 사회를 퇴보시키지.
알튀세르: 프롤레타리아 독재를 위해서는 지식인 층을 포섭해야지.
크로: 1990년대 소련도 무너지면서 좌익 사상도 무너졌지.
알튀세르: 상부 구조 때문인가?
크로: 아니야. 토대인 경제 탓에 무너졌지.

> **알튀세르:** 마르크스는 반만 맞았네. 경제가 토대라는 사실은 맞았지만 공산주의가 최종 승자라는 주장은 틀렸군.
> **크로:** 네 발언을 실었다고 이 책이 금서로 분류되지는 않겠지.
> **알튀세르:** 우린 뇌가 달라.

롤스: 정의로운 분배

존 롤스(John Rawls, 1921~2002)는 미국 볼티모어 변호사 아들로 태어나 프린스턴 대학교를 졸업하다. 그는 2차 세계대전에 참전했다가 동료를 징계하라는 명령에 불복종하여 2등병으로 불명예 제대했다. 그는 복학하여 윤리학 박사학위를 받은 후에 미국 국비 장학생으로 영국으로 유학하여 이사야 벌린을 만났다. 코넬, 매사추세츠 공대 교수를 거쳐 하버드 대학교에서 정치철학 교수로 은퇴했다. 흑인과 가난한 미국인을 차별하게 만든다며 베트남 전쟁에 반대하였고 마틴 루터 킹의 흑인 인권운동의 영향을 받았다.

2차 세계대전 후에 제국주의는 종식되었지만 공산주의와 자본주의가 경쟁했다. 영미권에서는 분석 철학이 세를 얻자 검증될 수 없는 윤리학은 겉돌았다. 정치가들은 공리주의나 실용주의에 기대어 정책을 수립했다. 공리주의는 다수 이익을 위해 소수자 기본 인권이 침해를 받을 소지가 있다고 롤스는 보았다. 그는 1971년 《정의론》을 내놓아 수많은 논쟁을 일으키면 윤리학을 되살렸다.

롤스 《정의론》은 결과의 정의가 아니라 절차의 정의이다. 그는 공정한 정의를 제시하기 위해 수학 공리와 같은 원초적 공리를 먼저 수립했다. 첫째 모든 사람들은 무지의 장막 상태에 있고 둘째 개인은 이익을 추구하면서 타인에 무관심하다. 무지의 장막에 의해, 개인은 자신의 능력, 재산, 신분 등을 전혀 알 수 없으며 흑수저 혹은 금수저로도 태어날 수 있다. 타인에게 무관심한 개인은 사익을 추구하는 합리적인 존재이지만 시기심과 동정심도 갖지 않는다.

원초적 공리를 따르는 모든 사람들은 2개 원칙을 도출한다고 롤스는 본다. 제1원칙은 기본적 자유의 원칙이고 제2원칙은 차등과 기회 균등의 원칙으로 경제적 불평등을 어느 정도 허용한다. 제1원칙은 사상의 자유, 양심의 자유 등 헌법의 기본권으로 나타나며 침해될 수 없는 권리이다. 제2원칙은 균등한 기회를 허용하면서 하후상박이나 누진제로 나타나 경제적 불평등을 완화시킨다.

> **크로**: 원초적 입장을 도입한 이유가 무엇인가?
> **롤스**: 사람마다 자기 입장이 다르니 합의를 도출하기 어려웠지. 원초적 입장은 합의된 게임 규칙이지.
> **크로**: 이력을 조회하지는 않는군. 악의로 국가 보조금을 노리는 사냥꾼도 있지.
> **롤스**: 파렴치범을 고려하면 규칙이 복잡해지지.
> **크로**: 남에게 무관심하고 시기하지 않는다는 가정도 인간 본성과 다르지.
> **롤스**: 체면 보는 사회에서는 정의론이 적용되기 어렵겠는 걸.
> **크로**: 유럽 공리주의자들은 공감을 중시했고 사회주의자들도 타인을 배려했지.
> **롤스**: 진보된 원초적 입장은 무엇일까?
> **크로**: 공감 그리고 시기와 보복도 정의를 이끄는 힘이 될 수도 있어.

고프먼: 가면을 쓴 행위자

어빙 고프먼(Erving Goffman, 1922~1982)은 캐나다 앨버타 출신으로 우크라이나에서 이민 온 유태인이다. 그는 토론토 대학 사회학을 전공하면서 셰틀랜드 제도의 운스트섬에 2년 머물며 민속 자료를 취득했다. 그는 UC 버클리, 펜실베이니아 대학에서 사회학을 가르쳤다.

고프먼은 미시 사회학을 개척했다. 그는 신분을 숨기고 정신병동, 교도소, 기숙사에 들어가 입소자들과 함께 생활하며 행동을 관찰했다. 그는 사람들이 무대에서 가면을 쓰고 배우로 살다가 무대 뒤에서는 가면을 벗고 휴식을 취한다고 보았다. 개인은 대본에 따라 배우가 되고 박수를 치는 관객이 되기도 한다. 배역 중에 나오는 조그만 실수는 애교로 봐 주지만 배역을 제대로 소화하지 못하거나 실수가 잦으면 낙인을 찍고 정신 병동에 집어넣는다.

고프먼: 누추한 곳까지 찾아 주시고.
크로: 위대한 사회학자 조언을 듣고자 왔지.
고프먼: 사회생활 프로토콜을 지켜야 삶이 원만하지.
크로: 아이구 빈손으로 왔네.
고프먼: 마음만 받아도 기쁘네.
크로: 각 개인 행동을 모두 더하면 사회 현상이 설명되겠지.
고프먼: 70억 지구 인구를 어떻게 다뤄?
크로: 트윈 도시에 아바타를 이주시키고 각 행동을 추적해야지.
고프먼: 아바타에 고유번호를 부여하면 추적이 쉽지.
크로: 그냥 개인 휴대폰으로 활동을 직접 관찰할 수도 있겠네.

쿤: 패러다임 전환

토마스 쿤(Thomas Kuhn, 1922-1996)은 오하이오주 신시내티 출신으로 하버드에서 물리학 박사를 받았다. 쿤은 조교로 인문계 학생들에게 교양 과학을 가르치면서 엉터리 아리스토텔레스 이론이 근세까지 상식으로 통한 사실에 놀랐다. 의혹을 캐던 그는 아리스토텔레스 사상이 오히려 2000년 동안 최고 과학이었음을 깨달았다.

그는 1956년 버클리 대학으로 옮겨 과학사를 강의했으며 1958년 스탠퍼드 사회과학자들과 함께 패러다임이라는 어휘를 주조했다. 패러다임은 이론, 법칙, 관습을 일컫는 말인데 한 시대 세계관과 과학관을 일컫는다. 패러다임 이론에 따르면 과학의 진보는 점진적이 아니라 혁명적으로 일어난다. 코페르니쿠스 지동설이 프톨레마이오스 천동설을 전복했고, 양자물리학과 상대성 이론이 뉴턴역학을 전복했다.

전복이 일어나기 전까지 낡은 이론이 세상을 지배하고 비록 설명하지 못하는 현상이 있더라도 부목을 덧대어 저항한다. 더 이상 떠받칠 수 없는 시점에 이르면 새로운 이론이 기존 이론을 대체한다고 보았다. 과학 혁명 이론은 점진적으로 과학이 발전한다는 포퍼 반증이론과 대비된다. 반증이론에서는 반증이 발견되면 기존 이론은 바로 폐기되지만 과학 혁명 이론에서 반증 자료는 하나의 사실로 누적되면서 기존 이론은 그대로 살아 있다.

쿤은 과학 혁명 전후 이론 사이에 공통점이 없다는 공약 불가능성도 주장한다. 천동설과 지동설 사이에, 고전역학과 양자역학 사이에는 공통점이 없고 해석 방식도 완전히 다르다고 본다.

크로: 상대성 이론보다 패러다임 전환이 더 유명해. 뭔가 이상하지?

쿤: 과학은 어렵고 경구는 쉬운 법이지.

크로: 천동설이나 지동설 모두가 겉보기 운동에는 별 차이가 없었어.

쿤: 지동설로 신에 대한 경이감이 떨어졌지.

크로: 겉보기 운동이 비슷하려면 두 이론도 공통점이 있다는 뜻이지. 입자가 커지면 양자역학도 고전역학으로, 속도가 느려지면 상대성 이론도 고전역학으로 수렴하지.

쿤: 현상을 기술하는 방정식이 완전히 달라.

크로: 패러다임이 널리 회자되면서 사람들은 현대 과학도 쉽게 교체될 수 있다고 오해. 조금 걱정스럽지. 과학은 튼튼해.

15. 진리의 길과 정의의 길

　냉전 시대 두 진영은 경쟁했고 상대 진영을 비난하면서 자기 진영에게는 한 팀으로 뭉치라며 압력을 넣었다. 자기 사상이 번영의 길이라며 시민을 세뇌하자 반발도 거세졌다. 특히 프랑스는 동일성을 강요하는 진영 철학을 거부하며 다양성을 외쳤다. 동일성 철학은 중심부와 주변부를 나누어 주변부를 차별시킨다고 보았다.

　68혁명과 베트남 전쟁 이후 동일성 철학은 비틀거렸고 사상의 자유가 신장되고 소수자의 인권도 향상되었다. 자본주의 진영이 위기를 맞아 앞길이 보이지 않을 때 장막에 쌓였던 공산주의 체계가 먼저 허물어졌다. 붕괴 원인은 먹고사는 문제였다. 동구 공산권도 떨어져 나가고 시장 경제가 와해된 공산사회로 침투했다.

　공산 진영 몰락으로 일부 지식인들은 문명의 종말을 외쳤지만 성급했다. 불평등 문제는 결코 해소될 수 없는 문제였다. 이항 내립은 여전히 남아 있다. 문명은 더 많은 이항 대립을 요구했다. 냉전의 1차 대립이 자산 사유화의 갈등이었다면 2차 대립은 평등 문제이다. 3차 대립은 기술 패권일지 아직 알 수 없다. 대립은 말로써 해결되기 어렵다는 사실은 양차 전쟁과 냉전이 알려 주었다. 말보다 주먹의 피해를 두려워할 때 양보와 타협이 가능하다. 전쟁을 통해 역사를 역주행시킨 후에야 타협을 깨닫게 될 것이다.

시몽동: 개체화의 원리

질베르 시몽동(Gilbert Simondon, 1924~1989)은 프랑스 중부 생테티엔 기술자 아들로 태어났다. 그는 파리고등사범학교에서 철학, 소르본 대학교에서 심리, 의학, 물리학까지 다양하게 섭렵했다. 그는 1948년 교수 자격 시험을 통과하고 고등학교에서 철학을 가르쳤고 1958년 《형태와 정보 개념에 비추어 본 개체화》로 박사학위를 받았다. 그는 푸아티에 대학, 소르본 대학에서 심리학을 강의했으며 영향을 준 들뢰즈 등 후배 철학자를 통해 차츰 알려졌다. 기술자와 장인의 활동을 관찰하고 대화하기를 좋아했다.

시몽동은 베르그송 생성 철학을 이어받았다. 전통 철학은 존재를 먼저 인정한 후에 본질, 탄생을 역공학하지만 그는 생성이 먼저라고 보았으며 각 객체가 동일하지 않고 조금씩 차이가 나는 이유를 캐물었다.

시몽동은 구성 요소인 자재나 부품이 현 상태에서 벗어나려는 포텐셜을 지닌다고 보았다. 포텐셜은 현 과학이론에서 중요한 개념이며 아리스토텔레스 엔텔레키, 스피노자 코나투스, 베르그송 앨랑비탈도 동일 의도에서 나온 어휘이다. 구성 요소들이 갈등을 줄이려 이합집산하여 새로운 개체로 도약한다. 생성된 개체는 머물 수 없는 법으로 더 큰 복합체을 꿈꾼다. 이렇게 화학적 개체, 유기체, 조직이 생성되었다. 그는 기계도 인간과 함께 공진화한 개체로 보았다.

크로: 과학자는 존재 방정식보다는 생성 방정식을 이미 찾았지.
시몽동: 생성 중이라면 개체는 안정적으로 존재할 수 없지.
크로: 산 정상에서 구른 바위는 완만한 산비탈에 멈춰 존재자가 되지.
시몽동: 산 지형도가 포텐셜이지.
크로: 맞아. 멈췄던 존재자도 더 낮은 계곡으로 굴러갈 수 있지. 존재는 완전히 정지된 상태는 아니지.

시몽동: 그래서 존재보다 생성이 중시되지.

크로: 생성은 찰나이고 존재는 한 동안이지. 사유와 활동은 존재에서 나오므로 존재가 주체이지.

시몽동: 그래서 나누리틀이 존재인 주체를 중시하며 여러 층으로 나누었군.

크로: 가장 낮은 층은 우주 표준 모델이지. 쿼크 6개와 렙톤 6개가 기본 입자가 되고 이를 묶는 보존 입자가 약력, 강력, 전자기력을 매개하지.

시몽동: 상당히 구체적이군. 그런데 기계는 자연적 힘보다 장인 손길로 제작되니 인간과 공진화하겠지?

크로: 기계는 공진화보다는 개선된다고 하지.

시몽동: 똑똑한 기계가 인간을 위협할 수도 있을텐데?

크로: 인간들이 먼저 안전 기준을 합의하지 않으면 기계의 희생양이 되겠지.

리오타르: 진리는 정의와 결합 불가

장 프랑수아 리오타르(Lyotard, 1924~1998)는 베르사유 출신으로 소르본 대학에서 철학과 문학을 공부하며 들뢰즈를 만났다. 그는 프랑스령 알제리에서 철학을 가르쳤고 알제리 독립을 지지했다. 1952년 사회주의 혁명 그룹에 가입하여 정치 활동을 했으나 1966년 전체주의로 흐른다며 탈퇴했다. 1959년 소르본 대학 조교를 거쳐 1970년 뱅센 대학교 철학 교수로 임용되었다.

리오타르는 1979년 《포스트모던의 조건》을 출간하여 근대 이성을 비판하며 탈근대를 외쳤다. 그는 진리와 정의는 다른 성격으로 통합될 수 없다고 보았다. 진리와 정의를 통합시키려는 서양 철학사는 거대 담론으로 나타났는데 기독교, 계몽주의, 자본주의, 공산주의가 거대 담론이라고 보았다. 기독교는 아담의 원죄로 사람을 주눅 들게 하고, 계몽은 이성으로 감성을 쫓아내고, 자본주의는 경쟁을 부추기고, 공산주의는 계급 투쟁으로 위협한다. 거대 담론은 결국 타인에 대한 억압과 배제로 나타난다.

리오타르는 과학, 정신, 예술에 적용되는 규칙은 가족처럼 유사하지만 공통 속성을 발견할 수 없다는 후기 비트겐슈타인 게임이론을 채용했다. 그는 국가가 아니라 기업, 지역 단체 등 다양한 소집단이 생활 담론을 이끌어야 한다고 보았다. 그는 의사소통으로 보편 진리에 도달할 수 있다는 하버마스와 논쟁을 벌이기도 했다.

리오타르는 아방가르드적 예술에서 숭고의 미가 나타난다고 했다. 칸트 숭고미는 인간 감각이 못 따라가는 자연 풍경에서 발생하지만 리오타르 숭고미는 시간적으로 낯선 이미지에서 발생한다. 특히 아방가르드 예술은 인식 능력의 한계로 불쾌를 주지만 시간이 흘러 익숙해지면 오히려 쾌감을 준다고 보았다.

크로: 제대로 철학을 배우지 못했군.
리오타르: 거대 담론을 해체시킨 사람은 나야.
크로: 화학을 배우지 못하더라도 무역 빌딩을 폭파시킬 수 있지.
리오타르: 진리와 정의의 결합을 막아야지.
크로: 정의를 위해 진리를 배워. 진리가 우리를 자유롭게 하지.
리오타르: 진리에 따라 세워진 정의가 사람들을 억압했지.
크로: 잘못된 진리로 정의를 세우면 문제가 되지.
리오타르: 바른 진리는 무엇인가?
크로: 과학이지? 모든 사람들이 인정하지.
리오타르: 과학을 믿지 않는 자들도 있어.
크로: 믿음의 자유를 강요할 수 없지만 이런 자들이 세운 정의는 타인을 억압하지.

들뢰즈: 욕망은 결핍이 아니라 근본 힘

질 들뢰즈(Gilles Deleuze, 1925~1995)는 파리 의사 아들로 태어나 1940년 파리가 함락되자 노르망디로 피신했다가 1943년 복귀했다. 그는 파리 고등사범학교에 떨어졌으나 소르본 대학에 진학해 유행하는 헤겔, 후설, 하이데거를 공부했고 흄의 경험론을 탐구하여 졸업했다. 1948년 교사 자격 시험에 붙고 약 8년 동안 고등학교에서 가르친 수업 방식은 이목을 끌었다. 그는 틈틈이 스피노자, 니체, 베르그송 등 비주류 철학자를 탐구했다. 1957년 소르본 대학 철학과 조교가 되었고 1960년대에 미셸 푸코와 함께 학생운동에 가담했다. 1968년 박사논문으로 《차이와 반복》을 출간하고 1969년 그는 파리 8대학 주임 교수가 되었고 87년 교수직을 은퇴했다. 폐암으로 투병하던 중 그는 1995년 아파트에서 뛰어내려 삶을 마감하였다.

들뢰즈는 전통 철학은 동일성을 추구하여 위계질서와 차별을 야기하는 철학이라며 비판했다. 헤겔 변증법도 차이를 해소하며 전진하므로 동일성에 다다르면 변혁의 동력을 상실한다고 보았다. 그는 이데아, 신, 보편을 부정하며 차별이 발붙일 수 없는 차이의 철학을 주장했다. 그는 스피노자를 차이 철학 원조로 삼았다. 세상을 이데아 모사로 본 플라톤에 비해 스피노자는 세상을 비 온 뒤 돋아나는 다양한 버섯으로 여겼다.

인간도 코나투스를 지닌 욕망하는 기계이다. 신체 각 기관은 기계 부품처럼 욕망으로 이글거리며 매 순간 재배치되고 있다. 욕구 강도에 따라 운동 속도가 바뀌고 배치는 어긋난다. 재배치 결과 나타나는 구조는 위계질서가 있는 나무 줄기가 아니라 뿌리줄기인 리좀과 비슷하다. 리좀은 빈 공간으로 자유롭게 뻗어나간다.

프로이트가 정신 분석으로 개인 욕망을 잘 포착했지만 성욕으로 해석하여 한계를 지닌다고 들뢰즈는 보았다. 들뢰즈는 욕망을 결핍이 아니라 모든 개체가 지니고 있는 근원적 힘으로 보았다. 그러나 자본주의 당근에 포획된 개인은 사회에 순응할 수밖에 없다고 보았다.

> **들뢰즈:** 이름도 없는 친구가 찾아왔군.
> **크로:** 욕망 탈주선을 타다 보니 여기까지 왔지.
> **들뢰즈:** 유목민이라는 증거는?
> **크로:** 지구에서 과학하다 여긴 철학을 하지.
> **들뢰즈:** 유목민이 맞는데 왜 게르가 없지?
> **크로:** 모든 것을 홀로 해결하는 유목민은 천막 탓에 자유롭지 못해. 자유인은 플러그만 들고 다니지. 코드를 꽂으면 세계와 소통할 수 있지.
> **들뢰즈:** 코드에 구속되지.
> **크로:** 코드 전력은 자유인에게 무한한 창조성을 부여하지.

푸코: 소수자의 권리

미셸 푸코(Michel Foucault, 1926~1984)는 프랑스 푸아티에 의사 아들로 태어나 어머니 학구열에 이끌리어 파리로 올라왔다. 그는 1946년 고등사범학교에 입학했고 1952년 병리심리학 학위를 받았다. 그는 스웨덴, 폴란드, 독일의 프랑스 문화원에서 책임자로 일하면서《광기의 역사》,《말과 사물》을 저술했다. 68운동에 놀란 프랑스 정부는 기존 교육 체계를 혁신하기 위해 파리 8대학을 설립하자 푸코도 참여하여 좌파 사상가 들뢰즈, 바디우 등을 초빙했다. 그는 1970년대 콜레주 드 프랑스 교수가 되었고 후천성면역결핍증으로 사망했다.

푸코는 소수자 권리를 쟁취하기 위해 기존 사회 구조를 조사했다. 소수자는 다수자가 구축된 문화로부터 억압을 받고 있다는 문제의식을 지니고 있었다. 그는 제도 변천 과정을 고고학적으로 추적하여 동일한 행동도 당대 인식 체계에 따라 다르게 해석된다는 사실을 알아냈다. 르네상스 시기에는 돈키호테는 특출한 사람으로 인식되었지만 계몽주의 시대에는 비이성적 사람으로 낙인되어 감금되었다. 현대에는 정신병 치료제에 자본주의를 견인할 노동력이 필요하니 격리는 해제되었다.

쿤이 각 시대의 과학 체계를 패러다임이라 했듯이 푸코는 각 시대의 인식 체계를 에피스테메라고 했다. 칸트는 주체가 선험적 틀을 지닌다고 보았지만 푸코는 시대마다 인식 체계가 단절되며 후험적으로 짜인다고 보았다. 과거에는 거대한 신화가 에피스테메를 결정했지만 현재에는 미시권력인 의사나 전문가가 결정한다고 보았다.

> **푸코**: 나는 르네상스부터 지식을 캤는데 너는 빅히스토리를 캐고 있군.
> **크로**: 짧은 역사는 편향된 해석을 낳기 쉽지.
> **푸코**: 과학을 하다 지식을 캐는 사람은 협소할 수밖에 없어.
> **크로**: 과학 너머로 철학, 정치, 언어, 사회, 종교를 함께 살피니 걱정 말게.
> **푸코**: 나누리틀 도식은 해석을 제한하지. 틀 이전에 감옥, 정신병자, 동성애 등을 하나하나 살피면 올바른 인식 체계를 세울 수 있지.
> **크로**: 소수 지식인이 미세 조정하여 권력을 탐하지만 대중은 혁명으로 왜곡된 권력을 무너뜨리지.

퍼트남: 양자 철학

힐러리 퍼트남(Hilary Putnam, 1926~2016)은 시카고 출신으로 펜실베니아 대학교에서 수학과 철학을 전공했고 UCLA에서 과학 철학으로 박사학위를 받았다. 논리실증주의의 영향을 받아 통일 과학을 추구하며 땀을 흘렸으며 프린스턴과 매사추세츠 대학에서 철학을 가르쳤다.

그는 양자역학의 확률론적 해석을 적용하여 고전역학에 기반한 실재론을 보강하고자 했다. 실재론에 따르면 자연 세계는 인간 인식과 독립적으로 존재하며 인간은 자연 세계의 진리를 밝힐 수 있다. 이에 반해 반실재론자는 역사적으로 폐기됐던 과학이론을 보며 자연 세계는 여전히 인식 불가능하다고 보았다. 퍼트남은 실재론과 반실재론의 회색 지역을 해소하기 위해 아인슈타인이 물리학에 적용했던 사고 실험을 철학에도 시도했다.

퍼트남 쌍둥이 지구는 어휘의 내포와 외연을 설명하기 도입되었다. 프레게 표현을 빌리면 내포는 뜻이고 외연은 지시체이다. 쌍둥이 지구는 지구와 모든 것이 동일하지만 H_2O의 물이 아니라 XYZ의 액체가 흐른다. XYZ액체도 외견상 특성상 물과 동일하니 물의 내포를 준다. 그는 쌍둥이 실험을 통해 '동일한 내포가 다수 외연에 대응될 수 있다'며 전통적 인식론을 공격한다. 전통 인식론은 내포 하나에 하나의 외연이 대응된다.

통속의 뇌는 세상 실재론을 옹호하려 도입되었다. 통속의 뇌는 데카르트 악마의 현대판이다. 두개골에서 뇌를 꺼내 통속에 넣고 인공적으로 뇌에 정교한 자극을 주면 통속의 뇌는 마치 현실 세계에 있는 것처럼 느낀다. 퍼트남은 통속의 뇌는 전기신호의 저급한 신호를 받지만 '통속의 뇌'같은 똑똑한 인식을 할 수 없다고 보았다. 인공지능을 보면 퍼트남의 추론은 엉터리다.

퍼트남은 신을 증명하려 했던 스콜라 철학자처럼 다양한 철학 실험을 제안했지만 실험에 적용된 가정과 해석을 수용하기 어렵다.

크로: 양자역학이 철학을 복잡하게 만들어 버렸어.
퍼트남: 닥치고 계산만 할 수는 없지. 양자역학의 참된 해석을 찾아야지.
크로: 조조는 목마른 군사들에게 매실 밭이 곧 나온다며 진격시켰지.
퍼트남: 매실 소리에 모든 침샘이 동일하게 작동했군.
크로: 별난 군인도 있겠지만 중요하지 않지. 인간은 외부 세상을 뇌에 투영하여 해

석하므로 둘 사이에는 대응되지. 즉 외연과 내포는 서로가 일치될 수밖에 없어.

퍼트남: 쌍둥이 지구를 비판하는군. 그럼 통 속에 든 뇌 시험은 가능한가?

크로: 통 속의 뇌는 외부 신호를 받으며 스스로 생각할 수 있으니 인간과 유사하지.

퍼트남: 그럼 세상의 실재를 확신할 수 없는가?

크로: 실재하는 세상을 확신해.

퍼트남: 증거는?

크로: 뇌 하나보다 여럿의 효과이지. 여러 뇌가 합동하면 세상이 실재인지 가상인지 눈치채지.

퍼트남: 구별 못하게 정교하게 제작하면 되지?

크로: 정교한 가상은 천문학적 정보가 전달될 때 구축되지. 이는 불가능하지.

퍼트남: 좋아 세상은 실재한다. 다음 의문인데 프록시마 철학자들은 인조인간일까?

크로: 그야 내가 알 수는 없지.

루만: 체계 이론

니클라스 루만(Niklas Luhmann, 1927~1998)은 독일 뤼네부르크 양조장 아들로 태어났다. 그는 히틀러 유켄트에 반강압적으로 가입했고 2차 세계대전에 미군 포로가 되기도 했다. 전후에 프라이부르크 대학에 들어가 법학을 전공한 후 지방 관청에서 근무했다. 안식년에 하버드 대학교 텔콧 파슨스 밑에서 구조기능주의와 체계이론을 배웠다. 빌레펠트 대학교에 부임하면서 연구 기간 30년, 비용 없다는 특이한 연구계획서를 제출했다. 루만은 어디서나 생각이 떠오르면 메모하여 상자에 보관했다가 수시로 꺼내 글과 사유의 소재로 삼았다.

루만은 파슨스에서 시작했으나 체계이론을 더욱 발전시켰다. 그는 체계를 기계적, 유기체, 사회 체계, 심리적 체계로 나누었다. 이 분류는 하르트만 분류이기도 하다. 루만은 체계가 환경과 경계를 이루고 있으며, 생명체가 성장하고 번식하듯이 체계도 자가 증식한다고 보았다. 체계는 복잡한 환경에 적응하려 의사소통 기술을 개발하고 자기 준거를 유지한다고 보았다.

루만은 사회는 사회적 체계로 구성되어 있다고 보았다. 사회적 체계는 기업이나 단체이다. 전통적 사회학은 개인이나 가족을 사회 구성 요소로 보아 왔다. 사회적 체계는 목적에 따라 정치 단체, 경제 단체, 종교 단체 등으로 분류된다. 정치 조직은 권력을 추구하고, 경제 조직은 이윤을 추구하고, 과학 단체는 진리를 추구한다.

크로: 주체를 너는 체계라고 부르는군.
루만: 근대에는 주체였지만 현재에는 탈주체의 시대이지.
크로: 나누리틀은 모든 개체를 주체라고 부르지.
루만: 기계나 무생물은 자기 번식 기능이 없지. 그래서 주체가 될 수 없어.
크로: 자기 번식은 주체의 필수 기능이 아니지. 미래 예측이 핵심 기능이야.
루만: 사회 변화를 예측할 수 있다면 번식 능력쯤이야 양보할 수 있지.
크로: 큰 기대는 하지마. 정권을 잡는 당에 따라 미래가 바뀌니 예측이 쉽지 않지.
루만: 그래서 사회는 개인이 아니라 단체가 중요하지.
크로: 유권자는 개인이지. 그래서 사회는 단체 모임뿐만 아니라 개인 모임이기도 하지.

부르디외: 금수저 흙수저

피에르 부르디외(Pierre Bourdieu, 1930~2002)는 프랑스 남부 베아른 소부르주아 가정에서 태어나 귀족 문화에 반감을 지녔다. 파리 고등사범학교에 전학하여 25세에 교수 자격을 얻었고 1968년에 유럽사회학 센터를 설립하여 《사회학연구》 잡지를 발행했다. 1981년 콜레주 드 프랑스 교수로 취임한 후 사회에 참여하며 행동하는 지식인으로 알려졌다. 그는 신자유주의를 비평하며 문명 파괴 운동에도 참여한 좌파적 사회학자이다. 부르디외는 프랑스 대혁명 이후에도 여전히 남아 있는 귀족층, 아프리카의 후진성, 사회의 불평등 이유를 밝히고자 하였다.

부르디외는 사회 구성원의 위상은 자신이 속한 장과 자본에 의해 결정된다고 보았다. 그는 자본을 경제 자본, 문화 자본, 학위 자본, 인적 자본으로 나누고 장을 교육의 장, 정치의 장, 경제의 장으로 나누었다. 마르크스는 생산 자본에 의해 개인의 계급이 결정되지만 부르디외는 자신이 소속된 자본과 장에 의해 하비투스라는 취향이 형성된다고 보았다. 그는 계급을 대물림시키는 폭력 기관으로 학교를 지목했다.

부르디외: 객지에서 철학을 한다고 고생이 많아.

크로: 사회를 이해하려면 철학이든 과학이든 필요하지.

부르디외: 학위 없는 철학은 소용없어.

크로: 건전한 사회는 진리에 기반할 수밖에 없어.

부르디외: 그런 태도가 흙수저 하비투스지. 금수저는 문화 자본을 물고 태어나지.

크로: 금수저도 자기 역량에 따라 다르게 자리잡지.

부르디외: 의사나 법률가는 긴 교육 과정을 통해 흙수저 진입을 차단하지.

크로: 국가가 부여한 자격은 스스로 왕이 되기보다 섬기는 종이 되라는 요청이지.

부르디외: 누가 그래? 개돼지들 주장이야.

크로: 특권 의식으로 뻐기다 몰매를 맞을 수도 있지.

부르디외: 볼테르는 귀족 칭호를 스스로 달고 사회를 변혁시켰지.

크로: 귀족이 아닌 루소는 혁명 분위기를 띄었지.

부르디외: 나는 볼테르가 될 테니 너는 루소로 남아.

데리다: 대립 개념 해체

자크 데리다(Jacques Derrida, 1930~2004)는 프랑스 식민지 알제리에서 태어난 유태인이다. 어린 시절 축구에 빠져 시험에 불합격한 후 정신을 차렸다. 그는 파리로 올라와 고등사범학교에 입학하여 조교로 알튀세르를 도왔고 푸코와 사귀었다. 1956년 교수 자격 시험에 합격했고 1965년 모교 교수로 임명되어 철학사를 가르쳤다.

데리다는 철학자의 글을 비평하면서 근대 이성에서 숨겨진 억압과 이데올로기를 분쇄하고자 하였다. 플라톤은 이상적 이데아와 짝퉁 세상을 나누었듯이 세상에는 안과 밖, 중심부와 주변부로 차별의 경계선이 놓여 있다고 그는 보았다. 그는 이항 대립으로 구축된 로고스 중심의 지식 체계를 허물고자 하였다.

서양 철학자들은 음성이 문자보다 본질에 가깝다고 주장했다. 음성은 이성인 로고스로 불리므로 문자보다 가치가 있다. 성경은 태초의 말씀으로 시작하고 소크라테스는 내면의 목소리를 들었다. 루소도 공기 진동이 없는 문자는 순수하지 않다고 보았다. 음성은 실존의 핵심 속성인 '여기'와 '지금'과 어울렸다. 그런데 《고백록》에는 루소는 현전하는 바랑부인보다 그녀 흔적에서 애욕을 느꼈다고 고백한다. 현존 목소리보다 남아 있는 체취가 더 강하게 끌어당긴다. 이는 현전을 중요시하는 루소 주장과 모순이다.

구조주의자 레비스트로스는 남비콰라족에게 문자가 유입되자 사회 불평등이 야기되었다고 했지만 데리다는 바위에 낙서된 남비콰라족 문자를 탁본했다. 레비스트로스는 바벨탑을 쌓다 멸망을 부른 언어를 비난하면서도 사회를 비판할 때에는 언어 구조를 끌어들인다. 데리다는 철학자의 이율배반적 주장을 부각시키며 결국 음성이 문자보다 순수하다는 이데올로기는 편견이라고 말한다.

데리다는 어휘가 정확히 정의될 수 없다는 당대 인식을 공유했다. 방에

배인 체취가 실제 바랑부인이 아니듯이 기표의 언어는 기의의 대상을 온전히 가리키지 못한다. 한 기표를 다른 기표로 설명하는 한 정의는 한없이 미끄러지고 결국 정의는 순환적일 수밖에 없다. 러셀이 제기한 자기 참조의 문제와 괴델이 증명한 불완전성의 원리가 기표와 기의의 대응에도 유사하게 나타난다. 데리다는 이를 차이와 지연이라는 의미로 차연이라고 했고 더 나아가 기표는 있으나 기의는 없다고 보았다.

> **크로:** 이항 대립 해체가 진리라는 보장도 없어.
> **데리다:** 과학에서도 위치와 운동량, 입자와 파동의 이항 대립은 무너졌지.
> **크로:** 미시 세계에 들어가면 경계가 흐리지. 대신에 새로운 양자 상태가 나타나지.
> **데리다:** 거시 세계에서도 경계선이 뭉개져.
> **크로:** 천문학적 분자들이 모인 거시 세계인 물의 어는점은 0도야. 경계선이 명확하지. 물분자의 위치와 운동은 천차만별이겠지만 얼고 끓는 거시적 온도는 뚜렷해. 미시 세계 법칙처럼 거시세계도 규칙을 나타내지.
> **데리다:** 이항 대립이 남아 있는 한 차별은 피할 수 없어. 황해에서 몰려온 구름은 추풍령에서 나눠져 한강과 낙동강으로 각각 흘러가.
> **크로:** 뾰족한 능선에서 분리된 두 강은 거대한 바다에서 다시 만나.
> **데리다:** 다시 만난다면 경계선을 둘 필요가 있나?
> **크로:** 산맥 탓에 평지를 골고루 적시지. 추가된 이항 대립으로 맞춤 혜택을 줄 수도 있지.

리처드 로티: 표상주의에 시비

리처드 맥케이 로티(Richard McKay Rorty, 1931~2007)는 뉴욕 출신으로 시카고 대학에서 철학을 공부했고 예일대학교에서 심리 철학으로 박사를 받았다. 군복무를 마치고 1961년부터 프린스턴 대학교에서 분석 철학을 가르쳤지만 그는 1979년 《철학과 자연의 거울》로 분석 철학을 비판하고 신실용주의자로 전향했다. 동료 교수들이 비난하자 그는 버지니아 대학으로 날았다.

로티는 진리를 비추는 평평한 거울이 있다는 표상주의를 거부하였다. 플라톤의 이데아가 표상주의고 중세 보편자도 표상 논쟁이고 기의를 지시하는 기표도 표상이다. 철학은 표상을 통해 진리를 쌓아 왔지만 진리를 명확히 하고 언어 의미를 명확히 하려는 분석 철학의 시도는 결국 막다른 길에 봉착했다. 로티는 사방팔방으로 쑤셔 보다가 포기한다. 지식은 당대에 형성된 울퉁불퉁한 거울에 불과하다고 보았다. 지식과 언어가 지금 모습을 지닌 것도 우연이며 자아와 공동체도 우연이다.

로티는 보편적 진리 대신에 선입견으로 얼룩진 진리에 만족하는 가다머 해석학으로 돌아가자고 호소한다. 그는 사실 명제와 가치 명제 사이에도 차이가 없다고 보았다. 절대지가 없으니 개인은 자유롭게 삶을 추구하고 세상의 아름다움을 찾고 즐기는 시인이 되라고 권유한다.

로티는 다만 진리가 없음으로 야기되는 상호 갈등을 피하려면 공적 활동을 권장했고, 참 거짓보다는 실용주의로 결정되는 공적 제도도 허용했다. 일상 생활에서 공감으로 개인 간 신뢰를 쌓고 삶의 경험을 공유할 필요가 있다. 특히 철학이나 제도보다는 문학이 공동체 형성에 도움이 된다.

로티: 나누리 틀 제작은 가상하지만 프록시마 행성에 적용하지 마라.
크로: 공적인 영역에도 적용해야지.
로티: 공적인 영역은 합의들 얻어야 하지.
크로: 과학은 모든 과학자의 합의를 받았어.
로티: 일반인은 동의한 적이 없어.
크로: 위임했지. 과학기술이 자연 현상을 성공적으로 예측했고 재현성도 있지.

> **로티:** 쿼크 존재 논쟁, 양자역학의 해석 논쟁을 보면 진리가 의문스럽지.
> **크로:** 막 발굴된 암석은 보석인지 잡석이지 구분이 힘들어.
> **로티:** 진리라고 우기자 갈등이 생기지.
> **크로:** 지동설은 지축을 흔들지 않았고 어떤 시나 문학도 불태우지 않았어.
> **로티:** 과학은 진리임을 인정하지. 사회학만 울퉁불퉁하군.
> **크로:** 사회에는 자연과학과 같은 명확한 법칙은 없지만 공급과 소비의 법칙, 금리에 따른 물가 상승 등 경험 법칙은 있어. 수천 개의 법칙을 동시에 풀기 어려우니 법칙이 없는 듯이 보일 수도 있지.
> **로티:** 풀지 못하는 법칙은 없는 것과 마찬가지지.
> **크로:** 조금씩 접근하다 보면 모든 사회 현상을 설명할 날이 오겠지.

로버트 노직: 자유지상주의

로버트 노직(Robert Nozick, 1938~2002)은 미국 뉴욕 브루클린 유태인 사업가 아들이다. 가족은 러시아에서 이주했다. 콜럼비아 대학에서 철학을 전공했고 사회주의 학생 단체에서 활동하였다. 1963년 프린스턴 대학교에서 박사학위를 받았고 30살에 하버드에서 가르쳤다.

그는 1974년 출간된 《무정부, 국가, 그리고 유토피아》에서 국가 필요성을 인정하지만 국가 역할을 제한하는 자유지상주의를 주장한다. 그는 국가는 만인 대 만인의 투쟁을 막는 계약에 의해 출현한 것이 아니라 가격처럼 보이지 않는 손에 의해 결정되었다고 보았다. 중세 길드나 현대 협회처럼 개인들이 결성한 지역 보호 단체들이 연합하여 영토를 얻으면서 국가로 발전했다고 그는 보았다. 이 과정에 보호 단체에 미가입한 개인은 불이익을 볼 수 있으니 국가가 보상해야 한다고 보았다. 이 형성 이론에 따르면 국가는 폭력과 사기로부터 국민을 보호하고 개인들이 계약을 성실히 이행하는지 감시하는 최소 역할만을 수행해야 한다.

노직는 하버드 동료 존 롤스 평등 자유주의는 부당한 세금으로 개인 권리를 침해했다고 보았으며 적법하게 얻은 소유권을 존중해야 한다고 보았다. 국가는 공정하게 획득한 소유권을 분배란 명목으로 세금으로 뺏아 갈 수가 없다. 그는 경쟁을 인정하였으며 경쟁에 따른 결과도 수용해야 한다고 보았다.

크로: 이익 단체와 유사한 국가를 주장하는군.
노직: 그렇지. 이익 단체가 처리하지 못하는 국방, 사법 등이 국가 몫이지.
크로: 의료도 공적 보험보다 사적 보험에 들어야 하겠군.
노직: 다양한 의료 보험이 시장에 있어.
크로: 가입한 보험회사가 폐업하는 경우에는?
노직: 기업 상태를 투명하게 공개하고 신중히 가입해야지.
크로: 기업이 허위로 재무 상태를 발표하면?
노직: 경찰 국가가 엄정하게 처벌해야지.
크로: 실업자가 되어 기초 생활이 힘들 수도 있지.
노직: 자유로우면 인력 시장도 풍부하지.
크로: 만의 하나 일자리를 구하지 못하면?
노직: 기본적 실업 수당은 국가에서 지급하지만 자기 삶은 자기 책임이지.
크로: 신도 자연 현상에 개입하지 않듯이 국가도 개인 일에 간섭 말라는 주장이군.
노직: 이제 제대로 이해하는군.
크로: 개인의 자유와 책임, 협력과 견제로 돌아가는 사회가 바람직하지만 부족한 영역에서는 창발된 사회가 역할을 해야겠지.

솔 크립키: 선험성과 필연성의 구분

솔 크립키(Saul Kripke, 1940~2022)는 뉴욕 유태인 가정에서 태어났다. 하버드에서 수학을 전공하였고 학사 학위만으로 하버드 교수가 되었다. 크립키는 1970년 프린스턴 대학교 강의를 모아 《이름과 필연》을 출간하였고 1977년 프린스턴 대학교의 정교수가 되었다.

일반적으로 선험성과 필연성은 동일하다고 알려져 왔으나 크립키는 이들 구별했다. '120+131=251'라는 수학적 명제는 경험하지 않아도 알 수 있으며 필연적으로 참이다. 그러나 그는 '샛별=개밥바라기'는 후험적이지만 필연적 참이라고 보았다. 샛별은 새벽의 밝게 빛나는 별이고 개밥바라기는 저녁에 빛나는 별인데 각 지역에서 그 별의 움직임을 공유하여 금성임을 밝혔다. 관찰로 밝혀졌으니 후험적이고 동일한 대상을 가리키니 필연적으로 참이다.

크립키는 러셀의 지칭이론을 반박하며 고유명사는 대상을 고정적으로 지시한다는 고정 지시이론을 제시했다. 아이가 태어나면 이름부터 짓듯이 고정 지시이론은 상식적 인식이다. 반면에 러셀은 고유명사도 의미를 지녀 뜻에 따라 변화될 수 있다고 보았다. 이는 의미를 토대로 삼은 러셀 술어논리학의 부작용이다.

크립키는 일반 명제에 '필연성'과 '가능성'을 덧댄 양상 논리학을 제안했다. 그리고 양상 논리학이 참이 되는 가능세계론을 도입했다.

크로: 프록시마 거주자 명단에 없던 사람이네.
크립키: 얼마 전에 들어왔어. 철학을 완성하려면 나를 뺄 수는 없지.
크로: 뭘 연구했는데?
크립키: 후험적이고 필연적인 명제를 발견했지.
크로: 모든 명제는 후험적이야.

크립키: '1+2=3'을 선험적으로 알지.

크로: 산수 시간에 배웠기 때문이지.

크립키: 지구는 태양 중심으로 타원 궤도를 돌고 있어.

크로: 타원으로 관측되었지만 원일 수도 있었지. 뉴턴 역학은 두 유형의 궤도를 허용하지.

크립키: 원 궤도는 하나의 가능 세계이지.

크로: 가능 세계는 잘못된 개념이고 가능 경로라고 표현해야지. 우주는 유일하지만 우주가 걸어갈 가능한 경로는 많지.

크립키: 양상 논리학까지 부정하겠군.

크로: 맞아. 양상 논리학은 엉터리야. 이전에도 명제는 필연성, 당위성을 띠고 있었지.

크립키: 그런 해석도 가능하지만 참 거짓을 부여할 수는 없지.

크로: 양상을 띤 명제의 진위는 양상 논리학이 아니라 수학과 과학으로 결정되지.

16. 탈 구속

크로는 200여 명의 철학자와 대담을 마쳤다. 200여 명 철학자를 면담하여 정리하느라 7년 이상이 걸렸다. 단순 취합이 아니라 줄거리를 지닌 철학사에 뿌듯했지만 선현들 어깨를 현대 과학 문명으로 눌렀다는 죄책감도 살짝 들었다. 맡겨진 프록시마 숙제였지만 덕분에 크로는 세상을 넓게 볼 수 있는 시각을 얻었다. 철학 현안을 해소하는 과정은 도전과 흥미 자체였다. 몇 년을 기다렸으니 몇 달 정성껏 편집하여 몰입감을 최대한 끌어올리기로 했다.

진리와 정의는 끝없는 환원과 창발

크로는 철학자와 면담에서 자기 생각을 틈틈이 피력했지만 조금 허전했다. 철학자와 대화에서 내뱉은 생각이 즉흥적이고 단편적일 수 있었다. 크로는 빠트린 조각이 없는지 살피며 초기에 소개했던 나누리틀에 살을 보탰다.

철학은 환경의 거친 숲을 헤치며 나아가는 주체 활동이다. 주체는 되먹임 논리에 따라 인식하고 행동한다. 자아는 오감 정보를 동일률, 모순율, 배중률, 인과율, 시공간 공유 금지, 보존 법칙, 엔트로피 증가의 법칙을 적절히 적용하여 해석한다. 주체는 도덕률을 위배하지 않으면서 최적 목표를 세우고 나아간다. 행복과 자유와 평등을 바라지만 시기와 보복도 대비한다.

철학 주체는 지하층 혹은 지상층에 위치할 수 있다. 지하층은 과거를 캐는 땅 아래 과학 철학이고, 지상층은 미래로 나아가는 땅 위 예술 및 사회 철학이다. 과학 철학은 물질과 우주 근원을 찾고 예술 및 사회 철학은 자유와 평등 사회를 추구한다. 과학 철학은 고고학적 발견이고 사회 철학은 미래의 건축이다.

과학 철학은 양파층과 같아 그 깊음을 알 수 없다. 인류는 17개 소립자를 찾았지만 더 깊은 곳을 들추면 신비한 빛과 소리가 나올 것이다. 소립자 탐구는 신의 창조를 캐는 역공학이다. 유물 발굴처럼 붓으로 흙을 긁어 내느라 진척은 느리지만 유적은 휘황찬란하다. 깊게 내려갈수록 위층이 붕괴되지 않을지 걱정하지만 기우이다. 바닥층이 단단한 공리가 되고, 발굴된 구조물이 튼튼한 정리로 변해 지상 도로와 건축물까지 지탱한다.

예술 및 사회 철학은 하늘로 치솟는 건물을 짓는다. 새로운 사회 제도와 예술품은 건물을 채운다. 인류 가치는 하나가 아니라 사전에 수록된 어휘 수만큼 다양하므로 제도와 예술 작품은 다양하다. 사회 철학은 신 아닌 인간 작품이라 붕괴되기도 하고 해체되기도 한다. 앞으로 얼마나 허물고 다시 지어야 인류가 만족할지 알 수 없다.

땅 아래 세계는 공리 위에 세워져 있으며 땅 위 건물은 심미주의와 공리주의를 추구한다. 인간은 창조의 궁극적 깊이를 모르고 창작의 궁극적 높이를 알 수 없지만 심원과 심급 사이의 공간도 광대하다. 인류는 정화수를 떠 놓고 빌며 인신공양을 드리던 황폐한 공간을 진리와 정의의 문명 공간으로 탈바꿈시켰다.

철학 주체가 어느 층에서 있든지 아래층은 위층을 받친다. 아래층에서 채취된 자원은 위층 자재가 되어 새로운 주체를 빚어 낸다. 자재를 배합하는 원리는 하나이지만 배합 조건은 너무나 다양하다. 건축 원칙이 동일할지라도 물 함량과 반응 온도가 다르므로 다양한 건물이 만들어진다. 지하에서는 다양한 원자, 분자, 세포, 생명체가 만들어졌고 지상에서는 다양한 사회와 국가가 만들어졌다.

새로운 주체 즉 복합체 생성 과정에서 새로운 속성들이 창발된다. 원자 운동은 분자 진동으로 변한다. 다시 분자 진동은 세포에서는 동화작용과 이화작용으로 나타난다. 주체의 거동도 변화된다. 식물은 뿌리로 땅을 잡고 동물은 발로 이동하고 인간은 머리로 사고한다. 과학적 어휘로 설명하면 전자기력, 중력, 강력, 약력의 4가지 근본 힘이 변형되어 새로운 힘이 나타난다. 사랑도 4가지 힘의 조합이며 미움도 4가지 힘의 또 다른 조합이다. 존경과 보복도 힘의 조합이다. 학연, 지연, 혈연도 파생된 힘이다. 사전 등록된 수만 개 어휘도 4가지 힘의 조합이다.

수많은 구성 요소와 창발된 힘들이 작용하므로 복합체 거동은 예측하기 어렵다. 개인은 맘을 수시로 바꾸고 국가 환율은 널뛰기한다. 창발될수록 불확실성이 대체로 증가되지만 간혹 질서가 나타나기도 한다. 중앙값 정리는 구성 요소들을 통계 처리하면 복합체 속성은 중앙값에 수렴한다는 정리인데 물의 어는점 0도는 대표적 예이다. 멱함수 분포도 복합체의 또 다른 질서인데 지진, 산불, 혁명의 발생 빈도는 세기에 반비례한다.

중간값 정리로 얻어지는 질서 외에 복합체 부품 수를 줄여도 질서를 세울 수 있다. 자동차는 엔진, 차축, 브레이크, 바퀴로 부품 수를 한정하여 운전성을 얻었다. 부품은 수많은 분자를 한 방향으로 모으는 효과가 있다. 부품들이 기계적으로 결합되면 자동차는 운전자의 의도에 따라 진행한다. 뇌도 무질서한 뉴런으로 남아 있지 않고 전두엽, 측두엽, 해마 등으로 조직되어 질서를 얻었다.

핸들이 자동차 부품을 재배치시키듯이 언어가 뇌 기관들을 조정한다. 인간은 언어로 본능을 자제하며 미래를 예측하고 시행착오를 줄일 수 있다. 언어로 서로 소통할 수 있고 타인을 설득할 수 있다.

언어로 주체인 인간을 조정하듯이 법, 제도, 가격이 주체인 사회를 조정한다. 제도는 인간의 작품이라 수립이 어려우나 가격은 신의 작품이라 저절로 작동한다. 그러나 인간 손에 의해 가격마저도 훼손될 수 있다. 엉큼한 자는 공적 제도로 타인을 묶어 놓고 사익을 추구할 수 있고, 시장 가격을 왜곡하도록 가격을 담합할 수 있다. 사회는 담합을 금지하며 반사회적 행동을 규제하지만 역사는 저항과 혁명도 또 하나 방법임을 알려 준다.

지하 발굴의 끝없는 환원 과정과 지상 건설의 끝없는 창발 과정을 몰랐던 선현들은 좌절하였고 조급하게 안주할 성을 쌓았다. 무지개 대신 기와장을 들고 꿈을 이루었다며 자기 최면을 걸었다. 자신이 아는 수준에서 종교와 문학을 만들어 냈고 그 속에서 만족하며 타인을 억압했다.

사회가 질서를 얻을수록 개인은 자유를 잃는다. 갈등을 줄이려 위임된 권력은 개인을 오히려 위협할 수 있다. 종교와 정치적 신념을 등에 업은 권력은 전체주의가 될 수 있다. 신념은 민족성과 결합하여 영국은 경험론과 공리주의가 발전하고, 프랑스는 합리적 성향이 강하고, 독일은 관념론 특성을 갖는다. 한국은 덕에 치중한다면, 일본은 도를 이야기한다. 교류를 통해 문명은 발전하겠지만 민족, 언어, 종교 영향도 쉽게 사라지지 않을 것이다.

세상은 환원을 통해 진리로, 창발을 통해 정의로 달려가지만 절대지는 없다. 한계를 지닌 주체들이 균형을 이루도록 타협의 태도를 잃지 않아야 한다. 타협이 없는 태도는 결국 살인, 혁명, 전쟁으로 이어진다. 살인과 전쟁은 폭력적이라 피해야 하겠지만 고집불통도 건전한 사회를 위협하기는 마찬가지이다. 전쟁은 문명을 파괴하지만 이상의 폭주에 제동을 거는 방법일 수 있다.

철학 요건의 점검

크로는 나누리틀이 초기에 제시했던 철학의 요건들을 충족하는지 하나씩 살피면서 보고서를 마무리하기로 했다.

첫째 미래 예측 능력이다. 나누리틀 예측 능력은 자연 세계와 사회 세계로 구분하여 설명할 수 있다. 자연 세계 전망은 이론적으로는 가능하지만 현실적으로는 불가능한 영역도 있다. 이론적으로 가능한 이유는 자연 현상을 기술하는 방정식이 존재하기 때문이며, 현실적으로 불가능한 이유는 초기 조건이나 경계 조건을 정확하게 알 수 없기 때문이다. 예측이 어긋나는 지연 시간은 현상에 따라 다르다. 주사위 불확실성은 던지는 순간 나타나고, 일기 예보의 불확실성은 일주일 후에 나타나고 일식의 불확실성은 몇천 년 이후에 나타난다. 사회 예측도 수리 모델을 사용하여 예측할 수 있지만 현실적으로 불가능하다. 사회 현상은 행위자와 원인 요소가 다양하여 예측 불확실성은 엄청 높다. 뿐만 아니라 예측에 가정된 법과 제도는 수시로 개정된다. 사람은 특정 계급이 혜택을 누리도록 제도를 허용하지 않는다. 사회제도는 규칙을 바꾸어 흥미를 높이는 게임과 같다.

둘째 철학이 자신과 공동체를 돕는다. 나누리틀 주체는 무생물에서부터 공동체까지 다양하다. 개인이 주체가 될 경우 공동체는 환경으로, 공동체가 주체가 될 경우 개인은 공동체의 구성원이 된다. 한 개인은 다중 역할을 한다. 누가 주체가 되든지 나누리틀은 주체를 성장시키고 이익을 선사한다. 주체는 욕심과 소명의식으로 맡은 역할을 경쟁하며 수행한다. 주술보다 합리적 이성에 기반한 나누리틀은 상호 이익을 추구하며 양보를 이끌어 낸다.

셋째는 환경과 자원의 보존이다. 환경과 자원은 살아 있으며 주체 영향을 받는다. 인류가 없었던 고생대 말기 화산 폭발로 생물은 거의 멸종했고 중생대 말기 외행성 충돌에도 멸종의 아픔이 있었다. 고중생대 생명 멸종은 지구 환경의 급격한 변화 탓이지만 만 년 전 동물의 멸종은 인간과 관련이 깊다. 현대 인간은 어느 종보다 많은 에너지와 자원을 태운다. 자원의 한계를 인정할 때 절제가 발휘된다. 나누리틀은 자원을 효율적으로 사용하고 자원을 절약하는 과학기술을 추구한다.

넷째는 위협의 감소이다. 지식은 인류가 닥칠 수 있는 상황을 알려 준다. 과학기술은 외행성 충돌을 막고 자연재해를 대비할 수 있다. 예측되지 않는 현상은 무속을 부른다. 지배층 미신은 정화수로 끝나지 않고 인신공양으로 이어진다. 나누리틀은 이성과 지식에 근거를 두고 있지만 희망과 땀을 귀하게 여긴다. 간절한 희망은 기도가 되므로 신앙을 배척하지 않는다. 나누리틀은 개인의 정치적 자유와 경제적 도전을 권장한다. 도전에 따른 성과에 박수를 보내고 실패에 책임도 진다. 도전에 따른 도약이나 도태도 수용한다. 조직도 권력으로 개인을 강압할 수 있지만 반발도 허용한다. 억울한 개인은 자기 방어권을 행사할 수 있지만 사적 보복은 동일한 처벌을 받는다. 감시 장비는 범죄를 예방하고 사회를 투명하게 하지만 사생활을 침해할 수 있으니 열람은 제한된다.

다섯째는 감동과 흥미 유발이다. 나누리틀은 이성에 기반을 둔 철학이다. 이성이 과하면 갈등이 유발될 수도 있다. 나누리틀에서 4개 기본 힘은 전환되어 감정과 이성을 나타내는 사전의 수만 가지 어휘가 창발된다. 4개 힘에서는 유도되는 인력과 척력은 쉽게 계산되지만 수만 가지 어휘에서 나타나는 당김과 밀침은 조정하기 어렵다. 이성은 감성을 배척하고 감성은 이성을 배척하는 모순도 나타난다. 모순은 해소될 수 없으며 타협될 뿐이다. 이성은 감성을 경시하지 않는다. 사회 평등은 개인 자유에서 창발된 힘이지만 자유를 경시하지 않는다. 감성의 표현인 문학과 예술은 웃음과 즐거움을 선사한다. 감성을 통해 갈등을 줄일 수 있다.

귀환

크로는 《지구 철학》이라는 보고서를 드디어 마무리했다. 홀드에 "임무 완료"라는 카드를 꽂아 놓고 잠자리에 들었다. 크로와 네안은 모처럼 차를 타고 프록시마 여행을 떠났다. 산 위 폭포에서 흘러내린 물이 도로를 침식하여 차가 덜컹거렸다. 차체가 망가졌는지 계속 흔들거렸다. 꿈인가? 한 번 면담한 적이 있는 헤르메스가 어깨를 흔들고 있었다. 옆에는 알렉산더도 서 있었다.

헤르메스: 완결되었어? 기념비적 날이다. 그런데 보고서가 논란을 일으킬지 몰라.

크로: 걱정마. 카롤대제가 키릴로스와 유스티니아누스 책동을 막아 주고 있어.

헤르메스: 원전 대신 2차 문헌만으로 철학사를 저술했으니 문제가 있지.

크로: 과학하다 철학 하려면 지름길밖에 없어. 원전은 독창성이 있지만 읽지 않는 책이지. 현대 지식과 해설서로 철학자를 균형 있게 바라볼 수 있어.

헤르메스: 인문학은 엄밀한 문헌 정리를 요구하지.

크로: 엄밀함도 중요하지만 얼룩진 철학사에《지구 철학》을 보태도 흉이 아니지.

알렉산더:《지구 철학》이 제출되면 복제인간 뇌를 갱신하는 학습 자료가 돼.

크로: 뭐?

알렉산더: 다빈치는 죽은 자를 재 프록시마 복제 철학자를 만들었지. 외계인은 이들 뇌를 갱신할 무결성 철학서를 기다려 왔어.

헤르메스: 인류는 암흑기를 깨뜨리며 발전했지. 고대 그리스 암흑기는 주먹 대신 이성이 유입되어 무너졌고, 중세 암흑기는 이슬람 문명 유입으로 무너졌어. 지구에 프록시마 철학이 유입되야 지구 철학이 다시 비상할 수 있어.

알렉산더: 돌아갈 우주선을 준비해 두었어.

크로: 나누리틀은 제어이론에 불과하므로 암흑기를 깨뜨리는 파괴력은 없어.

헤르메스: 환원과 창발로 세상을 보는 틀은 독창적이야.

알렉산더: 이곳 철학자들이 죄짓지 않도록 진짜 인간이 피해야지.

헤르메스: 동네 주민들이 갑자기 사라진 크로와 네안을 기다리고 있어. 돌아온다는 전설을 믿고 후손들이 매일 동굴을 청소하고 있어.

알렉산더: 떠날 시간이 되었어.

크로는 과학을 탐구했던 동굴이 그리웠다. 크로는 네안을 깨웠다. 그는 보고서를 챙겼고 네안은 이제까지 채종했던 꽃씨를 칫솔 통에 넣었다. 크로가 철학을 한답시고 여성 철학자와 만날 때마다 네안도 불편했다. 헤르메스가 출국에 도움이 된다며 프록시마 신화 몇 권을 넣었다. 알렉산더가 자율 기능을 끄고 직접 차를 몰았다. 보안요원은 헤르메스와 알렉산더를 보더니 아는 체를 하며 소지품을 검사하기 위해 크로 가방을 열었다. 보안대 옆에는 "유출 금지, 지구 철학"의 경고문이 붙어 있었다. 크로는 가슴이 철렁 내려 앉았다. 지나온 출입구는 이미 닫혀 있었다. 끝났다는 목소리가 났다. 《지구 철학》은 《크로의 철학사냥》 스티커로 감쪽같이 덮여 있었다. 헤르메스는 눈을 깜박거렸다. 보안요원은 프록시마 행성을 벗어나기 전에 자신들에게 철학이 무엇인지 한마디를 부탁했다.

"현실을 근본에서 파고, 미래를 꿈으로 쌓은 기술이지."

인물색인

가다머 ········ 299	들뢰즈 ········ 334	마니 ·········· 82
가세트 ········ 276	디드로 ········ 188	마르셀 ········ 281
갈릴레오 ······· 154	디오게네스 ······ 59	마르쿠제 ······· 295
고르기아스 ······ 53	딜타이 ········ 231	마르크스 ······· 225
고프먼 ········ 327	라메트리 ······· 184	마이모니데스 ···· 119
공자 ·········· 50	라이프니츠 ····· 172	마키아벨리 ····· 142
괴델 ·········· 311	라캉 ·········· 300	마흐 ·········· 232
괴테 ·········· 201	러셀 ·········· 263	맹자 ·········· 50
그람시 ········ 287	레닌 ·········· 262	메디치 ········· 135
그레고리우스 ····· 97	레비나스 ······· 308	메를로 퐁티 ····· 314
그로티우스 ····· 157	레오 3세 ······· 101	몽테뉴 ········· 150
길가메시 ········ 29	레오나르도 ····· 139	몽테스키외 ····· 179
노자 ·········· 50	레우키포스 ······ 47	무함마드 ········ 99
노직 ·········· 344	로스켈리누스 ···· 117	미켈란젤로 ····· 139
뉴턴 ·········· 171	로욜라 ········· 145	밀 ············ 220
니체 ·········· 237	로크 ·········· 168	바르트 ········· 322
다윈 ·········· 222	로티 ·········· 342	바슐라르 ······· 277
단테 ·········· 128	롤스 ·········· 326	바울 ·········· 75
데리다 ········· 341	루만 ·········· 338	바움가르텐 ····· 190
데모크리토스 ····· 47	루벤스 ········· 146	바이런 ········· 201
데카르트 ······· 161	루소 ·········· 187	버클리 ········· 177
돌턴 ·········· 207	루카치 ········· 278	벌린 ·········· 318
둔스 스코투스 ··· 129	루터 ·········· 143	베네딕투스 ······ 97
뒤르켐 ········ 250	리오타르 ······· 332	베르그송 ······· 253
듀이 ·········· 252	리쾨르 ········· 321	베버 ·········· 258
드리슈 ········· 261	린네 ·········· 183	베이컨 ········· 153

356

벤담 ············ 203	시몽동 ·········· 331	에크하르트 ······· 127
벤야민 ·········· 291	신채호 ·········· 272	에피쿠로스 ········ 67
보부아르 ········· 317	아낙사고라스 ······ 46	엠페도클레스 ······ 46
보이티우스 ········ 93	아낙시만드로스 ····· 42	엠피리쿠스 ········ 65
보카치오 ········· 134	아낙시메네스 ······ 42	예수 ············· 76
볼츠만 ·········· 241	아도르노 ········· 306	오리게네스 ········ 80
볼테르 ·········· 181	아렌트 ·········· 310	오스틴 ·········· 320
부르디외 ········· 339	아르키메데스 ······ 67	오컴 ············ 131
부버 ············ 269	아리스토텔레스 ····· 60	오토 ············ 109
분트 ············ 230	아리아바타 ········ 92	요나스 ·········· 305
브루노 ·········· 151	아베로에스 ······· 119	요하네스 스코투스 ·· 107
블로흐 ·········· 280	아벨라르 ········· 118	용수 ············· 79
비코 ············ 176	아브라함 ·········· 30	우르바누스 2세 ···· 114
비트겐슈타인 ······ 282	아우구스티누스 ····· 87	위 디오니시우스 ···· 95
사르트르 ········· 307	아우렐리우스 ······ 70	유스티니아누스 ····· 94
산타야나 ········· 257	아인슈타인 ······· 270	유클리드 ·········· 67
살라딘 ·········· 115	아퀴나스 ········· 124	이븐시나 ········· 110
생시몽 ·········· 204	아크나톤 ·········· 33	이황 ············ 147
석가 ············· 48	안셀무스 ········· 112	제임스 ·········· 236
셸러 ············ 268	알렉산더 ·········· 66	조로아스터 ········ 34
셸링 ············ 210	알베르투스 ······· 124	주희 ············ 121
소쉬르 ·········· 248	알튀세르 ········· 324	찬다라굽타 2세 ····· 92
소크라테스 ········ 54	암브로시우스 ······ 85	칭기즈칸 ········· 122
소포클레스 ········ 51	애담 스미스 ······· 191	카롤대제 ········· 105
솔론 ············· 41	야스퍼스 ········· 274	카르납 ·········· 289
쇼펜하우어 ······· 214	야콥 뵈메 ········· 156	카시러 ·········· 267
슐라이어마허 ······ 208	야콥슨 ··········· 293	칸토르 ·········· 243
스트로스 ········· 316	에라스무스 ······· 140	칸트 ············ 192
스펜서 ·········· 229	에라토스테네스 ····· 42	칼뱅 ············ 148
스피노자 ········· 166	에이어 ·········· 319	케플러 ·········· 156

코페르니쿠스 …… 143	푸앙카레 ……… 245	흄 …………… 185
콘스탄티누스 …… 84	푸코 ………… 335	히에로니무스 …… 85
콜럼버스 ……… 137	프레게 ………… 242	히파수스 ……… 44
콩트 ………… 216	프로이트 ……… 246	히파티아 ……… 91
콰인 ………… 313	프로타고라스 …… 53	힐베르트 ……… 312
쿠자누스 ……… 136	프롬 ………… 298	
쿤 …………… 328	프리고진 ……… 323	
크로체 ……… 260	프톨레마이오스 … 63	
크립키 ……… 346	플라톤 ………… 56	
크세노파네스 …… 45	플로티노스 …… 81	
클레이스테네스 … 41	피론 ………… 65	
키릴로스 ……… 90	피타고라스 …… 43	
키에르케고르 …… 224	피히테 ……… 205	
키케로 ………… 70	필론 ………… 74	
키티온 제논 …… 69	하룬 알 라시드 … 107	
탈레스 ………… 42	하르트만 ……… 273	
테오도시우스 …… 86	하이데거 ……… 284	
텔레시오 ……… 149	하이에크 ……… 296	
토마스 모어 …… 141	함무라비 ……… 31	
토크빌 ………… 219	헤겔 ………… 211	
파라비 ………… 110	헤라클레이토스 … 44	
파라켈수스 …… 146	헤르더 ……… 200	
파르메니데스 …… 45	헤시오도스 …… 36	
파스칼 ………… 165	호르크하이머 …… 292	
파슨스 ………… 302	호메로스 ……… 38	
퍼스 ………… 234	홉스 ………… 159	
퍼트남 ……… 336	홍대용 ……… 197	
페리클레스 …… 52	화이트헤드 …… 256	
포이에르바하 …… 218	후설 ………… 254	
포퍼 ………… 303	훔볼트 ……… 207	

크로의 철학사냥

ⓒ 정연섭, 2025

초판 1쇄 발행 2025년 7월 8일

지은이	정연섭
펴낸이	이기봉
편집	좋은땅 편집팀
펴낸곳	도서출판 좋은땅
주소	서울특별시 마포구 양화로12길 26 지월드빌딩 (서교동 395-7)
전화	02)374-8616~7
팩스	02)374-8614
이메일	gworldbook@naver.com
홈페이지	www.g-world.co.kr

ISBN 979-11-388-4435-2 (03100)

- 가격은 뒤표지에 있습니다.
- 이 책은 저작권법에 의하여 보호를 받는 저작물이므로 무단 전재와 복제를 금합니다.
- 파본은 구입하신 서점에서 교환해 드립니다.